UITGAVEN VAN HET
NEDERLANDS HISTORISCH-ARCHAEOLOGISCH INSTITUUT TE ISTANBUL

Publications de l'Institut historique-archéologique néerlandais de Stamboul
sous la direction de
E. van DONZEL, Machteld J. MELLINK, C. NIJLAND,
J.J. ROODENBERG et K.R. VEENHOF

LXVII

RESURRECTING THE PAST

A Joint Tribute to Adnan Bounni

CIP-GEGEVENS KONINKLIJKE BIBLIOTHEEK, DEN HAAG

Resurrecting

Resurrecting the past: a joint tribute to Adnan Bounni / ed. by Paolo Matthiae, Maurits van Loon and Harvey Weiss.
Istanbul: Nederlands Historisch-Archaeologisch Instituut;
Leiden: Nederlands Instituut voor het Nabije Oosten [distr.]. — (Uitgaven van het Nederlands Historisch-Archaeologisch Instituut te Istanbul; 67)
Met Duitse, Engelse en Franse teksten.
ISBN 90-6258-067-X
SISO 905.1 UDC 902 + 930.85 + 72/73 NUGI 644
Trefw.: archeologie / cultuurgeschiedenis / bouwkunst.

Printed in Belgium

Dr. Adnan Bounni

RESURRECTING THE PAST

A Joint Tribute to Adnan Bounni

edited by

PAOLO MATTHIAE
MAURITS VAN LOON and
HARVEY WEISS

Published with the financial support of

AUSWÄRTIGES AMT DER BRD, DEUTSCHE BOTSCHAFT, DAMASCUS
CENTRE BELGE DE RECHERCHES ARCHEOLOGIQUES A APAMEE
CENTRE NATIONAL DE LA RECHERCHE SCIENTIFIQUE, LYON
DEUTSCHE ORIENT-GESELLSCHAFT, BERLIN
PROF. DR. HARTMUT KÜHNE, BERLIN
INSTITUT FRANÇAIS D'ARCHEOLOGIE DU PROCHE-ORIENT, DAMASCUS
PROF. DR. MAURITS VAN LOON, AMSTERDAM
YALE UNIVERSITY TELL LEILAN PROJECT, NEW HAVEN

NEDERLANDS HISTORISCH-ARCHAEOLOGISCH INSTITUUT
TE ISTANBUL
1990

This celebratory volume is dedicated to

Dr. ADNAN BOUNNI

on the occasion of his 62nd birthday, which he celebrated on June 8, 1988.

Speaking for all Syrian and foreign archeologists who have worked in Syria during his long directorship of the Excavation Service, we wish to express our gratitude by thus creating a permanent monument to his fruitful activity.

Paolo Matthiae
Maurits van Loon
Harvey Weiss

We wish to thank the following institutions and persons for their financial support, which has made publication of this volume possible:

Auswärtiges Amt der Bundesrepublik Deutschland/Deutsche Botschaft, Damascus
Centre Belge de Recherches Archéologiques à Apamée de Syrie, Bruxelles
Centre National de la Recherche Scientifique (ERA 17), Lyon/Berrias
Deutsche Orient-Gesellschaft, Berlin West
Prof. Dr. Hartmut Kühne, Berlin West
Institut Français d'Archéologie du Proche-Orient, Damascus
Prof. Dr. Maurits van Loon, Amsterdam
Yale University Tell Leilan Project, New Haven

Paolo Matthiae
Maurits van Loon
Harvey Weiss

TABLE OF CONTENTS

LIST OF PLATES

LIST OF ABBREVIATIONS

AA	*Archäologischer Anzeiger*	BiMes	Bibliotheca Mesopotamica
AAAS	*Annales Archéologiques Arabes Syriennes*, Damas	BSA	*Annual of the British School at Athens*
AAS	*Annales Archéologiques de Syrie*, Damas	Bull.Mus.Roy.	*Bulletin des Musées royaux d'art et d'histoire*, Bruxelles
AASOR	Annual of the American School of Oriental Research	CAH	*Cambridge Ancient History*
ADPF	Association pour la Diffusion de la Pensée Française	CGA	Courbin, *La Céramique Géométrique de l'Argolide*, Paris, 1966
AfO	*Archiv für Orientforschung*	CIS	*Corpus Inscriptionum Semiticarum*
AIPHOS	*Annuaire de l'Institut de Philologie et d'Histoire Orientales et Slaves*	CMAO	Contributi e Materiali di Archeologia Orientale
AJA	*American Journal of Archaeology*	CRAI	*Comptes-Rendus de l'Académie des Inscriptions et Belles-Lettres*
AM	*Athenische Mitteilungen*		
AMI	*Archaeologische Mitteilungen aus Iran*	CVA	*Corpus Vasorum Antiquorum*
Arch.Report	*Archaeological Report*	DaM	*Damaszener Mitteilungen*
ARET	*Archivi Reali di Ebla: Testi*	EPRO	M.J.Vermaseren, *Etudes Préliminaires aux Religions Orientales dans l'Empire romain*
ARM(T)	*Archives Royales de Mari (Textes)*		
ASAE	*Annales du Service des Antiquités de l'Egypte, Le Caire*	EVO	*Egitto e Vicino Oriente*, Pisa
Ath.Ann.of Arch.	*Athens Annals of Archaeology*	FuB	*Forschungen und Berichte*
AW	*Antike Welt*	GGP	J.N.Coldstream, *Greek Geometric Pottery*, 1968
BA	*Biblical Archaeologist*	GTT	*Gereformeerd Theologisch Tijdschrift*
BAH	Bibliothèque Archéologique et Historique	HTR	*Harvard Theological Review*
BAR	British Archaeological Reports	IEJ	*Israel Exploration Journal*
BASOR	*Bulletin of the American Schools of Oriental Research*	IGLS	*Inscriptions Grecques et Latines de la Syrie*
BCH	*Bulletin de Correspondance Hellénique*	IGRR	*Inscriptiones Graecae ad Res Romanas pertinentes*
BCMA	*Bulletin of the Cleveland Museum of Art*	JAOS	*Journal of the American Oriental Society*
BIFAO	*Bulletin de l'Institut Français d'Archéologie Orientale, Le Caire*	JARCE	*Journal of the American Research Center in Egypt*
		JCS	*Journal of Cuneiform Studies*

JdaI	*Jahrbuch des deutschen archäologischen Instituts*		*ment of Antiquities of Palestine*
JESHO	*Journal of the Economic and Social History of the Orient*	RA	*Revue d'Assyriologie*
		Rev.Arch.	*Revue Archéologique,* Paris
JHS	*Journal of Hellenic Studies*	RB	*Revue Biblique*
JNES	*Journal of Near Eastern Studies*	Reallexikon	H.Bonnet, *Reallexikon der ägyptischen Religionsge-schichte*, Berlin 1953
LAAA	*Liverpool Annals of Ar-chaeology and Anthropology*	RHR	*Revue de l'Histoire des Religions*
LLIMC	*Lexicon Iconographicum Mythologiae Classicae*	Riv.d'arte	*Rivista d'arte*
Man.Arch.Bibl.	*Manuel d'Archéologie Biblique*	RLA	*Reallexikon der Assyrio-logie*
MAIS	*Missione Archeologica Ita-liana in Siria*	Röm.Mitt.	*Mitteilungen des Deut-schen Archäologischen In-stituts*, Römische Abteil-ung, Rome
MARI	*Mari, Annales de Recher-ches Interdisciplinaires*		
MCAAS	Memoirs of the Connecti-cut Academy of the Arts and Sciences	RSF	*Rivista degli Studi Fenici*
		RSP	M.Gawlikowski, *Recueil d'inscriptions palmyrénien-nes provenant de fouilles syriennes et polonaises récentes à Palmyre*, Paris 1973
MDOG	*Mitteilungen der Deut-schen Orient-Gesellschaft*		
MUSJ	*Mélanges de l'Université Saint-Joseph*, Beyrouth		
MVaG	*Mitteilungen der Vorder-asiatischen Gesellschaft*	SAOC	Studies in Ancient Orien-tal Civilization, Chicago
NIM	*Newsletters of the Israel Museum*	SDB	L.Pirot, A.Robert & H.Cazelles eds., *Supplé-ment au Dictionnaire de la Bible*, Paris
OIP	Oriental Institute Publica-tions		
Op.Ath.	Opuscula Atheniensia, Lund	SEb	*Studi Eblaiti*
		SMEA	*Studi Micenei ed Egeo-Anatolici*
Or.Ant.	*Oriens Antiquus*		
PEQ	*Palestine Exploration Quarterly*	SMS	*Syro-Mesopotamian Stu-dies*
PGP	V.R.d'A.Desborough, *Pro-togeometric Pottery*, 1952	TyndBull	*Tyndale Bulletin*
		UF	*Ugarit-Forschungen*
PKG	Propyläen Kunstge-schichte	WVDOG	W i s s e n s c h a f t l i c h e Veröffentlichungen der Deutschen Orient-Gesellschaft
PP	*La Parola del Passato*		
PRT	N.Verdélis, *Protogeome-trikos Rythmos tis Thessa-lias (Style protogéomé-trique de Thessalie)*		
		ZA	*Zeitschrift für Assyriologie*
		ZAW	*Zeitschrift für die Alttesta-mentliche Wissenschaft*, Berlin
PSBA	*Proceedings of the Society of Biblical Archaeology*		
QDAP	*Quarterly of the Depart-*	ZDPV	*Zeitschrift des Deutschen Palästina-Vereins*

PREFACE

Connaissant A. Bounni depuis environ 12 ans, je considère qu'il se définit par une passion pour l'archéologie poussée à un tel degré qu'il s'est presque identifié à elle. Ses travaux dans ce domaine ont en effet commencé au début des années cinquante: fouilles, articles, livres, conférences dans le monde arabe et à l'étranger; participation à des congrès et colloques nationaux et internationaux forment un ensemble impressionnant constituant une contribution rarement égalée chez nous au développement du savoir et à la connaissance de l'homme. A. Bounni n'est pas seulement un savant, c'est aussi un humaniste.

J'ai lu quelque part cette sentence qui a cours, dit-on, chez les archéologues: on trouve là où l'on a cherché. A. Bounni a certes exercé son talent de chercheur sur la plupart de nos sites archéologiques. Son champ de recherche s'étend à tout le croissant fertile et même au-delà. Mais c'est Tadmor (Palmyre) qui constitue son royaume et l'œuvre de sa vie. C'est là qu'il a trouvé et espéré trouver; c'est là qu'il revient après de longues tournées de chercheur et de directeur des fouilles pour se sentir chez lui. Tadmor est sans conteste son sujet de prédilection. Outre des fouilles où il a au moins une fois mis sérieusement en péril sa vie et été hospitalisé durant plusieurs mois, outre des conférences, communications, cours universitaires, il lui a déjà consacré une vingtaine d'articles, 5 livres dont deux sont sous presse, et il est évident qu'avec son inépuisable énergie il n'a pas fini de produire.

L'homme est multiple: toujours identique à lui-même, il n'en est pas moins variable et cette multiplicité explique l'attrait des sites archéologiques, vestiges de mondes passés mais jamais dépassés; elle rend compte aussi de l'attrait de certains livres de notre ami A. Bounni. Ainsi «Palmyre et les palmyréniens», sa première thèse de doctorat d'état publiée par notre ministère de la Culture qui a eu le succès d'un roman. Ses trois mille exemplaires ont été enlevés en quelques mois. On ne saurait s'en étonner: nos lecteurs se sont reconnus et ils ont reconnu un aspect de notre ancienne histoire dans cette fresque qui, selon la conception de l'histoire de Michelet, est une véritable résurrection du passé. Le livre nous présente dans son déroulement ordinaire, presque quotidien, l'activité d'hommes différents de nous par la langue, le goût, la sensibilité, les croyances mais en même temps semblables par leur façon de pâtir et d'agir, de subir la vie et de la reproduire. Et tel est leur titre de gloire devant la prospérité: planter l'humain au cœur du désert, le faire fructifier et l'héberger à l'ombre du divin; réaliser l'harmonie et l'équilibre entre la miniature, le pittoresque, le mignon, le grandiose et le sublime. Quant au chercheur et au savant, on le retrouve dans l'exactitude et la précision des plus infimes détails.

Lors de la soutenance, l'éminent historien R.P.P. Pouzet aurait dit à A. Bounni: «A votre texte on ne peut retrancher ni ajouter un mot».

Le 3ème ou le 4ème Palmyre d'Adnan Bounni, selon moi, (j'entends par là sa 2ème thèse de doctorat d'état soutenue à la Sorbonne) est réuni, concentré, dans un de ses foyers: le sanctuaire de Nabû. Ici, la partie contient paradoxalement le tout et le révèle mieux que l'accumulation des détails. Dans quelle mesure ce travail technique et critique, véritable «somme» sur le sujet qu'il traite, sera-t-il accessible au profane une fois publié? Je crois savoir que notre ami A. Bounni se charge de reprendre son texte en arabe et de ramener ses trois gros volumes à un seul, à l'usage de l'homme cultivé. Il est temps que l'archéologie devienne un élément de notre culture générale.

Saisir une civilisation rendue complexe par sa pérennité, comme celle de Palmyre, à travers une de ses manifestations centrales: un sanctuaire et une religion, revient à l'examiner, pour ainsi dire, dans une coupe en profondeur et si la conception de l'homme propre à chaque civilisation peut se diffuser horizontalement dans l'espace, c'est en profondeur que son sens se révèle car il est temporel et transtemporel. Or, chez ces peuples dits sémitiques auxquels les arabes appartiennent, le bien, le beau et le sublime étaient d'origine divine, à destination sacramentelle et à vocation surnaturelle.

L'œuvre écrite d'Adnan Bounni, je l'ai déjà dit, est d'ores et déjà considérable en quantité: aux conférences et traductions diverses s'ajoutent 7 livres et 70 articles publiés dans des périodiques scientifiques d'audience internationale. Ce serait donc aux savants d'en apprécier la valeur réelle. En fait, ils l'ont déjà fait. Ces mélanges, dûs à la participation de 30 spécialistes et chercheurs de niveau international en l'honneur d'un de leurs pairs en est un témoignage éclatant. La cérémonie organisée à l'occasion de leur remise dans le lieu même qui a vu naître et se développer l'œuvre de A. Bounni, la présence à cette cérémonie d'éminents archéologues aux côtés de ses collègues et amis en sont une manifestation plus expressive et plus valable que n'importe quelle appréciation.

L'hommage qui est aujourd'hui rendu à notre ami A. Bounni s'adresse aussi, à travers sa personne, à la Syrie et à l'archéologie syrienne qui, en dépit de sa jeunesse, a su faire ses preuves sur les scènes nationale et internationale. Pour nous, arabes, l'archéologie est aussi importante et même davantage que les autres sciences humaines. Par les remontées qu'elle permet de faire jusqu'aux sources les plus éloignées de la civilisation en nous révélant notre proto- et préhistoire, elle constitue la science des origines. Or une nouvelle civilisation, véritablement internationale et bien différente des précédentes est en train de naître sous nos yeux et de se construire avec nous, en nous et pour nous. Nous, arabes, nous éprouvons la nécessité de consolider notre ancrage dans le passé afin d'envisager mieux notre avenir. A cet égard, les travaux des archéologues représentent une source d'une richesse inépuisable pour la compréhension de notre identité.

Les études réunies dans ce volume permettront d'approfondir davantage la réflexion dans cet ordre d'idées que nos propres remarques. Il ne me reste plus, avant de laisser le lecteur à ses méditations sur leur contenu, qu'à remercier, au nom du Ministère de la Culture et de la Direction des Antiquités de la République Arabe Syrienne, les savants qui ont témoigné par leur contribution à ce livre de leur haute considération pour la science de notre ami A. Bounni et pour l'archéologie syrienne.

Dr. Najah Attar
Ministre de la Culture

DR. ADNAN BOUNNI:
BIOGRAPHIE ET BIBLIOGRAPHIE (DE 1955 A 1986)

CURRICULUM VITAE

Dr. Adnan Bounni, Docteur d'état en Histoire, Docteur d'état en Archéologie
Né le 8 juin 1926 (Homs, Syrie)
Directeur-en-Chef du Service des Fouilles Archéologiques (Direction Générale des Antiquités et des Musées de Syrie)
Membre du Conseil des Antiquités de Syrie
Professeur (chargé de cours) d'Histoire Ancienne et d'Archéologie à l'Université de Damas
Membre du Conseil Supérieur des Lettres et Sciences Humaines (Syrie)
Membre de l'Association des Ecrivains Arabes
Membre de l'Institut Archéologique Allemand
Membre du Conseil Central du Dictionnaire Géographique de la Syrie
Membre du comité de rédaction des *Annales Archéologiques Arabes Syriennes*
Membre du comité scientifique de *Mari, Annales de Recherches Interdisciplinaires*
Secrétaire Général du IXe Congrès International d'Archéologie Classique (Damas 1969)
Secrétaire Général du Colloque International d'Etudes Ougaritiques (Lattaquieh 1979)
Secrétaire du Comité National Syrien pour la Sauvegarde de Tyr
Docteur h.c. de l'Université St. Etienne (France)
Officier de la Légion d'Honneur (France)
Officier du Mérite Italien
Officier de l'Ordre de Léopold II (Belgique)
Chevalier de l'Ordre de Dannebrog (Danemark)
Médaille du Collège de France

MISSIONS DE FOUILLES ARCHEOLOGIQUES NATIONALES

1955 Direction des fouilles archéologiques syriennes de la nécropole d'Oum-Hauran
1955 Participation aux sondages archéologiques syriens du tell Abou-'Ali (Ard Simirian au sud de Tartous)
1956 Direction des fouilles archéologiques syriennes de Zakir (au nord de Chahba)
1957 Co-direction des fouilles archéologiques syriennes des catacombes d'Emèse (Homs)
1957 Co-direction des fouilles archéologiques syriennes de l'hypogée de Shalamallat (Palmyre)
1957 Inauguration des fouilles archéologiques syriennes de la section B de la rue principale de Palmyre (dite Grande Colonnade) qui ont duré jusqu'en 1962
1958 Direction des fouilles archéologiques syriennes de l'hypogée de Bolbarak à Palmyre (accident grave)
1960 Co-direction d'une fouille syrienne d'urgence au pied du tell de Ras-Shamra
1960 Co-direction d'un sondage stratigraphique à Lattamneh (Moh. Hama)
1960-62 Co-direction des fouilles archéologiques syriennes à tell Kazel au sud de Tartous (à la recherche de Sumur-Simyra)
1962 Direction des fouilles archéologiques syriennes au secteur du théâtre à Palmyre

1963-64 Co-direction des fouilles archéologiques syriennes de six emplacements à Palmyre dont le sanctuaire de Nabû

1965-68 Co-direction des fouilles archéologiques syriennes de l'annexe de l'agora, de la rue de Baalshamin, du caesareum (?) et de la place du tétrapyle à Palmyre

1969 Co-direction des fouilles archéologiques syriennes de la place du thêatre et du sud de l'annexe de l'agora à Palmyre

1970 Co-direction des fouilles archéologiques syriennes aux thermes et autour du sanctuaire de Nabû à Palmyre

1971-72 Direction des fouilles archéologiques syriennes de sauvegarde à tell al-'Abd, 'Anab-as-Safina et Cheikh Hasan (rive gauche de l'Euphrate moyen)

1973 Co-direction de la mission conjointe syro-italienne à tell Fray (rive gauche de l'Euphrate moyen)

1974 Co-direction d'une campagne de fouilles à Ras-Shamra-Ougarit

1975-86 Co-direction des fouilles archéologiques syro-françaises a Ras Ibn Hani (au nord de Lattaquieh)

1985 Co-direction d'une campagne de fouilles à tell Kazel-Simyra

PRINCIPALES PUBLICATIONS ARCHEOLOGIQUES ET HISTORIQUES
(PAR ORDRE CHRONOLOGIQUE)

1. *Livres*

L'art palmyrénien (en arabe) 1962 (deuxième édition en 1972).

Introduction à l'étude de l'histoire et des civilisations de l'Ancien Orient, Université de Damas 1966, révisé et augmenté en 1970 et 1971 (en arabe).

Technique des fouilles archéologiques modernes, Université de Damas 1971-1973 et Direction Générale des Antiquités, Damas 1976 (en arabe).

Inventaire des inscriptions de Palmyre, tome XII (avec J. Teixidor) 1975.

Palmyre et Palmyréniens (Thèse de Doctorat d'Etat ès-Lettres à l'Université St. Joseph Beyrouth) publiée par le Ministère de la Culture, Damas 1978 (en arabe).

Palmyre (avec Kh. al-As'ad), Ministère de la Culture, Damas 1979 (en arabe); 2e édition 1982; 3e édition 1986. Traduit en français 1982, en anglais 1983, en allemand 1984 et prochainement en japonais.

L'épigraphie, Université de Damas 1985 (en arabe).

Le sanctuaire de Nabū à Palmyre, 3 vols., 1986 (Thèse de Doctorat d'Etat ès-Lettres à l'Université de Paris 1, Sorbonne).

Corpus des sculptures palmyréniennes (en collaboration avec A. Sadurska, Kh. al-As'ad, et Makowski), à paraître prochainement.

2. *Articles*

"La citadelle de Damas," *Annales Archéologiques Syriennes* 4-5 (1954-1955) 29-36 (en arabe).

"Fouilles du tell Oum-Hauran (Nawa)," *Deuxième exposition des découvertes archéologiques 1954-1955*, pp. 22-25.

"La nécropole d'Oum-Hauran et ses antiquités," *AAS* 6 (1956) 8-24 et pl. 1-7, plans 1-7 (en arabe, en collaboration avec N. Saliby).

"L'histoire de l'homme dans mon pays," Revue *Al-Thaqafah al-Watania* no. 6, (1956) 17-20 et (1957) no. 3, 17-20.

"L'hypogée de Šalamallat, Vallée des Tombeaux, Palmyre," *AAS* 7 (1957) 25-52 et pl. 1-6, plans 1-7 (en arabe, en collaboration avec N. Saliby).

"L'hypogée de Šalamallat," *Sumer* 14 (1958) 20-26, pl. I-VI.

"Une nouvelle borne militaire de Trajan dans la Palmyrène," *AAS* 10 (1960) 159-164.

"Inscriptions palmyréniennes inédites," *AAS* 11 (1961) 145-162.

"Les catacombes byzantines du quartier al-Churfa à Homs," *AAS* 11-12 (1961-1962) 23-24 et pl. I-IX, 2 plans (en arabe, en collaboration avec N. Saliby).

"Le projet palmyrénien exceptionnel," *AAS* 13 (1963) 115-124, pl. I-IV (en arabe).

"Le palais découvert dans la rue Mu'awiyah à Damas en 1959," *AAS* 14 (1964) 165-172, pl. I-IV, plans 1-4 (en arabe, en collaboration avec N. Saliby).

"Fouilles de tell Kazel, Rapport préliminaire," *AAS* 14 (1964) 3-14, pl. I-XXII (en collaboration avec M. Dunand et N. Saliby).

"Six nouveaux emplacements fouillés à Palmyre (1963-1964)," *AAS* 15, t.2 (1965) 121-138, pl. 1-14, plans 1-4 (en collaboration avec N. Saliby, avec traduction arabe).

"Note sur un nouveau bas-relief palmyrénien," *AAS* 15, t.1 (1965) 87-98, pl. 1-4 (avec traduction arabe).

"Fouilles de l'annexe de l'Agora à Palmyre," *AAS* 18, t.1 et 2 (1968) 94-102, pl. I-XIV (en collaboration avec N. Saliby, avec traduction arabe).

"En mission à Palmyre, Bilan de dix années d'exploration et de découvertes archéologiques," *Archéologia* (Paris mai-juin 1967) 40-49.

"Les catacombes d'Emèse (Homs) en Syrie," *Archéologia* (Paris novembre-decembre 1970) 42-49.

"Nouveaux bas-reliefs religieux de la Palmyrène," *Mélanges K. Michalowski* (Varsovie 1966) 313-320.

"Le IXe Congrès International d'Archéologie Classique," *AAS* 19 (1969) 1-14, pl. I-XII.

"Une installation d'eau de l'époque romaine à Ras Shamra," *Ugaritica* VI (1969) 533-539.

"Antiquités palmyréniennes dans un texte arabe du Moyen-Age," *Mélanges de l'Université St. Joseph* 46, Fasc. 22 (1970 = Mélanges M. Dunand).

"Un nouveau panorama à Palmyre," *AAS* 21 (1971) 117-128, pl. XXIV-XXVIII (= Actes du IXe Congrès International d'Archéologie Classique, Damas 1969).

"Antiquités palmyréniennes dans un texte arabe du Moyen-Age," *AAS* 22 (1972) 73-79 (en arabe avec résumé en français).

"Les fouilles de Tell al-'Abed et 'Anab as-Safina," *AAS* 24 (1974) (en collaboration avec les membres de la mission syrienne de l'Euphrate).

Antiquités de l'Euphrate (Damas 1974), plusieurs articles, pp. 15-16, 25-26, 29-32 (et 33-40 en collaboration) (arabe et français).

"Rapport préliminaire sur les fouilles de tell al-'Abed et 'Anab as-Safina, 1971-1972," *AAS* 24 (1974) (en arabe, en collaboration).

"La campagne internationale de sauvegarde des antiquités de l'Euphrate," *Archéologia* 82 (mai 1975) 24-33.

"Nabu palmyrénien," *Orientalia* 45, Fasc. 1-2 (1976 = C.R. de la XXIe Rencontre Assyriologique, Rome 1974) 46-52.

"Rapport préliminaire sur la première campagne de fouilles (1975) à Ibn Hani (Syrie)," *Syria* 53 (1976) 233-279 (en collaboration).

"Rapport préliminaire sur la première campagne de fouilles (1975) à Ibn Hani," *AAS* 26 (1976) 27-63 (en arabe, en collaboration).

"Nouvelles études des antiquités et des musées du monde arabe," *AAS* 26 (1&2) (1976) 265-266.

"Les tombes à tumuli du Moyen Euphrate," *Le Moyen Euphrate* (Actes du Colloque de Strasbourg, 1977, édités par J. Cl. Margueron) 315-325.

"Campaign and Exhibition from the Euphrates in Syria," *AASOR* 44 (1977 = Archeological Reports from the Tabqa Dam Project, Euphrates Valley, Syria) 1-7.

"Preliminary Report on the Archeological Excavations at tell al-'Abd and 'Anab as-Safinah (Euphrates) 1971-72," *AASOR* 44 (1977 = Archeological Reports from the Tabqa Dam Project, Euphrates Valley, Syria) 49-61.

"La deuxième campagne de fouilles (1976) à Ras Ibn Hani," *AAS* 27-28 (1977-1988) 23-84, fig. 1-67 (en arabe, en collaboration).

"Rapport préliminaire sur la deuxième campagne de fouilles (1976) à Ibn Hani (Syrie)," *Syria* 55 Fasc. 3-4 (1978) 233-311 et Pl. IX-X.

"Rapport préliminaire sur la troisième campagne de fouilles (1977) à Ibn Hani," *Syria* 56, Fasc. 3-4 (1979) 217-324 et Pl. V-VIII (en collaboration).

"La quatrième campagne de fouilles (1978) à Ras Ibn Hani (Syrie): Lumières nouvelles sur le royaume d'Ougarit, les peuples de la mer et la ville hellénistique," *CRAI* (octobre 1979) 277-294, fig. 1-11.

"Une soeur d'Ougarit à Ras Ibn Hani," revue *Recherche Historique* 2 (Homs 1979) 1-19 (en arabe).

"Neue archäologische Entdeckungen in Syrien," *Das Altertum* 25, Heft 2 (1979) 80-87 (traduit du français par H. Klengel).

"Tell Fray, ville frontière entre Hittites et Assyriens au XIIIe siècle av. J.C.," *Archéologia* 140 (mars 1980) 30-39 (en collaboration).

"Les Palmyréniens dans le vaste monde," revue *Etudes Historiques* 2 (Université de Damas 1980) 37-52.

"Daily Life in Palmyra," *Cultura Antiqua* 32, no. 10 (Japan, October 1980) 1-27 (en japonais).

"Les représentations d'Apollon en Palmyrène et dans le milieu syrien," *Mythologie gréco-romaine, Mythologies périphériques* (Colloque du CNRS, Paris 1979) (Paris 1981) 107-112, Pl. I-III.

"Rapport préliminaire sur la quatrième campagne de fouilles (1978) à Ibn Hani," *Syria* 58, Fasc. 3-4 (1981) 215-297 (en collaboration).

"L'écriture cunéiforme et Ebla," revue *Patrimoine Arabe* 4 (mars 1981) 22-35 (en arabe).

"Un deuxième palais ougaritique à Ras Ibn Hani," *Cinquantenaire d'Ougarit-Ras Shamra* (Extraits de la XXVIIe R.A.I., Paris 1980) (Paris 1982) 24-27.

"Palmyra — Oasen- und Handelsstadt," dans: *Land des Baal* (Mainz-am-Rhein 1982) 352-355.

"Ras Ibn Hani au Bronze Récent," *Archéologie au Levant, Recueil R. Saidah* (CMO 12, Arch. 9, Lyon 1982) 147-154.

"Ras Ibn Hani, A New Ugaritic Site," *Schriften zur Geschichte und Kultur des Alten Orients* (édité par H. Klengel, Akademie Verlag, Berlin 1982) 17-21.

"Sur l'importance archéologique des découvertes d'Ebla-Tell Mardikh," revue *Etudes Historiques* 8 (Université de Damas 1982).

"Palmyre et ses tombeaux," *L'Oeil* 337 (août 1983) 34-39.

"Les fouilles à Ras Ibn Hani, Résultats des dernières années," *AAS* 33 (2) (1983) 31-59 (en arabe).

"Voyages et vacances en Syrie," *Tourisme mondial* 173 (juillet-août 1983) 51-52.

"Le palais ougaritique nord à Ras Ibn Hani," *Damaszener Mitteilungen* (1983) 17-20.

"Les découvertes archéologiques et épigraphiques de Ras Ibn Hani (Syrie) 1983: un Lot d'archives administratives," *CRAI* (avril-juin 1984) 398-438 (Co-signature).

"Ras Ibn Hani (1975-1983)," *Archiv für Orientforschung* 31 (1984) 164-166.

"Ebla de l'Alpha à l'Oméga," revue *Histoire des Arabes et du Monde* 70 (1984) 7-19 (en arabe).

"Sites archéologiques et touristiques en Syrie, hors des grandes villes," (photos et textes) dans: *Syrie Touristique* 2, Vol. 1 (printemps 1984) 54-59.

"Ras Ibn Hani ou nouvelle Ougarit" dans: *Syrie Touristique* (1984) 58-63 (en arabe).

"Les fouilles de Tell Mardikh/Ebla en Syrie du nord," *Archéologia, Histoire et Archéologie* (les dossiers Ebla) 83 (mai 1984) 8-9.

"Mari, cinquante ans après sa découverte," *Archéologia, Histoire et Archéologie* (les dossiers Mari) 80 (février 1984) 6.

"Palmyra: the Caravan City," dans: *Ebla to Damascus* (Washington D.C. 1985) 380-385.

"Palmyra: Oasis e citta commerciale," dans: *Da Ebla a Damasco* (Milano 1985) 118-121.

"Sites archéologiques menacés par le futur lac du Khabour," dans: *Syrie Touristique* 3-4, Vol. 1 (1985) 71-73.

"Dialogue sur l'archéologie en Syrie," revue *Al-Jil* 7 (juillet 1986) 56-61 (en arabe).

"Iconographie d'Héraclès en Syrie," dans: *Iconographie Classique et Identités Régionales* Paris 1983 (= *B.C.H., supplément* XIV, Paris 1986) 377-387.

"Note sur le Dictionnaire Géographique de la Syrie," dans: les actes de la table ronde sur *La géographie historique du Proche-Orient*, Valbonne 1985 (à paraître en 1987).

"Le sanctuaire de Nabu à Palmyre," dans: les actes du symposium *Petra and the Caravan Cities* (à paraître en 1987).

"Palmyre et Palmyréniens," chapitre dans un livre sur l'histoire et l'archéologie de la Syrie, éditeur J.M. Dentzer (à paraître en 1987).

"Le projet des barrages du Khabour et de Hasakeh et la sauvegarde des antiquités de la région menacée de submersion," Actes du symposium *Recent Excavations in the Upper Habur Regions*, Berne 1986 (à paraître en 1987).

CONFERENCES ET COMMUNICATIONS A L'ETRANGER

1974 Université de Rome.
1975 Université de Varsovie.
1976 Académie des Sciences en DDR.
1976 Institut Archéologique Allemand (Munich).
1976 Université de Tübingen.
1977 Université de Paris 1 (Sorbonne).
1977 Université de Lyon 2 (Maison de l'Orient).
1978 Université de Rome.
1979 Académie des Inscriptions et Belles-Lettres, Paris.
1979 Ecole Française de Rome.
1980 Ancient Orient Museum, Tokyo.
1980 Heian Museum, Kiyoto.
1982 Oriental Institute, University of Chicago.
1982 Harvard Semitic Museum, Cambridge.
1982 Brigham Young University, Provo, Utah.
1982 University of Princeton.
1982 University of California, Los Angeles.
1982 University and Museum of Milwaukee.
1982 University Museum, University of Pennsylvania.

1982 Johns Hopkins University, Baltimore.
1982 New York University.
1982 National Museum of Natural History, Smithsonian Institution, Washington, D.C.
1983 Musées Royaux d'Art et d'Histoire, Bruxelles.
1983 Société Française d'Archéologie Classique, Paris.
1986 Institut National d'Art et d'Archéologie de Tunisie.

CONGRÈS, COLLOQUES, SYMPOSIA ETC.

1957 IIe Congrès Archéologique Pan-Arabe, Bagdad.
1969 IXe Congrès International d'Archéologie Classique, Damas.
1971 VIe Congrès Archéologique Pan-Arabe, Tripoli.
1974 XXIe Rencontre Assyriologique Internationale, Rome.
1976 Congrès International de Préhistoire et de Protohistoire, Nice.
1977 VIIe Congrès Archéologique Pan-Arabe, Marrakech.
1977 Colloque sur le Moyen Euphrate, Strasbourg.
1978 XIe Congrès International d'Archéologie Classique, Londres.
1979 XXVIe Rencontre Assyriologique Internationale, Leipzig.
1980 XXVIIe Rencontre Assyriologique Internationale, Paris.
1980 Colloque sur les *Inventaires Européens*, Bischenberg, France.
1980 Colloque sur *La cité, les citoyens et la citoyenneté à l'époque romaine*.
1981 XXVIIIe Rencontre Assyriologique Internationale, Vienne.
1982 Colloque sur *La fortification et sa place dans l'histoire politique, sociale et culturelle du monde grec*, Valbonne.
1983 XXXe Rencontre Assyriologique Internationale, Leiden.
1983 Colloque International sur *Iconographie et Identités Régionales*, Paris.
1985 Symposium *Petra and the Caravan Cities*, Petra.
1985 Table Ronde *Géographie Historique au Proche-Orient*, Valbonne.
1986 XXVIIe Centenaire de la fondation de Carthage.
1986 Symposium *Recent Excavations in the Upper Habur Region*, Berne.

AUTRES TRAVAUX SCIENTIFIQUES

Traduction d'une centaine d'articles scientifiques dans *AAS* et ailleurs.
Contribution à la traduction en arabe du dictionnaire *Larousse L 3* (Archéologie, Mythologie et Histoire Ancienne et Classique).
Membre du Comité de révision du *Dictionnaire archéologique et artistique* de Y. Chihabi.
Publication des *Actes du IXe Congrès International d'Archéologie Classique*, Damas 1969, dans: *AAS* 21 (1971).
Publication des *Antiquités de l'Euphrate*, Damas 1974.
Publication de l'édition arabe de *Sauvez Tyr*.
Révision de plusieurs livres publiés et en cours de publication.

ZUR DATIERUNG DES WANDGEMÄLDES VON SAAL 132 IM PALAST VON MARI

Dr. Ali Abou Assaf

Alle Kunsthistoriker, die sich mit der Kunst des Alten Orients beschäftigt haben, widmeten der Wandmalerei des grossen Palastes des Zimrilim von Mari grosse Aufmerksamkeit. Sie datierten alle wiedergewonnenen Wandgemälde in die Altbabylonische Zeit bzw. in das 18. Jahrhundert v. Chr.[1]

Diese Datierung ist von A. Moortgat vor mehr als 20 Jahren in Frage gestellt worden.[2] Moortgat meinte mit Recht, dass an dem gewaltigen Komplex des Palastes von Mari sicher jahrhundertelang gebaut worden sei. Damit stimmt auch überein, dass die im Palast gefundenen Skulpturen aus verschiedenen Jahrhunderten, zum Teil jedenfalls aus bedeutend älterer Zeit als der des Zimrilim stammen. Es besteht also kein Anlass anzunehmen, dass die Wandgemälde aus den verschiedenen Räumen des Palastes sämtlich in die Zeit des Zimrilim zu datieren sind.

Moortgat begnügte sich nicht mit dieser Beobachtung. Er hat die inneren und äusseren Merkmale der Wandmalerei in Mari mit entsprechenden Merkmalen bei Kunstwerken aus Mesopotamien verglichen.[3] Nach seinem ausführlichen und überzeugenden Vergleich, gelangt er zu dem Ergebnis, dass es heute möglich sei, die Entwicklung der Wandmalerei in drei Stufen zu verfolgen:

1. die Stufe der neusumerischen Restauration;
2. die Stufe der kanaanäisch-altassyrischen Epoche unter Samsi-Adad und Jasmach-Adad und
3. die kanaanäisch-altbabylonische Stufe zur Zeit Zimrilims und Hammurabis.

In diesem Zusammenhang interessiert uns die Datierung des Wandgemäldes des Audienzsaales 132 im Palast von Mari (Pl. 1). Aufgrund des Themas und sachlicher Einzelheiten hat Moortgat es in die Zeit der 3. Dynastie von Ur bzw. in die Regierungszeit der drei Statthalter Tura-Dagan, Puzur-Eschtar und Idi-Ilum von Mari datiert.[4]

Mit Hilfe der Glyptik aus Mari glaube ich, diese Datierung weiter präzisieren zu können. Meiner Meinung nach gehört dieses Wandgemälde offenbar in die Regierungszeit des Königs Puzur-Eschtars. Puzur-Eschtar hat in der Zeit von 2050 bis 2025 v. Chr. in Mari regiert,[5] und sicherlich im Palast residiert. Wir nehmen an,

[1] A. Moortgat, *Die Kunst des Alten Mesopotamien* (1967) 74ff. mit Literaturangabe.
[2] A. Moortgat, *op.cit.* 75.
[3] A. Moortgat, *op.cit.* 77-79.
[4] A. Moortgat, *op.cit.* 79.
[5] J.M. Durand, „La situation historique des Shakkanakku," *MARI* 4 (1985) 156.

dass er auch den Baukomplex südlich des Hofes 131 mit dem Audienzsaal 132 errichtet hat.

Von Puzur-Eschtar stammt eine Siegelabrollung (Pl. 2), die eine Libationsszene zeigt.[6] Die Abrollung ist so beschädigt, dass wir auf den Vergleich von Einzelheiten verzichten müssen und uns nur auf die Darstellung des Gottes, des Thrones mit Schemel und der Gefässe beschränken.

Genau wie auf dem unteren Fries des Wandgemäldes ist auf der Abrollung eine auf einem Bergabsatz thronende göttliche Gestalt dargestellt. Sie stellt ihre Füsse auf eine längliche Fussbank, die wie der Thron stilisiert ist. Vor ihr steht ein grosses Gefäss mit Standfuss und Zweigen, so wie es vor dem thronenden Gott auf dem Wandgemälde zu sehen ist. Im Gegensatz zu diesem ist auf der Abrollung eine Göttin dargestellt. Auch ist der vor ihr libierende König nackt, während er auf dem Wandgemälde festlich bekleidet erscheint. Trotz dieser Unterschiede gehören beide Szenen zusammen und sind thematisch und sachlich miteinander eng verwandt.

Aufgrund dieser Übereinstimmungen sollte man das Wandgemälde des Saales 132 ebenfalls in die Zeit des Königs Puzur-Eschtar datieren. Dieser Datierungsvorschlag gewinnt noch an Wahrscheinlichkeit durch den Umstand, dass derartige Szenen bisher ausschliesslich auf den Siegeln des Puzur-Eschtar in Mari vorkommen.

---

[6]   D. Beyer, „Documents iconographiques de l'époque des Shakkanakku," *MARI* 4 (1985) 178.

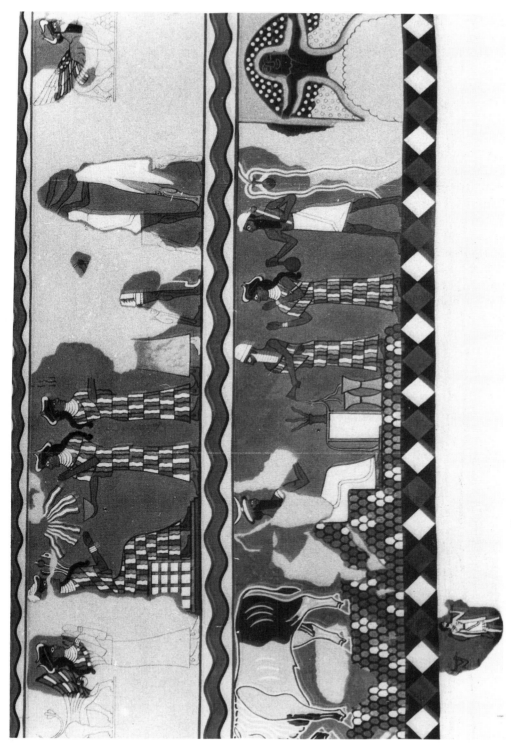

Plate 1. Wandgemälde des Audienzsaales 132 im Palast von Mari.

Plate 2. Siegelabrollung von Puzur-Eschtar.

UN PORTRAIT DE SHAHBA-*PHILIPPOPOLIS*
ET L'ICONOGRAPHIE DE PHILIPPE L'ARABE.

JEAN CH. BALTY

Il y a deux siècles déjà (1784) que G.A. Guattani a jeté les bases de l'iconographie de Philippe l'Arabe en reconnaissant les traits de l'empereur sur un buste découvert six ans auparavant dans les fouilles du prince Chigi à Porcigliano (Pl. 3d); et c'est bien là un des très rares points fixes, jamais contesté à ce jour, de toute l'histoire du portrait au IIIe siècle de notre ère.

On ne doutera guère que ce ne soit une confrontation avec les effigies monétaires qui ait conduit l'auteur à cette identification, encore qu'il n'en fasse lui-même aucun état et se contente d'affirmer, d'entrée de jeu et sans aucune espèce d'argumentation, que le buste représente Philippe.[1]

Quelques auteurs — dont surtout B.M. Felletti Maj[2] — n'ont cependant pas manqué de faire observer que le profil de l'œuvre ne correspondait qu'en partie au type physique attesté par les différentes émissions du règne, commodément reclassées par R. Delbrueck.[3] Ils n'en ont pas moins accepté l'identification de Guattani.

Le buste est depuis 1822 au Braccio Nuovo du Vatican;[4] son état de conservation est excellent:[5] seule la pointe du nez et l'ourlet supérieur de l'oreille gauche ont été restaurés et un piédouche à tablette ajouté pour remplacer celui qui avait été

---

[1] G.A. Guattani, *Monumenti antichi inediti* (Rome 1784) LX, LXII et pl. II; cf. H. von Heintze, éd., *Römische Porträts* (Darmstadt 1974) 26 et fig. 4.

[2] B.M. Felletti Maj, *Iconografia romana imperiale da Severo Alessandro a M. Aurelio Carino (222-285 d. Cr.)* (Rome 1958) no. 193 p. 171, fig. 75. Cf. déjà J.J. Bernoulli, *Römische Ikonographie* II.3 (Stuttgart 1894) 143.

[3] R. Delbrueck, *Die Münzbildnisse von Maximinus bis Carinus = Das römische Herrscherbild* III.2 (Berlin 1940).

[4] Helbig[4], I, no. 456 p. 347; cf. W. Real *apud* M. Wegner et al., *Gordianus III. bis Carinus = Das römische Herrscherbild* III.3 (Berlin 1979) 40 (avec toute la bibliographie antérieure), pls. 11a, 12 et 14a; M. Bergmann, *Studien zum römischen Porträt des 3. Jahrhunderts n. Chr.* (Bonn 1977), no. 1 p. 34, pl. 6.2; Kl. Fittschen, «Antik oder nicht-antik? Zum Problem der Echtheit römischer Bildnisse,» *Festschrift Frank Brommer* (Mayence 1977) 93, n. 3 et pl. 28.1; S. Wood, «Subject and Artist: Studies in Roman Portraiture of the Third Century,» *AJA* 85 (1981) 64-67, pl. 14 fig. 5a-b; Ead., *Roman Portrait Sculpture 217-260 A.D. The Transformation of an Artistic Tradition* (Leyde 1986) 39-42, pl. VI.

[5] Il n'y a aucune raison de suivre D. Kiang, «The Metropolitan Antiochus and the Vatican Philip,» *Acta ad arch. et art. hist. pert.* VIII (1978) 75-84, pls. III-IV et Id., «The Iconography of Philip of the Arab,» (résumé d'une communication au 82nd General Meeting of the Archaeological Institute of America), *AJA* 85 (1981) 201 qui y voit une oeuvre du XVIIIe siècle s'inspirant d'un buste aujourd'hui au Metropolitan Museum; *contra*: S. Wood, «The Bust of Philip the Arab in the Vatican: a Case for the Defence,» *AJA* 86 (1982) 244-247, pls. 39-40. C'est bien le buste du Metropolitan qui est un faux, cf. Kl. Fittschen, *loc. cit.*, pp. 95-96, pls. 28.4 et 29.2.

sans doute brisé. Le torse, drapé d'une ample toge à *contabulatio* légèrement oblique, s'inscrit dans une série[6] qui avait été bien illustrée sous Alexandre Sévère, Pupien et Gordien III et paraît avoir été liée au consulat de ces empereurs.[7] On suggérera donc qu'il puisse en aller de même ici; mais dans l'ensemble du règne (244-249), on ne saurait évidemment choisir, dès l'abord, entre les trois années où Philippe revêtit cette charge, 245, 247 et 248. Une datation à moins de cinq ans près ne présente d'ailleurs guère d'intérêt; qu'il suffise de noter la signification assez précise de l'œuvre, sur laquelle on reviendra ci-dessous.

Un deuxième buste, aujourd'hui à Leningrad et sur bien des points identique au premier, a de longue date été rapproché de celui-ci.[8] Découvert dès le milieu du XVIIIe siècle semble-t-il, il appartenait à la collection Lyde Brown[9] dont Catherine II décida l'achat en 1787. On ne saurait dès lors en suspecter l'authenticité, comme il a été fait parfois;[10] tout au plus a-t-il été abîmé par un assez long séjour à l'extérieur dont témoigneraient peut-être sa «patine gris clair» et, de façon générale, une «surface éraflée et élimée».[11] Sans examen, je ne puis assurer qu'il ait été, au demeurant, assez sérieusement nettoyé, voire par endroits retravaillé.[12]

Il ne fait aucun doute que les deux œuvres remontent à un «Urbild» commun et qu'elles appartiennent à la production d'un des meilleurs ateliers de l'*Urbs*, spécialisé dans la diffusion de ces images de l'empereur, voire de deux ateliers très proches puisqu'en l'absence d'une étude systématique des pratiques d'atelier on ne peut assurer que les divergences observées dans le plissé du vêtement (moins détaillé, plus plat sur le buste de Leningrad) et le modelé de la chevelure comme celui du visage désignent les mains différentes d'une même officine ou suffisent à différencier deux officines distinctes. Une tête de bronze de la collection van Regteren Altena, à

---

[6] Bien étudiée par M. Wegner, «Bildnisbüsten im 3. Jahrhundert n. Chr.,» *Festschrift Gerhard Kleiner* (Tübingen 1976) 105-121, pls. 23-25.

[7] A. Alföldi, «Insignien und Tracht der römischen Kaiser,» *Röm. Mitt.* 50 (1985) 25-36, fig. 1-4 et pl. 10.1-5, commodément repris dans Id., *Die monarchische Repräsentation im römischen Kaiserreiche* (Darmstadt 2e éd. 1977) 143-154, fig. 1-4 et pl. 10.1-5; on notera les restrictions de Th. Pekáry *apud* M. Wegner, «Bildnisbüsten» (cité note 6), n. 1 p. 105.

[8] A. Vostchinina, *Le portrait romain* [Musée de l'Ermitage] (Leningrad 1974) no. 66 p. 184, pls. XC-XCI; W. Real, *loc. cit.*, p. 36 (avec toute la bibliographie antérieure), pls. 11b, 13 et 14b; M. Bergmann, *op. cit.*, no. 2 p. 34; G. I. Sokolov, *Rimskij skul'pturnyj portret III veka i chudožestvennaja kul'tura togo vremeni* (Moscou 1983) 70-71, fig. 117-118; S. Wood, *Roman Portrait Sculpture* (cité note 4) no. 2 p. 132.

[9] J. J. Bernoulli, *op. cit.*, no. 10 p. 142 a noté que l'œuvre était reproduite dans B. Cavaceppi, *Raccolta d'antiche statue, busti, bassirilievi ed altre sculture restaurate da Bartolomeo Cavaceppi scultore romano*, II (Rome 1769) 9 — ce qui a généralement fait écrire qu'elle provenait de la collection Cavaceppi: cf. B.M. Felletti Maj, *op. cit.*, no. 194 p. 171 et W. Real, *loc. cit.*, p. 36. Pour l'activité de Cavaceppi et les collectionneurs du milieu du XVIIIe siècle, cf. l'introduction de C. A. Picón au catalogue de l'exposition *Bartolomeo Cavaceppi. Eighteenth-Century Restorations of Ancient Marble Sculpture from English Private Collections* (Londres 1983) 14.

[10] B.M. Felletti Maj *op. cit.*, no. 194 p. 171 («se questo marmo è antico ...»).

[11] A. Vostchinina, *op.cit.*, p. 66.

[12] W. Real, *loc. cit.*, p. 36.

Amsterdam, depuis quelque trente ans associée de très près aux deux bustes,[13] n'est malheureusement qu'une fonte moderne d'après un moulage du portrait du Vatican, au même titre d'ailleurs qu'un exemplaire de Wiesbaden, plus récemment publié encore. Kl. Fittschen n'a eu aucune difficulté à le prouver, il n'y a guère.[14]

Un dernier document[15] a encore retenu l'attention des chercheurs, sans toutefois faire l'unanimité; c'est une tête colossale (Pls. 3c,4c), assez mutilée mais d'excellente facture, acquise en 1961 par la Glyptothèque Ny Carlsberg de Copenhague.[16] Admise par V. Poulsen, B. Haarløv et M. Bergmann[17] — qui note cependant des différences de proportions et de style avec les deux exemplaires les plus assurés —, elle est rejetée par Kl. Fittschen[18] et W. Real pour cette raison-là précisément.[19] Mais les dimensions colossales de l'œuvre suggèrent évidemment un portrait impérial et l'on voit mal, à vrai dire, qui d'autre que Philippe l'Arabe elle pourrait figurer à cette date. N'y aurait-il pas, dès lors, deux types distincts dans l'iconographie de l'empereur, qui rendraient compte ainsi de l'écart perçu entre les répliques?[20] Compte tenu de la relative durée du règne (près de cinq ans et demi) pour le IIIe siècle, on pourrait à la rigueur se le demander, encore que la recherche actuelle répugne à multiplier les types, à très juste titre généralement. Mais la question mérite d'être posée. Une remarquable découverte de Shahba-*Philippopolis*, cette bourgade de Trachonitide d'où Philippe était originaire et qu'il éleva au rang de colonie,[21] vient d'ailleurs relancer tout le débat et invite sans doute à poser le problème en d'autres termes.

[13] A. Minto, «Nuovo ritratto in bronzo di Filippo l'Arabo,» *Riv. d'arte*, XXIX (1954) 5-9, fig. 1-3.

[14] Kl. Fittschen, *loc. cit.*, pp. 94-95, pls. 28.3 et 29.1.3.4. — C'est ce dont un examen du bronze d'Amsterdam, à l'exposition *Klassieke kunst uit particulier bezit. Nederlandse verzamelingen 1575-1975* tenue à Leyde et à Nimègue en 1975, m'avait également en grande partie convaincu, sans qu'il me soit donné de voir l'intérieur même de l'oeuvre. Je dois d'ailleurs à l'extrême amabilité du prof. J.Q. van Regteren Altena d'avoir pu disposer, dès février 1976, de bonnes photographies de cette tête pour mes recherches.

[15] A côté d'un grand nombre d'autres, tour à tour présentées comme autant d'effigies possibles de Philippe l'Arabe et dont W. Real, *loc. cit.*, pp. 33-41 *passim* a déjà noté les principales; j'en complète la liste ci-dessous, en appendice.

[16] V. Poulsen, «Tre oldtidsportraetter,» *Meddelelser Ny Carlsberg Glyptotek* 18 (1961) 19-23, fig. pp. 20-21; G. Franceschi, *Et hundrede fire og tyve fotografier* [Ny Carlsberg Glyptotek] (Copenhague 1969), pl. 76; V. Poulsen, *Les portraits romains* [Glyptothèque Ny Carlsberg] 2 (Copenhague 1974) no. 170 pp. 166-167, pls. CCLXXII-CCLXXIII.

[17] B. Haarløv, *New Identifications of Third Century Roman Portraits* (Odense 1975) 16-17, fig. 15a-b; M. Bergmann, *op. cit.*, no. 4 p. 34, pl. 37.6.

[18] Kl. Fittschen, *loc. cit.*, n. 3 p. 93 («Gesichert sind nur die folgende Bildnisse: a. Rom, Vatican; b. Leningrad, Ermitage»).

[19] W. Real, *op. cit.*, pp. 35-36.

[20] C'est la solution que suggère déjà B. Haarløv, *op.cit.*, p. 16 («the portrait in the Ny Carlsberg Glyptotek represents another type»), mais W. Real, *loc. cit.*, p. 36 craignait que cela n'ouvre la porte à d'autres attributions problématiques; je n'hésite pas à enfreindre l'interdit.

[21] Aurelius Victor, *De Caes.*, 28.1: *rebus ad Orientem compositis, conditoque apud Arabiam Philippopoli oppido, Romam venere*; pour le témoignage des monnaies au nom de la Φιλιπποπολιτῶν κολωνίας, cf. A. Spijkerman, *The Coins of the Decapolis and Provincia Arabia* (Jérusalem 1978) 258-261, pl. 58; pour

C'est dans une des salles des grands bains qui se dressent à l'est du *cardo*, à quelque 120 m du croisement avec le *decumanus*[22], qu'ont été découverts, en 1970, les fragments qui, mis ensemble, composent le portrait de l'empereur (Pls. 3b,4a-b); ils appartenaient à une série plus importante de morceaux de statues en marbre où l'on reconnaîtra dès l'abord un groupe statuaire ayant comporté les effigies de Philippe, d'Otacilia et de leur fils Philippe Junior; j'y consacre ailleurs une étude plus détaillée,[23] me bornant à signaler ici l'exceptionnel intérêt iconographique du seul portrait de Philippe pour la reconstitution de l'effigie impériale, en dépit même de ses mutilations. Dans l'état actuel — et je vois mal que d'autres fragments puissent être retrouvés par la suite —, la tête est constituée d'une série d'éclats jointifs, qui représentent la calotte crânienne, le front et la tempe droite, les yeux, le nez, étonnamment intact, la joue droite et la barbe, de ce même côté, jusqu'à l'attache du maxillaire inférieur, et la pommette gauche; les lèvres, la bouche et le menton manquent entièrement et ont été restitués en plâtre, en même temps qu'étaient masquées les lacunes importantes du côté gauche pour permettre la présentation de l'œuvre au musée de Shahba.

La découverte de ce groupe statuaire plus grand que nature dans un des principaux monuments publics de l'antique *Philippopolis*, sa composition même, qui associe à une statue féminine et à celle d'un enfant un empereur couronné et cuirassé, et les traits mêmes de ce dernier suffisent à assurer l'identification proposée. On y verra désormais la tête de série obligée de toute reconstitution ultérieure de l'iconographie de Philippe, aucun autre portrait n'étant garanti de pareille façon. Il convient donc de s'y attarder quelque peu et de le présenter plus en détail.

La tête mesure 0,335 m jusqu'au vertex. La couronne de feuilles et baies de laurier conserve des traces de peinture rouge; la grosse gemme ovale et bombée qui l'orne en son centre est tout à fait lisse (son décor devait donc être peint). Un profond cerne de trépan détache la couronne de la masse des cheveux, tant à l'avant que sur les côtés du crâne. Les cheveux, qui ont conservé une certaine épaisseur de

---

celui des inscriptions, cf. le commentaire de Gh. Amer et M. Gawlikowski, «Le sanctuaire impérial de Philippopolis,» *Dam. Mitt.* 2 (1985) 12-13.

[22] Pour un bon plan de Shahba-*Philippopolis*, cf. L. Dodi, *Dell'antica urbanistica romana nel Medio Oriente* (Milan 1962) fig. 25 p. 31; pour les monuments du centre, en dernier lieu, Gh. Amer et M. Gawlikowski, *loc. cit.*, pp. 1-15.

[23] J.Ch. Balty, «Le groupe statuaire impérial de Shahba-Philippopolis,» *AAAS*, à paraître. L'ensemble est toujours inédit à ce jour; j'ai illustré la tête de l'empereur dans le catalogue de l'exposition *Da Ebla a Damasco. Diecimila anni di archeologia in Siria* (Rome 1985) 109. Je dois à l'extrême bienveillance du directeur général des antiquités et musées de la République arabe syrienne, et à l'amitié du Dr. Adnan Bounni, directeur du Service des fouilles, d'avoir pu étudier l'œuvre tout à loisir peu après sa découverte, et tant à Damas qu'à Shahba; il n'était que juste que ma reconnaissance s'exprime par ces deux articles, destinés l'un à l'organe officiel de la Direction générale des antiquités et musées, l'autre à l'hommage que rendent les fouilleurs responsables des principales missions archéologiques étrangères en Syrie à celui qui, durant plus d'un quart de siècle, a été leur plus fidèle soutien et leur conseiller le plus sûr.

matière, sont détaillés avec soin au ciseau et au fin trépan mais la direction même des mèches est souvent contrariée et il en résulte une impression générale de confusion à laquelle on n'échappe que difficilement. La barbe, plus ordonnée, a la même épaisseur; elle est travaillée de la même façon, en mèches un rien plus longues. Deux sillons horizontaux de trépan fin burinent le front au-dessus du bombement des arcades sourcilières; deux plis plus courts, verticaux, accentuent le froncement des sourcils. Les yeux sont assez peu ouverts, le regard tourné vers la gauche. Le nez, relativement court, est busqué; son profil très caractéristique à la partie inférieure était dû au dessin de la lèvre supérieure qui remontait assez haut et aux narines pincées. Si l'on se reporte aux effigies monétaires de l'empereur — et l'on sait avec quelle prudence il convient de les utiliser pour l'iconographie du IIIe siècle —, ce sont assez précisément les traits des beaux médaillons familiaux frappés à partir de 247, voire ceux de quelques *aurei* antérieurs, au visage plus court et plus carré que sur d'autres émissions, au front plus droit aussi.[24] Cette image correspond-elle à celle que donnent de l'empereur les bustes du Vatican et de Leningrad jusqu'ici reconnus comme fondements de toute iconographie de Philippe? Sur ces derniers, le crâne est sans doute plus allongé, le front moins droit au-dessus du bourrelet des arcades sourcilières, le nez plus long et moins aquilin, mais on y reconnaît bien, ce me semble, un même individu; la numismatique rend compte d'ailleurs des légères différences observées, qui pourraient bien suffire à jeter les bases d'une réelle typologie. On notera en effet que le regard est porté vers la gauche sur la tête de *Philippopolis* tandis qu'il est dirigé vers la droite sur les deux œuvres romaines, où la chevelure est conçue de façon beaucoup plus schématique, ce qui ne recouvre pas uniquement une différence de facture, et dès lors d'atelier, mais aussi, on le suggérerait en tout cas volontiers, une différence de type.

C'est ce que confirme, ce me semble, l'existence d'une réplique du portrait syrien, jusqu'ici passée entièrement inaperçue des chercheurs et cependant elle aussi couronnée, ce qui aurait dû attirer l'attention; elle provient des fouilles du Céramique, à Athènes.[25] En dépit de son extrême mutilation — il n'en subsiste plus que le quart supérieur droit —, on y reconnaîtra bien l'empereur (Pl. 3a); elle est l'œuvre d'un atelier attique que caractérise l'utilisation systématique de la rape[26] pour les parties lisses du visage. Mais on y retrouve la profonde ligne de trépan qui détache si nettement la couronne de la chevelure sur le portrait de Shahba, un

---

[24] Pour les médaillons, cf. R. Delbrueck, *Die Münzbildnisse* (cité note 3), pl. 8.26 et 28; J.P.C. Kent, M. & A. Hirmer, *Roman Coins* (Londres-New York 1978), fig. 458 pl. 126; pour un des *aurei*, cf. W. Real, *loc. cit.*, pl. 10c.

[25] H. Riemann, *Die Skulpturen vom 5. Jahrhundert bis in römische Zeit = Kerameikos II*, (Berlin 1940), no. 120 (P2) p. 90, pl. 28. Le seul fragment conservé mesure 0,20 m de hauteur; l'œuvre devait donc être colossale.

[26] Pour l'utilisation de cet outil dans la sculpture grecque d'époque hellénistique et romaine, cf. la bibliographie particulière de mon article sur «Une nouvelle réplique du Démosthène de Polyeuctos,» *Bull. Mus. roy. art et hist.* 4e sér. L (1978) n. 64 pp. 70-71.

même travail du trépan pour l'iris, une chevelure assez détaillée aussi; on songera donc, pour les deux œuvres, à un atelier unique, voire à deux ateliers très proches, que différencient seulement le travail même des mèches, plus sobre à Athènes, plus détaillé mais irrégulier et un peu confus à Shahba, et celui des feuilles de la couronne, plus ajouré à Shahba, plus sec à Athènes. L'exemplaire de Shahba a d'ailleurs, lui aussi, de nettes traces de rape sous l'oeil gauche, ce qui confirme son appartenance à un atelier attique. La présence de la couronne — et tout particulièrement de la couronne gemmée — est également significative, les portraits impériaux de Grèce et d'Orient l'ayant bien plus souvent que ceux d'Occident.[27]

Il conviendra de souligner enfin que la statue de Shahba était cuirassée (un fragment d'épaule est conservé, avec les lanières caractéristiques), qu'elle avait la jambe droite portante accolée à un support en tronc de palmier, que la main droite (le pouce levé) devait tenir une hampe (lance ou sceptre) et que la main gauche tenait une patère. On reconstituera donc une statue assez analogue à celle d'Hadrien au nymphée d'Hérode Atticus[28] mais de rythme inversé: l'empereur, appuyé sur la *hasta summa imperii* fait une libation; on y verra sans hésitation une allusion aux cérémonies du triomphe, et notamment à la *lustratio* qui purifie l'armée et son chef de la souillure du sang versé et scelle le retour à la vie civile.[29] Constatant que le type iconographique des bustes du Vatican et de Leningrad est en revanche lié à l'exercice du consulat, que désigne clairement la *toga contabulata*, il y aura lieu sans doute, comme on l'entrevoyait au départ des seuls types iconographiques du portrait, de dissocier aussi les événements qui conduisirent à les créer.

C'est à l'arrivée à Rome, vers la fin du mois de juillet 244, et plus particulièrement au premier consulat, que Philippe revêtira le 1er janvier 245 que je rapporterais le type I, celui des portraits de Leningrad et du Vatican, qui, au terme de l'expédition persique de Gordien III et suite au traité de paix conclu par Philippe avec l'ennemi, s'attache à donner une image civile de l'empereur, que le renouvellement du consulat en 247 et 248 et la célébration des Jeux séculaires, en 248 également, durent renforcer et conduire à propager largement dans l'Empire. La reprise des hostilités sur le front balkanique allait cependant bien vite obliger Philippe à intervenir personnellement à la tête des armées romaines; il est déjà, semble-t-il, à *Aquae*, le 12 novembre 245, en Dacie inférieure,[30] mais ne défera les

[27] J'y reviens en détail ailleurs.

[28] Cf. H.G. Niemeyer, *Studien zur statuarischen Darstellung der römischen Kaiser* (Berlin 1968) 52, no. 52 p. 97, pl. 18. R. Bol, *Das Statuenprogramm des Herodes-Atticus-Nymphäums = Olympische Forschungen XV*, (Berlin 1984) 152 et pls. 16-17 note toutefois que la main droite ne porte aucune trace de scellement ou d'arrachement d'un objet quelconque et conclut donc qu'elle n'en tenait point; à Shahba, une partie importante de la patère est conservée dans la paume de la main.

[29] En dernier lieu, cf. M. Lemosse, «Les éléments techniques de l'ancien triomphe romain et le problème de son origine,» *Aufstieg und Niedergang der römischen Welt I.2* (Berlin-New York 1972) 444-445.

[30] Cf. X. Loriot, «Chronologie du règne de Philippe l'Arabe (244-249 après J.-C.),» *ibid.* II.2 (1975) 793; mais à l'*Aquae* que D. Tudor, «Aquae en Dacie inférieure,» *Latomus 25* (1966) 847-854 identifie à

Carpes en un combat décisif qu'en 247; il prend alors, avec son fils, les titres de *Germanicus* et *Carpicus Maximus*[31] et les *antoniniani* célèbrent vers le même moment la *victoria Carpica* des deux Augustes.[32] Le triomphe, à Rome, paraît dater de la fin de l'été 247;[33] ce fut, à n'en pas douter, l'occasion de créer le type II, après trois années de règne déjà. Mais cette stabilité relative allait être bien vite ébranlée puisqu'apparaissent presque simultanément, dès 248, les usurpations de Pacatien en Occident, de Jotapien et d'Uranius Antoninus en Orient, puis celle de Dèce sur le Danube, qui devait l'emporter vers la fin de l'été ou le début de l'automne de l'année suivante, non loin de Vérone.[34] Le premier type s'inscrit dans la lignée même des grands bustes consulaires d'Alexandre Sévère, de Pupien et de Gordien III, provenant des meilleurs ateliers de Rome; la façon schématique de rendre les cheveux par une masse d'une épaisseur uniforme qu'animent de rapides incisions (Pl. 3d) et les courtes mèches qui ourlent seules la frange frontale apparentent très directement entre eux le buste du Vatican et le Gordien III de Berlin, issus de la même officine sans doute.[35] Un modelé plus subtil, qui ne résulte pas uniquement de l'état de conservation de l'œuvre et se manifeste clairement dans des passages moins incisifs (arcades sourcilières et lèvres, mais aussi plissé de la toge) en distingue l'exemplaire de Leningrad que l'on attribuera à un autre atelier romain, celui qui réalisa peut-être le Gordien III de la Sala dei Busti au Vatican.[36] Une tête d'Héraclée des Lyncestes, aujourd'hui au musée de Bitola,[37] appartient au même type et en montre bien la diffusion au départ de Rome mais la documentation photographique disponible n'autorise pas à la reclasser avec plus de précision.[38]

Le second type, jusqu'à présent, ne nous est connu que par deux portraits de la *pars Orientis* (Pl. 3a-b); si l'on fait abstraction de différences de facture sensibles dans le traitement plus détaillé des mèches mais qui ne recouvrent qu'une tradition d'atelier, on conviendra cependant qu'une tout autre conception de la masse de cheveux ne peut, elle, que remonter à l'«Urbild» et distingue ces deux œuvres de

---

Cioroiul Nou, je préférerais l'importante station *ad Aquas* de la Carte de Peutinger, sur une grande route de pénétration de la province, entre *Ulpia Traiana Sarmizegetusa* et *Apulum* (cf. *Realencyclopädie* II.1, 1895, s. v. *Aquae*, no. 2, col. 294), aujourd'hui Kis-Kalán.

[31] *IGRR* IV, 635; *Pap. Londres* III, no. 951 p. 221; cf. également X. Loriot, *loc. cit.*, pp. 793-794.

[32] X. Loriot, *loc. cit.*, p. 793 et n. 22.

[33] *Ibid.*, p. 793 et n. 23.

[34] Pour la chronologie de ces divers événements, *ibid.*, pp. 794-795.

[35] Commodément illustrés l'un et l'autre par M. Wegner, *Gordianus III. bis Carinus* (cité note 4) pls. 7a-b, 11a et 12.

[36] *Ibid.*, pls. 5, 11b, 13 et 14b.

[37] P. Mačkić et I. Mikulčić, «Catalogue des objects antiques d'Héraclée (plastique en pierre),» *Héraclée* I (Bitola 1961) no. 5 p. 45, pl. XIV.

[38] Je n'ai pu obtenir, jusqu'ici (1987), aucune autre photo de ce portrait; mais il vient d'être reproduit dans le catalogue des expositions *Antički portret u Jugoslaviji* (Belgrade 1987) no. 204 p. 225 et *Antike Porträts aus Jugoslawien* (Frankfort 1988) no. 204 pp. 178-179.

celles du premier type où la frange frontale se répartit de façon assez analogue d'un
côté à l'autre d'une légère pointe dans l'axe même du visage; dans la moitié droite
du portrait de Shahba, au-delà d'un épi rebelle qui contredit la direction des
cheveux de la tempe, un groupe de mèches s'isole du centre du front par une large
fourche. On les retrouve, à peine stylisées, sur le fragment du Céramique, qui a
gardé par ailleurs quelque chose de la découpe «a penna» des années 225-240. Y
verra-t-on une simple caractéristique de l'atelier dans lequel le modèle aurait été
conçu et s'agirait-il dès lors d'un type créé dès avant le retour de l'empereur à
Rome, aussitôt après sa victoire, dans un des centres des Balkans, voire à Athènes
même? Je ne le crois pas et sans doute n'y a-t-il là qu'un hasard de la transmission
du document; ces deux dernières œuvres appartiennent à la production d'officines
orientales plus attentives à la plasticité de la chevelure que la plupart des ateliers
officiels de la capitale mais on ne doutera pas qu'il y ait eu, dans ceux-ci aussi, une
intense production d'exemplaires du type II au terme de cette absence de près de
deux années, à la veille même de la célébration des Jeux séculaires qui allaient être
le moment culminant du règne. Comme souvent, seuls furent couronnés les portraits de la *pars Orientis* et il y aura donc bien lieu de chercher des témoins non
couronnés de ce deuxième type en Occident. L'extraordinaire tête colossale acquise
en 1961 par la Glyptothèque Ny Carlsberg[39] ne serait-elle pas précisément l'un
d'eux? Son visage plus ramassé (Pls. 3c,4c) et un indice capillaire différent de celui
des bustes du Vatican et de Leningrad a parfois fait hésiter à la retenir comme
effigie de l'empereur[40] mais ces deux traits sont ceux, on l'a vu, des exemplaires
d'Athènes (pour les cheveux en tout cas) et de Shahba; et la direction du regard
vers la droite, comme à Shahba encore, suffit à la dissocier des représentants du
type I et à suggérer son appartenance au type II. Les dimensions colossales de
l'oeuvre et son caractère plus affirmé le confirment peut-être, à leur manière, après
la victoire carpique, au moment des Jeux séculaires et du troisième consulat.[41] Une
différence de type rendrait donc parfaitement compte des divergences observées.
Comparé aux effigies de Gordien III et aux exemplaires du premier type, ce portrait
annonce d'ailleurs les têtes de Dèce du Capitole et surtout de Deva,[42] par un
modelé plus subtil et une attention nouvelle portée au détail et à la direction des
mèches, ce qui justifierait aussi la date assignée à ce type II, si l'on disposait d'un
plus grand nombre d'exemplaires pour établir des séries plus complètes et mieux
juger des interférences de la facture des différents ateliers et de l'évolution du style

---

[39]   Ci-dessus et nn. 16-17.
[40]   Cf. W. Real, *loc. cit.*, p. 33, qui écrit: «Aber schliesslich war doch die andere Umrissführung des
Kopfes, der zu gedrungen ist ... und die unruhigere Abgrenzung der Haar- und Bartmasse gegen Stirn
und Gesicht so bestimmend, dass auch dieser Kopf ... von der Zuweisung an Philippus Arabs
auszuschliessen war».
[41]   Le fragment du Céramique (Pl. 3a), ci-dessus n. 25, appartenait, lui aussi, à un portrait colossal.
[42]   Cf. M. Wegner, *Gordianus III. bis Carinus* (cité note 4) pls. 26-27.

de l'époque.[43] Mais, dans l'état actuel, il y a sans doute quelque danger à le faire, et mieux vaudra y renoncer pour le moment.

Dans ce même contexte, il y aurait peut-être lieu de revoir aussi l'identification d'une tête de Berlin que J.J. Bernoulli retenait déjà comme un des portraits les plus sûrs de l'empereur mais que C. Blümel a depuis lors rejeté comme moderne;[44] l'oeuvre provient, semble-t-il, de la collection du cardinal Melchior de Polignac,[45] achetée dès 1742 et constituée d'antiques acquis à Rome entre 1724 et 1732, soit près de cinquante ans avant que ne soit découvert le buste du Vatican; ses traits plus durs et un dessin différent de la frange de cheveux sur le front l'apparentent plutôt aux exemplaires du second type, et notamment à la belle tête de Copenhague dont elle se distingue cependant par la direction du regard. Ce ne serait pas le moindre intérêt de la découverte de Shahba que d'inviter à reconsidérer l'oeuvre de Berlin dans le cadre d'une nouvelle répartition des portraits de Philippe l'Arabe en deux types essentiels.

Liste des portraits erronément attribués à Philippe l'Arabe (complément aux listes précédemment établies par B.M. Felletti Maj, *op. cit.*, pp. 173-176 et W. Real, *loc. cit.*, pp. 33-41 *passim*)

Collection	Référence
Bucarest, Cabinet numismatique de l'Académie roumaine, inv. 538	M. Gramatopol, «Nouveaux portraits glyptiques dans l'iconographie impériale,» *Latomus* XXVI (1967) 702-704 et pl. XXXVIII.1; idem, *Les pierres gravées du Cabinet de l'Académie roumaine* (Bruxelles 1974) no 405 p. 71 et pl. XX.
Fribourg/Br., Galerie Gunter Puhze	*Kunst der Antike*, s.d., no. 5 p. 3 et pl. (parfois présenté depuis, dans le commerce d'antiquités, comme Philippe l'Arabe).
Londres, Guildhall Museum	J.M.C. Toynbee, *Art in Britain under the Romans* (Oxford 1964) p. 55 et pl. VIIa.
Side, Musée, inv. 35	H. Blanck, *Wiederverwendung alter Statuen als Ehrendenkmäler bei Griechen und Römern* (Rome 1969) no. A 22 pp. 48-49 et pl. 16a-b.
Zurich, Galerie Am Neumarkt	*Antiken-Auktion* XXII (1971) no. 186 et pl. 36.

[43] Pour ces notions et le danger qu'il y a à les confondre, je me permets de renvoyer à mon article «Style et facture. Notes sur le portrait romain du IIIe siècle de notre ère,» *Rev. arch.* (1983) 301-315.

[44] J.J. Bernoulli, *op. cit.*, no. 9 p. 142 et p. 143, pl. XLIIa-b (contrairement à ce qu' écrit l'auteur, p. 142, il ne s'agit pas d'une tête colossale; le buste mesure 0,71 m tout comme ceux du Vatican et de Leningrad); C. Blümel, *Römische Bildnisse* [Staatliche Museen zu Berlin] (Berlin 1933) introduction non paginée («begründete Zweifel an ihrem antiken Ursprung» pour quelques oeuvres, dont ce numéro d'inventaire 386).

[45] Cf. *Beschreibung der antiken Skulpturen* [Staatliche Museen zu Berlin] (Berlin 1891) no. 386 p. 156; pour E. Gerhard, *Berlin's antike Bildwerke*, I (Berlin 1836) no. 242 p. 113, elle aurait décoré les jardins du château de Sanssouci à Potsdam avant de passer au musée, ce qui explique peut-être son état de conservation médiocre.

a   b

c   d

Plate 3a. Athènes, Céramique (photo Deutsches Archäologisches Institut, Athen).
b. Shahba, Musée (photo Jean Ch. Balty).
c. Copenhague, Glyptothèque Ny Carlsberg, inv. I.N. 3279 (photo Glyptothèque Ny Carlsberg).
d. Rome, Vatican, Braccio Nuovo, inv. 2216 (photo Musei Vaticani XXXII.119.28).

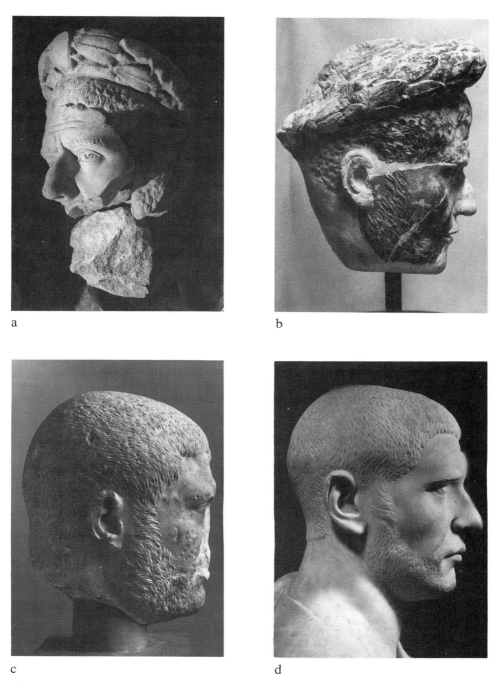

a

b

c

d

Plate 4a. Shahba, Musée (photo Marwan Musselmani, Direction générale des antiquités et musées, Damas).
b. Shahba, Musée (photo Jean Ch. Balty).
c. Copenhague, Glyptothèque Ny Carlsberg, inv. I.N. 3279 (photo Glyptothèque Ny Carlsberg).
d. Rome, Vatican, Braccio Nuovo, inv. 2216 (photo Musei Vaticani XXXI.38.46).

SALT AT THE DAWN OF HISTORY:
THE CASE OF THE BEVELLED-RIM BOWLS[1]

Giorgio Buccellati

1. Introduction
2. The pieces of the puzzle
3. The technology of salt production
4. The dynamics of trade
5. The puzzle within the puzzle

1. Introduction

The beginning of history is traditionally linked with the introduction of writing, viewed (historiographically) as a fundamental technological breakthrough. The mental faculties of the human brain came for the first time to be stored extrasomatically in a passive medium which not only provided a point of reference for individual memories, but began to establish at the same time the most explicit, comprehensive and self-feeding cultural repository that had ever been possible. It is

---

[1]   This paper (earlier versions of which were presented at meetings of the American Schools of Oriental Research in Anaheim in 1985 and at the meeting of the American Oriental Society in New Haven in 1986) was written in 1987 and is the first in a series of six articles which deal with the history and geography of ancient Khana. The articles are as follows:

    (1) "Salt at the Dawn of History: The Case of the Bevelled-Rim Bowls" (published here);

    (2) "River Bank, High Country, and Pasture Land: The Growth of Nomadism on the Middle Euphrates and the Khabur" (to appear in M. Wäfler ed., *Khabur Symposium*, Bern);

    (3) "The Rural Landscape of the Ancient Zor: The Terqa Evidence" (to appear in B. Geyer ed., *Les techniques et les pratiques hydro-agricoles traditionelles en domaine irrigué*, Bibliothèque Archéologique et Historique, Damascus);

    (4) "The Kingdom and Period of Khana" (to appear in *BASOR*);

    (5) "The People of Terqa and Their Names" (in preparation);

    (6) "From Khana to Laqê: The End of Syro-Mesopotamia" (to appear in a volume edited by Ö. Tunca).

I plan to eventually integrate these articles into a full-size monograph and at that time I will include a fuller documentation than is possible here, including photographic illustrations of the salt playas of Bouara.

    I am grateful to Beatrice Hopkinson for first drawing my attention to the significance of salt procurement and production, for her sustained assistance in my own research on this topic, and for her willingness to write a technical appendix which, for lack of space, will appear elsewhere. It is our common intention that she may do more research on our data from Qraya as well as on the contemporary salt deposit in Bouara, on which she will report in other publications.

well-known that the introduction of writing is part of a series of major technological break-throughs (including in particular the first systematic use of metal and the
development of large scale monumental architecture) which coincided in turn with a
crucial and irreversible social phenomenon — the formation of large and perma-
nently settled social groups which we call the first "cities."

While these are spectacular aspects of a spectacular moment in history, they are
obviously only part of a larger story — a story which new archaeological discoveries, and new interpretations of old discoveries, help us to fill in, however
gradually. It is such a new interpretation that I wish to propose here, offering it to
Adnan Bounni as a special token of friendship, appreciation and admiration. The
unique style with which he has blended his unfailing human warmth with thorough
professionalism has made a mark on all his colleagues and left an indelible trace on
Syrian archaeology. The contribution I am publishing here will be, I trust, of
special interest to him, building as it does on the concrete evidence of pottery, of
which he is a recognized master, and pointing to a special historical role of ancient
Syria, for which we share such a special affection.

Of the hundreds of different pottery vessels of ancient Mesopotamia, only a few
have stimulated an ongoing discussion as to their specific function, and of these
none is perhaps more famous than the "bevelled-rim bowl."[2] One would never
imagine it to be so when one sees an exemplar — extremely coarse, inelegant and
wholly undecorated as they all are. But what has attracted the attention of scholars
from the beginning is the distributional pattern which these vessels exhibit. Because
of their peculiar traits and their large numbers, they have become the tell-tale
diagnostic type of that fundamental period in Syro-Mesopotamian chronology, the
Protoliterate period, that marks the beginning of urban civilization as we know it.
And yet — there still is no agreement as to their function.

Now, to propose just such a new functional interpretation of a ceramic vessel
type is not only interesting in itself, but also, in our particular case, raises
significant implications for the nature of early urban civilization and its trend
toward geographical expansion. This is already implicit in the terms of the problem.
The large amount of bevelled-rim bowls, their standardization and, ironically, the
very expendability which characterizes their use, all point to a broadly based
mechanism for production and consumption which is "urban" in our own sense of
the term (it is indicative in this respect that a syndicated story on modern
consumerism from the Associated Press, dated September 1985, made pointed
reference to these very bowls as found in our excavations at the site of Qraya in

---

[2]   See some examples from Qraya in Pl. 6a. I wish to thank Stephen Reimer for the photographs from
the Qraya excavations contained in this article. For some recent discussions of this class of artifacts see
Nissen 1969; 1970; 1974; 1980; Beale 1978; Shimabuku 1978; Sürenhagen 1978; Barrelet 1980; Balfet
1980:76-81; Le Brun 1980; Johnson 1983; Makkay 1983; Ellison 1984.

Syria, in order to provide evidence of an early counterpart to modern discarding practices). If even just the generic aspects which characterize the diffusion of the bowls are significant, how much more can we expect to learn about the society from which they stemmed if their specific function can be understood!

2. The pieces of the puzzle

The starting point for my interpretation of the bevelled-rim bowls was the observation of obvious and distinctive typological similarities between the bowls and the "briquetage" found at many archaeological sites in Europe.[3] It was Beatrice Hopkinson who first introduced me to this European material, as a result of her on-going research on salt-making in general and on the British salt site of Droitwich in particular. The striking typological similarities between the two pottery types in terms of their ware, shape and distribution is brought home quite readily by the juxtaposition of the two sets of quotes which follow, and which are practically interchangeable — the first two describing the bevelled-rim bowls, and the third the European briquetage. In citing these passages I am adding emphasis and breaking up the text in distinct lines to bring out more clearly the points of comparison.

"... these bowls are quite *fragile*
owing to the *exceptional porosity* of the fabric,
which contains a large proportion of *chaff*
and was on the whole *poorly fired*.
As a result *very few of them were found whole*.
... one can see ... the *irregularity of shape*
due to *hand-fashioning*
(note *finger marks* at the bottom ...)" (Delougaz 1952: 39).

"... made in a form, of heavily *chaff-tempered* clay,
and ... rather *brittle*.
... they were all manufactured *in vast numbers*,
rather *carelessly*...." (Nissen 1972: 99).

"... tous les fragments se révèlent relativement *friables*.
Leur *fragilité* est encore accentuée
par une *cuisson non uniforme* ...
Les fréquentes empreintes de *doigts*,
ainsi que l'*irrégularité relative de la forme* des éléments techniques
témoignent d'un *façonnage manuel*

---

[3] See the appendix, to appear as a separate article, by B. Hopkinson, and also Benac 1973:68 (I owe this reference to the courtesy of E. S. Elster). For a general introduction to the history of salt see De Brisay and Evans 1975; Multhauf 1978.

réalisé *assez rapidement*
et *en très grande série.*
Les traces d'herbe remarquées laissent supposer que les
végétaux
remplissaient un *rôle de liant* avec l'argile crue ..." (Bertaux n.d.: 70f.).

It was on the basis of these striking similarities that I first referred to such a possible new interpretation of the bevelled-rim bowls in a paper dealing with the "urban revolution" delivered in 1975 at the 14th International Congress of Historical Sciences.[4]

In the course of our on-going excavations at the Protoliterate site of Qraya, now under the direction of Stephen Reimer, several new factors began to emerge which pointed more and more toward such an understanding of the bevelled-rim bowls as items used in salt production. Taken together, these observations make, I believe, a cogent case for the interpretation which I am submitting here.[5] Let us review first the nature of the evidence pertaining to the material evidence, i.e. the bowls themselves and the archaeological assemblage associated with them. The features already noted in the literature pertain primarily to the bowls in and of themselves, and may be summed up here under the following headings.

(1) To begin with the *typology* of the bowls, they have been noted to exhibit a peculiar *porosity* (obtained through extensive vegetal fiber tempering).

(2) The porosity has been considered a factor inducing *fragility*, which in turn

---

[4] Subsequently published as Buccellati 1977; for the reference to the bevelled-rim bowls and salt manufacture see p. 32. A similar suggestion has recently been advanced, with reservations, by Potts 1984:269; Potts' article is very thorough and informative in its analysis of the general issue of salt procurement and use in ancient Mesopotamia, its use of medieval and recent historical sources, and its analysis of archaeological materials from the third millennium. The difference with my contribution is thus one of complementarity, since in my article one will find (a) a discussion of only the Uruk period material, with special reference to the excavations at Qraya, (b) a stress on the distributional peculiarities of emplacement and stratigraphic association, (c) a set of geo-political considerations affecting the history of settlement in the region of Khana. In her appendix, to be published elsewhere, B. Hopkinson gives a specific typological correlation to European briquetage and experimental utilization of the bevelled-rim bowls in the process of salt production.

[5] Other interpretations, which are not necessarily mutually exclusive with each other or with mine, consider the bevelled-rim bowls to have been used for various types of food preparation (Delougaz 1952:127; Sürenhagen 1978:101f.; Ellison 1983:63f.), for rations (Nissen 1970, and more recently 1983:92f.; Johnson 1983:360; Ellison 1984:63f.; Liverani 1986:123; Zagarell 1986:418 and, with the further suggestion that the bowls played a symbolic role, 419; see also the objections of Balfet 1980:80f.), for smelting (Nissen 1970:115; 1974:9; 1980:96) or for "presentation" purposes in a religious setting (Beale 1978; Makkay 1983:5). With regard to the interpretation of the bowls as ration containers, one should note that the discard would be expected to have been either in industrial areas (where consumption of the rations would have taken place), or in storage areas (where the workmen would have received rations). Assuming that either stratigraphic setting may be documented for major assemblages of the bowls, the question would still remain as to why the bowls would have been broken in such homogenous masses: the patterned type of breakage which can be observed implies a kind of waste that is not very well compatible with the notion of an efficient administrative set-up. One would expect the latter to have been instrumental in creating the bowls for repetitive ration distribution in the first place.

has been taken to account for the fact that so many are found broken. In point of fact, however, bevelled-rim bowls do not appear to be more easily breakable than ordinary vessels. While I have not tested this aspect in any special way, I have noticed that in caring for the whole vessels found on the excavations (of which there were dozens) no special precautions were taken, and no special incidence of breakage occurred.[6] Hence I rather suspect that fragility has been assumed from the amount of broken vessels, rather than as an independent variable. This is significant if one assumes that breakage was, at least in many or most cases, intentional (as I will propose in the next section).

(3) There is a distinctive *standardization* of manufacture, largely due to the fact that they were mold-made (Nissen 1970; 1980; Johnson 1973:130 f.; Balfet 1980:78-80); this resulted in

(4) a general uniformity of *size ranges*, and

(5) a general *carelessness* in the finished product. This resulted in part from the *speed* with which they were produced. This has been observed in the literature with regard to the *shaping* of the vessels (Nissen 1970:138; H. Wright in Johnson 1973:131). It is interesting to add in this respect, following the observation by Hopkinson (to be published elsewhere), that production speed was also enhanced by the heavy vegetal tempering, because this made it possible for them to be *fired* much more quickly than normal pottery, since they did not have to be fully dry before firing.

(6) Little has been recorded about the *stratigraphic context* of the bowls, and in fact Nissen has remarked that excavation reports have been characteristically skimpy in this respect, other than in the broadest sense.[7] What is generally noted is the following. The bowls occur in very *large quantities*, whether broken or whole.

(7) When whole, they are often found *clustering together*, and then

(8) their emplacement is frequently *upside down*.

(9) They are found in *temples and administrative areas* (but then, very few non-public areas have been excavated for this period).

While these observations already suggest the possibility of a comparison not only with the salt industry of prehistoric Europe[8] and East Asia[9] but also with what is known ethnographically about Meso-America[10] and Africa,[11] there are additional

---

[6]   Sürenhagen 1978:101, notes that the bowls were not damaged even though they had been tossed away in antiquity.
[7]   Nissen 1972:99; Le Brun 1980:61f.; Wright 1980. See Sürenhagen 1978:101, for some considerations on emplacement.
[8]   See above, n. 3. I have not been able to see Bloch 1971, quoted prominently by Potts 1984.
[9]   Baas-Becking 1931.
[10] See especially Andrews 1983 (I owe this reference to the courtesy of M. Beaudry). The situation may have been different in North America, where no particular tool specialization seems to be associated with salt procurement (Muller 1987:16). I have not been able to see Brown 1980 or Avery 1983.
[11] See Riehm 1961:191 and pls. XXIIIa-b for some interesting comparative illustrations.

characteristics with regard to emplacement and stratigraphic context that make such a comparison even more convincing — even though they have not generally been noted in the literature. My attention was called to these stratigraphic associations by the results of our own excavations at Qraya,[12] although parallels can be found at most other Protoliterate sites.

(10) The bowls are associated with characteristic *fire installations* that have pottery grills placed above the fire chamber; the relatively large size of these installations and the lack of evidence of organic refuse nearby makes it unlikely that they may have served as ordinary cooking ovens; on the other hand, the absence of slag implies that one need not automatically consider them pottery kilns.[13]

(11) A type of vessel which is frequently associated with the bowls are *large, high-rimmed platters* (see an example from Qraya in Pl. 6c).

(12) Another characteristic item associated with the bowls, though in limited quantity and at fewer sites, are *pottery ladles* or large spoons (see two examples from Qraya in Pl. 7a).

(13) The bowls, whether whole or broken, are found in *open areas*, with traces of *water run-offs* nearby.

---

[12] An initial note on the site appeared in Buccellati and Kelly-Buccellati 1987:6f. The archaeological documentation pertaining to the excavated material from Qraya, and parallels from other sites, will be found in the forthcoming *Qraya Modular Reports* (to appear in the journal *Syro-Mesopotamian Studies*), authored by the various field directors who have been responsible over the years for the excavations at Qraya. Work at the site is currently being conducted under the direction of Stephen Reimer (since 1984) while earlier seasons were under the direction of Kay Simpson (1977-78) and Daniel Shimabuku (1983-84). For the first report currently in press see Simpson 1983 and forthcoming. I am grateful to S. Reimer for information on the details of the excavations at Qraya; his report, which is forthcoming, will include the pertinent documentary evidence.

[13] See an example of fire installation from Qraya in Pl. 6b. Discussions of kilns deal primarily with their formal and functional typology, and very seldom with their stratigraphic setting, particularly their association (or lack of association) with slag and wasters, or even with fire dogs or other supports; and the definition "*pottery* kilns" is often applied automatically to any fire installation that does not appear to have been a cooking oven. For an ethno-archaeological approach to the problem, see Barrelet 1980:56; Balfet 1980:71-76. An interesting substantive discussion of the role of slag and wasters is found in Y. Majidzadeh 1977:213 (see also 210; I owe the reference to S. Reimer): he argues that the lack of slag only indicates that the potter had cleaned the work area in preparation for the next firing. It should be noted however that (a) while such cleaning might well have removed all or most wasters, it could hardly have been so thorough for slag, which can easily become embedded in the floor surfaces around the kiln, and that (b) one cannot assume that the lack of mention of slag in a site report implies that in fact there was no slag. For our purposes, I assume that fire installations for which there is no demonstrable association with slag, wasters, fire dogs or such (meaning that their absence has been explicitly observed and properly recorded by the excavator) *may* have been used for other functions even if typologically they are suited to have been used as pottery kilns. It may further be noted that, should one wish to interpret fire installations in a setting like the one at Qraya as pottery kilns, one would still have to explain the unique pattern of breakage of the bevelled-rim bowls (see presently), which would be even more puzzling if the fire installations are pottery kilns: why so many broken pots without wasters or slag?

(14) *Clay sealings*, which had been applied to both containers and doors,[14] are found in the same context as the bowls.

(15) The nature of the disposal lends itself to more specific observations. As was already noted, the vessels are found together in large quantities, both broken and whole (when whole, often upside down). What should now be added, is that (in Qraya at least) there is no indication of roof or wall collapse which would have caused the breakage: rather it appears that they were *discarded in situ*, i.e. that they were dumped together whether broken or whole. This is a rather unique emplacement phenomenon which can be observed for bevelled-rim bowls at many sites: one can hardly think of other instances when one and the same type of utilitarian ceramic vessels has been disposed of *en masse* in a self-contained disposal place (such as a pit[15] or an oven no longer in use).

(16) This suggests that there was an element of *intentionality* in the process of discarding: if so many bowls are discarded together in a broken state, one may infer that they were broken intentionally and further that they were dumped at the time they had been broken (otherwise one would expect more of a mixture with other types of vessels).

(17) If so, we may draw the additional inference that the general area where the dumping took place corresponds to the *working area* where the bowls were being put to use while still whole.

3. The technology of salt production[16]

Even a brief glance at the reconstruction of salt installations in pre-industrial societies around the world[17] will show readily that there is a striking similarity between such installations and the cluster of elements just described for the bevelled-rim bowls and their context. Here, I will look again at the Syro-Mesopotamian data which we have just reviewed, and I will in so doing indicate how the various pieces of the puzzle may come to explain each other if viewed as the components of a salt making installation. Obviously, this is a reconstruction for which the evidence is only inferential.

(1) *Brine was gathered* from local supplies in containers for which we have at present no demonstrable evidence. On the basis of ethnographic evidence from

[14] Of the latter (door sealings) we have so far no examples at Qraya, but for other Protoliterate examples (though not necessarily found together with bevelled-rim bowls) see Wright 1980:278; Fiandra and Ferioli 1985.

[15] For evidence from Chogha Mish see Delougaz and Kantor 1975:97.

[16] I use the term "production" in a generic sense, that subsumes gathering as well as drying or boiling — in other words, the entire process of producing a commercially viable entity, from the procurement of the raw material to the curing and disposition of the same in manageable units.

[17] See above, notes 3, 10 and 11. Pl. 7b provides a reconstruction (published by Bertaux 1972, Fig. 10 and reproduced in Hopkinson 1975, Pl. II) of a salt-making installation from the Lorraine very similar to what I envisage to have been the situation in Qraya.

Meso-America,[18] a vessel which may hypothetically have been used for this purpose is the rather distinctive "bifid jar,"[19] which is a spherical jar, very light in fabric, with a narrow neck and a shoulder handle: such jars, however, are only known from later periods in the area of Qraya (specifically, they are found in second millennium Mari, Baghouz and Terqa[20]), and the possible correlation to salt remains purely speculative. As for the local sources of salt in the region of Qraya, they will be discussed in some detail in the next section. The traces of water run-off in the general area at Qraya where bevelled-rim bowls were found may have been occasioned by the process of handling the brine.

(2) *The brine was placed in large, high-rimmed platters*, which in turn were placed *on the grills* resting directly upon a subterranean fire-chamber. This phase of the process aimed at the elimination of the water content of the brine through direct and intense heating.[21] The fuel was presumably provided by the local brush and dung cakes; since the fire chambers are relatively small (about 70 cm in diameter and 50 cm in depth; two of these ovens have been found in Qraya in the area of major accumulation of the bevelled-rim bowls), not much fuel was necessary for any given firing. The large open platter allowed for easier evaporation in the oven which we may assume to have been open to the sky.[22] Given the size of these platters, few are found intact, but many flat sherds belong probably to this type of vessel. No major evidence of burning has been noticed on the sherds, but this may be attributed to the fact that the flame was not in direct contact with the vessels, since these were elevated on the grill which sat above the fire chamber.

(3) The resulting dry salt was then *scooped out with the pottery ladles*[23] and placed in the bevelled-rim bowls, which were placed *on the edges of the grill*, next to the central platter. Such a reconstruction of the salt making process has been proposed for the prehistoric sites in France.[24] The use of ladles would have been

---

[18]   See Andrews 1983:82, with Fig. 4.7 and 4.8.

[19]   For a different interpretation of this type of vessel see Gates forthcoming.

[20]   See Kelly-Buccellati and Shelby 1977:24-25 (*TPR* 4 18).

[21]   An objection to this procedure is that in modern ethnographic evidence "the boiling of saline solution is never attested since the summer's heat is sufficient to evaporate any and all saline solutions" (Potts 1984:249). It should be noted, on the other hand, that Potts' own suggestion that the solid-foot goblets of Mesopotamia may correspond typologically to the *augets* of European prehistory (1984:260-65) would seem to imply more than their having been used only for transportation and storage, since this type of vessel, in non-Mesopotamian contexts, is specifically related to boiling. It seems possible that boiling may have taken place successively, for the purposes of refinement. Beatrice Hopkinson intends to test this in the near future in an experiment with salt to be gathered at the Bouara playas; the experiment will attempt to determine what refinement would occur as a result of boiling. See also the interesting observations in Butz 1984:296.

[22]   To the extent that the fire installations were domed, they would not have been suitable for boiling or drying salt, since evaporation is an essential consideration in the process. Since the roof over the grills, if there was one, would have been small and flimsy, it is conceivable that the fire installations might have served a double purpose — if roofed, for pottery, if unroofed for salt.

[23]   Of course, the ladles may have been used as well (or instead) to place the brine in the platters.

[24]   Riehm 1961: Fig. 3; Bertaux 1972: Figs. 7-10; n. d.: fig. 29.

warranted by the fact that at this stage the brine was hot, and that there was presumably a reasonable concern not to spill any of the content and to keep it at the same time as clean as possible. Given the high solubility of salt, it would seem all but impossible that any amount of salt could be detected in the walls of the bowls, and to the extent that salt minerals may be found to be present, they may be attributed to the clay itself or the nature of their emplacement in saline soil rather than to the presumed content of the bowls.

(4) The bevelled-rim bowls were kept on hand, ready to be used, in the general vicinity of the ovens: they were placed *upside down* and *stacked one on top of the other* only because the resulting pile would thus be more stable, rather than because of any more specific purpose (I owe this suggestion to Beatrice Hopkinson).

(5) The generally small size of the bowls as well as their shape and especially the type of fabric which characterizes them would be ideal for the *final process of desiccation of the salt cakes*.[25] Owing to the larger surface at the top, the small volume of the salt contained in the bowl and the possibility for the moisture to drain through the porous walls of the vessel, the resulting salt cake would be very thoroughly desiccated, and thus proportionately less susceptible to spoilage.

(6) After removal from the grill, the bowls with the salt cakes inside them were *stored for shipment*. Such storerooms, and the containers in which the salt cakes were kept, were presumably kept under lock and seal — which would account for the sealings found in this area.

(7) It is an open question whether the salt cakes were systematically *removed from the bowls* or not. On account of the weight of the bowls, it would seem logical that they *would* have been removed for shipment — and this would account for the large number of broken bowls and the characteristic nature of their disposal, all in the same area. We will, however, come back to this question when dealing with the issue of trade. It would appear in any case that the bowls would break easily, and thus were not generally reused (although there does not seem to be any contraindication to such reuse in terms of salt making per se).

(8) The *approximate standardization of bowl sizes* makes good sense within this perspective. On the one hand, bowls needed to be produced in great quantities because of the high incidence of breakage, and the easiest way to mass-produce them would have been to use molds, which Nissen has convincingly shown was in fact the case (Nissen 1970:137). On the other hand it was convenient for both

---

[25] Riehm 1961 notes that in various tests the "highly porous objects" from Halle (i.e., the briquetage) "proved unsuitable as boiling vessels" because "on heating the walls burst so that the brine flowed out." He interprets them accordingly as "salt cake moulds and parts of salt drying apparatus. Filled with the freshly boiled salt obtained from" impermeable containers where the salt had been boiled, "they probably stood around a glowing hearth. This mould was, however, suitable for one use only: it had to be smashed when the hardened salt cake was taken out" (p. 183f.). On p. 184 Riehm notes that there was a standardization of sizes and shapes, and that these "lumps of hard salt of as equal a weight as possible ... were probably marketed together with their 'packaging,' i.e. in their mantle of clay."

storage and shipping to have units of about the same size. Note that this does not require that the size be exact, since the measuring standard was presumably by weight rather than by units of volume: this then accounts well for the observations by Shimabuku (1977) and Beale (1977), who have argued against a precise standardization as proposed by Nissen (1970) and Johnson (1973).

(9) It appears from the above that one can also account in this manner for the *carelessness of manufacture*. The bowls were intended functionally for an ephemeral use, since breakage was easy as a result of their inherent porosity and fragility, and was perhaps even intended at the time that the cakes were removed.

(10) Finally, the presence of bevelled-rim bowls in *temple or public areas* (nothing can be said as yet in this respect for the evidence from Qraya) would account well for the general scope of such a technological enterprise which logistically, if not technically, required a degree of coordination better suited for a larger organization than that available in the private sector.

It should be stressed again that this interpretation of the bevelled-rim bowls as serving in salt procurement is largely inferential: it accounts well for a number of peculiarities which can be found in the stratigraphic distribution of these items.[26] It must also be repeated that this interpretation does not exclude the concomitant use of the bowls for other purposes — a multifunctionality which would have been made even easier by the industrial-scale production presupposed by a salt procurement scenario like the one just outlined.

4. The dynamics of trade

That salt was in fact big business[27] is presupposed not only by the considerations

---

[26] The seasonal distribution in the discard of the bevelled-rim bowls, noted by Wright et al. 1980:272 (see also Johnson 1983:360), whereby there is a higher incidence of items apparently datable to the summer (on the basis of associated animal remains), may be related to the fact that the summer is the period when the salt can be "harvested" in the saline playas.

[27] By way of comparison, one may note that in medieval Italy salt trade was in the order of several million kilograms per year, see e.g. Multhauf 1978:8f. (in 1850 England, yearly production was up to almost 650 million kilograms, with about 350 million used for internal consumption, p. 120). The fundamental work on salt in the ancient Near East is now to be found in Potts 1984 (some of the points made in this article are already presented in more concise form in Potts 1983). For occasional remarks in the earlier literature see for example Limet 1977:54; Ellison 1983:148; Crawford 1973. Potts' suggestion (1983; 1984:255f., 270) that the Amorites may have been involved in such trade, as nomads have been in recent times in the Near East, is quite plausible. It should be noted, however, that in the Isin corpus (*BIN* 9), where he finds evidence for the association between the Amorites and leather bags, there are many more cases of non-Amorites than of Amorites mentioned as recipients of leather bags, so that his argument is tenuous (for a recent study of this archive see Van de Mieroop 1986). I may incidentally remark that where he faults me (p. 256, referring to Buccellati 1966:309) for saying that the use of the leather bags on the part of the Amorites is "obvious" when in fact it is not, he seems to miss the point I had in mind: I was contrasting the situation in Isin with that in Drehem, where the use of the animals given to the Amorites is even *more problematic* than the use of the sandals and bags given them in Isin

made so far about its production, but even more by the larger picture which we can draw with regard to trade and the socioeconomic factors behind it. And in this respect the evidence from Qraya is especially instructive.

The starting point of our argumentation may be the question of the location of Qraya and its relationship to other settlements of the same period. From all available evidence there are only two sites of the Protoliterate period on the middle Euphrates — Qraya and Ramadi.[28] Qraya is situated slightly north of Terqa, and Ramadi slightly north of Mari, and they may well represent the historical antecedent for each of the two later cities, which became successively the capitals of the middle Euphrates region in historical periods. There are no other known Protoliterate sites on the Euphrates south of Qraya and Ramadi until the southern region of Iraq. It is generally assumed that the expansion of the Protoliterate period to the North took place along the Tigris, and then West along the upper plains of the Khabur in Northeastern Syria and on the sites of the recent excavations at Habuba Kebira, Kannas and Aruda, all in the Big Bend of the Euphrates. That the Euphrates did not serve as a primary communication route to the South is suggested by the fact that even in later historical times there was a natural boundary south of Mari (coinciding in fact with the modern political boundary between Syria and Iraq): on the Iraqi side the Euphrates valley is even more constricted, to the point that hardly any irrigation, however limited, was possible. Hence there was a marked lack of urban settlements,[29] and only at the time that large scale pastoralism developed in the middle Euphrates region (resulting in the phenomenon of the Amorites) did a normal communication route come to be open along the river.[30]

In this perspective, as the map in Pl. 5 makes clear, the settlements at Qraya and Ramadi, more than 250 kms. south of Tell Brak, represent a detour which requires some explanation.[31] The narrow trough of the Euphrates at the juncture with the Khabur, known today as the *Zor*, was unlikely to appeal to people used to the

(Buccellati 1965:300): while sandals are to be worn and bags to be used as containers, animals could be sacrificed, eaten, bred, shorn, or cared for and returned.

[28] An article on Ramadi is to appear in vol. 5 of *M.A.R.I.*, which I have not yet seen in print. Some preliminary remarks are found in Simpson 1983:298.

[29] See the maps in Abu Al-Soof n.d.: 181; Le Brun 1980:61.

[30] I have developed this argument in the second and in the last of the articles mentioned above in n. 1. For a different understanding of the Euphrates as a viable communication route in early historic times see Simpson 1983:282-301; Margueron forthcoming.

[31] A few sites with Uruk period material on the surface have been reported for the lower Khabur in Kühne 1978-79 (Hussein, Ahmar South, Fadghami, Mashnaqa) and for the steppe on the east bank of the Khabur in Pfälzner 1984 (Anayat), but none of these appears to have been a major urban site. For some interesting remarks on locational geography and on travel times as applied to Uruk period settlements see Johnson 1983: esp. 362-67, 369-72, 376f., 393-95. See also Nissen 1980:96, for a remark to the effect that the contrast between Nineveh (with rich deposits of bevelled-rim bowls) and Gawra (no bowls at all) may be due to a difference in the type of settlement.

fertile rain-fed plains of the upper Khabur or the vast alluvial plains of the south where large scale irrigation was possible (on a scale unimaginable in the constricted valley of the *Zor*). And, in point of fact, both Qraya and Ramadi do not appear to be anywhere near the scale of Tell Brak, for instance, nor are other sites of Brak's magnitude known from the middle Euphrates: in other words, Qraya and Ramadi are relatively small and isolated settlements in a region which did not otherwise seem to have, at that time, sustained any full-size urban settlements.[32] Nor do we have reason to believe that a broadly based rural society of agro-pastoralists had already developed to its full extent in the Protoliterate period as it will be at a later date with the Amorites: full use of the unique geo-morphological characteristics of the lower Khabur/middle Euphrates region (corresponding to the later political entity of Khana) seems to have developed only during the third millennium, and thus would not presumably have been a factor in attracting Protoliterate period settlers to come south along the Khabur basin.[33]

A plausible answer is provided by a comparison of the distribution of Proto-literate sites in Syria with the known location of major salt sources, as shown on the enclosed map. The area of the upper Khabur plains and of south central Turkey appears to be devoid of major salt sources,[34] and yet it was precisely in this area that the Protoliterate settlers were expanding, presumably coming from the south over the Tigris in search of easier access to the natural resources of the Taurus mountains. The lack of major salt resources in the area where new urban settlements were being established is likely to have posed an appreciable problem, sufficiently so to cause the settlers to actively search for them. And such a search would have brought them to the area of Qraya and Ramadi.

As is apparent from the map,[35] both sites are at an even distance (some 40 kms. as the crow flies) from the salt "playas" of al-Bouara,[36] which are very considerable in size and are exploited commercially in our own days. In fact, this area ranks third for the amount of salt produced in modern Syria (Lefond 1969:357). During a

[32] This is all the more remarkable considering that two rather significant sites of the Neolithic period are known for this general region, Bouqras (a few kilometers north of Qraya, see recently Akkermans et al. 1983), and Tell es-Sinn (in the immediate vicinity of Der ez-Zor, see Roodenberg 1979-80).
[33] Continued systematic study of animal remains from Qraya and Terqa by K.F. Galvin will be of considerable importance for this question. See for now Galvin 1987.
[34] Forbes 1965:175 refers to "large deposits ... near Ali Dagh, north of Tuz Khurmatli, near Koh Tuz not far from Mardin and near Vihan and Sert," but I did not find specific references to these deposits in terms of amounts and accessibility. See also Dillemann 1962:62, and Potts 1984:243.
[35] For an excellent and detailed map of the area see Pfälzner 1984, Abb. 71. Pfälzner notes (p. 181) that of the various salt lakes in the area only Bouara is commercially exploitable, on account of the presence there of a year round spring of fresh water, while at the other locations the water is only from run-offs and the salt deposits are very brackish.
[36] This is the Arabic spelling, to be preferred to the Ottoman "Bevara" used by Unger 1916 and Potts 1984:242-45 in their long and very informative discussion of this area. Local people I have asked and who have taken me to the playa simply refer to it as *al meleḥ*, "the salt."

brief visit to these salt playas I did not observe signs of ancient occupation,[37] but the visit was on the occasion of a holiday outing, during which I made no systematic attempt at surveying the playas, which are very large and quite inhospitable. Even today, human presence there is extremely limited and only seasonal, and it would seem a priori unlikely that there may have been any concentration of ancient remains anywhere in the playas themselves, and even if such had been the case, it is likely that the geo-morphological nature of the area would have erased any trace. Given the general persistence of the same geo-morphological conditions during historical periods, it is quite likely that these playas were in existence and accessible in early historical times. Consequently, I am postulating that the "detour" to the south along the Khabur was occasioned by the need to obtain larger amounts of salt than those which might have been obtainable locally in the North. It is also possible that the marshes corresponding to ancient meander loops of the Euphrates may have served as a source for salt, but they would presumably have been of minor importance vis-à-vis the major resource provided by the playas.

It is interesting in this connection to note that by far the largest salt producing area in Syria today is located not far from the Protoliterate sites of the Big Bend area of the Euphrates, in the Jabboul playas between Meskene and Aleppo: production there is almost thirty times as large as that of the playas of al-Bouara near Qraya. It is possible to speculate that here too salt may have played a role in the choice of the Protoliterate settlements, although other factors would certainly have been operative here that were not in the region of Qraya.

There is a unique dimension to the pattern of salt trade as proposed here — unique vis-à-vis other patterns of economic interchange which have been recognized for ancient Mesopotamia.[38] In the case of salt, the commercial need for trade went hand in hand with the know-how for technical aspects of production: that is to say, salt was not produced by manufacturing centers that had discovered on their own the sources of raw material, and had come to rely on long distance trading partners to deliver the produced goods to urban markets. Rather, sources of salt were discovered and exploited by the same commercial entities that had established the need for the market in the first place, i.e. the large urban communities which we know especially from the "Protoliterate" South and from northern sites like Brak.[39]

[37]   The survey by Pfälzner is extremely interesting for our present concern, because it gave evidence of some 42 ancient sites (1984:181 with Abb. 71) in the steppe area north of Bouara. One of the sites (Anayat ash-Sharqi III, see Abb. 75) is particularly significant in that it yielded Uruk type remains (p. 185 and Abb. 76:3-4). Pfälzner describes (p. 182) the sites in the area as very small permanent or semi-permanent settlements, numbering between two and ten houses. With reference to Potts, Pfälzner also mentions the possibility that the sites may have been established in connection with salt procurement.

[38]   See Yoffee 1981 for a review of recent work on the subject of trade; for particular references to patterns of trade see Limet 1977; Kohl 1978; Zagarell 1986.

[39]   I think that the differences in material culture to be found between the sites in the North and those

These considerations argue in turn for an important conclusion, namely, that the individuals responsible for the spread of the Protoliterate type of material culture to the North and the Northwest were in fact the Sumerians who had developed the first urban culture in the South. The diffusion of specific implements would in this case be linked with the very specific technological know-how which is to be presupposed behind salt-making; it would also be linked with the specific needs arising within the newly developing urban society for new dietary situations and for medium-to-long term preservation of foodstuffs and other items. This is an impressive array of concomitant facts — material culture with its attendant manufacturing techniques (especially the mold-made porous vessels known as bevelled-rim bowls), the fairly elaborate technology of production of a given good (salt), the search for sources of the raw material, the complex set of needs served by the end product — which supports fairly conclusively the notion that the widespread distribution of Uruk type elements of material culture corresponds to an actual expansion of the Sumerian urban civilization, through the carrier of its own people rather than through borrowing and adaptation by others.

5. The puzzle within the puzzle

There is little doubt that salt was of great importance for early society especially after the implementation of agriculture had introduced an essential element in the diet which did not include a built-in salt component. While salt can be easily accessible where it is found in nature, as in the playas, it cannot be simply "harvested," nor is it available with the same degree of ease in every region. Given the combination of these two factors — the important role of salt in human diet and relative difficulty of procurement in sufficient quantities — the production of salt, and where necessary its trade, would appear as one of the major activities of early settled communities, and even more so of early urban society.

Much has been written about salt production in other areas of the world, for example in pre- and early historic Europe, in Meso-America and in Africa (see notes 3, 10 and 11). It is a remarkable puzzle, then, to see how little attention has been paid to this issue within the field of Mesopotamian, or even ancient Near Eastern, studies, up until the recent articles by Potts and Butz.[40] The chapter on salt in Thompson (1936: 1-16) was the most comprehensive survey available. The summary review by Forbes (1965: esp. 175-177) builds essentially on Thompson's data as far as Mesopotamia is concerned. Characteristically, the book by the

in the South and the Big Bend (see Simpson 1983:282-301, for a useful summary of the evidence) does not constitute an objection to this interpretation, but I will omit a discussion in this context.

[40] Potts 1983; 1984; Butz 1984. Potts has tentatively, and independently, arrived at the same interpretation of the bevelled-rim bowls suggested here, see p. 269.

Brothwells on *Food in Antiquity* devotes a few relatively detailed pages to Europe (1969:160-162), but says practically nothing about the Near East. The only specific and substantive discussion (prior to Potts) of salt trading in the ancient Near East is the article by Anati (1962:29 f.), in which he explains the rise of Neolithic Jericho as a trading center which drew for its supply on the salt available from the Dead Sea.[41] Various studies which deal with salt as used in the fishing industry (e.g. Crawford 1973) or food and diet (Bottéro 1981:194 f.; 289; Ellison 1983; Limet 1987:138 f.) do not consider the issue of salt procurement. In the volume of Iraq devoted to the 1977 Rencontre Assyriologique, which had been devoted to the issue of trade, the only author who refers, however briefly, to salt is Limet (54 f.).

The main reason behind this puzzle — i.e. the puzzle that the presumed role of salt in ancient Near Eastern diet and trade has generally been disregarded in the literature — constitutes, at the same time, one of the main objections which can be raised against the interpretation I have proposed. If salt was so important to Mesopotamian urban life,[42] why is it that the rich scribal inventory of administrative texts does not highlight prominently the role that I am claiming salt played in that civilization? Even though the bevelled-rim bowls (to which the explanation given here properly applies) precede by a few centuries the major record of this administrative scribal tradition, the production of salt as such would have had to continue, albeit with implements of a different type. While such implements may be perhaps recognized in different shape in the later archaeological record (Potts 1984:258-267), it is puzzling that so little should be found in the administrative record.[43] In the Ur III period, some 1000 years later than the period of the bevelled-rim bowls, there are occasional references to fairly large amounts of salt (180 pounds in one case, 2537 quarts in another: the references will be found in Limet 1977:54; see also Limet 1987:139), but these remain occasional instances; in one of these cases, the salt units are described with the word "brick." Some texts from Ugarit (see Potts 1984:252 f. with references), some 600 years later than the Ur III texts, list 760 "blocks" (*kbd*) of salt in one instance, and 1060 blocks in another: these are said to come from "salt fields" (*ss* and *sisu*, glossed as *eqel tabti*), which are associated with names of individuals, possibly the owners or managers. And an interesting literary reference is found in the religious text entitled Maqlu (5:79): it speaks of the "Amorite salt" (*tabat Amurri*), possibly a reference to the salt derived from the playas of al-Bouara and Jabboul, besides others near Palmyra, all geographically located in "Amurru." (An interesting literary reference to salt

[41]   On the question of salt from the Dead Sea see Potts 1984:228. The possibility of salt procurement and trade has otherwise been suggested on an occasional basis, as in Kirkbride 1974:91.

[42]   Bottéro 1981:289 says that in ancient Mesopotamia, salt "ne semble pas avoir eu l'importance que nous lui reconnaissons." Also note that on p. 193f. he shows how food could be preserved through a drying process that did not involve the use of salt.

[43]   For the relatively meager evidence from literary texts, see Potts 1984:228-235.

outside of Mesopotamia is found in the Bible, which refers to the "covenant of salt," *berīt melah*, in Numb. 18:19 and 2 Chr. 13:5; the precise import of this phrase seems to elude modern exegesis.) The only Mesopotamian texts where salt is mentioned prominently are lexical texts[44] and the glass texts[45] — but by their very nature these texts do not give us an idea of the quantities involved nor of the frequency of use.

Such relative lack of evidence in the administrative record remains unexplained. Limet (1977:54) — to my knowledge the only author to have even raised the issue before Potts — has suggested that vegetal-based salt may have been employed regularly in lieu of mineral salt, since the latter is mentioned occasionally in the ration lists.[46] While this may have been occasionally apt as a substitute, it would not appear likely that it would have served as a full-scale replacement for common salt. Since it is likely that salt supplies were a part of the accounting process (and the link with sealings that we have at Qraya is in line with this presumption), we are left with the suggestion (however weak this may be) that texts of this type have not yet been found in the archaeological record.[47]

Another objection to my interpretation of the bevelled-rim bowls is the fact that these bowls are found at all sites of the Protoliterate period, including sites which are not near salt sources. A reasonable explanation seems however possible for this fact, along a multiple line of reasoning. On the one hand, it is possible that, in some cases at least, the bowls were used as containers for shipment; while this appears rather uneconomical because of their weight, it is conceivable that the bowls were preferred under certain circumstances in order to provide better protection for the salt cakes, especially protection from moisture;[48] in addition, salt shipped in the bowls may have appeared to be as if guaranteed by a trademark — the bevelled-rim bowl itself. Alternatively, it is also possible that while salt was shipped in different containers, such as bags of cloth or skin (Potts 1984:253-258), it was then stored at the place of destination in bowls of the same format as the ones in which it had been manufactured at the place of production. These bowls would then have been made independently at the sites where the salt was being delivered — an assumption that would further explain the need for standardization in the bowls, to the point of their having been made universally in molds. Finally, it is also very likely that once the bevelled-rim bowls had become available in such large quantities, they came to be used for a variety of other purposes in addition to the one for which they had been intended originally: multifunctionality was certainly common on all

---

[44] See references and discussion in Potts 1984:246f.; Butz 1984. See also the title *mun ur₄* "salt gatherer" attested in a text from Fara, quoted in Potts 1984:253.
[45] Thompson 1936:1ff.; Oppenheim 1970, index s.vv. *naga*-plant; *mil'u*-mineral.
[46] See Potts 1984:249f.; Butz 1984:285f.
[47] See also the remarks by Hopkinson in the appendix to be published elsewhere, and Butz 1984:315.
[48] See also above, n. 25, and the appendix by Hopkinson to be published elsewhere.

levels of Mesopotamian life, except for the most specialized structures and items. In particular, they may have been used for any type of food processing in which evaporation or draining of water was important, as originally proposed by Delougaz.[49] At any rate, these alternative interpretations need not be regarded as necessarily mutually exclusive; in other words, the bowls may have been made both for salt production *and* other purposes, and shipment may have taken place in *both* the bowls and other, less heavy, containers (see Le Brun 1980:66).

In spite of these potential objections, it seems fair to say that the interpretation here proposed accounts for more concomitant factors of typology, emplacement and distribution than the other current interpretations (reviewed recently by Beale 1978; see also Makkay 1983). The very difficulty implied in the relative lack of references to salt in the administrative record should be welcomed as a challenge for historians to face more directly, if not the interpretation of the bevelled-rim bowls per se, then the more significant issue of salt procurement in ancient Syro-Mesopotamia.

BIBLIOGRAPHY

Abu Al-Soof, Bahnam
    n.d.   *Uruk Pottery. Origin and Distribution*, Baghdad: State Organization of Antiquities and Heritage.
Akkermans, P.A. et al.
    1983   "Bouqras Revisited: Preliminary Report on a Project in Eastern Syria," *Proceedings of the Prehistoric Society* 49:335-72.
Anati, E.
    1962   "Prehistoric Trade and the Puzzle of Jericho," *BASOR* 167:25ff.
Andrews, Anthony P.
    1983   *Maya Salt Production and Trade*, Tucson.
Avery, George
    1983   *Salt, Pots, and Diets: Replication Studies of Late Prehistoric Shell-Tempered Ceramics*, MA Thesis, Dept. of Anthropology, Southern Illinois University, Carbondale.
Baas-Becking, L.G.M.
    1931   "Historical Notes on Salt and Salt-Manufacture," *Scientific Monthly* (Lancaster, Pa.) 32 (May): 434-446.
Balfet, Hélène
    1980   "A propos du métier de l'argile: exemple de dialogue entre ethnologie et archéologie," in Barrelet ed. 1980:71-84.
Barrelet, Marie-Thérèse
    1980   "A propos du métier de l'argile: exemple de dialogue entre archéologie et ethnologie," in Barrelet ed. 1980:55-58.

---

[49] Delougaz 1952:128. It should be noted that Delougaz's reference to a possible use of the bowls for "the separation of whey from curds," and thus for the preparation of cheese or yoghurt, with which his theory has come to be identified, was only by way of exemplification. For other simple uses in food preparation see Ellison 1984:64.

Barrelet, M.T. ed.
    1980   *L'archéologie de l'Iraq du début de l'époque néolithique à 333 avant notre ère —*
                Perspectives et limites de l'interprétation des documents, Colloque International
                CNRS No. 580, Paris: Editions du CNRS.
Beale, Thomas W.
    1978   "Bevelled-Rim Bowls and Their Implications for Change and Economic Orga-
                nization in the Later Fourth Millennium B.C.," *JNES* 37:289-313.
Benac, Alojz
    1973   "Obre II: A Neolithic Settlement of the Butmir Group at Gornje olje,"
                Wissenschaftliche Mitteilungen des Bosnisch-Herzegowinischen Landesmuseums
                3/A, Sarajevo, pp. 5-191.
Bertaux, J.P.
    1972   "Le sel et la Lorraine," *Bulletin of Industrial Chemical Engineers* 68 (July),
                without page numeration.
    n.d.   "L'archéologie du sel en Lorraine," Livret-guide de l'excursion No. 7, UISPP,
                IXe Congrès, pp. 64-79.
Bloch, M.R.
    1971   "Zur Entwicklung der vom Salz abhängigen Technologien," *Mitteilungen der*
                List Gesellschaft, Fasc. 11:254-94.
Bottéro, J.
    1981   "Konservierung von Lebensmitteln" and "Küche", *RLA* 6/3-4, pp. 191-197;
                277-298.
Brice, W.C.
    1966   *Southwest Asia*, London: University of London Press.
    1978   *The Environmental History of the Near and Middle East*, London: Academic
                Press.
Brown, Ian
    1980   *Salt and the Eastern North American Indian: An Archaeological Study*, Lower
                Mississippi Survey, Bulletin N.6, Peabody Museum, pp. 106ff.
Brothwell, Don & Patricia
    1969   *Food in Antiquity. A Survey of the Diet of Early Peoples*, Ancient Peoples and
                Places, London.
Buccellati, G.
    1966   *The Amorites of the Ur III Period*, Naples.
    1977   "The 'Urban Revolution' in a Socio-Political Perspective," *Mesopotamia* 12:19-
                39.
Buccellati, G. & Kelly-Buccellati, Marilyn
    1978   "Terqa Preliminary Reports, No 6: The Third Season: Introduction and the
                Stratigraphic Record," *SMS* 2:115-164, pls. I-XIV.
Butz, Killian
    1984   "On Salt Again ... Lexikalische Randbemerkungen", *JESHO* 27:272-316.
Crawford, H.E.W.
    1973   "Mesopotamia's Invisible Exports in the Third Millennium B.C.," *World*
                Archaeology 5:232-241.
De Brisay, K. & Evans, K.A.
    1975   *Salt: The Study of an Ancient Industry*, Colchester Archaeological Group,
                Colchester.
Delougaz, Pinhas
    1952   *Pottery from the Diyala Region*, OIP 63, Chicago.

Delougaz, P. & Kantor, H.J.
1975   "The 1973-74 Excavations at Chogha Mish," *Proceedings of the 3rd Annual Symposium on Archaeological Research in Iran*, Tehran.

Dillemann, L.
1962   *Haute Mésopotamie Orientale et Pays Adjacents. Contribution à la Géographie Historique de la Région, du Ve S. avant l'Ere Chrétienne au VIe S. de Notre Ere*, Paris: Geuthner.

Ellison, Rosemary
1983   "Some Thoughts on the Diet of Mesopotamia from c. 3000-600 B.C.," *Iraq* 45:146-150.
1984   "The Uses of Pottery," *Iraq* 46:63-68.

Fiandra, Enrica & Ferioli, Piera
1985   "Controlo e sicurezza delle porte di Arslantepe," *Studi in onore di Salvatore M. Puglisi*, (Roma: Università La Sapienza) 237-44.

Forbes, R.J.
1965   *Studies in Ancient Technology*, Vol. 3.

Galvin, K.F.
1987   "Forms of Finance and Forms of Production. The Evolution of Specialized Livestock Production in the Ancient Near East," in E.M Brumfield and T.K. Earle eds., *Specialization, Exchange and Complex Societies*, (New Directions in Archaeology, Cambridge: Cambridge University Press) 119-129.

Gates, Marie-Henriette
forthc.   "Dialogues between Ancient Near Eastern Texts and the Archaeological Record: Test Cases from Bronze Age Syria," *BASOR*.

Hopkinson, Beatrice
1975   "The Archaeological Evidence of Salt Moulding at Important European Salt Sites and Its Relationship to the Distribution of Urn-fielders," *Journal of Indo-European Studies*, 3:1-52.

Johnson, Gregory A.
1973   *Local Exchange and Early State Development in Southwestern Iran*, The University of Michigan Museum of Anthropology, Anthropology Papers, no. 51, Ann Arbor.
1983   "Strutture protostatali. Cambiamenti organizzativi nella amministrazione della pianura della Susiana durante in periodo Uruk (c. 3800-3100 a.C.)," *AIUON* 43/3:345-406.

Kelly-Buccellati, M. & Shelby, W.R.
1977   "Terqa Preliminary Reports No. 4: A Typology of Ceramic Vessels of the Third and Second Millennia From the First Two Seasons," *SMS* 1/6.

Kirkbride, D.
1974   "Umm Dabaghiyah: A Trading Outpost?" *Iraq* 36:85-92, pl. XIV.

Kohl, P.L.
1978   "The Balance of Trade in Southwestern Asia in the Mid-Third Millennium B.C.," *Current Anthropology* 19/3:463-475.

Kühne, H.
1978-79 "Zur historischen Geographie am Unteren Habur," *AfO* 26:181-95.

Le Brun, Alain
1980   "Les écuelles grossières: Etat de la question," in Barrelet ed. 1980:59-83.

Lefond, Stanley J.
1969   *The Handbook of World Salt Resources*, New York: Plenum Press.

Limet, H.
    1977   "Les schémas du commerce néo-sumérien," *RAI 23* = *Iraq* 39:51-58.
    1987   "The Cuisine of Ancient Sumer," *BA* 50/3:132-147.
Liverani, Mario
    1986   *L'origine delle città. Le prime comunità urbane del Vicino Oriente* (Libri di base
                99, Roma: Editori Riuniti) 158.
Majidzadeh, Y.
    1975-77   "The Development of the Pottery Kiln in Iran from Prehistoric to Historical
                Periods," *Paléorient* 3:207-221.
Makkay, J.
    1983   "The Origins of the 'Temple Economy' as seen in the Light of Prehistoric
                Evidence," *Iraq* 45:1-6.
Margueron, J.-C.
    forthc.
Muller, Jon
    1987   "Salt, Chert and Shell: Mississippian Exchange and Economy," in E.M.
                Brumfiel & T.K. Earle eds., *Specialization, Exchange, and Complex Societies*
                (Cambridge) 10-21.
Multhauf, R.
    1978   *Neptune's Gift: A History of Common Salt*, Baltimore: Johns Hopkins Univer-
                sity Press.
Nissen, Hans J.
    1969   "Die Bedeutung der frühen Massenkeramik in Babylonien," paper delivered at
                the 17th Rencontre Assyriologique Internationale.
    1970   "Grabung in den Quadraten K/L XII in Uruk-Warka," *Baghdader Mitteil-
                ungen* 5:101-191.
    1972   "Analysis of Archaeological Surface Collections," in R. McC. Adams and H.J.
                Nissen, *The Uruk Countryside: The Natural Setting of Urban Societies* (Chi-
                cago) 95-217.
    1974   "Zur Frage der Arbeitsorganisation in Babylonien während der Späturuk-
                Zeit," *Acta Antiqua Academiae Scientiarum Hungaricae*, 22:5-14.
    1980   Report of discussion in Barrelet ed. 1980:95f.
    1983   *Grundzüge einer Geschichte der Frühzeit des Vorderen Orients*, Grundzüge 52,
                Darmstadt: Wiss. Buchgesellschaft.
Nissen, Hans J. & Renger, J.
    1982   *Mesopotamien und seine Nachbarn*, BBzVO 1.
Oppenheim, A. Leo
    1970   *Glass and Glassmaking in Ancient Mesopotamia. An Edition of the Cuneiform
                Texts which Contain Instructions for Glassmakers with a Catalogue of Surviving
                Objects*, Corning.
Pfälzner, Peter
    1984   "Eine Archäologische Geländebegehung im Gebiet des Wadi Agig/Ostsyrien,"
                AfO 31:178-185, Abb. 71-76.
Potts, Daniel
    1983   "Salt of the Earth: The Role of a Non-Pastoral Resource in a Pastoral
                Economy," *OrAnt* 22:205-215
    1984   "On Salt and Salt Gathering in Ancient Mesopotamia," *JESHO* 27/3:225-271.
Riehm, Karl
    1961   "Prehistoric Salt-Boiling," *Antiquity* 35:181-191.

Roodenberg, J.J.
1979-80   "Sondage des niveaux néolithiques de Tell es Sinn," *Anatolica* 7:21-34.
Shimabuku, Daniel M.
1978   *The Technological Aspects of Food Production, Distribution, and Consumption in Southern Mesopotamia and Khuzistan During the Period of Early Urbanization,* Los Angeles (UCLA Diss.).
Simpson, Kay
1983   *Settlement Patterns on the Margins of Mesopotamia: Stability and Change along the Middle Euphrates, Syria,* Tucson (University of Arizona Diss.).
forthc.   "Qraya Modular Reports, No. 1: The Early Soundings," *Syro-Mesopotamian Studies.*
Sürenhagen, Dietrich
1978   *Keramikproduktion in Habuba Kabira-Süd. Untersuchungen zur Keramikproduktion innerhalb der Spät-Urukzeitlichen Siedlung Habuba Kabira-Süd in Nordsyrien,* Berlin.
Thompson, R.C.
1936   *A Dictionary of Assyrian Chemistry and Geology,* Oxford.
Unger, E.
1916   "Zur Salzsteppe südlich des Sindschar Gebirge," *Petermanns Mitteilungen* 62.
1917   "Reliefstele Adadniraris aus Saba'a und Semiramis," *Publikationen der Kaiserlich-Osmanischen Museen* V, Istanbul.
Van De Mieroop, Marc
1986   "The Administration of Crafts in the Early Isin Period," in K.R. Veenhof ed., *Cuneiform Archives and Libraries,* (RAI 30, Istanbul) 88-95.
Wright, Henry T.; Miller, Naomi & Redding, Richard
1980   "Time and Process in an Uruk Rural Center," in Barrelet ed. 1980:265-82.
Yoffee, Norman
1981   *Explaining Trade in Ancient Western Asia,* MANE 2/2, Malibu.
Zagarell, Allen
1986   "Trade, Women, Class, and Society in Ancient Western Asia," *Current Anthropology* 27/5:415-430.

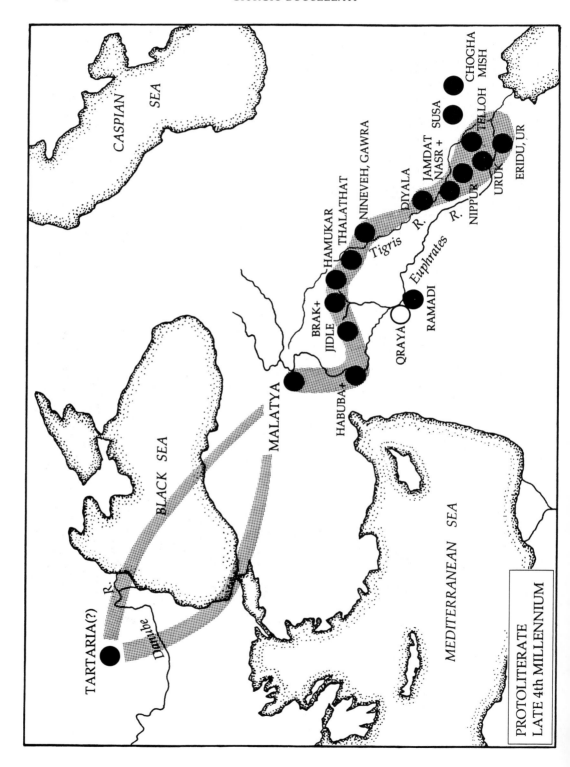

CASPIAN SEA

CHOGHA MISH

SUSA

JAMDAT NASR +

TELLOH

ERIDU, UR

NINEVEH, GAWRA

DIYALA R.

NIPPUR

URUK

THALATHAT

Tigris R.

Euphrates R.

HAMUKAR

BRAK+ JIDLE

RAMADI

QRAYA

HABUBA

MALATYA

BLACK SEA

MEDITERRANEAN SEA

Danube

TARTARIA(?)

PROTOLITERATE
LATE 4th MILLENNIUM

a

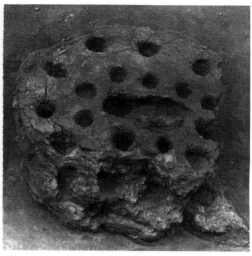

b

c

Plate 6a. Bevelled-rim bowls from Qraya. Three complete vessels, representative of the Uruk period
assemblage at Qraya and elsewhere (photo S. Reimer).
b. Grill from fire installation at Qraya (photo S. Reimer).
c. Fragment of coarse ware platter from Qraya (photo S. Reimer).

a

b

Plate 7a. Pottery ladles from Qraya (photo S. Reimer).
b. Reconstruction of salt-making installation in the Lorraine (photo Bertaux 1972, fig. 10, reproduced in Hopkinson 1975, plate II). The platter (a) is used for boiling brine, and the small bowls (b) for drying and molding the salt cakes. The special hearth design serves a function similar to what might have been the function of the grill in the Qraya hearth. The ware of the vessels is also very similar to that of the bevelled-rim bowls.

NOMADISME NEOLITHIQUE EN ZONE ARIDE: L'OASIS D'EL KOWM (SYRIE)

Jacques Cauvin
CNRS, Lyon/Berrias

Les premiers agriculteurs et les premiers éleveurs du Proche-Orient ont évité soigneusement les zones arides. Le processus de sédentarisation qui a entrainé au Levant la création des premiers villages de chasseurs-cueilleurs natoufiens aux Xe et IXe millénaire paraît s'être cantonné aux steppes semi-arides où tombaient plus de 200 mm d'eau par an. C'est dans ce milieu déjà sédentaire qu'entre 8000 et 6500 bc[1] l'agriculture d'abord, puis l'élevage furent inventés dans des régions qui, en Syrie, correspondent à la Djézireh le long du Moyen Euphrate et à l'oasis de Damas. Si l'on examine par contre les découvertes récentes en Syrie désertique, c'est-à-dire les travaux hollandais à Bouqras, près de Deir ez-Zor, les prospections japonaises dans l'oasis de Palmyre, ou nos propres travaux dans celle d'El Kowm, les documents paléolithiques et épipaléolithiques peuvent y abonder mais les cartes de gisements préhistoriques deviennent étonnamment muettes après 9000 BC. La réoccupation des zones arides attendra la fin de la civilisation PPNB: en Syrie, la date de 6300 bc, qui marqua le début de l'occupation de Bouqras, est la plus ancienne obtenue à ce jour pour le Néolithique du Désert.

On est cependant en train de s'apercevoir que dans diverses régions désertiques du Levant (Sinaï, Désert Noir de Jordanie, Désert syrien), la forme traditionnelle d'occupation du sol qui caractérisait plus à l'Ouest la civilisation PPNB du VIIe millénaire, à savoir le village sédentaire agro-pastoral, n'est plus la seule possible dans ce nouveau milieu et qu'elle y est même assez rare. Les «stations de surface» abondent, le plus souvent sans «remplissage» justifiant des fouilles. Seuls alors des silex en surface témoignent de passages humains. L'idée qu'il s'agissait de nomades s'est peu à peu imposée aussi bien au Sinaï (Bar Yosef) que dans le Désert Noir (Betts) et dans l'oasis d'Azraq (Garrard).

S'agissait-il de pasteurs nomades, à la manière des Bédouins d'aujourd'hui? Et à quand remonte le début de ce pastoralisme itinérant? La réponse à ces deux questions suppose que l'on trouve d'une part des restes de faunes déterminables, d'autre part des charbons, c'est-à-dire des foyers, pour dater ces restes par radiocarbone, ce qui n'arrive qu'exceptionnellement.

Sur la foi de deux faunes ainsi découvertes au Sinaï (mais non datées), Bar

---

[1] bc en minuscules: convention actuelle pour chronologie C 14 non calibrée.

Yosef (1984) a conclu que ces nomades étaient des chasseurs-cueilleurs PPNB, autrement dit des populations en état de régression économique par rapport aux villages PPNB des zones littorales du Levant. Même conclusion pour un site PPNB du Désert Noir comme Dhuweila (Betts 1985, 1986) où la faune consiste uniquement en gazelles, tandis qu'un autre, daté de c. 5500 bc, c'est-à-dire déjà du début du VIe millénaire, pourrait avoir des ovicaprinés domestiques. Des divergences analogues apparaissent non loin de là dans l'oasis d'Azraq, où le site de Wadi Dhobaî B (Waechter 1938) ne contenait qu'une faune de chasse, tandis que celui d'Azraq 31 (Garrard 1987), daté de c. 6300 bc, présente du bétail domestique.

Qu'est-ce que cela signifie sur le plan socio-économique? Y a-t-il eu à la fin du PPNB à la fois des sociétés nomades de chasseurs et d'autres de pasteurs? Sont-elles vraiment contemporaines? Quelles relations ont-elles établies avec les sédentaires et entre elles? Ne peut-on enfin imaginer une forme d'occupation de l'espace où le même groupe humain effectuerait en des endroits différents des tâches différentes, aucun site à lui seul ne pouvant dès lors expliciter la totalité de son économie, ni même de son outillage?

La cuvette d'El Kowm, à 100 km au Nord de Palmyre, a offert à l'E.R.A. 17 du C.N.R.S., grâce à la Mission Permanente implantée par le Ministère des Affaires Etrangères, un terrain de choix pour aborder ces problèmes. Nous sommes particulièrement reconnaissants à la Direction Générale des Antiquités et des Musées de Syrie et plus spécialement à Adnan Bounni, Directeur du Service des fouilles, d'avoir compris nos objectifs et encouragé leur réalisation. Pour cela en effet il ne fallait pas travailler à la seule échelle d'un site, si important fût-il, mais, dans un périmètre bien délimité, effectuer une opération d'archéologie spatiale approfondie en y relevant systématiquement toutes les traces d'activité préhistorique, même hétérogènes et dispersées dans l'espace. Ramassages contrôlés d'artefacts et sondages restreints y sont, au même titre que la fouille principale (ici, celle du tell d'El Kowm 2 effectuée par D. Stordeur), des éléments indispensables pour reconstituer le «tissu humain» qui, à diverses époques, a recouvert l'oasis.

Les conditions géographiques dans l'oasis d'El Kowm se sont trouvées être tout particulièrement favorables (Besançon et al. 1982), du fait non seulement de l'abondance des sources artésiennes concentrées sur une surface restreinte (25000 ha), mais des conditions spéciales de l'éolisation qui a entassé ses dépôts de loess autour des sources, scellant les traces d'occupation humaine même sans architecture construite. Ce fut très précieux pour conserver des stratigraphies du Paléolithique, mais pour ce qui nous occupe ici, les traces des nomades néolithiques, si souvent évanescentes, furent, elles aussi, piégées dans les couches de sable éolien, avec leurs faunes et leurs foyers.

Un tableau déjà cohérent se dégage à la suite de ces recherches. D'abord tous les documents néolithiques datés par 14C sont postérieurs à 6000 bc. Il s'agit donc là de «PPNB final», encore acéramique pendant que d'autres cultures dérivées aussi du PPNB, comme celle de Bouqras ou la civilisation littorale dite d'Amouq A, ont intégré la céramique.

L'existence de ce PPNB paradoxalement prolongé jusqu'au VIe millénaire que D. Stordeur et moi même suggérions dès 1982 (Stordeur *et al.* 1982:38, Cauvin 1982b:94), a été depuis confirmée par la datation déjà évoquée pour le Jébel Naja en Jordanie et par celles obtenues par Rollefson dans les niveaux acéramiques supérieurs d'Aïn Ghazal, qu'il appelle «PPNC» (Rollefson comm. pers.).

D'autre part, sur le plan culturel même, le PPNB n'est pas un ensemble unique. Nous avons pu (Cauvin 1985) y distinguer des facies géographiques distincts: facies de l'Euphrate, facies de Damascène, facies palestinien, facies du Taurus etc... que, sur un fond commun, certains détails distinguent, notamment dans la typologie des flèches et des outils lourds. Il s'agissait d'une part de déterminer de quel(s) facies particulier(s) le PPNB d'El Kowm perpétuait tardivement la tradition, d'autre part de ne pas confondre d'éventuelles différences dans ce domaine culturel avec des «facies fonctionnels» témoignant simplement d'activités différentes et spécialisées suivant les lieux.

Facies d'El Kowm et facies de Qdeir

A l'heure actuelle les résultats sont les suivants: deux facies *culturels* distincts se partagent au PPNB final l'oasis d'El Kowm: nous les appelons le facies d'El Kowm et le facies de Qdeir. Leurs différences concernent à la fois le matériel et le mode de vie.

Le *facies d'El Kowm* caractérise le village sédentaire d'El Kowm même, lequel a fourni au PPNB final deux tells quasi contigus que seule sépare une source: El Kowm 1 sondé par Dornemann (Dornemann 1987) et El Kowm 2 fouillé par Stordeur *et al.*: 1982. Les dates sont de c. 5500 bc à El Kowm 1, c. 5700 et 5800 bc à El Kowm 2. C'est un village de 3-4 hectares à architectures pluricellulaires à sols de plâtre hautement élaborées, que Stordeur a pu comparer aux maisons du niveau supérieur de Bouqras, de même époque, et à des sites contemporains comme Yarim Tepe 2 en Irak. Une abondante vaisselle de plâtre renvoie aussi à Bouqras (Maréchal 1982), ainsi qu'un art animalier en albâtre poli. Quant à l'industrie lithique, assez grossière et stéréotypée, elle comprend très peu de flèches (1%), qui sont des pointes de Byblos assez sommaires, et une énorme majorité de burins, pour l'essentiel du type transverse (M.-C. Cauvin comm. pers.). Il n'y a pas de pièces bifaces, les quelques hachettes présentes étant du type poli sur pierre verte comme sur l'Euphrate (cf. Mureybet IV, Abu Hureyra, Bouqras). L'ensemble de la culture matérielle renvoie donc expressément à la tradition PPNB de l'Euphrate. Or ces villageois sont des agriculteurs cultivant, comme à Bouqras, quatre espèces différentes de céréales (Van Zeist 1987, Vaughan à paraître) mais de façon plus intense et moins marginale qu'à Bouquas. Ils élèvent des moutons et des chèvres (Helmer à paraître) et chassent gazelles et équidés sauvages.

Le *facies de Qdeir* a été défini, lui, sur le tell de Qdeir 1. Ce site a fait l'objet de plusieurs sondages (Aurenche & Cauvin 1982). C'est en fait un tell en grande partie naturel, fait de dépôts éoliens successifs scellant sur 1 à 2 m d'épaisseur des foyers cendreux, mais aucune architecture construite, à part une maison tout à fait au sommet du tell, dans un secteur très limité. C'est aussi du PPNB final (14C: c. 5600 bc). Toutes les couches contiennent un assemblage industriel où l'on reconnaît, stratigraphiquement associés, deux éléments: d'une part un armement assez abondant (c. 5%) et de très haute qualité technique: les pointes de Byblos et d'Amouq ne dépareraient pas une collection du PPNB récent de Ramad ou des sites avec céramique (en fait contemporains de Qdeir 1) du littoral syro-libanais (Byblos Néolithique ancien, phase Amuq A de Tell Jedeideh, Ras Shamra VB); quelques faucilles à grosses dents et retouches envahissantes rappellent Ramad et il y a, comme dans tout le PPNB occidental en Syrie ou en Palestine, des pièces bifaces en silex, absentes d'El Kowm 2. L'autre élément consiste là aussi dans le grand nombre des burins (35%) mais plus de la moitié, à la différence d'El Kowm, y sont du type d'angle sur troncature concave, type bien connu aussi bien dans le village PPNB final d'Aîn Ghazal que sur les stations de surface, appelées par Betts *burin sites*, du Désert Noir jordanien. On trouve fréquemment ces *burin sites* en secteur désertique aussi bien en Arabie du Nord (c'est le «Wualien» de Field 1960) que dans l'oasis de Palmyre (Hanihara 1978). Ces *burin sites* y sont très souvent dépourvus de flèches. A Qdeir 1, comme d'ailleurs à Wadi Dhobaî B, l'assemblage flèches-burins sur troncature est incontestable. Il y a donc un élément évoquant le PPNB de Syrie occidentale et ce qui le suit immédiatement dans le temps, et un élément d'affinité désertique, le tout au milieu d'un intense débitage sur nucléus naviformes, évoquant la tradition technologique PPNB dans son ensemble.

Quel est le mode de vie? L'absence de maisons, alors que les témoignages d'une vie «domestique» abondent par ailleurs, suggère évidemment les structures légères des nomades. L'étude de la faune (Helmer à paraître) montre qu'il s'agit d'éleveurs (70% d'espèces domestiques): cet élevage concerne la chèvre et le mouton, mais les moutons sont relativement plus nombreux qu'à El Kowm et ils sont aussi de taille plus grande que ceux d'El Kowm. On chasse par ailleurs des gazelles ainsi que des équidés et quelques bœufs sauvages. Enfin une agriculture d'appoint ne peut être exclue (un seul grain d'orge cultivé a été identifié jusqu'à présent par D. Vaughan).

Donc le site d'El Kowm et celui de Qdeir 1 paraissent signifier, à 8 km seulement de distance, la coexistence de groupes également «PPNB final», mais de facies culturels différents, ayant à la fois leurs traditions technologiques, leurs modes de vie (ici sédentaire, là nomade) et leurs cheptels propres.

Les sédentaires d'El Kowm n'ont été trouvés qu'à El Kowm même. En revanche les nomades du facies de Qdeir ont laissé dans l'oasis de multiples traces de leur passage. Ce sont:

— des ateliers de premier dégrossissage du silex sur les gîtes naturels de ce matériau: c'est *Dar el Asfar* ou *Dar el Mamlaha* (Cauvin 1982a); on y trouve des nucléus naviformes, des ébauches de nucléus et beaucoup de déchets de taille, mais presque pas d'outils;

— des «camps de base» de type *Qdeir 1*, qui sont à la fois des ateliers de fabrication et de finition des outils et des lieux de séjour avec toute la gamme typologique caractéristique du facies: flèches, burins, pièces bifaces, grattoirs, racloirs, rares faucilles; c'est, outre Qdeir 1, le cas de la vaste station de surface *Nadaouiyeh 7* (Cauvin 1982a); c'est peut être aussi le cas de l'«atelier» d'*Umm el Tlel* sondé en 1987 par Molist sur 4 m², au matériel en cours d'étude.

— la station d'*El Khabra*, que nous considérons (Cauvin à paraître), sur la base à la fois de sa situation topographique et de son outillage, comme un «poste de chasse»: il y a très peu de débitage et parmi les outils les flèches sont en pourcentage «anormalement» élevé (50%), bien que leurs types et leur qualité désignent assurément le facies de Qdeir; les grattoirs sont présents, les burins aussi mais *sans* le type sur troncature concave.

— enfin, il était normal que par analogie avec les parcours de transhumance effectués par les Bédouins actuels, nous recherchions des traces du facies de Qdeir dans les massifs montagneux entourant l'oasis d'El Kowm. Les premières prospections en 1986 dans le Djebel Bishri ont déjà abouti à la découverte, près d'une source de montagne à 20 km au NE d'El Kowm, d'une énorme station de surface: *Bir el Aïn Sbai: elle présente tous les traits stylistiques et quantitatifs de Qdeir 1 (y compris les burins sur troncature concave), mais, cette fois, sans* aucune pointe de flèche...

Cette variabilité industrielle constitue un problème. On a été tenté de lui attribuer une signification chronologique; c'est ainsi que pour Betts la présence simultanée au Wadi Dhobaî B de flèches et de burins sur troncature serait le signe d'un mélange accidentel de deux époques (Betts 1986). Nous savons à présent que ces deux catégories d'outils coexistaient assurément à Qdeir 1, comme elles peuvent aussi, en d'autres points de l'oasis d'El Kowm ou d'ailleurs, s'exclure. L'étude fonctionnelle des burins, grâce à leurs microtraces, va peut-être permettre d'y voir plus clair sur le sens à donner tant à leur absence à El Khabra qu'à leur remarquable abondance sur les *burin sites*.

De la même manière, si la faune de Qdeir 1 montre l'existence d'un élevage des moutons qui n'exclut pas pour autant la chasse, d'éventuels «postes de chasse» ne pouvaient de leur côté que répondre topographiquement à des caractères particuliers favorables à cette dernière activité, mais il était exclu en revanche, pour l'efficacité même de la chasse, qu'on y amenât les moutons... L'existence de sites comme Dhuweila en Jordanie qui n'ont livré, on l'a vu, que des restes de gazelles, paraît liée à cette activité particulière que désignent aussi les pièges à gazelles («kites») attribués partiellement par Betts au Néolithique.[2] Elle ne prouve pas que ces *mêmes* chasseurs n'élevaient pas, ailleurs, des troupeaux domestiques.

---

[2] Ces «kites» ou pièges construits en forme de cerf-volants, existent aussi dans les collines autour d'El Kowm, mais ils n'y sont pas préhistoriques.

A la question que nous posions plus haut: y a-t-il des chasseurs-nomades *et* des pasteurs nomades? On ne peut donc répondre affirmativement qu'en admettant en même temps que ce sont peut-être les mêmes, perçus à deux moments différents de leur existence. En revanche, on peut montrer avec certitude que malgré leur voisinage dans l'espace et le temps et leur commune appartenance à la civilisation PPNB, les habitants d'El Kowm et ceux de Qdeir n'étaient en rien les deux faces complémentaires d'une unique population agro-pastorale. Ce qui est pour cela déterminant, c'est l'étude détaillée, non pas de la pure intensité numérique de tel ou tel élément de leurs panoplies en tel ou tel point de l'espace, mais bien des critères plus précisément culturels, voire stylistiques, où s'inscrivent réellement les traditions d'un groupe humain.

BIBLIOGRAPHIE

Akkermans, P.A. et al.
    1983   «Bouqras Revisited: Preliminary Report on a Project in Eastern Syria,»
                Proceedings of the Prehistoric Society 49:335-372.
Aurenche, O. & Cauvin, M.C.
    1982   «Qdeir 1, campagne 1980. Une installation néolithique du VIIe millénaire,»
                Cahiers de l'Euphrate 3:51-77.
Bar Yosef, O.
    1984   «Seasonality among Neolithic Hunter-gatherers in Southern Sinai» in Clutton-
                Brock J. & Grigson C., eds., *Animals and Archaeology*, London, BAR Intern.
                Series 202:145-159.
Besançon, J.; Copeland, L.; Hours, F.; Muhesen, S. & Sanlaville, P.
    1982   «Prospections géographiques et préhistoriques dans le Bassin d'El Kowm
                (Syrie). Rapport préliminaire,» *Cahiers de l'Euphrate* 3:9-26.
Betts, A.
    1985   «Black Desert Survey, Jordan: Third preliminary report,» *Levant* 17:29-52.
Betts, A.
    1986   *The Prehistory of the Basalt Desert, Transjordan: An Analysis.* Thesis, London
                University, Institute of Archaeology.
Cauvin, J.
    1982a   «Nouvelles stations néolithiques dans la cuvette d'El Kowm,» *Cahiers de
                l'Euphrate* 3:79-91.
Cauvin, J.
    1982b   «L'Oasis d'El Kowm au Néolithique. Bilan après trois campagnes: méthodes,
                problèmes et premiers résultats,» *Cahiers de l'Euphrate* 3:93-98.
Cauvin, J.
    1985   «Civilisations protonéolithiques en Asie antérieure,» in Lichardus, Lichardus-
                Itten, Bailloud & Cauvin: *La Protohistoire de l'Europe.* Paris, Presses Universi-
                taires de France (Nouvelle Clio).
Cauvin, J.
    A paraître «Un 'poste de chasse' néolithique dans l'oasis d'El Kowm (Syrie). La station
                d'El Khabra,» *Cahiers de l'Euphrate* 5.

Dornemann, R.H.
1987   *A Neolithic Village at Tell El Kowm in the Syrian Desert*. Chicago, Oriental Institute.
Field, H.
1960   «North Arabian Desert Archaeological Survey 1925-1950,» *Papers of the Peabody Museum*, Harvard, 45/2.
Garrard, A.N.; Byrd, B.; Harveys, P. & Hivernel, F.
1985   «Prehistoric Environment and Settlement in the Azraq Basin: A Report on the 1982 Survey Season,» *Levant* 17:1-28.
Garrard, A.N.
1987   «The Origins of Near Eastern Arid Zone Pastoralism: The Evidence from Eastern Jordan,» *Newsletter of the Institute of Archaeology and Anthropology, Yarmuk University*, 1-4.
Hanihara, K. & Sakaguchi, Y. eds.
1978   *Palaeolithic Site of Douara Cave and Palaeogeography of Palmyra Basin in Syria*. Tokyo, The University Museum — The University of Tokyo (no. 14, part I).
Helmer, D.
A paraître «La faune néolithique de Qdeir 1, oasis d'El Kwom, Syrie,» *Cahiers de l'Euphrate* 5.
Maréchal, C.
1982   «Vaisselles blanches du Proche-Orient: El Kowm et l'usage du plâtre au Néolithique,» *Cahiers de l'Euphrate* 3:217-251.
Stordeur, D.; Maréchal, C. & Molist, M.
1982   «El Kowm 2-Caracol: campagnes 1978, 1979 et 1980. Stratigraphie et architectures,» *Cahiers de l'Euphrate* 3:33-50.
Tchernov, E. & Bar Yosef, O.
1982   «Animal Exploitation in the Prepottery Neolithic B Period at Wadi Tbeik, Southern Sinai,» *Paléorient* 8/2:17-27.
Van Zeist, W. & Waterbolk-Van Rooyen, W.
1987   «A Preliminary Note on the Paleobotany,» in Akkermans et al. 1983:357-359.
Waechter, J. d'A. & Seton-Williams, W.
1938   «The Excavations at Wadi Dhobai 1937-1938 and the Dhobaian Industry,» *Journal of the Palestine Oriental Society* 18:1-23.

FRAGMENTS D'AMPHORES PROTOGEOMETRIQUES
GRECQUES A BASSIT*

Paul Courbin

On a trouvé à Bassit (cf. carte, Pl. 8), dans le quart nord-ouest du tell, entre 1974 et 1980, quelques fragments d'un type inhabituel.

1. Le 4 Juin 1974, dans l'angle sud-ouest du sondage S. 32, en haut d'une grande fosse archaïque, profonde de plus d'un mètre (sac 58/1), scellée par l'épais sol blanc du silo le plus ancien de l'Age du Fer (en T.32), on a trouvé un fragment décoré d'arcs de cercles concentriques tracés au compas, qui n'était pas, comme tant d'autres, chypriote, levantin, ni «local».

> Inv. C. 1895. Pl. 9a-b. Fragment d'épaule d'un grand vase. Brisé de toutes parts. Terre feuilletée, avec des impuretés blanches, et des points de mica blanc, parfois doré, de couleur beige-rosé soutenu. Traces de tournage. Haut. act.: 2,1 cm; diam. max. act.: 27; ép. en haut: 0,57; en bas 0,65. Pas d'engobe ni même de lait, surface beige plus terne que la terre. Vernis rouge carmin, mat. Six arcs de cercle concentriques (angle légèrement supérieur à 90°), de largeur 0,2 à 0,25, puis un arc de cercle plus large (0,5), tous tracés au compas. Peut-être un reste d'arc plus au centre. Malgré quelques traces de vernis, le centre parait avoir été vide. La position des arcs conservés suggère qu'il s'agit non de demi-cercles, mais de cercles complets.
>
> La terre, le diamètre, le vernis et le motif de ce tesson différent quelque peu des fragments suivants.

2. Toujours au nord-ouest du tell, au sud du sondage R. 29, au-dessus d'un sol dallé de grandes pierres plates, tantôt blanc, tantôt brûlé (sac 65), dans un contexte CG III et archaïque, on recueillit le 17 Juin 1978, un grand fragment d'amphore.

> Inv. C. 4006. Pl. 9c-d. Fragment du bas du col et de l'épaule d'une grande amphore. Terre à mica blanc et doré (traînée de points), au coeur brun-grisâtre terne ou olivâtre, au derme beige rosé (de couleur 5 YR 7/4 à l'intérieur), boursouflée par des bulles d'air dans l'épaisseur, tournée rapidement. Haut. act.: 5,7 cm; diam. du col: 13; diam. max. actuel: 29,8; ép. du col: 1,35: en haut de l'épaule: 1, 2; en bas: 0,75; le raccord du col est visible sous le haut de l'épaule (ép.: 1,3). Au bas du col, légèrement renflé, est creusée une gorge (larg.: 1, 3; creux: 0,2), dont le rebord, de section triangulaire (haut.: 0,9), s'amortit ensuite sur l'épaule. Lait, ou engobe très mince, de couleur beige assez soutenue 5YR 7/3, mat. Trois gouttes de vernis (?) marron sur l'épaule.

* Comme tant d'autres missions archéologiques en Syrie, celle de Ras-el-Bassit a bénéficié de la sollicitude éclairée d'Adnan Bounni, et c'est avec reconnaissance que nous lui dédions cette modeste étude.

Malgré ces gouttes, l'absence de tout décor visible suggère qu'il s'agit d'un vase monochrome.

3. La berme séparant les sondages S. et T. 32 a livré le 16 Mai 1979 un petit fragment décoré de cercles concentriques, provenant du sol extérieur d'une maison archaïque, sur lequel il avait été manifestement rapporté.

Inv. C. 5235. Pl. 10a-b. Berme S-T. 32: sac 16. Fragment d'une épaule d'amphore, brisé de toute part. Terre de couleur 5 YR 7/4 à l'extérieur, 5 YR 8/4 dans l'épaisseur; très petites impuretés blanches et brunes, nombreux points de mica blanc, parfois doré, minuscules. Haut. act.: 2,7 cm; diam. max. act: 43; épaisseur en haut: 0,52, en bas 0,55. Pas d'engobe, surface mate; à l'intérieur, lait beige-terne 7.5 YR 8/2, mat; vernis brun-rougeâtre 7.5 YR 5/4, d'assez bonne qualité, très mat. Neuf arcs de cercle concentriques tracés au compas (largeur du trait: de 0,2 à l'extérieur, à 0,15 vers le centre). Intérieur nu. Il s'agit de la partie *basse* du motif, donc de cercles et non de demi-cercles (cf. la goutte de vernis tombée vers le centre).

Ce fragment n'était, lui non plus, ni local ou levantin, ni chypriote, mais manifestement d'origine égéenne. Sa terre est plus mate, et moins polie, que celle des fragments suivants.

4. La même année, quelques jours auparavant, le 11 mai, dans le sondage le plus occidental du tell (P. 30), on avait déjà trouvé, remonté dans une couche plus récente (sac 38), un fragment du même type (C. 6519a). Il devait par la suite recoller avec C. 6519b, trouvé l'année suivante. En effet, les 20 et 21 Mai 1980, on trouva, à une vingtaine de mètres de distance, dans la berme S-T. 31, deux tessons isolés, fort semblables au précédent. Le premier de ces tessons (C. 6519b) avait été lui aussi rapporté sur le sol de la maison archaïque précitée (sac 32); en revanche l'autre, le plus grand (C. 6519c), se trouvait quasiment *in situ*, dans une épaisse couche de murex intercalée entre cette maison archaïque et une maison du Bronze Récent II (sac 33). Ces deux fragments provenaient du même vase, mais ne recollaient pas entre eux; en revanche, le fragment C. 6519b recollait avec le fragment trouvé un an auparavant dans le sondage P. 30.

Inv. C. 6519a + b. Pl. 10 c-d. Carré P. 30: sac 38 (cf. ci-dessus) + berme S-T. 31: sac 33. Fragment d'une épaule de grande amphore. Deux tessons recollés. Terre de grain assez fin (avec dégraissants blancs de dimensions moyennes, noirs assez fins, mica argenté fin), de couleur brun-clair: 5 YR 6/4; intérieur: 5 YR 6/6. Traces du tournage à l'extérieur et à l'intérieur, qui est ondulé. Haut. act.: 3,3 cm; diam. max. act.: 40,4; épaisseur en bas: 0,5; en haut: 0,75. Surface extérieure polie, pas d'engobe. Vernis brun à brun-rouge luisant, plus ou moins épais selon les traits, moins franc que sur le fragment c ci-dessous. Il n'y a pas trace de verticale(s) ou de cadre flanquant ou entourant le motif. Au moins 16 arcs de cercle (on aperçoit le reste du seizième à la cassure), concentriques, tracés au compas (largeur du trait: 0,2 cm, parfois 0,3 cm). L'écartement varie de 0,2 à 0,3 cm. Surface intérieure nue.

La courbure de l'épaule s'amorçant à peine, le diamètre maximum réel devait être sensiblement supérieur au diamètre actuellement conservé (peut-être dans les 50 cm, même en supposant un coude accentué). Les traces de tournage horizontales, et l'arc extérieur — d'un diam. de 12,4 cm — conservé sur 98° à partir de la verticale — et qui mesurait donc au moins 196°, soit nettement plus d'un demi-cercle — montrent qu'il s'agit bien de cercles complets (et non de demi-cercles).

Inv. C. 6519c. Pl. 11a. Berme S-T. 31: sac 32. Fragment d'épaule, brisé de tous côtés. Terre au coeur plus grisâtre que C. 6519a et b ci-dessus. Haut. act.: 1,85 cm; diam. max. act.: 31; ép. en haut: 0,88; en bas: 0,61. Vernis plus franc que sur les fragments précédents. Dix (et non onze) arcs de cercle concentriques tracés au compas, appartenant au sommet (et non au bas) d'un système de cercles. Les variations de l'écartement sont identiques à celles du fragment C. 6519a + b, ce qui suppose l'emploi du même compas multiple (ou du même jeu de compas), et confirmerait son appartenance au même vase; en revanche, le vernis uniformément plus épais suggère qu'il s'agit d'un système de cercles distinct du précédent. Le dessin montre que ce tesson, qui porte les arcs des dix plus grands cercles, prendrait place à peu près au même niveau, sur l'épaule du vase, que le haut du fr. précédent.

Au total donc, trois fragments seulement, dont deux tout petits; toutefois ces tessons provenaient d'une même amphore, et ce vase, qui n'était pas local, n'était pas davantage importé de Phénicie, ni de Chypre: mais lui aussi de Grèce.

La terre de ces fragments, qui varie d'ailleurs de l'un à l'autre, moins rosée qu'à Athènes et contenant un peu de mica, paraît exclure Athènes, ainsi que le Dodécanèse où la terre est plus brune. La faible présence sur nos fragments de mica blanc très fin, parfois mêlé de mica doré, écarterait les Cyclades et la Grèce de l'Est, où le mica est plus abondant, Chypre, où il est absent. Resterait l'Eubée, où l'on note parfois du mica,[1] et dont la terre est comparable.

Les systèmes de *cercles* apparemment complets qui les décorent indiqueraient l'époque protogéométrique: certes, les demi-cercles («montants», il est vrai, et non «pendants») sont attestés sur les amphores ou les hydries à cette époque,[2] et les systèmes de grands cercles concentriques sont présents à l'époque dite géométrique,[3] mais la composition sur champ libre, sans encadrement, largement «flottante», de grands cercles sur l'épaule[4] n'apparaît pas, et de plus le centre des

---

[1] Par ex. à Lefkandi sur deux petits aryballes de la tombe Tomba 1 (parfois mêlé de mica doré), *Lefkandi* I, pl. 168:3,1 et 4; 217,f (à g.).

[2] Par ex. dans les Cyclades, à Délos, cf. *EAD* XV, pl. 6:Aa 21sq.; pl. 7:Aa 23-26 (hydries).

[3] Les grands cercles, beaucoup moins nombreux, sont tangents à des panneaux — ou à peine détachés du cadre — et entourent des motifs intérieurs, cf. entre beaucoup d'autres ex. le cratère K. Kübler, *Kerameikos* V 1 (1954) pl. 17, l'amphore *ibid.* pl. 46, ou l'amphore cycladique d'Argos, *Céramique Géométrique de l'Argolide* (1966) pl. 151g.

[4] Et non sur la panse, comme sur les amphores protogéométriques (par ex. sur l'amphore trouvée à Lefkandi même en 1984, dans une tombe, sur le cercueil d'une femme, ainsi qu'une amphore à embouchure trilobée, datée du début du PG Réc.: avec des anses horizontales, et trois systèmes de cercles concentriques sur la panse, et des demi-cercles montants sur l'épaule, cf. P.G. Kalligas, *Bulletin des Etudes Eubéennes* 16 (1984-1985) 261, fig. 2sq, en grec); ou sur les grandes oenochoés GR du Dipylon, décorées de systèmes de cercles latéraux — ce qui est tout autre chose, cf. *JdaI* 14 (1899) 212, fig. 91 (MN

cercles est généralement meublé par un motif. La combinaison rare de cercles fins, puis d'un cercle plus large à l'intérieur (et non à l'extérieur), telle qu'on l'observe sur le no. 1, ne paraît pas attestée ailleurs à cette époque (à cet emplacement et dans cette technique de peinture), et ne l'est qu'exceptionnellement plus tard; le tesson pourrait donc être plus récent que les autres.[5]

Tous ces fragments appartiennent à des vases *fermés*, et plus précisément, vu leurs dimensions (diamètre, épaisseur) et l'époque, à de grandes amphores. Ces dimensions paraissent elles aussi devoir faire écarter l'Attique, où les amphores protogéométriques ont en général des proportions un peu plus modestes.[6] Il en serait de même dans les Cyclades, et plus particulièrement à Naxos.[7] Au contraire la région de la Thessalie et de l'Eubée connaissent à cette époque ce type d'amphore monumental.

En effet, à l'ouest[8] comme à l'est de la Thessalie, au nord-est de Larissa, à Marmariani (pl. 11b-d),[9] les amphores ont généralement des dimensions importantes (haut. de 40 à 45 cm), mais encore relativement réduites; en revanche, une tombe trouvée près de Volo (anc. Iolcos), à Kapakli, a livré entre autres deux amphores dont la plus grande atteint 58,2 cm de hauteur et 43 cm de diamètre (pl. 12c,d).[10] En Eubée enfin, à Lefkandi, la seule panse d'une amphore fragmentaire (sans le col ni le pied) dépassait certainement une hauteur de 35 cm (pl. 13b).[11]

Toutes ces amphores font partie d'un «petit groupe homogène», au Nord du golfe Thermaïque, région à laquelle appartient Lefkandi.[12] Elles ont en commun un détail de forme qu'on remarque rarement ailleurs, du moins sous cette forme précise. Il s'agit d'une gorge creusée à la base du col (à la jonction du col et du haut de l'épaule), qui se relève en un filet nettement saillant. On a suggéré que cette modulation serait destinée à renforcer le vase, un peu comme un «tirant».[13] Mais

151); *CVA* Athènes 1, pl. 7:2; comme sur les oenochoés plus petites, par ex. *AM* (1918) pl. 4:2, ou, en Argolide, l'ex. cité n. 5 ci-dessous; ou à Chypre, cf. *CGA* p. 542 et n. 1.

[5] Par ex. sur une oenochoé géométrique récente d'Asinè, cf. *Céramique Géom. de l'Argolide*, p. 388 et n. 4 (mais il s'agit de systèmes de cercles *latéraux*).

[6] Par ex., K. Kübler, *Kerameikos* IV, pl. 5:915 (tombe 25, PG Moyen, avec deux systèmes de cercles concentriques); 35:1215. Cf. V.R. d'A. Desborough, *Protogeometric Pottery* (1952) (ci-dessous *PGP*) 7: de 34 à 38 cm.

[7] Cf. pour Délos, les ex. cités ci-dessus n. 2; pour Naxos: Ph. Zapheiropoulou, *Annuario* 61 (1983) 121-136, fig. 1 (demi-cercles montants); les dimensions de l'amphore de Mélos, E. Kunze, *Jahreshefte* 39 (1952) 53-57, fig. 18sq. ne sont pas précisées.

[8] Cf. A. Betziou-Efstathiou, *Ath. Ann. of Arch.* (1984) 81sq., fig. 7.

[9] Cf. W.A. Heurtley et T.C. Skeat, *BSA* 31 (1930-31) 24sq. no. 77-79, hautes de 44/45 cm. Reproduites dans *PGP* pl. 22.

[10] Cf. N. Verdélis, *Style Protogéométrique de Thessalie* (Athènes 1958) (en grec; ci-dessous *PRT*) 5, fig. 1 et 2, pl. 1:1-2.

[11] Cf. V. Desborough *in* M.R. Popham, L.H. Sackett & G. Themelis, *Lefkandi* I, p. 335, pl. 281 c (nous remercions J.N. Coldstream d'avoir attiré notre attention sur ce document).

[12] Cf. *Lefkandi* I, p. 337.

[13] *Ibid.* p. 278.

ce détail se retrouve au bas du col d'oenochoés beaucoup plus petites, à Marmariani comme à Lefkandi;[14] et — à la différence des filets plastiques sur la panse des amphores — on penserait plutôt au contre-coup provoqué, à l'extérieur, par le sertissage du col sous l'épaule, à l'intérieur. On trouve cette gorge en Thessalie occidentale (cf. ci-dessus), puis à Marmariani (pl. 11b-d),[15] à Kapakli (pl. 12a-d), à Skyros,[16] à Lefkandi (pl. 13a),[17] et encore, atténuée, à Syros,[18] exceptionnellement dans le Dodécanèse, à Rhodes.[19] C'est exactement cette gorge qu'on retrouve sur notre fragment no. 2. Sans doute, ce vase paraît-il n'avoir pas été décoré, mais à Lefkandi, ce type d'amphore compte de nombreux exemplaires monochromes,[20] et c'est à cette catégorie que doit appartenir l'exemplaire no. 2 de Bassit.

Ce groupe d'amphores nous donne une idée de la forme et du décor des vases dont proviennent les fragments no. 2 à 4 (le no. 1 vient certainement d'un vase plus petit): hauteur de quelque 60 cm, col court et large, à bord arrondi, avec une gorge marquée à la jonction de l'épaule, panse globulaire à ovoïde, pied vraisemblablement en anneau, anses verticales au col; et pour ce qui est du décor — s'il ne s'agit pas d'exemplaires monochromes, comme ce doit être le cas de notre no. 2 — embouchure vernie, bande(s) au bas du col, deux systèmes de cercles concentriques disposés symétriquement, zone au bas de l'épaule, surmontée d'un filet (à la différence de ce qui se passe à Naxos),[21] anses barrées d'une croix avec de larges boucles autour des attaches inférieures, panse barrées de deux bandes, pied verni. Telles devaient donc être *grosso modo* les amphores auxquelles appartiennent les fragments retrouvés à Bassit.

Les amphores de Kapakli dataient, selon N. Verdélis, «du Protogéométrique Ancien».[22] A Marmariani, elle sont datées du Protogéométrique Récent;[23] à Lefkandi églement, deux des amphores, dont le fragment de col et d'épaule (pl. 13a), datent de la phase protogéométrique récente (950-900); les trois autres, dont le grand fragment de panse trouvé en surface (pl. 13b), sont attribuées au Protogéo-

---

[14] Marmariani: *loc.cit.* n. 9 ci-dessus, p. 21 «stepped ridge»; «moulded ridge», pl. III: 39; V: 67 (oenochoés à col «coupé»); *PGP* p. 140: «grooved neck» (amphores); Lefkandi: oenochoé de la tombe Toumba 1 (celle où a été trouvée la tête du Centaure), cf. *Lefkandi* I, p. 168, pl. 167:1,1 et 216, c.

[15] *Loc.cit.* nos. 74, 75, 76, 79 (masquée par le trait de vernis), 80.

[16] Cf. Irene S. Lemos, *Oxford Journal of Archaeology* 5 (1986) 323sq., fig. 13 (ressaut plus léger); il s'agirait, comme pour les autres vases protogéométriques, d'importations eubéennes.

[17] *Loc.cit.*, p. 335, pl. 282 c (col et épaule), ou p. 336, fig. 19B.

[18] Mus. Nat. Inv. 53 (provenance «probable»).

[19] Cf. G. Jacopi, *Clara Rhodos* VI-VII, p. 204, fig. 244sq. (amphore sporadique de Kokkala, avec anses horizontales); mais la gorge est généralement plus réduite, cf. *ibid.* p. 20, fig. 13, ou limitée à un simple ressaut, *ibid.* fig. 12, fig. 21sq. Parfois, toute modulation fait défaut: *ibid.* p. 127, fig. 144sq. (amphore protogéométrique récent demi-cercles montants). Cf. à Samos, H. Walter-Karydi, *Samos* VI 1, pl. 68sq., où il n'y a qu'un ressaut ou un filet saillant.

[20] *Loc.cit.*, p. 278.

[21] Cf. Ph. Zapheiropoulou, *loc.cit.* ci-dessus n. 7, p. 123.

[22] Cf. Verdélis, *PRT*, p. 94.

[23] *PGP*, p. 178.

métrique Récent ou au «Sub-Protogéométrique» I (900-875).[24] Les amphores de
Bassit, quant à elles, paraissent tout à fait à leur place au Protogéométrique,[25] et le
nombre élevé des cercles concentriques (bien que ce ne soit pas là un critère décisif),
comme les exemples de Lefkandi, suggéreraient la phase récente de cette période.[26]
Comme à Lefkandi et Marmariani, la date pourrait donc remonter jusqu'au milieu
du Xe siècle av. J.C.

Quant au lieu de fabrication — du moins pour les no. 2-4, le fragment no. 1 étant
un peu à part et peut-être d'une origine légèrement diférente — c'est à Lefkandi que
la terre est la plus proche, et que le groupe est le mieux représenté (plus de soixante-
dix exemplaires). D'autre part, l'Eubée est connue comme un centre d'exportation,
beaucoup plus que la Thessalie. Comme l'assiette à demi-cercles pendants-sécants
de Bassit,[27] les amphores seraient parties de Lefkandi.

L'intérêt de ces fragments, on va le voir, dépasse de beaucoup leur nombre et leur
taille. A elle seule, la forme du vase qu'ils représentent — l'amphore — est tout à
fait inhabituelle, et riche d'implications. De plus, ils constituent l'une des plus
anciennes importations grecques dans le Levant tout entier, et peut-être — même en
incluant Chypre[28] — la plus ancienne de toutes.

En effet, les importations considérées jusqu'ici comme les plus anciennes au
Levant (mis à part Chypre) étaient celles de Tell Abou Hawam:[29] indépendamment
des problèmes de chronologie absolue qu'ils soulevaient, leur datation haute avait
depuis longtemps suscité des réserves,[30] que la publication récente d'un fragment
du début du Géométrique Récent de provenance identique[31] n'a fait que renforcer:
leur date pourrait ne pas être antérieure à 750. En dehors de ceux-là, les documents
les plus anciens seraient d'abord l'assiette à demi-cercles pendants de Bassit;[32] puis,
à partir de 850, tout un ensemble de documents: une grande pyxis de Tambourit et

---

[24] Cf. *Lefkandi* I, p. 335, 337 resp.

[25] Les cercles complets sur l'épaule des amphores avec anses au col sont même un trait de la phase
transitionnelle entre le Mycénien IIIC et le Protogéométrique, cf. *PGP* p. 4, pl. 2:522; de même, sur les
amphores à anses horizontales, *ibid.* pl. 4:563. Très vite, les demi-cercles montants éliminent les cercles
complets sur l'épaule des amphores, sauf en Crète, cf. *ibid.* pl. 31, 34sq.

[26] C'est celle que lui attribuerait J.N. Coldstream (communication orale).

[27] *Archéologie au Levant* (Recueil R. Saidah, 1982) 193-204, fig. 3sq. Depuis, la publication d'une
assiette fort semblable, avec elle aussi des anses *simples*, cf. *Arch. Report* (1981-1982) 16, fig. 29a, trouvée
en 1981 à Lefkandi dans un contexte «subprotogéométrique» et «très proche du Protogéométrique
Récent», cf. M. Popham *BSA* 77 (1982) 213, suggérerait une date encore plus haute que celle qui avait
été proposée (troisième quart du IXe siècle, *loc.cit.* p. 202): le premier quart du IXe siècle.

[28] Cf. V. Desborough, *JHS* 77 (1957) 212-216, fig. 4a, b (provenant selon toute vraisemblance des
Cyclades du Nord, et datant de la fin du Protogéométrique), et surtout maintenant J.N. Coldstream *in
Nécropoles d'Amathonte* II (Nicosie 1987), n. 10 p. 22 (950-900 av. J.C.) et pl. X et XVII: Lim. 46/3sq.

[29] *QDAP* 4 (1934) 24, pl. 12.

[30] Par ex., *Berytus* 25 (1977), n. 54 p. 157.

[31] J. Balensi & D. Herrera, *Levant* 18 (1986) 170, fig 1.

[32] Ci-dessus n. 27.

des fragments d'Al Mina ou de Mégiddo,[33] et surtout les coupes à demi-cercles pendants.[34] Mais aucun de ces documents ne paraît antérieur au milieu du IXe siècle av. J.C.

Ainsi, pour la première fois, l'existence d'importations datant au moins de la seconde moitié du Xe siècle av. J.C., ferait remonter à env. 950 av. J.C. la première reprise de contact, fût-elle indirecte, entre le monde égéen et le Levant, depuis l'interruption du début du XIIe siècle.

L'itinéraire qu'on a pu retracer pour l'assiette de Bassit[35] a sans doute été le même pour ces amphores: parties de Lefkandi ou de sa région, les amphores *pleines* ont pu transiter par Amathonte, avant de toucher finalement la côte syrienne. Comme on sait, il est peu probable qu'elles aient été transportées à Bassit directement par un bateau grec, la présence effective de Grecs en Orient à cette époque, malgré les légendes étiologiques plus tardives, étant des plus douteuses.[36] Plus vraisemblablement, elle a dû être transportée à Chypre, peut-être par des Grecs, mais peut-être aussi par des Chypriotes ou même des Phéniciens;[37] puis de Chypre en Syrie par des intermédiaires, Chypriotes ou Levantins.

Les importations grecques les plus anciennes étaient toutes — à une seule exception près[38] — constituées par des vases «à boire» (ou à manger): bols, coupes ou assiettes.[39] Il en est d'ailleurs de même pour celles du VIIIe siècle et jusqu'au dernier tiers du VIIe siècle: cratères, dinoi, coupes ou skyphoi, tasses.[40] Pour la première fois au contraire, il s'agit ici de vases de transport, de contenants non pas

---

[33] Tambourit: *Berytus* 25 (1977) 141, 147-157; Al Mina: *JHS* 60 (1940) 3, fig. 1: l, m (cf. *GGP*, p. 312); Megiddo: *Berytus* 11 (1955) 99sq., pl. 20: 1-2, *AJA* 79 (1955) 155.

[34] Cf. *PGP*, p. 193. A Lefkandi, le début de la séquence remonte à la fin du PG Réc., peu avant 900, cf. J.N. Coldstream, *Geometric Greece*, p. 40. Mais cette date ne vaut sans doute pas, on vient de le voir ci-dessus et n. 31, pour le fragment de *type* ancien, à lèvre surplombante, de Tell Abou Hawam, et moins encore pour ceux de Tarse, *Tarsus* III, pl. 102:1502-1511; Hama, cf. P.J. Riis, *Hama* 2,3, p. 113, fig. 134; Al Mina, Tell Tayinat, Tell Halaf, commodément rassemblés par V. Desborough, *Protogeometric Pottery* pl. 26, ou P.J. Riis, *in Sukas* I, p. 147, fig. 48; sans parler de Bassit, cf. *Syria* 63 (1986) 190 (inéd.); Ibn Hani, cf. J. Lagarce, *Syria* 55 (1978) 284, fig. 29: 1, 6; Sukas, cf. G. Ploug, *Sukas* II, p. 11-13, pl. 2:37sq; Khaldé, cf. R. Saidah, *AAAS* (1971) 197, fig. a; Sarepta, cf. J.B. Pritchard *et al.*, *Sarepta* (1975) 96, fig. 26, et pl. 53:5; ni pour Tyr, cf. P. Bikai, *Pottery of Tyre*, p. 53, pl. XIA:20 (740-720), XXIIA:4-6 (850-800), et XXIVA:5 (850).

[35] *Loc.cit.* ci-dessus n. 27, p. 203.

[36] Cf. par ex., *Syria* 63 (1986) 188.

[37] L'argument invoqué par Desborough pour des bols, *loc.cit.* n. 28 ci-dessus, p. 215 (les importations rares seraient le fait d'émigrants grecs, car des étrangers auraient rapporté de Grèce des objets de plus grande valeur et moins fragiles) perd de sa force dans le cas d'une amphore pleine.

[38] La grande pyxis «argienne» de Tambourit, *loc.cit.* ci-dessus n. 33, dont il est probable, vu ses dimensions, qu'elle n'a pas été apportée uniquement pour elle-même, mais pour le produit qu'elle contenait (miel, onguent?).

[39] Par ex., bols protogéométriques d'Amathonte, ci-dessus n. 28, et les coupes et assiettes à demi-cercles pendants cités ci-dessus n. 34.

[40] Ex.: fragments de cratères de Megiddo, de Samarie, *Sukas* I, p. 145, fig. 47c-h; p. 149, fig. 49. Et au VIIe siècle, par ex. à Bassit: *Syria* 63 (1986) 198.

vides, mais dont le contenu était sans aucun doute plus important que leur forme et
a fortiori leur décor. Qu'était ce contenu? On pense évidemment au vin. Mais la
Phénicie exportait elle-même des vins (Hérodote, II, 92). Les vases sont décorés, et
avec beaucoup plus de soin que ne le seront plus tard les amphores du type dit
«SOS»; surtout, le nombre si faible des amphores retrouvées, même s'il ne
représente qu'une proportion du chiffre réel, ne paraît guère répondre à une
consommation importante comme devait l'être celle du vin. Plutôt qu'au vin, donc,
on songerait peut-être de préférence à l'huile, celle des oliviers de la Grèce Centrale
et de l'Eubée, notamment de la plaine Lélantine.[41] Et l'on se rappelle que les Grecs
passaient pour avoir apporté l'olivier en Phénicie. Ainsi, la preuve serait apportée
qu'à l'origine, les premières importations grecques au Levant n'étaient pas, comme
on l'avait cru jusqu'ici, constituées par des formes ouvertes, nécessairement vides,
des vases à boire, généralement petits, importés en quelque sorte pour eux-mêmes,
mais bel et bien par une production agricole.

Il est étrange que ces documents soient jusqu'à présent les premiers, seuls de leur
espèce, et ne paraissent pas, jusqu'à plus ample informé, avoir eu de parallèles
aileurs. Leur présence à Bassit même semble indiquer qu'au moins ces amphores-là
n'ont pas été réexportées à destination d'un autre port ou des régions de l'intérieur.
Pourquoi à Bassit en particulier?

S'il est vrai qu'on n'a pas retrouvé de moulins à huile ni de pressoirs à Bassit
pour cette époque, l'olivier est attesté à cette époque au Levant; on a trouvé des
noyaux d'olives sur les sites de cette période, et notamment tout près de Bassit, à
Tell Soukas, dans un silo.[42] Dans ces conditions, quel intérêt pouvait présenter, à
ce moment et en ce lieu, l'importation d'huile grecque, au point d'avoir été
recherchée en priorité exclusive? Il ne saurait être question de cosmétiques (les
huiles parfumées sont mises dans de petits vases, et la Phénicie en exportait elle-
même), ou de combustible pour l'éclairage (les lampes sont connues depuis l'époque
du Bronze). S'il s'agit alors du produit alimentaire, serait-ce la qualité supérieure
(par ex. la pureté, la couleur, l'odeur), ou une saveur différente, plus agréable au
palais? L'huile grecque était bien supérieure à l'huile (de ricin, malodorante, pour
l'éclairage) égyptienne, nous dit Hérodote (II, 94), il en était peut-être de même sur
la côte levantine. On retrouverait alors une fois de plus, et très tôt, ce raffinement
du goût oriental, mais portant d'abord sur le contenu, le produit — avant de se
transposer, comme ce sera le cas plus tard, au contenant, aux vases à boire.[43]

Ces amphores n'ont pas eu non plus de successeurs, et cela (à moins que le
fragment no. 1 soit un peu plus récent que les autres, ce qui allongerait simplement

---

[41]   Sur la richesse probable de la plaine Lélantine en vignes et olivettes, dès cette époque, cf. J.
Boardman, *CAH²*, III 1, p. 754.
[42]   Cf. J. Lund, *Sukas* VIII, p. 189 (850-675 av. J.C.).
[43]   Pour leur qualité technique, moins friable, ou moins «savonneuse» cf. J.N. Coldstream, *Geometric
Greece*, p. 95; et plus précisément, pour l'agrément des papilles, cf. *Archéologie au Levant*, p. 204.

la durée des importations) pendant quatre cents ans, jusqu'au VIIe siècle. Y a-t-il eu changement complet dans la demande — des sources d'approvisionnement plus commodes ou moins lointains ayant été trouvées, et la production locale s'étant améliorée? Ou alors les importations d'huile grecque, loin d'être suspendues, auraient-elles été transportées dans des amphores chypriotes? Cela supposerait un transvasement à Chypre, qui paraîtrait bien déconseillé, donc improbable. Ou des contenants moins faciles à identifier, comme par ex. des amphores grecques communes? Mais même ces amphores auraient été reconnues.[44] On pourrait alors songer aux amphores-torpilles levantines. Dans cette dernière hypothèse, l'importation aurait été complètement aux mains des Levantins, qui seraient allés chercher, avec leurs propres contenants, les productions grecques qu'ils appréciaient. Ils auraient fourni eux-mêmes, en quelque sorte, leur emballage, et l'aurait remporté chez eux, ce qui expliquerait qu'on en ait retrouvé si peu en Grèce, et relativement tard.[45]

Quoi qu'il en soit, les fragments de Bassit nous apprennent au moins deux choses. La première serait qu'après les destructions causées par les Peuples de la Mer au tournant des XIII-XIIe siècles av. J.C., les contacts entre le Levant et le monde grec sont renoués, indirectement, beaucoup plus tôt qu'on ne le pensait: dès le milieu du Xe siècle. Il faudrait donc revenir sur la théorie qui, après avoir donné la priorité aux exportations eubéennes vers l'Orient (Al Mina), suggérait, depuis les découvertes de coupes à demi-cercles pendants-sécants en Italie, des mouvements *simultanés* vers l'Est et l'Ouest:[46] en réalité, l'Orient retrouverait maintenant son antériorité un moment perdue. La seconde serait que les contacts portent non pas sur de la vaisselle dite «de luxe», comme ce sera le cas par la suite, mais d'abord, et exclusivement, sur une production agro-alimentaire: vraisemblablement l'huile d'olive — don, comme on sait, d'Athéna.

---

[44] A Bassit, au moins une amphore commune corinthienne, des cols d'amphores «rhodiennes» ou milésiennes (inéd.), deux amphores laconiennes entièrement vernies, cf. *Syria* 63 (1986) 201.
[45] A l'ouest, en dehors des amphores «cananéennes» de l'époque mycénienne, on ne connaît — et seulement au VIIe-VIe siècles — qu'une amphore-torpille en Anatolie, à Bodrum, cf. T.O. Alpözen, *Türk Arkeoloji Dergisi* 22-2 (1975), pl. 8A:2; et, à l'époque classique, trois autres à Rhodes (Ialysos), cf. G. Jacopi, *Clara Rhodos* III, pl. IV. Cf. A.G. Sagona, *Op. Ath.* 14:7 (1982) 107. On a trouvé à Bassit une amphore-torpille de la fin du VIIe siècle inscrite en grec et appartenant à un Grec, cf. *Syria* 63 (1986) 199, fig. 31.
[46] Cf. Rosalind Kearsley, *in* J-P. Descoeudres et R. Kearsley, *BSA* 78 (1983) 43 et n. 110.

Note additionnelle

Depuis la remise de cet article pour l'impression (1987), les deux plus importants fragments de Bassit ont été illustrés dans le *Catalogue* de l'Exposition «Contribution Française à l'Archéologie Syrienne, 1969-1989» (Damas Février 1989) 104. Puis J.N. Coldstream et P. Bikai ont publié (*RDAC* 1988 II [1989] 35-43, pl. 10-13) le matériel de Tyr, trouvé en 1971 et resté depuis inédit, qui complète les quelques fragments donnés dans *Pottery of Tyre* (1978). Quel que soit la nouveauté de la situation ainsi créée, qui fait de Tyr le centre le plus riche en matériel grec ancien du Levant, les conclusions de notre article n'en sont pas substantiellement modifiées. En effet, les points suivants paraissent confirmés:

1) Les plus anciennes importations actuellement connues proviennent de la région de l'Eubée et remontent à la seconde moitié du Xe s./début du IXe s. av. J.C., à Bassit comme à Tyr.

2) Elles comptent quatre amphores, à Bassit comme à Tyr.

3) En l'état actuel des connaissances, cette forme n'est pas attestée à Chypre avant le Géométrique Récent — et ne l'est plus au Levant avant le VIIe s., où les amphores de la Grèce de l'Est, de Corinthe ou d'Athènes, communes, paraissent bien être vinaires. Par suite, les amphores protogéométriques, décorées, peuvent fort bien avoir contenu de l'huile.

Nous reviendrons ailleurs sur les problèmes que pose la surprenante redécouverte des fragments de Tyr.

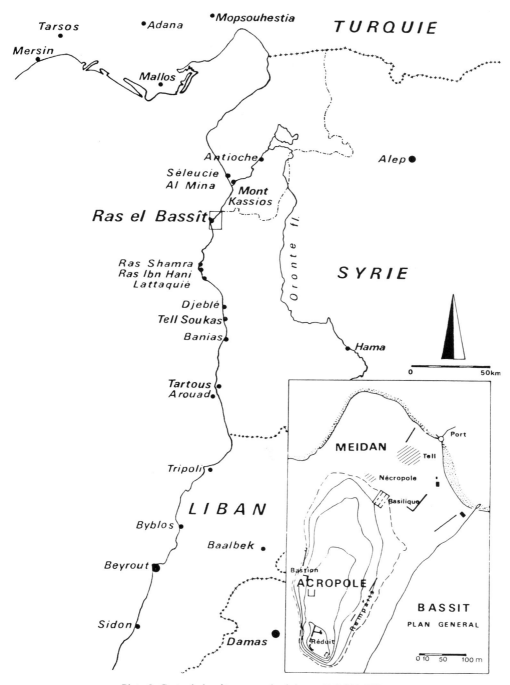

Plate 8. Carte de la côte syro-palestinienne (1:3 000 000).

a

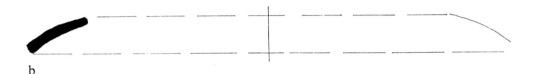

b

c

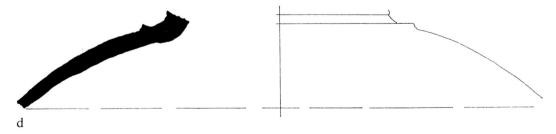

d

Plate 9a-b. Fragment d'amphore C. 1895, et profil (1:2).
c-d. Fragment d'amphore C. 4006, et profil (1:2).

a

b

c

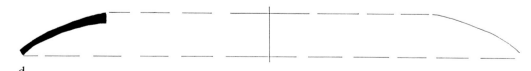

d

Plate 10a-b. Fragment d'amphore C. 5235, et profil (1:2).
c-d. Fragment d'amphore C. 6519a + b et profil (1:2).

a

b

c   d

Plate 11a. Fragment d'amphore C. 6519c.
b-d. Amphores de Marmariani, Thessalie (d'après *PGP*).

a

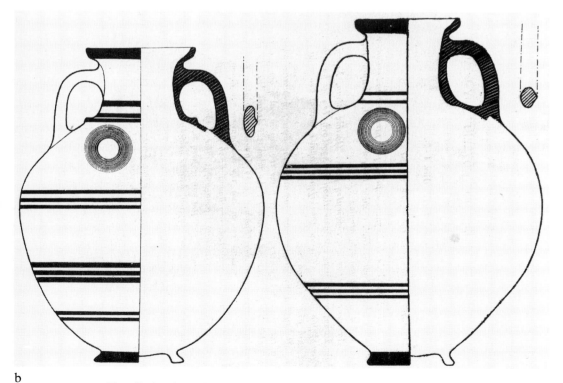

b

Plate 12. Amphores de Kapakli (Volo) et profils (d'après N. Verdélis *PRT*).

a

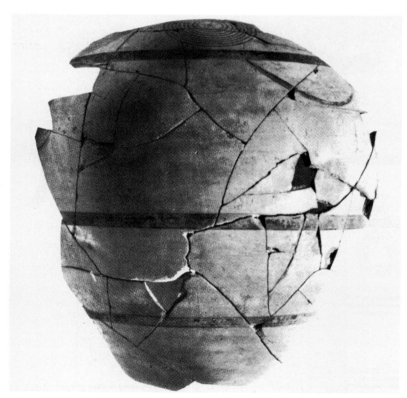

b

Plate 13a. Haut d'amphore de Lefkandi (d'après *Lefkandi I*).
b. Panse d'amphore de Lefkandi, Eubée (d'après *Lefkandi I*).

EDICULES D'EPOQUE HELLENISTICO-ROMAINE ET TRADITION DES PIERRES CULTUELLES EN SYRIE ET EN ARABIE

JEAN-MARIE DENTZER

1. *Introduction*

L'«autel» du sanctuaire de Nabu à Palmyre découvert par A. Bounni, qui donne une publication définitive,[1] est un monument original, difficile à classer dans les catégories classiques des éléments constitutifs du sanctuaire gréco-romain. Il s'apparente, en revanche, à une série de petits monuments, découverts pour l'essentiel dans la zone côtière, et réunis peu à peu par H. Seyrig[2] puis J. Starcky.[3] En 1977 P. Collart en a traité d'une façon systématique, à l'intérieur de sa publication du «Petit autel de Baalbek».[4] A. Bounni les a réétudiés en les regroupant autour du monument palmyrénien. Enfin E. Will a récemment renouvelé la question en les replaçant dans une perspective plus vaste, typologique et géographique.[5]

No.	Pl.	Site	Bibliographie[6]
1	Pl. 17b	Kafr Dan	Collart, *Petit Autel*, 72, pl. LX:1-2, LXVII:3; H. Seyrig, *BMBeyr* 16 (1961) 133-135, pl. VII
2	Pl. 14a-b	Hosn Niha	Collart, *Petit Autel*, 72-73, pl. LXI:1-3; *CIL* III, 14384: 2; *IGLS* VI (1967), no. 2946; Krencker, *Röm. Tempel*, 136, fig. 189 et pl. 60 (à dr.)
3	Pl. 14c	Hosn Sfiré	Collart, *Petit Autel*, 73-74, pl. LXII:1; Krencker, *Röm. Tempel*, 22-23, fig. 35-37
4	Pl. 16a	El Hadet	Collart, *Petit Autel*, 74, pl. LXII:2; Krencker, *Röm. Tempel*, 146, fig. 206-207; Taylor, *Temples romains*, 46, fig 21
5	Pl. 15	Hosn Soleiman	Collart, *Petit Autel*, 74, pl. LX:3-4; Krencker, *Röm. Tempel*, 78, fig. 108-110; pl. 33, 37
6	Pl. 16b	Hosn Soleiman	Collart, *Petit Autel*, 74-75, pl. LXII:3; Krencker, *Röm. Tempel*, 101, fig. 133

[1] A. Bounni, *Le sanctuaire de Nabu à Palmyre*, à paraître dans la Bibliotèque archéologique et historique de l'Institut Français d'Archéologie du Proche-Orient.
[2] H. Seyrig, *Bulletin du Musée de Beyrouth* 16 (1961) 133-135, pl. VII.
[3] J. Starcky, *Revue Biblique* 75 (1968) 218-220.
[4] P. Collart & P. Coupel, *Le petit autel de Baalbek* (BAH 98, Paris 1977) 71-90, pl. LX-LXVII (abrégé: *Petit Autel*).
[5] E. Will, «De quelques monuments sacrés de la Syrie et de l'Arabie romaines,» *Petra et les villes caravanières* (sous presse).
[6] Pour les titres cités en abrégé voir les notes précédentes et D. Krencker & W. Zschietschmann, *Römische Tempel in Syrien* (Denkmäler antiker Architektur 5, Berlin 1938) 28, 78, 101, 137, 147.

7		Qalaat Fakra	Collart, *Petit Autel*, 75, pl. LXVI:3
8	Pl. 16c	Sfiré C (Kyria)	Collart, *Petit Autel*, 75-76, pl. LXIII: 1; Krencker, *Röm. Tempel*, 30, fig. 48
9		Sfiré	Collart, *Petit Autel*, 76, pl. LXIII:2-3; Krencker, *Röm. Tempel*, 22; E. Renan, *Mission de Phénicie*, 131; Taylor, *Temples romains*, 159, fig. 168
10		Qasr Neba	Collart, *Petit Autel*, 76, pl. LXIV:3; Taylor, *Temples romains*, 44, fig. 19
11		Qasr Naus	Collart, *Petit Autel*, 76
12	Pl. 16d	Deir el-Qalaa	Collart, *Petit Autel*, 77, pl. LXV:1-3; S. Ronzevalle, *Revue Archéologique*, 1903, II, 29-49 et fig. 1; Ch. Clermont-Ganneau, *Recueil d'archéologie orientale* VI (1905) 35 sq., § 4
13			Deir el-QalaaCollart, *Petit Autel*, 77; S. Ronzevalle, *RA*, 1903, II, 30
14		Palmyre	Collart, *Petit Autel*, 76-77, pl. LXIV:1-2; A. Bounni, *AAS* XV (1965), II, 131, pl. VIII et plan 3; *Le sanctuaire de Nabu*
15		Palmyre	Collart, *Petit Autel*, 77; H. Seyrig, *Ant. Syr.* III, 64 et plan 65, fig. 1 = *Syria* 21 (1940) 277 sq.
16	Pl. 17c	Hatra (Temple 8)	E. Will, *Mon. sacrés*, note 14; F. Safar, *Hatra*,[7] 268-269, no. 263
17		Hatra (Temple 8)	E. Will, *Mon. sacrés*, note 15; F. Safar, *Hatra*, 270, no. 264

D'autres monuments, simplement connus par des allusions, en particulier à Deir el Qalaa[8] (Pl. 17a) ne peuvent être pris en compte ici.

Les monuments de cette série ont été découverts, pour l'essentiel, dans la zone côtière, dans le Djebel ʿAnsariyé (Hosn Soleiman), et dans la chaîne du Liban, aussi bien sur le flanc ouest (du nord au sud, Sfiré, Qasr Naus, et Deir el-Qalaa, au-dessus de Beyrouth), qu'à l'intérieur (Qalaat Fakra) et sur le flanc est (Hosn Niha, Kafr Dan, Qasr Neba et Hadet, au voisinage de Baalbek). Nettement isolés géographiquement sont deux exemplaires de Palmyre, celui du temple de Nabu présentant d'ailleurs quelques traits discordants. L'édicule C du sanctuaire de Bel, réduit à des fragments, n'est pas encore publié. E. Will vient de rapprocher récemment de cette série des petits objets de culte de Hatra dont certains se présentent comme des édicules à pilier central.

2. *Caractéristiques de la série*

L'analyse de P. Collart conduit à une définition claire des caractéristiques communes permettant de réunir en une même série ces 17 monuments, qui sont d'ailleurs les représentants d'un groupe plus nombreux, car on devine d'autres exemplaires à travers des fondations ou des fragments, par exemple à Sfiré[9] ou à Deir el-Qalaa. Nous proposerons ici une liste un peu plus restreinte en réunissant

---

[7] F. Safar et M. Ali Mustafa, *Hatra, The City of the Sun God*, Baghdad 1974.
[8] P. Collart, *Petit Autel*, 77; H. Seyrig, *Bulletin du Musée de Beyrouth* 15 (1961) 133 note 3.
[9] P. Collart, *Petit Autel*, 76, 86.

des objets qui répondent à une définition plus étroite: ces monuments sont d'abord de taille modeste, dépassant de peu les 3 m tant en hauteur qu'en extension quand ils sont complets ou restituables dans leur ensemble. L'élément le plus caractéristique, souvent seul conservé, est un noyau plein en forme de pilier de section carrée, généralement orné de niches (une par face). Cet élément central est entouré normalement de 4, 8 ou plus souvent 12 colonnes portant, en même temps que lui, un entablement composé d'éléments classiques, d'architrave et de corniche. Deux types de couronnement sont attestés pour ces monuments: dans un cas un attique avec un profil de gorge égyptienne (Qalaat Fakra) et dans d'autres, moins fréquents sans doute que ne le font penser les restitutions des publications, une forme pyramidale.[10] L'ensemble du monument pilier et colonnade semble avoir été placé sur un socle mouluré dont des éléments sont conservés à Hosn Sfiré. Le pilier central peut porter lui-même une mouluration propre de base et de couronnement. Le *naïskos* de Hatra (no. 16) comporte un pilier (ou une colonne?) central avec des niches à coquille sur 4 (?) côtés. Ce pilier est lié par des tenons aux quatre colonnes intermédiaires, peut-être pour des raisons de solidité. Le *naïskos* no. 17, entouré de quatre fois deux colonnes (sans colonnes d'angle), semble conserver un noyau central.[11]

3. *Fonction des édicules*

La fonction, globalement religieuse, de ces monuments ne laisse pas de doute, qu'ils soient placés dans un sanctuaire plus vaste, bien délimité, comportant d'autres éléments (Qalaat Fakra) et en particulier un ou plusieurs temples (Hosn Niha, Qasr Neba, Hosn Soleiman) ou qu'ils appartiennent à un *temenos* restreint dont ils semblent constituer le centre (petits sanctuaires campagnards et surtout montagnards). Comme l'a bien démontré P. Collart, on ne peut les confondre avec des autels dont ils ne comportent aucun des dispositifs caractéristiques, nécessaires au fonctionnement matériel. Aucun dispositif ni interne (les dimensions restreintes ne laissent pas de place à un escalier), ni externe ne permet d'accéder à leur sommet. Ils ne partagent donc pas les fonctions spécifiques des autels en hauteur représentés sous leur forme la plus monumentale à Baalbek, mais aussi plus modestement à Doura-Europos où est attesté un type d'autel accessible par une rampe externe d'escalier rectiligne.[12]

[10]   H. Kalayan (P. Collart *Petit Autel*, 74, note 1) a contesté la restitution par D. Krencker et W. Zschietzschmann (*Röm. Tempel*, 20-22 et fig. 35-37) d'un couronnement pyramidal, à partir de trois blocs taillés en biseau, sur l'édicule de Hosn Sfiré. Si cette proposition qui repose sur des observations actuellement invérifiables est acceptée, il faut renoncer aussi au couronnement pyramidal attribué par analogie avec Sfiré à l'édicule de Hosn Niha.

[11]   Sa forme est difficile à discerner sur la photographie donnée par la publication.

[12]   Sanctuaire d'Artémis Nanaia: *Dura-Europos Preliminary Reports VI*, 397-415, Pl. XIII; S. de Bêl:

De fait, comme l'ont bien montré P. Collart et E. Will, ces petits monuments peuvent être appelées *naïskoi*, chapelles servant à la fois à abriter une image de culte et à exalter son caractère sacré dans un cadre glorieux. Plutôt que le sacrifice, ces monuments appellent la contemplation de l'image sacrée et la prière que lui adresse le fidèle. Ces édicules ont pu constituer l'objet du culte lui-même ou, comme l'attestent des inscriptions,[13] des offrandes, des *ex-voto*[14] reprenant, éventuellement à une échelle réduite, la forme des monuments de culte. E. Will a démontré que ces édicules s'intégraient dans une catégorie plus large et très variée d'édicules bien attestée dans la tradition ancienne du Proche-Orient ancien, en particulier en Phénicie, et abritant des objets de culte divers.[15] Comparés à des exemples qui se présentent généralement comme des constructions ouvertes, maisons ou temples en miniature, chambres, voire armoires-tabernacles,[16] nos monuments se distinguent par le noyau plein, le pilier central que souligne et glorifie la colonnade qui l'entoure. Le motif de niches qui l'orne, loin de susciter l'image d'une construction en miniature, fait ressortir le caractère fermé et plein de ce noyau. Aucun motif de porte ou de façade n'a été trouvé jusqu'à présent sculpté ou gravé sur des monuments de cette série. Le véritable *naïskos* est constitué en fait par la colonnade portant le couronnement.

4. *La tradition des pierres cultuelles*

4.1 Diffusion et Formes

On est ainsi amené à se demander si l'objet sacré sur lequel est centré tout le dispositif n'est pas précisément ce pilier central, posé sur le socle qui sert de base à l'édifice et entouré par les colonnes. Il faut souligner que ce pilier central est souvent monolithe. Ne serait-il pas une forme plus élaborée de la pierre de culte dressée attestée dans divers milieux du Proche-Orient, de la zone cananéenne protohistorique aux tribus arabes préislamiques? En d'autres termes, la forme particulière de ce type de *naïskos* ne serait-elle pas inspirée, en dernière analyse, par la tradition d'un culte archaïque?

Dura-Europos Preliminary Reports V, 133 sq. pl. IV; S. d'Aphlad: *ibid.* 98-130, pl. I; S. d'Azzanathkona: *ibid.* 130, pl. III; S. de Zeus Kyrios, phase II: *Dura-Europos Preliminary Reports VII-VIII*, 286; S. de la Nécropole: *ibid.* 310-322; fig. 80, 81; Dolicheneum: *Dura-Europos Preliminary Reports IX*, 3, p. 97; S. de Zeus Megistos: *The Art of Dura-Europos* (Oxford) 1973 15, pl. IV. Voir aussi S. Downey, *Californian Studies in Classical Antiquity,* 9 (1976) 21-39.
[13]   Hosn Niha, El Hadet, Deir el-Qalaa.
[14]   E. Will, cité note 5, note 13.
[15]   E. Will, cité note 5.
[16]   L'édicule central du Mabed d'Amrith représente un excellent exemple d'un *naïskos* de ce genre: M. Dunand & N. Saliby, *Le Temple d'Amrith dans la Pérée d'Aradus* (Paris 1985) 31-43, pl. XXX-XXXI.

Des témoignages nombreux mais hétéroclites conservent le souvenir de l'utilisation cultuelle de pierres sous des formes très variées dans le Proche-Orient ancien et
ce n'est point la place ici de reprendre l'ensemble de cette question qui ne semble
pas avoir été traitée récemment sous une forme synthétique.[17] On se limitera à
réunir quelques témoignages permettant de mieux comprendre des monuments
d'époque hellénistique et romaine.

Des passages bibliques attestent l'habitude largement répandue dans le milieu
cananéen de dresser des pierres comme objets de culte.[18] Ces pierres, qui ne se
confondent pas avec des autels, sont l'objet de rites spécifiques. A Béthel Jacob oint
la pierre d'huile (Gen 28:18) et, dans le milieu arabe préislamique, c'est le sang du
sacrifice qui est utilisé dans un rituel analogue. Dans le temple de Dusarès à Petra le
bétyle du dieu était enduit du sang des victimes sacrifiées.

Les témoignages archéologiques de ces cultes ne manquent pas dans cette zone,
où des pierres dressées ont été trouvées dans les sanctuaires cananéens de Gézer,[19]
de Hazor,[20] de Byblos,[21] d'Ugarit.[22] Un emplacement vraisemblable a été décelé
dans un sanctuaire de Sarepta.[23] D'une façon plus surprenante on a découvert
un bétyle dans un sanctuaire de Mari[24] et J.-M. Durand[25] a attiré l'attention sur
deux pierres d'un caractère particulier, aux dimensions spécifiées avec précision,
commandées par un roi de Mari et dont la fonction est très vraisemblablement
cultuelle. La valeur exacte de ces pierres est loin d'avoir été établie dans chaque cas,
mais leur fonction religieuse est assurée.

4.2 Significations attribuées aux pierres et aux édicules.

Dans le milieu cananéen la signification que leur attribuaient les contemporains
peut être précisée dans une certaine mesure par la terminologie utilisée. Alors que le

---

[17]   Des données se trouvent par exemple dans H. Gese, «Altsyrien» et M. Höfner, «Altarabien» dans
Die Religionen der Menschheit (édit. C.M. Schröder, Stuttgart 1970) partic. p. 191 *sq.*, 224 *sq.*; Fauth,
Der kleine Pauly I (1964) 806 *sq.*; M.J. Lagrange, *Etudes sur les Religions sémitiques* (Paris, 2e éd. 1905)
187-210; G. Ryckmans, «Les religions arabes préislamiques», M. Gorce, Raoul Mortier, *Histoire
générale des religions* IV (1947) 308; et *Les religions arabes préislamiques* (Bibl. du Muséon 26, Louvain
1951) 8, voir aussi les passages cités notes 18 et 21; R. Dussaud, *La pénétration des Arabes en Syrie avant
l'Islam* (Paris 1955) 40-44; T. Fahd, *Le Panthéon de l'Arabie centrale à la veille de l'Hégire* (Paris 1968)
24-26.
[18]   L.H. Vincent, *RB* LV (1948) 245-278; A.G. Barrois, *Manuel d'Archéologie Biblique* II (Paris 1953)
345-362; R. de Vaux, *Histoire Ancienne d'Israël, des origines à l'installation en Canaan* (Paris 1971) 269-
273; *Les institutions de l'Ancien Testament* II (Paris 1982) 93-114.
[19]   A.-G. Barrois, *Man. Arch. Bibl.* II, 358-362.
[20]   Y. Yadin, *Hazor, the Head of those Kingdoms* (The Schweich Lectures of the Brit. Acad. 1970,
Londres 1972) 67.
[21]   A.-G. Barrois, *Man. Arch. Bibl.* II, 362-363; R. du Mesnil du Buisson, *Nouvelles études sur les dieux
et les mythes de Canaan*, (EPRO 33, Leyde 1973) 88 *sq.*
[22]   A.-G. Barrois, *Man Arch. Bibl.* II, 361-362.
[23]   J.B. Pritchard, *Recovering Sarepta, A Phoenician City: Excavations at Sarafand, Lebanon, 1969-1974,
by the University Museum of the University of Pennsylvania* (Princeton 1978) 138-139.
[24]   Temple de Ninni-Zaza: Parrot, *Syria* 21 (1954) 156-157.
[25]   J.M. Durand, *Mélanges M. Birot* (Paris 1985) 79-84.

terme de *maṣṣébah* (équivalent arabe *nuṣb*, plur. *'anṣâb*) s'explique étymologiquement comme «pierre dressée»,[26] les termes de *Béthel* (comme toponyme ou nom de divinité) ou de *bétyle* qui apparaissent dans ce contexte sont généralement interprétés comme «maison du dieu» et suggèrent que la pierre est sentie moins comme une image du dieu que comme un signe attestant sa présence dans un espace concret. Cette nuance peut distinguer son usage des pratiques idolâtriques: dans cette perspective, on s'étonne moins de voir Jacob dresser après son songe la pierre qui lui avait servi d'oreiller, comme une stèle, précise le texte (Gen. 28:18), dans un lieu auquel il donne précisément le nom de Béthel,[27] sans commettre un acte idolâtrique. Ce n'est que dans une étape ultérieure que ces pierres apparaissent comme liées fondamentalement au culte des Baals et donc voués à l'exécration et à la destruction.

Il faut noter que, dès cette phase archaïque, la fonction cultuelle des pierres n'est pas univoque. La *maṣṣébah* est utilisée non seulement sous la forme qui vient d'être définie, mais aussi comme pierre funéraire,[28] ou encore comme «monument» attestant un évènement important comme un traité passé entre deux partenaires.[29] L'une ou l'autre de ces fonctions se retrouvent dans différents milieux du Proche-Orient, par exemple chez les Nabatéens où le bétyle et la *nephesh* restent deux formules iconographiques distinctes mais néanmoins proches l'une de l'autre.

On est enfin conduit à se demander ce que le fidèle voyait dans les monuments de l'époque hellénistique et romaine. Peut-on considérer leur noyau central comme une représentation aniconique stricte d'une divinité orientale, selon la vision qui ressort d'un certain nombre de témoignages antiques,[30] à la manière d'un certain nombre de dieux arabes préislamiques? Un certain nombre de ces monuments sont consacrés à un groupe de divinités associés très étroitement dans un même culte, comme les divinités héliopolitaines (le plus souvent),[31] d'autres à un dieu unique, Apollon[32] ou un dieu *Mifsenus*.[33] Certains de ces monuments avaient sans doute une valeur «votive», commémorant un acte de culte précis dont ils sont le témoin et dont ils prolongent l'efficacité. Cette valeur commémorative s'attachait déjà à

---

[26]   R. de Vaux, *Hist. Anc.*, 271.

[27]   Sur le dieu Béthel mise au point de J.T. Milik, *Biblica* 48 (1967) 565-577 après E. Meyer, *Der Papyrusfund von Elephantine* (2ème éd. Leipzig 1912) 60-66; O. Eissfeld, *Archiv für Religionswissenschaft* 28 (1930, 1-30 = *Kleine Schriften* I (Tübingen 1962) 206-233.

[28]   A. Barrois, *Man. Arch. Bibl.* II 347 (Gen. 35:20; 2. Sam. 18:18).

[29]   Voire même comme représentant symbolique d'un groupe social: A. Barrois, *Man. Arch. Bibl.* II, 347.

[30]   Textes d'Hérodote (III:8), Max. de Tyr (*Dissert.* VIII:8), Clément d'Alexandrie (*Protrept.* IV:46), Porphyre (*De abstin. carnis* II, 203) réunis par F. Lenormant, *Revue d'histoire des religions* 3 (1881) 36-40.

[31]   H. Seyrig, *Bulletin du Musée de Beyrouth* 16 (1961) 134-135. La possibilité de regrouper plusieurs figures divines pourraient être selon E. Will (cité note 5) la raison du choix de la forme de cippe ou pilier comme noyau de ce type d'édicules.

[32]   Monument de El Hadet (no. 4).

[33]   Monument de Hossn Niha (no. 2).

certaines des pierres dressées archaïques comme à d'autres catégories des stèles ou de reliefs du Proche-Orient.

Etant donné que plusieurs figures divines sont représentées sur certains des monuments on peut donc se demander dans quelle mesure la valeur primitive de symbole divin subsistait dans la conscience des fidèles de l'époque romaine. Il arrive cependant qu'en pleine époque romaine, il y ait fusion entre le symbole de culte et le dieu lui-même. Un *Zeus Bômos* et un *Zeus Madbachos* sont attestés par des inscriptions.[34]

5. *Le modèle des édicules*

Pour les périodes plus proches de la phase hellénistique et romaine c'est le terme de *bétyle* qui est le plus souvent utilisé par les auteurs anciens pour désigner des pierres sacrées.[35] Il semble désigner presque toujours un objet de petite taille, rond ou arrondi, comme le montrent aussi bien des représentations sur des monnaies ou des monuments figurés que des objets votifs conservés.[36] Souvent constitué par un météorite, il tire de cette origine céleste une valeur sacrée particulière. Dans un sens plus large le bétyle est souvent caractérisé par sa mobilité et le terme de λίθοι ἔμψυχοι fait allusion à cette qualité.[37] Cette mobilité se retrouve dans le culte, et il est significatif que sur un grand nombre de monnaies le bétyle est transporté sur un brancard de cérémonie ou sur un véhicule processionnel. Cette mobilité, et donc la petite taille, vont de soi pour les bétyles transportés comme objets de culte par les tribus arabes nomades.[38]

[34] Zeus Bômos: W. Prentice, *Hermes* 37, 118; O. Callot & J. Marcillet-Jaubert, *Temples et Sanctuaires* (Travaux de la Maison de l'Orient no. 7, Lyon 1984) 195-197; J. Jarry, *Annales Islamologiques* VII (1968) 213, no. 161 (réserves de Seyrig sur la lecture), cf. inscription de Doura: *Dura-Europos Prel. Report* IV, no. 168 (dieu-bétyle de ceux sur l'Oronte); O. Eissfeld, cité note 27, 136. Zeus Madbachos: O. Callot & J. Marcillet-Jaubert, *Temples et Sanctuaires* (Travaux de la Maison de l'Orient no. 7, Lyon 1984) 188; cf. *Inscriptions grecques et latines de Syrie* no. 465-474; J. Jarry, *Annales Islamologiques*, VII (1968) no. 41; J. Milik, *Biblica* 48 (1967) 577.

[35] On a pu supposer à ce terme une origine non sémitique, indépendante de l'étymologie suggérée plus haut *beit-il*, en remarquant d'ailleurs que des pierres plus ou moins brutes ont pu servir également de symboles divins dans le monde grec: F. Lenormant, RHR 3 (1881) 31-53; s.v. «Baetylia», Daremberg & Saglio, *Dict. Antiquités* I (1877) 642-647; G.F. Moore, *AJA* 7 (1903) 198-208.

[36] Par exemple: Bétyles de profil rectangulaire, au sommet arrondi sur un linteau de Al Umtayé: R. Dussaud, *Pénétration*, 42, fig. 8; monnaies de Deraa, J. Starcky, *Supplément au Dictionnaire de la Bible* VII, 907-908; Bétyles du Hauran: Lenormant, *RHR* 3 (1881) 36 citant M. de Vogüé, *Syrie Centrale, Inscriptions Sémitiques*, 121 (no. 9: Umm al-Jimal, no. 6: Salkhad); D. Sourdel, *Les cultes du Hauran à l'époque romaine* (Paris 1952) 62; P.S. Ronzevalle, *MUSJ* XV, 4 (1930) 141-204, pl. XXVI-XXXVIII; pour les formes de bétyles voir aussi B. Soyez, *MUSJ* 48 (1972) 149-169.

[37] Ce terme pourrait-il faire allusion, par ailleurs, à la présence du dieu qui «anime» la pierre?

[38] Voir en dernier lieu J.-M. Dentzer, «*Naiskoï* du Hauran et *Qubbah* arabe,» *Petra et les villes caravanières* (sous presse). On pourrait ajouter que deux édicules de Hatra couverts par une coupole (F. Safar, cité note 7, 154 et 155, provenant tous les deux du Grand Temple de Hatra) correspondent

Ce n'est pas à cette variante particulière de pierres cultuelles qu'il faudrait rattacher le pilier central des édicules décrits plus haut mais plutôt à leurs formes les plus archaïques de simples pierres brutes, «dressées» c'est à dire disposées en hauteur, comme le sont les mégalithes dans différentes civilisations, ne fût-ce que parce que c'est dans cette position que la pierre joue pleinement son rôle de «signe» visible de loin et dominant son voisinage.

Rien n'interdit de supposer, parmi ces pierres archaïques, des *monuments* d'une taille appréciable (dans le domaine arabe on connaît des rochers voire des promontoires ou des montagnes vénérés comme des symboles divins).[39] Le «bétyle» découvert à Mari mesure 1,50 m de haut et les deux pierres commandées par le roi de cette ville avaient deux coudées de large et 1/2 canne de haut (soit 1,50 m).[40] Les deux stèles consacrées par les fondateurs tyriens à Gadès mesuraient selon des sources 8 coudées de haut.[41] Un «bétyle» de Malte atteint la hauteur de 1,41 m.[42] Les exemples de pierres de culte archaïques dont les dimensions sont comparables à celles de nos édicules ne manquent donc pas.

On peut objecter que la forme pratiquement parallélépipédique du pilier central des édicules diffère des formes attestées généralement pour des pierres de culte archaïques, plus ou moins ovoïdes, tronconiques ou encore aplaties et arrondies comme des stèles,[43] qui sont données en particulier aux bétyles représentés sur des monnaies ou des monuments figurés d'époque romaine. Les formes géométriques régulières ne sont pourtant pas inconnues. La grande majorité des pierres représentées sur des monuments rupestres de Petra sont parallélépidédiques, et leur hauteur varie de 8 à 117 centimètres.[44] La Souda (s.v. Theusares) décrit l'idole de Dusarès à Petra comme une pierre noire quadrangulaire, aniconique, haute de 4 pieds et large de 2. C'est aussi un profil rectangulaire qui est représenté sur des *naïskoi* du Hauran.[45]

---

bien à une *qubbah* monumentalisée comme la *kalybé* de Syrie du sud. Autres dieux «portatifs»: R. de Vaux, *Hist Anc.* (cité note 18), 239-240.

[39]   Voir les références de Lagrange et de Ryckmans (cités note 17).

[40]   J.M. Durand, *Mélanges M. Birot* (Paris 1985) 79-84. Bétyle trouvé dans le temple de Ninni-Zaza: Parrot, *Syria* 21 (1954) 156-157; Archives de Yaqqim-Addu: M. Birot: *ARM(T)* XIV (1974) 26.

[41]   Du Mesnil du Buisson, *Nouvelles Etudes* (EPRO 33) 35 citant O. van Berchem, *Syria* 44 (1967) 80.

[42]   E. de Manneville, *Mélanges syriens offerts à R. Dussaud* II (Paris 1939) 895-901.

[43]   Pour les pierres ambrosiennes cf.: Hérodote II: 44; Philon de Byblos, *Frgt* II: 8, Lagrange, 417; E. Will, *Berytus* X (1951-1952) 1-12; H. Seyrig, Ant. Syriennes VI, no. 83 = *Syria* XL (1963) 19-28.

[44]   M.-J. Roche, *Niches à bétyles et monuments apparentés à Petra* (Thèse de 3e cycle, Univ. de Paris X-Nanterre 1985) 90.

[45]   Arnaud, *Hauran* 1, 2, 382, pl. 1 et *loc. cit.* note 17.

6. *Création du naïskos*: développement de la formule monumentale

6.1. La *péristasis*

Ces formes géométriques sont, par ailleurs, liées logiquement à la transformation monumentale de la pierre cultuelle archaïque. La première étape est l'adjonction d'une colonnade autour de la pierre dressée devenue le noyau du monument, quelle que soit la taille et la forme de cette pierre. Cette évolution est bien attestée pour le monument de Machnaka que P. Collart a rapproché des monuments réunis ici.[46] Dans la restitution du monument d'Aïn el-Djoudj à Baalbek[47] D. Krencker a placé le cippe des divinités héliopolitaines, qui peut être interprété comme une forme développée à partir de la pierre cultuelle archaïque, sous une *tholos* à huit colonnes qui l'abrite comme un *naïskos*. Le cippe n'atteint pas le niveau de l'entablement.[48] Dans la forme la plus monumentale celui-ci a pu prendre la forme d'un pilier ayant la même hauteur que les colonnes qui l'entourent. Le bétyle monumentalisé lui-même serait ainsi à l'origine d'une nouvelle forme architecturale. La parenté de deux variantes se distinguant par la hauteur de l'élément central est confirmée par un décor et une imagerie communs.

On connaît un développement analogue dans la genèse du temple grec périptère où l'on a expliqué la *péristasis* comme un moyen d'exalter le caractère sacré du monument.[49] Cette formule du périptère a été empruntée par des temples syriens d'époque hellénistique et romaine. Dans les *naïskoi* il faut souligner la composition centrée ainsi obtenue par un plan carré. Elle est comparable à celle du noyau interne, constitué par une plateforme entourée de colonnes, d'un certain nombre de temples nabatéens (le temple aux lions ailés de Petra, les temples de Ramm et de Khirbet Dharih, le sanctuaire de Khirbet Tannur). Le pilier central n'y apparaît pas mais on peut se demander si, dans ce cas encore, l'objet de culte n'était pas une pierre. Nous sommes précisément dans une région où ce culte est bien attesté, y compris dans le temple principal de Petra. Enfin un plan carré avec une composition vraisemblablement centrée est aussi le trait caractéristique de certains temples de Syrie du sud.[50]

---

[46] P. Collart, *Petit Autel*, 67-71, pl. LVII-LIX.

[47] P. Collart, *Petit Autel*, 81, pl. XLVI: 1; D. Krencker dans Th. Wiegand, *Baalbek, Ergebnisse der Ausgrabungen und Untersuchungen in den Jahren 1898 bis 1905* I (Berlin & Leipzig 1921) 26, fig. 11b.

[48] Etant donné l'espace limité disponible dans l'édicule de Kyria à Sfiré (dit temple C), P. Collart (*Petit Autel*, 80-81) y suppose une statue plutôt qu'un pilier montant jusqu'à l'entablement.

[49] Voir récemment W. Martini, *Jahrbuch des Instituts* 101 (1986) 23-36.

[50] Il faut cependant en réduire le nombre après un réexamen des restes conservés. En effet s'il est difficile de mettre en doute les observations visuelles faites sur le temple de Baalshamîn à Sîᶜ par M. de Vogüé puis par H.C. Butler, qui ont vu le monument encore debout sur une hauteur qui pouvait atteindre 5 assises en élévation (les sondages effectués en 1980 par F. Braemer sur les substructures qui subsistent seules n'ont pas permis de vérification décisive), le temple dit de Dusarès du même site ne peut

On pourrait se demander si cette composition centrée n'est pas exigée par des rites se déroulant autour de l'objet de culte; la circumambulation est d'ailleurs bien attestée dans le monde arabe. Cependant, dans les édicules, l'espace disponible autour du noyau central est généralement insuffisant pour permettre des mouvements aisés. Elle exclut, en tout cas, des processions de foules. Il en va de même pour l'espace qui subsiste autour de la plateforme centrale de certains des petits temples comme à Khirbet Dharih.

La valeur de la *péristasis* apparaît dans le fait que le cippe ou noyau central est dans certains cas orné lui-même de pilastres d'angle (Kafr Dan, Hosn Niha, Hosn Soleiman) que l'on peut interpréter comme une forme simplifiée du même motif. Si le bloc de Hosn Niha prend place lui-même dans un édicule, et sans doute aussi celui de Hosn Soleiman, de dimensions analogues, on peut se demander si le cippe de Kafr Dan, large de 0,65 m seulement, n'est pas à interpréter comme une réduction d'un tel monument, les piliers d'angle apparaissant comme la projection des supports d'une *péristasis*.

6.2 Habillage architectural

Le deuxième élément de la transformation est l'habillage architectural du noyau qui emprunte tous ses motifs à l'architecture gréco-romaine de Syrie: niches à couronnement cintré à trois fasces porté par des pilastres corinthiens et reposant sur des socles moulurés, guirlandes entre les pilastres d'angles portant un entablement avec architrave à 3 fasces et corniche sur le cippe de Kafr Dan. Les niches[51] sont couronnées de coquilles comme sur le monument de Hosn Niha, où elles prennent place entre des pilastres ornés d'un cadre bombé. Dans ce cas une dalle de couverture de la *péristasis* a été conservée avec un soffite à caissons. Pour la couverture des édicules, si la pyramide de Hosn Sfiré a été contestée, un fronton beaucoup plus large que le noyau central du monument nord de Hosn Soleiman a été retrouvé. Il reposait donc en même temps sur des supports qui entouraient ce noyau central.

La seule exception dans ce répertoire de motifs classiques est apportée par l'édicule de Qalaat Fakra avec la gorge égyptienne de son attique. Cette moulure empruntée à la tradition locale phénicienne est cependant bien intégrée dans toute une série de monuments d'une phase de construction généralement située au Ier siècle de notre ère.

On peut donc supposer qu'un moment essentiel de ce processus de monumentalisation s'est situé à l'époque hellénistique ou romaine.

---

plus, après nos fouilles de 1986-1987, être rattaché à cette série car son plan est oblong, même si la cella centrale semble carrée et il pourrait bien en être de même pour le temple de Sahr.

[51]   Que l'on retrouve sur les deux édicules de Hosn Soleiman, à Qalaat Fakra, dans l'édicule C du sanctuaire de Bel à Palmyre. Elles sont ornées de coquilles sur le cippe de Qalaat Fakra.

6.3. Représentations figurées

Le troisième élément du processus est l'apparition de représentations figurées. Ce sont des personnages placés dans les niches, et exceptionnellement dans une frise figurée sur le monument du sanctuaire de Nabu à Palmyre. Dans certain cas les figures devaient être des statuettes rapportées, probablement en bronze. On a conservé dans un cas les trous d'encastrement d'une grille qui servait à les protéger. Ailleurs les figures étaient taillées dans la pierre même du bloc, ce qui les a conservées, à vrai dire le plus souvent mutilées. Dans l'une des niches du *naïskos* de Hatra (no. 16) au moins est présente une petite figure. Les fragments de la Syrie occidentale qui ont survécu indiquent que les figures étaient traîtées dans un style gréco-romain même si sont repris à l'occasion, sous une forme hellénisée, certains types archaïques de statues de culte en forme de tronc gaîné orné d'éléments rapportés. Ce même traitement figuré «en surface», se retrouve d'une façon significative pour un bétyle classique de forme ovoïde, où une figure d'Hélios est inscrite dans un zodiaque ovale. Le bétyle était entouré par un édicule tout à fait comparable à ceux qui viennent d'être examinés. L'amorce des quatre supports est encore visible sur le socle de l'objet.[52]

Ces monuments rejoignent ainsi pour leur forme, et peut-être pour leur signification, la formule romaine du cippe aux quatre divinités qui a fait elle aussi son entrée dans la région, souvent pour représenter les divinités héliopolitaines.[53]

L'habillage hellénisé, architectural et figuré se retrouve dans d'autres catégories de mobilier cultuel comme des autels mais aussi dans de véritables temples. P. Collart a rapproché d'une façon frappante des cippes à niches l'organisation du décor externe du petit temple rond de Baalbek.[54] Tout se passe comme s'il suffisait de varier l'échelle pour appliquer le même schéma à une gamme d'objets différents. En réalité il ne s'agit pas d'une formule décorative et les différents objets où elle s'applique ont en commun une fonction cultuelle évidente.

7. *Conclusions*

A l'intérieur d'une catégorie plus vaste et multiforme de *naïskoi* pouvant abriter diverses images de culte au Proche-Orient, le type d'édicules récemment réunis en série pourrait donc raisonnablement s'expliquer comme la monumentalisation, dans un contexte hellénisé, d'une formule rustique de pierre de culte attestée d'une part

---

[52]   H. Seyrig, *Ant. Syr.* VI (1966) 119-121 = *Syria* 40 (1963) 17-19.
[53]   Par exemple exemples du Hauran au Musée de Damas: A.F. al-Ush, A. Joundi & B. Zouhdi, *Catalogue du Musée National de Damas* (Damas 1976) 115, 118 (C 5072); au Musée de Soueïda: M. Dunand, *Le Musée de Soueïda* (Paris 1934) no. 170, pl. XXXVI, cf. no. 29, pl. LXVI; cf. aussi H. Seyrig (cité note 31).
[54]   *Petit Autel*, 89, pl. LXVII: 1-2.

dans la zone cananéenne, d'autre part dans le domaine arabe préislamique, mais sans doute répandue plus largement à travers le Proche-Orient comme le montrent les découvertes de Palmyre, de Mari et de Hatra. Ce n'est sûrement pas un hasard si le groupe le plus important provient de la zone côtière, ouverte sans doute la première à l'influence des formules architecturales plus élaborées provenant d'abord d'Egypte puis du monde grec. L'un et l'autre ont fourni des modèles de chapelles servant d'abri à des images ou à des objets de culte. Mais il s'agit dans ce dernier cas de monuments creux, à l'image de la maison, temples en miniature, ou tabernacles, où de décor architectural se concentre souvent sur la façade.[55] Une réduction de la profondeur aboutit à la formule de la niche cultuelle, bien attestée à Palmyre.[56] Nos monuments à plan centré sont plus proches du baldaquin auquel se rattachent certaines formes d'*adyton-naïskos* dans des temples de la même zone côtière montagneuse. Plus proche aussi de nos édicules est le développement parallèle de certains sanctuaires nabatéens, et peut-être hauranais, à plan centré. On peut se demander si le point commun n'est pas dans l'élément central du culte qui est, dans tous ces cas, une pierre appelant des rites spécifiques.

On peut rappeler enfin des analogies avec le développement d'une autre forme apparentée au départ, à savoir la pierre utilisée comme monument funéraire. Ici encore on devine dans certains cas un développement monumental avec un habillage de formules architecturales de tradition orientale ou grecque. C'est le cas des *maghzils* d'Amrit, mais aussi de la tour funéraire syrienne[57] et des tombes rupestres nabatéennes, qui en deux ou trois dimensions, apparaissent comme des *nephesh* monumentalisées.[58] Ce terme de *nephesh* peut d'ailleurs être utilisé pour désigner différents modèles de tombeau, sans tenir compte de leurs dimensions et de leur échelle. Enfin, sur ces monuments aussi, on voit se développer timidement une évolution vers la représentation anthropomorphe des personnages, surajoutés eux aussi, dans un premier temps, généralement en relief à la surface du monument. Cette évolution touche d'ailleurs les bétyles nabatéens eux-mêmes.[59]

---

[55] Cette formule peut être rapprochée de celle de l'*adyton-thalamos*: E. Will, *Etudes d'archéologie classique* II (Ann. de l'Est no. 22, 1959) 136-145.

[56] D. Schlumberger, *La Palmyrène du Nord-Ouest* (Paris 1951) 57, 101, 114; D. Sourdel, *Cultes* (cité note 36), 71; J. Starcky, *RB* 75 (1968) 219-221; P. Collart & J. Vicari, *Le sanctuaire de Baalshamin à Palmyre I: Topographie et Architecture* (Rome 1969) 155-164.

[57] E. Will, *Syria* XXVI (1949) 258-319.

[58] F. Zayadine & M. Lindner, *Petra* (4e éd. München 1983) 212-248; *id.* dans Petra: *Neue Ausgrabungen und Entdeckungen* (éd. M. Lindner, München 1986) 214 *sq.*

[59] J. Starcky, *Suppl. Dict. Bible* VII, c. 1008-1009; F. Zayadine & J. Starcky, dans *Un royaume aux confins du désert* (Museum de Lyon 1978-1979) 43, no. 40; F. Zayadine, dans M. Lindner, *Petra* (5e éd.) 124-161.

CARACTERISTIQUES DES EDICULES

	1	2	3	4	5	6	7
No.	1	2	3	4	5	6	7
Site	Kafr Dan	Hosn Niha	Hosn Sfiré	El Hadet	Hosn Soleiman	Hosn Soleiman	Qalaat Fakra
Localisation			Berg-heiligtum		nord	bloc isolé	édicule
Dimensions Totales (haut. / larg. / prof.)			2,93 / 2,81			1,30 / 1,20	3,20
Dimensions piller centr. (haut. / larg. / prof.)	1,4 / 0,7 / 0,65	1,4 / 1,1 / 1,12		2,7 / 1,6			2
Colonnes	?	12	x	?	(restituables)	?	12
Soubass.				2,25			socle h=0,60
Couronn.	face supér. = lit d'attente	plafond caissonné; pyramide restituée (p.anal.avec H. Sfiré)	pyramide restituée (contestée par Kalayan)	mouluration d'autel	fronton, plus large	mouluration; pyramide (sans preuves)	architrave + corniche; attique h=0,60
Niches	4	4		x	x	x	x
Images	Atargatis/ dieu engainé/ dieu pasteur/ Eros	restituables		restituables		x	restituables
Inscript.		x Mifsenus		x (à Apollon)			
Temenos		x					
Temple							
Remarques				monolithe		partie supérieure	1 bloc à 3 marches

No.	8	9	10	11	12	13
Site	Sfiré C	Sfiré	Qasr Neba	Qasr Naus	Deir el-Qalaa	Deir el-Qalaa
Localisation	Kyria	Terrasse				près du temple
Dimensions (haut.						
totales (larg.	2,30	3,00			1,02	
(prof.	2,30	3,00				
Dimensions (haut.						
pilier (larg.					0,3	
centr. (prof.						
Colonnes	12 (restituables)	12	12	x	x	
Soubass.	socle mouluré	socle mouluré				
Couronn.	baldaquin					
Niches			x			
Images	restituables			x		
Inscript.					x	
Temenos	x	x			x	
Temple			x			
Remarques						sembl. à l'exempl. sup. + autres

No.	14	15	16	17
Site	Palmyre	Palmyre	Hatra 1	Hatra 2
Localisation	s. Nabu	Bêl, C	Temple 8	Temple 8
Dimensions (haut. totales (larg. (prof.			0,41	0,46
Dimensions (haut. pilier (larg. centr. (prof.				
Colonnes	x	?	3 × 3 (ornées d'enseignes)	3 × 2 (acrot. angle)
Couronn.			4 acrot. d'angles + 4 pers. ailés barbus	
Niches		x	x	
Images	x frise			
Inscript.				
Temenos				
Temple	x			
Remarques				

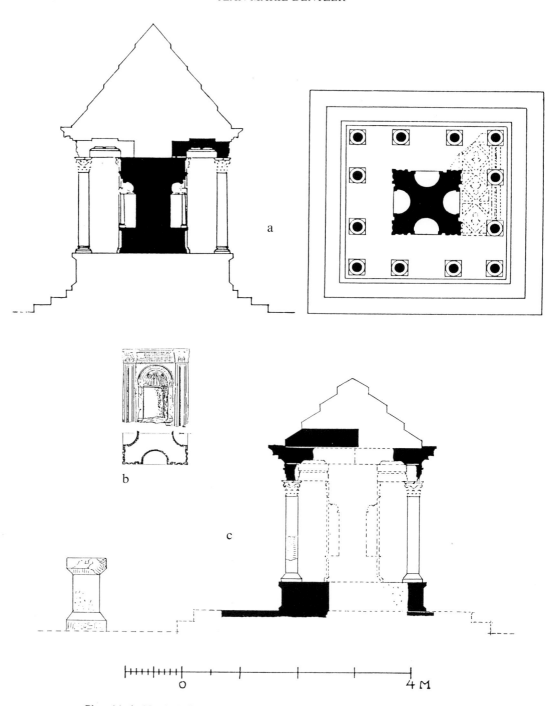

Plate 14a-b. No. 2: Edicule de Hosn Niha (d'après Krencker, *Röm. Tempel*, pl. 60).
c. No. 3: Edicule de Hosn Sfiré (d'après Krencker, *Röm. Tempel*, fig. 36a).

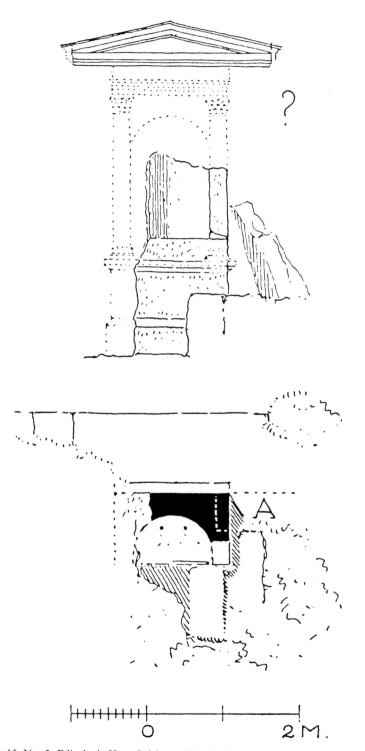

Plate 15. No. 5: Edicule de Hosn Soleiman (d'après Krencker, *Röm. Tempel*, fig. 108).

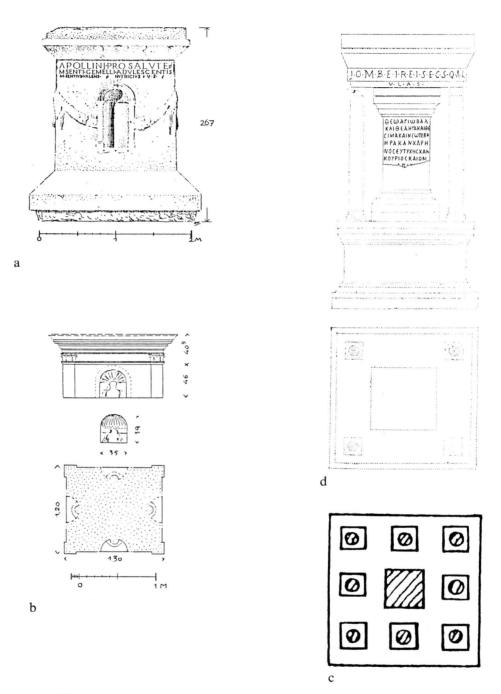

267

a

b

c

d

Plate 16a. No. 4: Edicule de El Hadet (d'après Krencker, *Röm. Tempel*, fig. 207).
       b. No. 6: Edicule de Hosn Soleiman (d'après Krencker, *Röm. Tempel*, fig. 133).
       c. No. 8: Edicule de Sfiré C (Kyria) (d'après Krencker, *Röm. Tempel*, fig. 49).
       d. No. 12: Edicule de Deir el Qalaa (d'après S. Ronzevalle, *RA* (1903) fig. 1).

a

b

c

Plate 17a. Deir el Qalaa: Base d'édicule photographiée en 1964.
b. No. 1: Cippe de Kafr Dan (d'après H. Seyrig, *BMBeyr* 16 (1961) pl. VII).
c. No. 16: Edicule de Hatra (d'après F. Safar, *Hatra*, pl. 268).

THE BEGINNING OF THE BRONZE AGE IN SYRIA
IN LIGHT OF RECENT EXCAVATIONS

Rudolph H. Dornemann

It is a great pleasure to acknowledge my debt over many years to Adnan Bounni with a modest contribution to this volume. Since he has done so much to further scientific investigation in all periods of the history of Syria, it is only fitting to use the information generated from one of the many projects under his purview to acknowledge this debt. Dr. Bounni has been most interested by the Bronze Age civilizations of Syria, so it is my pleasure to review the beginning of that period in light of our work at Tell Hadidi.

Much of what is presented here is a refinement of ideas which have been presented briefly in previous discussions (Dornemann 1985 and 1988) and will be incorporated in the final report on the material from the beginning of the Bronze Age at Hadidi. How long or even whether our reconstruction will bear the test of time, will be directly dependent on the amount of excavation in various regions of Syria which include materials from the end of the Chalcolithic-Protoliterate period and the beginning of the Bronze Age.

Excavations in the past decades along the entire course of the Euphrates River, from its origins in Turkey to the Syrian border near Mari, have yielded a large body of information and demonstrate specific developmental phases. Strategic sites in northeastern Syria, Leilan, Brak and Chagar Bazar, also provide a basic sequence as do the Amuq sites in the west, Ras Shamra/Ras Ibn Hani and Tabbat el Hammam further south, and Tell Mardikh/Tell Tuqan, Hama and Apamea in central Syria. The amount of evidence available in all instances is quite limited, so any attempt at a reconstruction of specific phases is still difficult. Many general developments seem to correlate throughout the area but specific indicators are few and the correspondence of variations is still uncertain.

For the sake of discussion, and with the purpose of creating a model which can be used for comparison and refined or discarded as more information becomes available, I would like to define three basic ceramic complexes covering the Early Bronze Age. I would group these materials as Early Bronze I, Early Bronze II and Early Bronze III-IV assemblages and discuss them in reverse chronological order.

By far the best documented complex is represented by a long, continuous sequence of cultural materials within the Early Bronze III and IV periods. This complex of materials is well known and represents a period of major occupation density throughout Syria which is equalled in only a few other periods of Syria's history. Spectacular and well known finds from Early Bronze Age Mari and Ebla fall within this period and have helped to develop fixed points around which cultural materials from other sites can be grouped.

We have divided the Early Bronze III-IV artifactual materials from tombs at Hadidi into two groups on a typological basis. Plate 18 represents a selection of forms from the end of the phase. Plate 19 represents a selection of forms that we would consider early in the phase. The tomb materials from Halawa and Tawi substantiate these basic divisions, but the development of many features within both groups is not yet clear. Specific forms appear gradually through the long period of time covered by this phase and many forms last for a long period of time. Specific bowl and jar forms, and rim and base profiles, clearly cluster early or late in the sequence. At times the development is deceptive, with forms that would seem to stand at the end of a long series of development proving to be early in a sequence, on the basis of stratified materials. Plates 18 and 19 represent a basic clustering of early and late forms but give a very limited selection for both periods. The exact correlation of these phases must still be substantiated by full study of the stratified pottery from the occupation levels on Euphrates Valley sites.

Though a wealth of information exists for this complex of materials from all over Syria, more unanswered than answered questions remain concerning the specifics of community organization at the various sites; their industries, workshops and centers of production; their control of essential and exotic agricultural production; and their mechanisms for short-range exchange and far-flung trading ventures. There are still many questions about broader concerns like the nature of the unifying or distinctive cultural, ethnic or geographical features which underlie the established societies that cooperated, competed or contended with one another through a long complicated history of political alliances, regional and extended states, international cooperation and/or confrontation; and the religious, philosophical, literary and artistic commonalities, specialties, and idiosyncrasies which united some groups and areas while setting barriers between others. One could continue the list, but certainly the information which has been brought to light by many expeditions in Syria during Dr. Bounni's years of active, energetic encouragement has made a tremendous impact on our understanding of this period of Syria's ancient past and provides a firm basis for future investigations.

Understanding the cultural phases which led up to this flourishing Early Bronze Age civilization throughout Syria is a far more difficult challenge, since the material evidence is significantly less plentiful. The remainder of this paper will focus on the definition of these two earlier cultural complexes on the basis of the evidence currently at hand. In comparison to the EB III-IV complex, the earlier materials are less consistent in their component features over a broad geographical area. It is not clear at this point whether a consistent pattern existed for continuous occupation at individual sites or whether significance should be attached to the apparent absence at any particular site of the materials characteristic of a specific phase. Was the settlement pattern uneven in any given area — either with a major development occurring only in the Early Bronze I and with little significant subsequent occupation until Early Bronze III, or with a major development occurring only in Early Bronze II with little significant earlier occupation — or, conversely, was the sequence of occupation fairly continuous, so that it can be traced back from EB III to EB I or even to the end of the Chalcolithic? The Amuq phases F-J are still the best reference available for the Syrian Early Bronze Age; however, the discussion of the attribution of specific site levels to specific phases highlights the problems inherent in defining these chronological phases over a wider geographical area.

Recent excavations have provided many parallels to the vessels with *cyma recta* profiles found in Amuq H, or have provided vessels coming close to that profile, and to the distinctive small ring bases which are associated with them (Braidwood and Braidwood 1960: figs. 269:9-12; 270:8, 9; and 271:2). We would consider these forms as distinctive markers of an Early Bronze II horizon. In the Amuq, these forms are variants within the plain simple category of ceramic wares which shift and change through a continuous development from Amuq G through J. Understanding the specific context of this and other characteristic ceramic forms and wares will eventually allow us to achieve some precision in defining local ceramic sequences and their relation to broader, more far-reaching cultural features.

Certainly the distinctive *cyma recta* and closely related profiles and the distinctive small ring bases provide markers with which vessels from other areas can be compared. More than the Amuq, these distinctive features seem to characterize the ceramic assemblage farther south along the Orontes at Qalʿat el Mudiq (Balty 1981: fig. 18; Collon & Zaqzuq 1972: fig. 4; and Collon et al. 1975), where they occur more frequently among the much smaller corpus of published vessels. The small bases are common on jars as well as cups and bowls, indicating a stronger, and possibly longer, tradition for the use of these vessels in this area. Braidwood has suggested that this profile was produced in the Amuq by adopting a shape common on "red-black burnished" ware and using it for plain simple ware vessels. The form resemblance is obvious, but it is also possible that this plain simple ware form represents an adaptation from a neighboring tradition where "red-black burnished" ware was not common.

Elsewhere, where the *cyma recta* profile and related diagnostic features are present, the situation is similar to the Amuq. Related vessels can be found from Ugarit on the coast (Courtois 1962: figs. 30:E; 33:E; 36:E) to the Euphrates at Kurban Hüyük (Algaze et al. 1986:57, fig. 24), Hayaz Höyük (Thissen 1985: fig. 5:15-27), Arslantepe (Palmieri 1981: fig. 8:6, 8), Hadidi (Pl. 20:8-12), Halawa (Orthmann 1981: tfln. 56, 57); the Balikh at Hammam et-Turkman; and east to the Khabur plain at Chagar Bazar, Brak, Billa, Grai Resh, etc. (Perkins 1949:165, 170-71), and Leilan (Weiss 1985:22 and 23, and Schwartz 1982: figs. 31:13, 32:8, 36:4

and 38:1, 2). The distinctive forms provide clear but general chronological ties between the areas sharing these specific features. The chronological precision of such ties, however, is very much a question.

The Early Bronze II assemblage at Hadidi is incomplete. In Area R where it is best preserved, only sketchy remains of the phase are preserved due to later intrusions coming down to this depth. Plate 20 provides a good representation of these forms. They are clearly set off from the later Early Bronze III-IV complex of materials and well stratified above a good sequence of Early Bronze I floors and levels in stratum 1. The forms related to the *cyma recta* profile, Pl. 20:8-12, are a variation on forms found earlier, but the small ring bases are a new feature. The cup and bowl forms, Pl. 20:1-7.15, continue an earlier tradition, but with some new variations. The same is also true for the jar forms, Pl. 20:20-33. The beginnings of a new set of shapes which develop into the Early Bronze III-IV tradition are represented by the bowls and jars on Pl. 20:16-19. The *cyma recta*-related vessels are clearly a component of the local tradition and though parallels are wide-ranging, they represent a broader interaction with neighboring areas, rather than the restricted import or imitation of foreign products such as is represented by a small selection of painted and incised sherds.

In the east, "Ninevite V" wares provide a different assemblage, which is at home in the Assyrian heartland and extends to the Balikh Valley as a frequently occurring feature, but is present only as an occasional sherd at sites farther to the west. Recent excavations have added to the corpus of Ninevite V wares, as at the sites of Biᶜa, Mari, Khuera, Leilan (Weiss 1985:22, 23 and Schwartz 1982: figs. 32-39) and Barri (Pecorella & Salvini 1984: fig. 1:3, 6, 8 and pl. 6:1). Details on the occurrence of these wares are still a problem (Mallowan 1964), as far as the length of time such wares flourished, the specific variations and developments within this tradition, and the overlap of such wares with characteristic wares of other phases, like the earlier beveled-rim bowls or the *cyma recta* profile vessels. Considerable excavation and study are still required to establish the details of the ceramic sequences of the end of the Chalcolithic and the beginning of the Early Bronze Age, but it is obvious that there is a heavy concentration of sites of this period in the east of Syria and that it is common for fairly complete sequences to be present at individual sites.

The continuity of occupational sequences in the west is somewhat more questionable. Though the Amuq, Kurban Hüyük and Hadidi provide fairly lengthy and apparently fairly continuous sequences, there are currently significant gaps in the sequences at Halawa, Sweihat, Habuba, el Hajj, Selenkahiye, Mardikh, Ugarit and Qalᶜat el Mudiq. This may be completely accidental, since the evidence from Ras Ibn Hani indicates the presence of EB I materials which are not currently indicated in the excavations at nearby Ugarit. It is possible that at this time there is an even greater fluidity in movement of occupation between sites of a region than there was earlier, and that gaps in the occupation of a site separated short but flourishing phases of occupation, instead of sustained, continuous occupation.

Only in Amuq Phase H is a broad component of the cultural assemblage of EB II available. Elsewhere only a restricted selection of the assemblage is available. Similar to the situation in eastern Syria with the "Ninevite V" wares, the Amuq has another distinctive component which is found over a restricted area in Syria. The "red-black burnished" wares of the Amuq and their relationship to Eastern Anatolian wares and Khirbet Kerak ware have received considerable attention for many years (Todd 1973, Kelly-Buccellati 1979 and others). Outside of the Amuq, only occasional vessels of this ware have been found, as at Ugarit, Hama and Halawa. The chronological context of the Hama examples are a problem; there they apparently occur side by side with beveled-rim bowls which must chronologically be considerably earlier. Since the "red-black burnished" wares are used over a long period of time in the Amuq and southeastern Anatolia, they usually provide general and occasionally specific chronological ties when they are found elsewhere.

The material which we can attribute to an earlier phase of the Early Bronze Age, our third complex of materials illustrated by the selection of profiles on Pl. 21, is represented at a limited number of sites. The variety of wares and forms, however, is considerably greater at most of the sites represented than is the case for the previous complex.

The most diagnostic form present in this complex is the beveled-rim bowl, but like the later specific ware groups mentioned, "Ninevite V" ware and "red-black burnished" ware, the modification of shapes through time, the length of use, first and last use dates cannot be ascertained at this time. The situation is complicated and the question of EB I and/or pre-EB I date for the manufacture of this vessel cannot now be resolved.

The beveled-rim bowl has traditionally been considered one of the diagnostic hallmarks of the Protoliterate period. The presence of such bowls in the Amuq at the end of phase F and the beginning of phase G has been considered a problem. One suggested solution to this problem is the reassignment of the early levels of G to phase F, so that this form can be confined to the phase F range. The Mesopotamian occurrences of this vessel have a long history which does extend beyond the Protoliterate into the Early Dynastic period (Hansen 1965). Certainly the limited material which is available does not allow us to resolve the existing problems, but we can document a specific sequence.

We have not yet attempted the subdivision of EB I or II into sub-phases but such divisions seem to be present. We have not suggested subdivisions at this time because distinctions must be based on more evidence than is currently available. Else we will inevitably introduce divisions which will have to be corrected more times than necessary, with the resulting confusion of numerous conflicting chronological schemes.

The ceramic inventory from Tell Hadidi stratum 1 in Area R II is a critical component of this sequence. A ceramic cone for mosaic decoration, a large vessel with bent spout and a triangular-lug handle from the shoulder of a jar represent features found at Hadidi which are common at Jebel Aruda, Habuba Kabira and sites in the Protoliterate a-b horizon. None of these sherds, however, were found in secure stratum 1 stratification; they were found with multiple-brush painted, reserve slip and red burnished sherds which are best placed in the Amuq G horizon. The well stratified sherds of stratum 1 in Area R II contain another diagnostic feature in a specific type of comb-incised decoration. This seems to occur only in this stratum 1 horizon alongside the latest examples of beveled-rim bowls. The major ceramic component of this stratum is quite distinct from earlier ceramic inventories like that published from Habuba Kabira by Sürenhagen (Sürenhagen 1978). The simple round-bottomed cup forms with simple or slightly flared rims, Pl. 21:14-18, 20-22, and the jar and cooking pot forms, Pl. 21:26-36, are part of a distinctive tradition which continues into EB II and beyond. These forms are found side by side with beveled-rim bowls at Hadidi. The same may also have been true at Tell el Hajj (Bridel et al. 1974:47 and 48), but only a few characteristic profiles are illustrated together with a beveled-rim bowl. At the other nearby sites of Sweihat (Holland 1976: figs. 4 and 5), Mumbaqat (Heinrich et al. 1973: abb. 44) and Selenkahiye the ceramic inventory of the earliest phases is identical, except that the beveled-rim bowls and comb-incised sherds are missing. Clearly we are able to define a ceramic horizon which like Amuq G has a phase with beveled-rim bowls, followed by a phase without. We propose hypothetically that like phase G these be considered as one complex of materials and termed EB I.

Amuq Phase G has most commonly been placed in the Protoliterate c-d horizon since its publication (Braidwood and Braidwood 1960) and Amuq F in the Protoliterate a-b horizon, where the recent finds from Habuba Kabira have also been placed. This would put Hadidi 1 in the Protoliterate c-d horizon and possibly predate the Sweihat, Mumbaqat and Selenkahiye assemblages, the latter being closely related, but chronologically opposite the Mesopotamian Early Dynastic I. Since the terminal phase of the Protoliterate is difficult to define, and ED I is considered a very short period, the Hadidi, Sweihat, Selenkahiye and Mumbaqat materials may well define closely related horizons that can without difficulty be considered to fall within the Early Bronze I. That is what we are hypothetically suggesting here until more evidence can be brought to bear on the problem. It is possible that a phase of occupation preceded Hadidi 1 or that occupation continued at Jebel Aruda into Protoliterate c, but until more evidence is available which would require such an interpretation we will maintain our hypothesis as proposed.

Beveled-rim bowls have been found at other Syrian sites like Hama (Fugmann 1958: figs. 37, 46, 49 and 54) and Carchemish (Woolley & Hogarth 1958: pl. 52b), but attribution to distinct phases is not possible. Only Kurban Hüyük VI (Algaze in press), Ras Ibn Hani (Bounni et al. 1979: fig. 2), pre-Palace G levels at Mardikh (Mazzoni 1985: fig. 7) and the earliest Bronze Age levels at Mari include materials that would be contemporary with Hadidi 1. Two Protoliterate phases are defined at Brak (Oates 1985) and on the whole beveled-rim bowls are considered to predate the "Ninevite V" ware phases at Brak, Leilan, Chagar Bazar and Nineveh, but as indicated above, clarification of this problem is needed.

We cannot yet provide definite answers to many questions about the beginning of the Early Bronze Age in Syria, but the limited material that is available has made a good start at blocking out the basic outline and highlighting the most critical questions which must be resolved by future excavation. Until this is done, we cannot hope to understand the conditions influencing the first major settlements which led up to the flourishing culture of the later Bronze Age in Syria. We cannot say at this time whether most of the sites which became major urban centers, like Mari, Ebla and Ugarit, were established as local power and cultural centers in EB I, distinct from the previous phenomena which created the Protoliterate centers like those at Habuba Kabira, Jebel Aruda and Brak, or whether they traced their origins to early in the Protoliterate period. Our understanding of the cultural development of ancient Syria would be significantly different under each of these models and considerably more excavation guided and encouraged by indviduals like Dr. Bounni will be needed before we are able to choose between these models and further develop them.

BIBLIOGRAPHY

Algaze, G.
   in press   "Kurban Hüyük and the Late Chalcolithic Period in the Northwest Mesopota-
                  mian Periphery: A Preliminary Assessment," *Anatolica*.
Algaze, G.; Ataman, K.; Ingraham, M.; Marfoe, L.; McDonald, M.; Miller, N.; Snow, C.;
Stein, G.; Verharen, B.; Wattenmaker, P.; Wilkinson, T. & Yener, A.
   1986   "The Chicago Euphrates Archaeological Project 1980-1984: An Interim
                  Report," *Anatolica* 13:35-148.
Balty, J.C.
   1981   *Guide d'Apamée*. Brussels: Musées royaux d'art et d'histoire.
Bounni, A.
   1979   "Campaign and Exhibition from the Euphrates in Syria," in D.N. Freedman
                  ed., *Excavation Reports from the Tabqa Dam Project — Euphrates Valley, Syria*
                  (Annual of the American Schools of Oriental Research 44) 1-7.
Bounni, A.; Lagarce, J. & E.; Saliby, N. & Badre, L.
   1979   "Rapport préliminaire sur la troisième campagne de fouilles (1977) à Ibn Hani
                  (Syrie)," *Syria* 56:217-294.
Braidwood, R.J. & Braidwood, L.
   1960   *Excavations in the Plain of Antioch I*. Oriental Institute Publications 61.
                  Chicago: University of Chicago Press.
Bridel, P.; Krause, C.; Spycher, H.; Stucky, R.; Suter, P. & Zellweger, S.
   1974   *Tell El Hajj in Syrien: Zweiter vorläufiger Bericht Grabungskampagne 1972*.
                  Bern: Archäologisches Seminar der Universität Bern.

Collon, D.; Otte, M. & Zaqzuq, A.
  1975   *Sondages au flanc sud du tell de Qalᶜat El Mudiq*. Fouilles d'Apamée de Syrie.
             Miscellanea. Fasc. 11. Brussels: Centre belge de recherches archéologiques à
             Apamée de Syrie.
Collon, D. & Zaqzuq, A.
  1972   "Céramique des carrés A1 et B1 ouverts au flanc du tell en 1970 et 1971," in J.
             & J.C. Balty eds., *Apamée de Syrie*. Fouilles d'Apamée de Syrie. Miscellanea.
             Fasc. 7 (Brussels: Centre belge de recherches archéologiques à Apamée de
             Syrie) 65-78.
Courtois, J.-C.
  1962   "Sondages 1959: Contribution à l'étude des civilisations du Bronze Ancien à
             Ras Shamra-Ugarit" in C.F.A. Schaeffer ed., *Ugaritica IV* (Paris: Librairie
             Orientaliste Paul Geuthner) 415-75.
Culican, W. & McClellan, T.L.
  1983-84   "El-Qitar: First Season of Excavations, 1982-83," *Abr-Nahrain* 22:29-63.
Dornemann, R.H.
  1978   "Tell Hadidi: A Bronze Age City on the Euphrates," *Archaeology* 31:20-26.
  1979   "Tell Hadidi: A Millennium of Bronze Age City Occupation," in D.N. Freed-
             man ed., *Excavation Reports from the Tabqa Dam Project — Euphrates Valley,
             Syria* (Annual of the American Schools of Oriental Research 44) 113-51.
  1981   "The Late Bronze Age Pottery Tradition at Tell Hadidi, Syria," *Bulletin of the
             American Schools of Oriental Research* 241:29-47 and 49.
  1981-82   "Tall Hadidi," in H. Kühne ed., Ausgrabungstätigkeit in Syrien, ed. H. Kühne.
             Archiv für Orientforschung 28:219-223.
  1985   "Salvage Excavations at Tell Hadidi in the Euphrates River Valley," *Biblical
             Archaeologist* 48:49-59.
  1987   "Early Second Millennium Ceramic Parallels Between Tell Hadidi-Azu and
             Mari," in G.W. Young ed., *Mari at 50: Studies in Honor of the 50th Anniver-
             sary of the Discovery of Tell Hariri-Mari*, Winona Lake, Eisenbraun's.
  1988   "The Syrian Euphrates as a Bronze Age Cultural Unit Seen from the Point of
             View of Mari and Tell Hadidi," *Annales archéologiques arabes syriennes*.
Fielden, K.
  1981   "A Late Uruk Pottery Group from Tell Brak, 1978," *Iraq* 43:157-66.
Finet, A.
  1979   "Bilan provisoire des fouilles belges du Tell Kannâs," in D.N. Freedman ed.,
             Excavation Reports from the Tabqa Dam Project — Euphrates Valley Syria
             (Annual of the American Schools of Oriental Research 44) 79-95
Fugmann, E.
  1958   *Hama, fouilles et recherches de la fondation Carlsberg 1931-1938 II. 1: L'architec-
             ture des périodes pre-hellénistiques*. Copenhagen: National Museum.
Hansen, D.P.
  1965   "The Relative Chronology of Mesopotamia, Part II: The Pottery Sequence at
             Nippur from the Middle Uruk to the End of the Old Babylonian Period (3400-
             1600 B.C.)," in R.W. Ehrich ed., *Chronologies in Old World Archaeology*
             (Chicago: University of Chicago Press) 201-13.
Holland, T.A.
  1976   "Preliminary Report on Excavations at Tell Es-Sweyhat, Syria 1973-4," *Levant*
             8:36-70.
  1977   "Preliminary Report on Excavations at Tell Es-Sweyhat, Syria, 1975," *Levant*
             9:36-65.

Heinrich, E. et al.

1969 "Bericht über die von der Deutschen Orient-Gesellschaft mit Mitteln der Stiftung Volkswagenwerk im Euphrattal bei Aleppo begonnenen archäologischen Untersuchungen," *Mitteilungen der Deutschen Orient-Gesellschaft* 101:27-49.

1970 "Zweiter vorläufiger Bericht über die von der Deutschen Orient-Gesellschaft mit Mitteln der Stiftung Volkswagenwerk in Habuba Kabira und in Mumbaqat unternommenen archäologischen Untersuchungen (Herbstkampagne 1969)," *Mitteilungen der Deutschen Orient-Gesellschaft* 102:27-78.

1971 "Dritter vorläufiger Bericht über die von der Deutschen Orient-Gesellschaft mit Mitteln der Stiftung Volkswagenwerk in Habuba Kabira und in Mumbaqat unternommemen archäologischen Untersuchungen (Herbstkampagne 1970)," *Mitteilungen der Deutschen Orient-Gesellschaft* 103:5-58.

1973 "Vierter vorläufiger Bericht über die von der Deutschen Orient-Gesellschaft mit Mitteln der Stiftung Volkswagenwerk in Habuba Kabira (Habuba Kabira, Herbstkampagnen 1971 und 1972 sowie Testgrabung Frühjahr 1973) und in Mumbaqat (Tall Munbaqa, Herbstkampagne 1971) unternommem archäologischen Untersuchungen," *Mitteilungen der Deutschen Orient-Gesellschaft* 105:5-52.

1974 "Vierter vorläufiger Bericht über die von der Deutschen Orient-Gesellschaft mit Mitteln der Stiftung Volkswagenwerk in Habuba Kabira (Habuba Kabira, Herbstkampagnen 1971 und 1972 sowie Testgrabung Frühjahr 1973) und in Mumbaqat (Tall Munbaqa, Herbstkampagne 1971) unternommen archäologischen Untersuchungen (Fortsetzung)" *Mitteilungen der Deutschen Orient-Gesellschaft* 106:53-97.

Heusch, J.C.

1978 "Tall Habuba Kabira im 3. und 2. Jahrtausend — die Entwicklung der Baustruktur," *Ktema* 5:159-178.

Kampschulte, I. & Orthmann, W.

1984 *Gräber des 3. Jahrtausends in Syrischen Euphrattal 1: Ausgrabungen bei Tawi 1975 und 1978.* Saarbrückner Beiträge zur Altertumskunde 38. Bonn: Rudolph Habelt.

Kantor, H.J.

1965 "The Relative Chronology of Egypt and Its Foreign Correlations before the Late Bronze Age," in R.W. Ehrich ed., *Chronologies in Old World Archaeology* (Chicago: University of Chicago Press) 1-46.

Kelly-Buccellati, M.

1979 "The Outer Fertile Crescent," *Ugarit-Forschungen* 11:413-30.

Kelly-Buccellati, M. & Shelby, W.R.

1977 "A Typology of Ceramic Vessels of the Third and Second Millennia from the First Two Seasons," *Syro-Mesopotamian Studies* 1.

Krause, C.; Schuler, K. & Stucky, R.

1972 *Tell el Hajj in Syrien: Erster vorläufiger Bericht Grabungskampagne 1971.* Bern: Archäologisches Seminar der Universität von Bern.

Mallowan, M.E.L.

1964 "Ninevite V," *Vorderasiatische Archäologie, Studien und Aufsätze Anton Moortgat von Kollegen, Freunde und Schülern gewidmet* (Berlin: Gebr. Mann) 142-54.

Margueron, J.Cl.

1975 "Quatre campagnes de fouilles à Emar (1972-1974): un bilan provisoire," *Syria* 52:53-85.

1982 "Aux marches de l'empire hittite: une campagne de fouille à tell Faq'ous (Syrie), citadelle du pays d'Astata," in M. Yon ed., *La Syrie au Bronze Récent Cinquantenaire d'Ougarit-Ras Shamra* (Paris: Editions Recherche sur les civilisations) 47-66.

Margueron, J. Cl. ed.
1978 *Le moyen Euphrate: Zone de contacts et d'échanges. Ktema 5.* Strasbourg: Université des Sciences Humaines de Strasbourg.

Matthiae, M.P.
1981 *Ebla: An Empire Rediscovered.* Garden City: Doubleday.

Mazzoni, S.
1985 "Elements of the Ceramic Culture of the Early Syrian Ebla in Comparison with Syro-Palestinian EB IV," *Bulletin of the American Schools of Oriental Research* 257:1-18.

Oates, J.
1982 "Some Late Early Dynastic III Pottery from Tell Brak," *Iraq* 44:205-219.
1985 "Tell Brak: Uruk Pottery from the 1984 Season," *Iraq* 47:175-186.

Orthmann, W.
1981 *Halawa 1977-1979.* Saarbrückner Beiträge zur Altertumskunde 31. Bonn: Rudolph Habelt.

Orthmann, W. & Kühne, H.
1974 "Mumbaqat 1973, Vorläufiger Bericht über die von der Deutschen Orient-Gesellschaft mit Mitteln der Stiftung Volkswagenwerk unternommenen Augrabungen," *Mitteilungen der Deutschen Orient-Gesellschaft* 106:53-97.

Palmieri, A.
1981 "Excavations at Arslantepe (Malatya)," *Anatolian Studies* 31:101-19.

Parrot, A.
1956 *Mission archéologique de Mari, I: Le Temple d'Ishtar.* Institut d'archéologie de Beyrouth. Bibliothèque archéologique et historique 65. Paris: Geuthner.
1959a *Mission archéologique de Mari, II: Le Palais, peintures murales.* Institut d'archéologie de Beyrouth. Bibliothèque archéologique et historique 69. Paris: Geuthner.
1959b *Mission archéologique de Mari, II: Le Palais, documents et monuments.* Institut d'archéologie de Beyrouth. Bibliothèque archéologique et historique 70. Paris: Geuthner.
1961 *Sumer: The Dawn of Art.* Transl. S. Gilbert and J. Emmons. New York: Golden Press.

Pecorella, P.E. & Salvini, M.
1984 "Tall Barri/Kahat," 208-210 in H. Kühne ed., Ausgrabungstätigkeit in Syrien, *Archiv für Orientforschung* 28:208-210.

Perkins, A.L.
1949 *The Comparative Archeology of Early Mesopotamia.* Studies in Ancient Oriental Civilization 25. Chicago: University of Chicago Press.

Schaeffer, C.F.A.
1948 *Stratigraphie comparée et chronologie de l'Asie Occidentale.* London: Oxford University.

Schwartz, G.M.
1982 *From Prehistory to History on the Habur Plains: The Operation 1 Sounding at Tell Leilan.* Doctoral dissertation, Yale University.

Seeden, H.
1981 "A Stone Age Village on the Euphrates III-V," *Berytus* 29.

Strommenger, E.
1979 "Ausgrabungen der Deutschen Orient-Gesellschaft in Habuba Kabira," in D.N. Freedman ed., *Excavation Reports from the Tabqa Dam Projects — Euphrates Valley, Syria* (Annual of the American Schools of Oriental Research 44) 63-78.
1980 "The Chronological Division of the Archaic Levels of Uruk-Eanna VI to III/II: Past and Present," *American Journal of Archaeology* 84:479-87.
Sürenhagen, D.
1978 *Keramikproduktion in Habūba Kabira-Süd.* Berlin: Bruno Hessling.
Thissen, L.C.
1985 "The Late Chalcolithic and Early Bronze Age Pottery from Hayaz Höyük," *Anatolica* 12:75-130.
Todd, I.A.
1973 "Anatolia and the Khirbet Kerak Problem," *Alter Orient und Altes Testament* 22:181-206.
Thureau-Dangin, F. & Dunand, M.
1936 *Til-Barsip.* Institut d'archéologie de Beyrouth. Bibliothèque archéologique et historique 23. Paris: Geuthner.
van Driel, G.
1983 "Seals and Sealings from Jebel Aruda 1974-1978," *Akkadica* 33:34-62.
van Driel, G. & van Driel-Murray, C.
1979 "Jebel Aruda 1977-1978," *Akkadica* 12:2-8.
1983 "Jebel Aruda 1982, A Preliminary Report," *Akkadica* 33:1-26.
van Loon, M.
1968 "First Results of the 1967 Excavations at Tell Selenkahiye," *Annales archéologiques arabes syriennes* 18:21-36.
1973 "First Results of the 1972 Excavations at Tell Selenkahiye," *Annales archéologiques arabes syriennes* 23:145-59.
1979 "1974 and 1975 Preliminary Results of the Excavations at Selenkahiye near Meskene, Syria," in D.N. Freedman ed., *Excavation Reports from the Tabqa Dam Project — Euphrates Valley, Syria* (Annual of the American Schools of Oriental Research 44) 97-112.
1982 "Hammam et-Turkman on the Balikh: Background and First Results of the University of Amsterdam's 1981 Excavations," *Akkadica* 27:30-45.
1983 "Hammam et-Turkman on the Balikh: First Results of the University of Amsterdam's 1982 Excavations," *Akkadica* 35:1-23.
1985 "Hamman et-Turkman on the Balikh: First Results of the University of Amsterdam's 1984 Excavations," *Akkadica* 44:21-40.
Watson, P.J.
1965 "The Chronology of North Syria and North Mesopotamia from 10,000 B.C. to 2000 B.C.," in R.W. Ehrich ed., *Chronologies in Old World Archaeology* (Chicago: University of Chicago) 61-100.
Weiss, H.
1981-82 "Tall Leilan," in H. Kühne ed., Ausgrabungstätigkeit in Syrien, ed. H. Kühne. *Archiv für Orientforschung* 28:226-229.
1983 "Excavations at Leilan and the Origins of North Mesopotamian Cities in the Third Millennium B.C.," *Paléorient* 9/2:39-52.
1985 "Tell Leilan on the Habur Plains of Syria," *Biblical Archaeologist* 48:5-32.
1986 "The Origins of Tell Leilan," in H. Weiss ed., *The Origin of Cities in Dry-Farming Syria and Mesopotamia in the Third Millennium B.C.*, Winona Lake, American Schools of Oriental Research.

Weiss, H. ed.
   1985   *Ebla to Damascus*. Washington, D.C.: Smithsonian Institution.
Woolley, L.
   1955   *Alalakh*. Oxford: Oxford University.
Woolley, L. & Hogarth, D.G.
   1958   *Carchemish. Report on the Excavations at Jerablus on Behalf of the British
               Museum, Part III: The Inner Town*. Oxford: Oxford University.

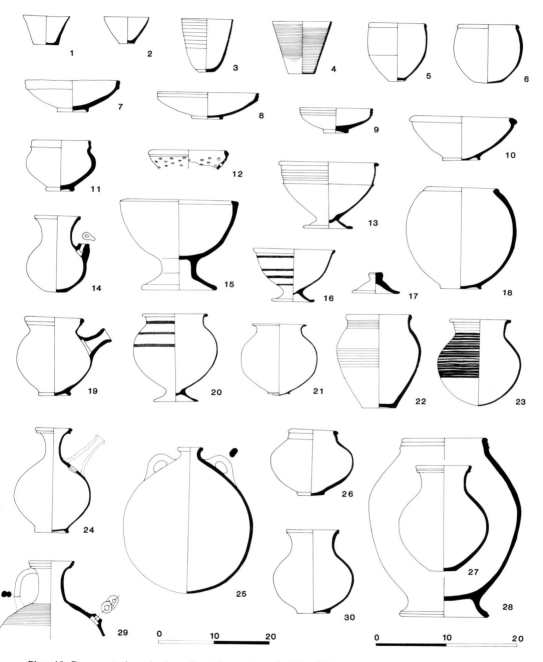

Plate 18. Representative selection of vessels for the end of the third complex of ceramic materials, Early Bronze IV. Vessel numbers 3-5, 10, 22 and 23 are from tomb 1 in area E. Remaining vessels are from tomb 1 in area L.

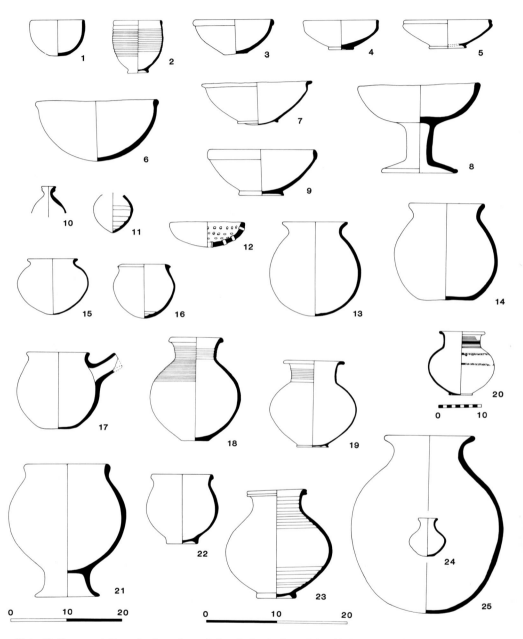

Plate 19. Representative selection of vessels for the beginning of the third complex of ceramic materials, Early Bronze III. Vessel number 20 is from the 1972 tomb and the remainder of the vessels illustrated are from tomb 1 in area L.

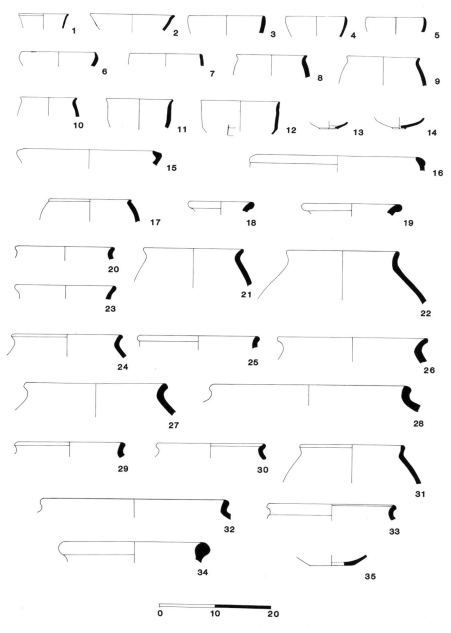

Plate 20. Representative selection of sherds for the second complex of ceramic materials, Early Bronze II. Sherds were found stratified in stratum 2, level 1 in area R II.

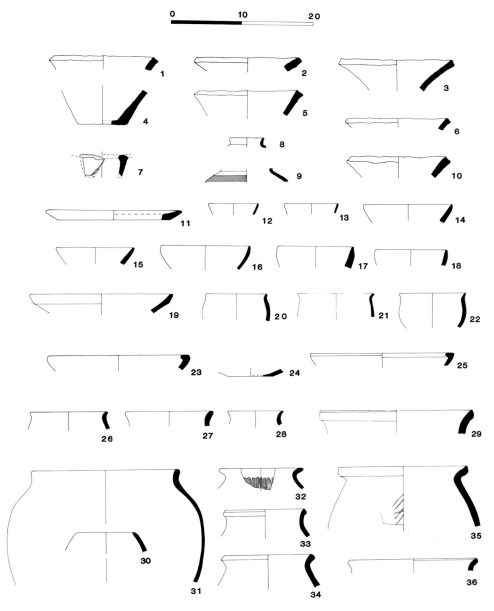

Plate 21. Representative selection of sherds for the first complex of ceramic materials, Early Bronze I. Sherds were found stratified in stratum 1 in area R II. Sherd numbers 1-10 are from level 1; nos. 11-14, 23-28 and 30 are from level 3A; nos. 19, 22 and 35 are from level 4A; nos. 29, 32-34 and 36 are from level 4B; and nos. 15-18, 20, 21 and 31 are from level 4D.

LE PREMIER TEMPLE D'ALLAT

Michel Gawlikowski

Le Camp de Dioclétien à Palmyre, qui est depuis 1959 l'objet des campagnes régulières de la mission polonaise,[1] nous a réservé en 1974 une découverte qui pouvait surprendre. Notre équipe, renforcée cette année, comme pendant plusieurs saisons consécutives, par la participation des collègues néerlandais, a eu la bonne chance de retrouver l'angle d'un édifice caractérisé par ses particularités comme un temple gréco-romain. L'année suivante, la cella fut entièrement dégagé et de nombreux débris de son mobilier ont vu le jour, entre autres la statue d'Athéna, exposée immédiatement au Musée de Palmyre.

Après plusieurs aperçus préliminaires,[2] le compte-rendu définitif est maintenant sur le point d'être achevé. En attendant cette publication, je saisis l'occasion de présenter ces quelques remarques en hommage à Adnan Bounni, l'heureux fouilleur d'un autre temple palmyrénien, celui de Nébo, et un ami de longue date. Qu'il veuille bien y voir une marque de reconnaissance pour l'intérêt qu'il a toujours témoigné à nos travaux et que nous espérons retenir à l'avenir.

A vrai dire, la présence du temple dans les limites du Camp de Dioclétien n'était pas tout à fait inattendue. La porte du téménos est toujours debout et son inscription, bien qu'abîmé, conserve la mention d'Allat, ceci pour la seconde moitié du IIe siècle. A côté, une colonne honorifique fut érigée en 64 p.C. par la même déesse et la tribu des Benê Maᶜzîn à un bienfaiteur.[3] Plusieurs monuments dispersés dans le quartier allaient dans le même sens, apportant tantôt une image, tantôt le nom de la divinité.[4] L'emplacement précis du temple n'était cependant pas connu, si bien que notre tente était, pendant de nombreuses saisons, plantée exactement au-dessus de la statue d'Athéna, comme nous l'avons constaté par la suite.

Allat était, comme c'est bien connu, une déesse arabe. Il est inutile de répéter ici

[1] Cf. K. Michałowski, *Palmyre, fouilles polonaises I-V* (1960-1966); A. Sadurska, *Le tombeau de famille de ᶜAlainê* (*Palmyre VII*, 1977); M. Gawlikowski, *Les principia de Dioclétien* (*Palmyre VIII*, 1984); *Syria* 60 (1983) 297, *Syria* 63 (1986) 397-399; *Palmyra* (Linz 1987) 249-253.

[2] H.J.W. Drijvers, *Antike Welt* 7,3 (1976) 28-38; *Archaeology* 31 (1978) 61; M. Gawlikowski, *Illustrated London News*, Nov. 1975 et Nov. 1977; *Rev.arch.* 1977:253-274; *Etudes et Travaux* 11 (1978) 267-273; *Studia palmyrenskie* 8 (1985) 5-26; *DaM* 1 (1983) 59-67; *AAAS* 33 (1983) 179-198.

[3] M. de Vogüé, *Syrie centrale. Inscriptions sémitiques* (1868) no. 14; M. Sobernheim, *MVaG* 10, 2 (1905), no. 29; J. Cantineau, *Inventaire* !! ! et VI, 1, cf. p. 5-6; J.T. Milik, *Dedicaces faites par des dieux* (1972) 82-83; M. Gawlikowski, *Recueil d'inscriptions ... (RSP,* 1974) 156, no. 152; *Le temple palmyrénien* (1973) 91-92.

[4] J. Cantineau, *Inventaire V, 3*; K. Michałowski, *Palmyre III* (1963) 172, fig. 224; M. Gawlikowski, *RSP*, no. 159, cf. *Le temple palmyrénien* (1973) 101-104.

tout ce que nous savons sur sa personnalité et son culte, depuis la première mention par Hérodote (sous la forme Alilat) jusqu'à celles du Qur'an, en passant par de nombreux témoignages concernant une aire très étendu, de Ta'if à Hatra. On trouvera tous les renseignements voulus dans une synthèse remarquable publiée récemment par Jean Starcky.[5] On y verra comment la déesse des nomades emprunta, une fois ses fervents sédentarisés, des traits propres à d'autres divinités: d'abord, son iconographie ne se distingue pas de celle d'Atargatis, dite autrement la Déesse syrienne; plus tard, elle se transforme en Athéna tout armée, et c'est sous cet aspect qu'elle était figurée au temple de Palmyre, à partir du IIe siècle.

Cependant, ce temple d'apparence classique n'a fait que reprendre un autre, beaucoup plus ancien. Reprendre et non remplacer, car le temple ancien subsista dans son intégralité à l'intérieur du temple nouveau, et cela jusqu'au sac du sanctuaire, qui, d'après les données archéologiques, aura eu lieu peu avant la fondation du Camp sous Dioclétien, autrement dit lors de la prise de Palmyre par les troupes d'Aurélien en 272. La restauration tétrarchique du temple utilisa les vestiges archaïques dans un aménagement entièrement différent, et la destruction définitive un siècle plus tard n'a pas laissé en place beaucoup d'éléments de l'état premier qui auraient pu encore subsister (Pl. 22a-b).

Malgré ces violences, le temple ancien nous est mieux accessible que s'il eût été démonté pieusement pour faire place à son successeur, plus conforme aux goûts et aux moyens de l'époque. Tel fut le sort des premiers temples de Bel et de Nébo, où les installations d'origine n'ont pas survécu, nous laissant seulement quelques fragments épars, difficiles à interpréter. En revanche, la chapelle d'Allat est conservée presqu'entièrement au niveau du sol; il a été possible de dresser le plan du bâtiment et de proposer une restitution partielle de son décor, et même de la statue de culte. Nous savons ainsi que c'était un édifice barlong, large de 7.35 m en façade, couronné de merlons; il contenait une niche profonde munie d'un linteau aux aigles, tout pareil à celui, remarquablement conservé, que les fouilles suisses ont mis au jour dans le sanctuaire de Baalshamîn.[6] Cette niche abritait une statue assise entre deux lions, dont deux répliques en miniature ont préservé le souvenir.[7]

Il faudra bien remettre l'exposé détaillé et la justification de ces résultats à la publication définitive. D'interprétation délicate, nos trouvailles ont requis plusieurs années de réflexion qui n'était pas sans détours; aussi, il n'est pas question de les présenter en quelques pages, sans trop simplifier. Je me contenterai donc de traiter ici un seul problème, à la fois préliminaire et fondamental: celui de la date de fondation du premier temple d'Allat.

[5]   J. Starcky, «Allath, Athéna et la Déesse syrienne,» *Mythologie gréco-romaine, mythologies périphériques* (Colloque CNRS no. 593, 1981) 119-130; *LIMC I*, 564-570.
[6]   P. Collart & J. Vicari, *Le sanctuaire de Baalshamîn à Palmyre I-II* (1969) 162-164, pl. XCVII *sq.*
[7]   K. Michałowski, *Palmyre III* (1963) 172, fig. 224; J. Starcky, *LIMC I*, Allath 1-2. Cf. H.J.W. Drijvers, *Hommages à Maarten J. Vermaseren I* (1978) 331-351, pl. LXXIV.

Les restes de cet édifice ne nous seront d'aucun secours: fondé sur le terrain vierge, fait et refait au cours des âges, il ne peut fournir d'indices stratigraphiques que relatifs. Le style des sculptures attribuables au temple est bien archaïque, mais la rareté des monuments de comparaison empêche toute appréciation plus précise. La première inscription datée vient de l'an 6 a.C.[8] Ainsi, les monuments contemporains de la fondation ne sont pas datables par eux-mêmes, mais certainement antérieurs à la fin du Ier siècle a.C. On trouvera déjà cette conclusion dans les articles préliminaires qui ont paru.

Nous en étions là, lorsque je me suis rendu compte qu'une nouvelle approche du problème est possible. Ma démonstration reposera sur deux inscriptions publiées depuis longtemps, dès avant la découverte du sanctuaire. Leur comparaison amène à retoucher quelque peu les traductions proposées et reconnaître une longue lignée d'adorateurs d'Allat, en fait la plus ancienne famille palmyrénienne connue. L'un des leurs a fondé le temple de la déesse. Sa place dans la généalogie indique approximativement la date de la dédicace.

Dans un blocage tardif à l'intérieur de l'édifice des *principia* de Dioclétien, trois fragments d'un autel votif ont été retrouvés, portant une inscription palmyrénienne datée en septembre 115 p.C., qui fut publiée en 1970.[9] Le texte est presque complet (Pl. 23a). J'en redonne la traduction, revue et corrigée:

> «Au mois d'Elûl de l'an 426, cet autel a été offert par Gaddarṣû, fils de Yarḥai, fils de Gaddarṣû, fils de ᶜAttai, pour sa vie et la vie de ses enfants et de ses frères (*son frère*), à la Dame du temple, idole qu'a érigée Mattanai, fils de Qainû, fils de ᶜAttai l'ancêtre, père de ce Gaddarṣû, et à tous les dieux qui demeurent auprès d'elle, qui [...] ..., dans le lieu tout entier, à jamais.»

Il n'y a guère de doute que la Dame du temple (*Marat Baitâ*) soit identique à Allat, dont le sanctuaire («le lieu tout entier») se trouve à deux pas du lieu de la trouvaille.[10] Les divinités qui lui sont associées comprenaient sans doute Shams, Rahim et d'autres dieux arabes de moindre envergure, mentionnés par plusieurs inscriptions connues ou inédites.[11] La déesse principale est identifiée à l'idole (*maṣṣebâ*) dressée par un aïeul du dédicant.

Les liens de famille exposés dans le texte ont prêté à équivoque. En effet, j'ai d'abord cru que l'ancêtre ᶜAttai (c'est ainsi qu'il faut lire, et non Barᶜatai, comme on le verra par la suite) y était mentionné deux fois. Cette interprétation supposait

---

[8]   Drijvers, *op. cit.*, 340, pl. LXXV.

[9]   M. Gawlikowski, *Syria* 57 (1970) 313-316, pl. XVIII:1-2; *RSP*, no. 143; *Le temple palmyrénien* (1973) 97.

[10]   Cf. J. Cantineau, *Inventaire* VI, 11 (= *CIS II* 3977, *RSP* 132), pour une mention de la Marat Baitâ dans une autre inscription vue naguère dans les *principia*; *baitâ* désigne sûrement le temple, et non «Palais du Ciel et de la Terre,» comme le voudrait J.T. Milik, *op. cit.*, 175-176, inspiré par des formules babyloniennes. Cf. Tallqvist, *Akkadische Götterepitheta* (1938) 43, 58, pour *bêlit bîti*, correspondant exact du titre araméen.

[11]   J. Cantineau, *Inventaire* V, 8; J. Starcky, *LIMC I*, Allath 13.

cependant une omission du lapicide: le texte porte ^c*Attai rabbâ abbâ abûhî*,
littéralement «^cAttai l'ancien, le père, son père;» j'ai tenté d'expliquer cette aporie
en suppléant ...*abbâ (dî ab) abûhî*, «le père du père de son père». Ainsi, le
personnage aurait été à la fois grand-père du dédicant de l'idole et, en ligne
collatérale, arrière-grand-père de l'auteur de la dédicace. L'idole elle-même, dans
cette hypothèse, devenait un ex-voto quelconque de la fin du Ier siècle p.C.

La correction était inutile, comme cela arrive souvent en épigraphie. Il s'agit bien
de deux homonymes distincts, dont l'un était considéré comme le patriarche de sa
lignée: *rabbâ abbâ*.[12] Il est en même temps qualifié de père du dédicant, ce qui doit
s'entendre au figuré, le vrai patronyme étant par ailleurs mentionné à sa place. Sans
être limpide, le libellé du texte admet tel quel une traduction cohérente. Elle sera
confirmée par l'autre inscription que nous avons à discuter.

C'est le texte plusieurs fois commenté qui relate la désaffectation du tombeau
familial situé dans l'enceinte du sanctuaire de Baalshamîn (Pl. 23b). Le tombeau, le
plus ancien connu à Palmyre, remonte, d'après le mobilier retrouvé, au milieu du
IIe siècle a.C.,[13] mais l'inscription en question est datée de 11 p.C.[14] Il n'est pas de
notre propos de revenir sur le problème discuté du rapport, sans doute réel, de cette
date à la fondation du sanctuaire.[15] Ce qui nous intéresse ici, c'est la généalogie de
la famille, probablement identique au clan des Benê Yedi^cbel, allié mais distinct de
la tribu des Benê Ma^czîn, et dont la Fortune (*Gaddâ dî Yedi^cbel*) fut associée aux
dieux du sanctuaire.[16]

Le chef de la famille, responsable du tombeau en 11 p.C., s'appelle donc
Wahballat, fils de Mattanai, fils de Gaddarsû, fils de Mattanai, fils de Qainû, fils de
^c*d/rty*, fils de Yedi^cbel. On s'aperçoit sans peine que, d'après la recurrence des
noms, c'est bien à cette famille qu'aura appartenu, un siècle plus tard, Gaddarsû
le fidèle de la Dame du temple. Par conséquent, le ^c*d/rty* de la lignée ci-dessus
correspond à ^cAttai de la première inscription; l'assimilation des dentales exclue la
lecture ^c*rty*.[17] Nous avons là le nom ^cAdtai, d'où ^cAttai, cette dernière forme
attestée par ailleurs comme un nom indifféremment masculin ou féminin, aussi en

---

[12] Pour la traduction de *rabbâ* comme «l'ancien, l'aîné,» cf. H. Ingholt, *Mélanges Michałowski* (1966)
471-474; cf. Milik, *op. cit.*, 99. D'autre part, cf. Milik, 327-329, pour le nom propre Ababûhî, attesté à
Doura.
[13] R. Fellmann, *Le sanctuaire de Baalshamîn à Palmyre V* (1970) 111-119; *Palmyre, bilan et perspectives*
(1976) 213-231.
[14] Chr. Dunant, *Le sanctuaire de Baalshamîn à Palmyre III* (1971) 72-75, no. 60; R. Fellmann, *op. cit.*
(1970) 113.
[15] P. Collart, *Le sanctuaire de Baalshamîn I* (1969) 45-46, 245; Chr. Dunant, *op. cit.*, 74; R. Fellmann,
op. cit. (1976) 226-229; M. Gawlikowski, *Le temple palmyrénien* (1973) 17-19.
[16] Chr. Dunant, *op. cit.*, 36, no. 23; cf. Milik, *op. cit.*, 96-99; M. Gawlikowski, *Berytus* 22 (1973) 145.
Cette Fortune serait-elle Allat?
[17] Cf. Chr. Dunant, *op. cit.*, 79, no. 66. Dans les deux inscriptions ici discutées tous les noms sont liés
entre eux par *bar*, «fils»; on écartera donc la lecture Bar^catai, d'après le fréquent Bar^cateh, cf. J.K. Stark,
Personal Names in Palmyrene Inscriptions (1971) 12, s.v.

transcription grecque Atthaia, où la gémination écarte l'étymologie à partir du nom divin ᶜAteh; on comparera plutôt le palm. ᶜ*dt'*, «coutume».[18]

Sur le plâtre qui fixait l'inscription dans la paroi du tombeau, plusieurs graffiti ont été ajoutés. On y distingue, entre autres, une mention de Yediᶜbel *rabbâ abbôn rabbâ*, «l'ancien, notre père, l'ancien» (mais le *nun* du possessif n'est pas assuré). Quelle que soit la lecture exacte,[19] la formule est très proche de celle que nous avons rencontrée dans l'inscription de Gaddarṣû: ᶜ*Attai rabbâ abbâ*, et paraît désigner le «patriarche,» l'ancêtre du clan. Cette qualité est attribuée à Yediᶜbel et à son fils ᶜAdtai/ᶜAttai, à un siècle de distance.

Les données réunies des deux inscriptions permettent d'établir en toute certitude le rapport entre les deux filiations. Celle qui date de 115 p.C. accuse bien une interruption, mais ce n'est que pour rejoindre, dans sa partie ancienne, la généalogie de 11 p.C. En effet, la suite identique de trois noms ne peut que signaler l'identité des personnes:

Tombeau		Autel
Yediᶜbel l'Ancien,		
ᶜAdtai, son fils,	=	ᶜAttai l'Ancien,
Qainû, son fils,	=	Qainû,
Mattanai, son fils,	=	Mattanai, fondateur du
Gaddarṣû, son fils,		*maṣṣebâ*,
Mattanai, son fils,		et ses descendants:
Wahballat, son fils		ᶜAttai,
(floruit 11 p.C.)		Gaddarṣû, son fils,
		Yarḥai, son fils,
		Gaddarṣû, son fils
		(floruit 115 p.C.)

Il serait arbitraire d'assigner des dates à chacun des ascendants, surtout dans l'ignorance où nous sommes de l'âge de Wahballat et de Gaddarṣû au moment où ils ont procédé à fixer leur généalogie. Toutefois, en admettant une génération de 25 ans en moyenne, ce qui paraît être le minimum acceptable, et compte tenu du fait que les deux dédicants étaient déjà chefs de famille, dans leurs trente ans au minimum, on remonterait vers 170 a.C. pour la naissance de Yediᶜbel, comme la limite inférieure. Ceci s'accorde bien, comme Christiane Dunant l'a déjà remarqué, avec le contenu du tombeau, où les objets les plus anciens sont datables vers le milieu du IIᵉ siècle. Le libellé de l'inscription apportant pratiquement la certitude que ce Yediᶜbel était le fondateur du tombeau, on lui prêterait volontiers une plus grande ancienneté, en repoussant sa date de naissance jusque vers 200 a.C. Bien entendu, cette supposition reste incontrôlable, et d'ailleurs sans trop d'importance.

---

[18]   *CIS II* 3913 II 54, 107. Pour ᶜAttai, cf. Stark, *op. cit.*, 46 et 108; cf. aussi ᶜ*d'*, ᶜ*dwn, ibid.*, 44 et 104.
[19]   Chr. Dunant, *op. cit.*, 76, no. 61e; cf. J.T. Milik, *op. cit.*, 98 (lecture *'bwy*, qui ne s'impose pas d'après la photo).

Quant aux aïeux de Gaddarṣû, son arrière-grand-père ᶜAttai est, selon le même calcul approximatif, un cousin de Wahballat, sinon son parent plus proche, et en gros son contemporain. En effet, l'arrière-grand-père de Wahballat, Mattanai, était aussi un ancêtre de ᶜAttai. Né vers 100 a.C., il a procédé à un moment de sa vie à faire confectionner l'idole de la Dame du temple, autrement dit la statue de culte du sanctuaire archaïque. La base de cette statue a été retrouvée en place dans le premier temple, dont elle est contemporaine. Il paraît raisonnable de situer cette dédicace vers le milieu du Iᵉʳ siècle a.C.

Le terme maṣṣebâ employé pour cette idole décrit le plus souvent, dans ses acceptions bibliques, un bétyle. Il n'y aurait rien de surprenant si le maṣṣebâ d'Allat de Palmyre était, elle aussi, aniconique. Sans nous arrêter aux exemples bien connus des bétyles nabatéens en bas-relief,[20] rappelons celui de Gennaios, signalé au Vᵉ siècle p.C. dans un temple des environs d'Emèse; or, comme Daniel Schlumberger l'a démontré, ce témoignage tardif concerne en fait la déesse Allat.[21] L'idole de la Dame du temple de Palmyre serait-elle aussi une pierre dressée?

Nous ne le pensons pas. Indépendamment des considérations inspirées par le socle posé au fond de sa chapelle, et que nous réservons pour la publication à paraître, l'épigraphie de Palmyre connaît plusieurs exemples de représentations anthropomorphes désignées par le terme maṣṣebâ. Ainsi, pour nous tenir à l'époque archaïque, citons l'inscription d'un autre Yediᶜbel, gravée sur le socle encore solidaire des pieds d'une statuette;[22] la date, endommagée, pourrait théoriquement remonter à 82 a.C., mais Javier Teixidor l'abaisse à 22 a.C. pour des raisons paléographiques. Un autre maṣṣebâ était celui de Yarḥibôl, «l'idole de la source» Efqa; son image en pied retrouvée à Doura le qualifie ainsi.[23] Il existe aussi d'autres exemples. Rien n'empêche donc d'attribuer à Mattanai la dédicace d'une vraie statue, dont nous avons d'ailleurs des répliques (supra, note 7).

Le premier temple d'Allat, construit pour abriter l'image de la déesse vers le milieu du Iᵉʳ siècle a.C., apparaît ainsi comme le plus ancien parmi ceux que l'on connaît à Palmyre par la fouille ou par l'épigraphie. Le culte et son cadre témoignent de la persistance des traditions arabes nomades au sein d'une famille établie dans l'oasis depuis plus d'un siècle.

---

[20]   J. Starcky, *Supplément au Dictionnaire de la Bible* VII (1964) 1008-1114; Ph. Hammond, *Die Nabatäer* (Ausstellung Bonn 1978) 137-141; F. Zayadine & M. Lindner, *Petra und das Königreich der Nabatäer* (1980) 108-117; E.D. Stockton, *Arabian Cult Stones* (diss. Sydney 1982) en part. 100-112.
[21]   D. Schlumberger, *Palmyrène du Nord-Ouest* (1951) 136; *MUSJ* 46 (1970) 209-222; cf. H. Seyrig, *AS* IV, 53.
[22]   J. Teixidor, *Inventaire* XI, 87 (= *Syria* 14, 1933, 181). J.T. Milik, *op.cit.*, 172-173, soutient la datation haute, mais cf. la graphie de *Inventaire* XII, 22 de 18 a.C.
[23]   R. du Mesnil du Buisson, *Inventaire Doura* (1939) 18, no. 33; F.E. Brown, dans *Dura Preliminary Report VII-VIII* (1939) 264-265, pl. XXXV 2; H.J.W. Drijvers, *The Religion of Palmyra* (1976), pl. XXI. Cf. J. Starcky, *Mélanges Collart* (1976) 327-334.

a

b

Plate 22a. Le temple d'Allat à Palmyre. Au fond de la cella, les restes du premier temple.
b. Les vestiges du premier temple d'Allat. Au milieu, le socle de la statue archaïque.

a

b

Plate 23a. Inscription de Gaddarṣû à la Dame du temple (*RSP* 143).
b. Inscription de Wahballat (Dunant, *Baalshamîn III*, 60).

ZUR BEDEUTUNG DES FISCHES IN DER „SPÄTHETHITISCHEN" KUNST: RELIGIÖSE ODER NUR PROFANE DARSTELLUNG?

Barthel Hrouda

In einer Festschrift, die unserem lieben Kollegen und Freund Adnan Bounni gewidmet ist, sollte ein Beitrag zur sogenannten späthethitischen Kunst nicht fehlen.

Aus diesem Grunde hat sich der Autor gedacht, dass er dazu einen Beitrag liefern sollte, der sich zwar letzthin nur mit einen Detail innerhalb jener Bildkunst, der Darstellung des Fisches, beschäftigt, von dem er aber meint, dass dieses Tier als ein Symbol nicht nur weitere Aufschlüsse bietet über die Bedeutung einiger Stelen, sondern dass es darüber hinaus tiefere Einblicke gewährt in religiöse Vorstellungen über die griechisch-römische Welt bis zum Christentum. Hier wird ja bekanntlich der Fisch über die Bedeutung als Symbol zum Geheimzeichen für die Christen. Offenbar beruht diese Gleichsetzung jedoch nicht auf einer „Erfindung" der Christen, sondern auf einer Übernahme aus älteren Vorstellungen von Leben und Tod.

Die Verehrung des Fisches lässt sich im Vorderen Orient bis in die Vorgeschichte zurück verfolgen und sich dort in Verbindung bringen mit der ältesten Stadt im südlichen Zweistromland, mit Eridu.[1] Bereits in vorgeschichtlichen Anlagen unter der späteren Zikkūrat wurden offenbar, so nach den Befunden an den Opfertischen oder Altären, Fischopfer einer Gottheit dargebracht.[2] Wie wir aus späteren Nachrichten wissen, war die Stadtgottheit von Eridu der dem Menschen wohlgesonnene Gott Ea, und ihm waren der Fisch in allen möglichen Variationen, Ziegenfisch etc., wie das für den Menschen zum Leben notwendige Trink-(Süss)-Wasser heilig.

Die Darstellungen vom Fisch und von dem mit ihm verbundenen Menschen, dem Fischer, laufen wie ein roter Faden durch die Kulturgeschichte Vorderasiens, sei es in Verbindung mit Themen und Motiven, die man wegen ihres Inhaltes als stärker religiös gebunden auffassen darf, gemeint sind einige der frühdynastischen Symposion-Szenen auf den bekannten Weihplatten,[3] sei es im Zusammenhang mit scheinbar mehr profanen Themen, wie z.B. in den Wandmalereien von Mari,[4] oder gar als „reines" Ornament, so auf einigen frühgeschichtlichen Rollsiegeln Mesopota-

---

[1] Zum Fisch-Opfer in Vorderasien: E. Douglas van Buren, *Iraq* 10 (1948) 101ff. mit den entsprechenden Nachweisen. Zu Eridu: F. Safar, M.A. Mustafa & S. Lloyd, *Eridu* (Baghdad 1981).
[2] Ebendort 104, 110.
[3] J. Boese, *Altmesopotamische Weihplatten* (ZA Beihefte 6, Berlin 1971).
[4] A. Parrot, *Mission Archéologique de Mari II: Le Palais, Peintures murales* (Paris 1958), Taf. XIX: 1-2 u. E.

miens.[5] Das auf Pl. 24 in der Abbildung a wiedergegebene Rollsiegel aus Ur der
frühdynastischen Zeit (II)[6] zeigt wohl Fische als Teil einer Speise während des
Symposions.

Wenn hier einmal von religiösem Inhalt und zum anderen von profanen Themen
gesprochen wird, so sind darunter keine krassen Gegensätze verstanden; denn in
der Antike, besonders aber im Alten Orient, gab es nicht derartige Unterschiede wie
heute. Auch das Ornament ist noch ein Teil des Ganzen innerhalb der damaligen
Weltanschauung geblieben, hatte also seinen Inhalt und war nicht zu einem reinen
formalen Schmuckglied degeneriert, oder gar ganz verschwunden, wie es H. Sedl-
mayr in seinem *Verlust der Mitte* (1955) bedauert hat. Er sprach dort sogar vom
Tode des Ornaments.[7]

Einer grossen Beliebtheit erfreute sich der Fisch in der bildlichen Darstellung
Syriens und Palästinas, und hierbei offenbar nicht nur als ein reines Ornament
während des 2. Jahrtausends v. Chr., so vor allem auf den Gefässen der Bichrome-
Ware.[8] Er tritt häufig zusammen mit dem Vogel auf. Eine ähnliche „Symbiose"
findet sich auch auf ḫurrisch-mitannischer Keramik.[9] Der Vogel seinerseits genoss
offenbar besondere religiöse Verehrung in Guzāna, Tell Halaf, der östlichen Hauptstadt eines aramäischen Kleinstaates, dem Bīt-Baḫiani.[10] Die Vogelverehrung
dürfte aber wohl eher ein Erbe der hier im 2. Jahrtausend ansässigen Hurriter im
Staate von Mitanni gewesen sein.[11]

Der Fisch findet sich nun auch auf einigen Stelen des 1. Jahrtausends v. Chr. im
nordsyrisch-kleinasiatischen Bereich (Pl. 24c). Diese Denkmäler gehören wie
bekannt zu einer altorientalischen Kunstprovinz, die man unter dem allgemeinen
Begriff „Späthethitisch" zusammengefasst hat, einmal wegen der späteren Übertra-
gung des Namens „Ḫatti" auf dieses Gebiet und zum anderen wegen der in der Tat
hier vorhandenen stilistischen, motivlichen und antiquarischen Elemente aus der
Kunst der hethitischen Grossreichszeit.[12] Neben der hethitischen Provinienz sind
aber auch andere Herkunftsmerkmale festgestellt worden, die zum einen wie das
Hethitische ihren Ursprung im 2., wenn nicht gar im 3. Jarhtausend v. Chr. hatten,
nämlich das ḫurrisch-mitannische Element,[13] oder die zum anderen erst in einer

---

[5]   P. Amiet, *La glyptique mésopotamienne archaïque* (Paris 1980²), Taf. 21:352 u. Taf. 21bis:C,K,L.
[6]   Zur Datierung in ED II siehe jetzt N. Karg, *Untersuchungen zur älteren frühdynastischen Glyptik*
(Baghdader Forschungen 8, Mainz 1984).
[7]   S. 73f.
[8]   C. Epstein, *Palestinian Bichrome Ware* (Leiden 1966).
[9]   B. Hrouda, *Istanbuler Forschungen* 19 (1957) 35ff.
[10]   A. Moortgat, *Der Tell Halaf III: Die Bildwerke* (Berlin 1955), Taf. 136-138.
[11]   Das Vogelopfer war besonders bei den Ḫurritern beliebt (mündliche Mitteilung von Anneliese
Kammenhuber). Vgl. die vielen Vogeldarstellungen auf den Denkmälern der mitannischen Kunst. Aber
dass deshalb die Bichrome Ware Palästinas wegen der Vogeldarstellungen auf die Ḫurriter zurückgehen
soll, wie es Claire Epstein vorgeschlagen hat, geht zu weit.
[12]   K. Bittel, „Nur hethitische oder auch hurritische Kunst?" *Zeitschrift für Assyriologie NF* 15 (1949)
256ff.
[13]   A. Moortgat, „Nur hethitische oder auch churrische Kunst?" *ebendort NF* 14 (1944) 152ff.

jüngeren historischen Entwicklung entstanden sind, nämlich durch die Einwanderung der Aramäer, die die ehemaligen „Aussenprovinzen" der Hethiter und das Zentralgebiet der Hurriter um 1000 v. Chr. in ihren Besitz genommen haben.[14]

Die Aramäer zeichnen sich nach eigener Selbstdarstellung, aber auch in den Augen ihrer Nachbarn, vor allem der Assyrer, durch eine besondere Haartracht mit gedrehten, z.T. vor den Ohren herabhängenden Locken, und einer der babylonischen oder assyrischen nachempfundenen Tracht aus (Pl. 24c), obwohl Aramäer nur nach Babylonien, nicht aber nach Assyrien in grösserer Zahl eingedrungen sind. Übernahmen von Trachteigentümlichkeiten beruhen jedoch nicht nur auf der absoluten Aufgabe der eigenen und Übernahme einer anderen kulturellen Identifikation, sondern sind entweder nur modisch bedingt oder können als Anpassung an einen politisch mächtigeren Nachbarn im weiteren Sinne dieser Bezeichnung verstanden werden.

Auf einigen Stelen dieser späthethitischen (aramäischen) Sepulkral(?)-Kunst ist der Fisch zusammen mit Broten und anderen Esswaren auf einem Tisch meist vor einer Person aufgedeckt (Pl. 24c). Der Fisch liegt wie auch die Brote, wenn man die leicht hochgewölbten scheibenartigen Gebilde über den Vergleich mit modernen Fladenbroten als solche deutet, auf oder in Gefässen, und weitere stehen z.T. daneben auf dem Tisch. Mitunter gehören auch noch kuglige Gebilde, hier auf Pl. 24c über den Broten, zu den Speisen.

Bei diesen Speise-(Totenmahl?)-Szenen handelt es sich meist um eine Zweifigurengruppe; der sitzenden Hauptperson steht einer Dienerin (oder Diener) mit einem sogenannten Fliegenwedel gegenüber (Pls. 24c, 25).

Einen Überblick über Stelen mit Speiseszenen allgemein findet man immer noch am besten in der Habilitationsschrift von W. Orthmann, *Untersuchungen zur späthethitischen Kunst* (Bonn, 1971), auf den Seiten 366-380.[15] Über den Verwendungszweck dieser Denkmälergattung äusserte er sich dahingehend, dass sie wohl in erster Linie als Grabstelen verwendet worden sind und verwies auf zwei dieser Stelen aus Neirab, Nordsyrien, von denen sich die eine im Louvre befindet (Pl. 25).[16] Sie tragen nämlich eine Inschrift, aus der mit ziemlicher Sicherheit hervorgeht, dass es sich bei den Hauptfiguren um Verstorbene gehandelt hat, die offenbar gerade im Begriff sind, eine Speise im Rahmen eines Totenmahles(?) zu sich zu nehmen.[17]

Dabei ist unter den Speisen manchmal, wie bereits bemerkt, der Fisch ver-

---

[14] *Fischer Weltgeschichte* 4 (Frankfurt/Main 1967) 9ff.
[15] Saarbrücker Beiträge zur Altertumskunde 8, 366ff. Ferner: M. Kalaç, „Einige Stelen mit Inschriften oder ohne sie," *Compte rendu de la 8ème Rencontre Assyriologique Internationale á Leiden 1972* (Istanbul 1975) 183ff.
[16] Vgl. dazu H. Genge, *Zeitschrift für Assyriologie* 71 (1982) 274ff. Das auf der Stele aus Neirab abgebildete Tier (hier Pl. 25) ist aber offenbar ein Vogel und kein Fisch. Agnès Spycket war so freundlich, für mich diese Stele im Louvre daraufhin anzusehen. Ich bedanke mich sehr herzlich bei ihr.
[17] H. Donner & W. Röllig, *Kanaanäische und aramäische Inschriften* II (Wiesbaden 1968²) 274ff.

treten,[18] und eine untergebene Person mit einem Fliegenwedel betreut den oder
die Verstorbenen. Parallelen zu derartigen Darstellungen gibt es auch an anderen
Orten und auf anderen Denkmälern, so auf dem hier abgebildeten babylonischen
Rollsiegel (Pl. 24b) und auf dem bekannten Relieffragment im Louvre aus Susa (Pl.
26a).[19] Zu sehen ist noch eine Frau sitzend mit untergeschlagenem Bein vor einem
Tisch, auf dem wiederum ein Fisch liegt, umgeben von ähnlich runden Gebilden,
wie sie auf der Stele aus Zincirli (Pl. 24c) zu beobachten waren. Die Frau spinnt
Wolle mit einer Spindel, und hinter ihr steht ebenfalls eine Dienerin, die wiederum
mit einem Fliegenwedel in der in Elam üblich gewesenen rechteckigen Form ihrer
Herrin Luft zuwedelt bzw. die Fliegen vertreibt. Dass Frauen in diesem Zusammenhang spinnen, erweckt im Auge eines modernen Betrachters vielleicht den Eindruck
einer profanen Szene, hatte aber wohl eine tiefere Bedeutung. Man denke dabei nur
an die Moiren, Parzen oder Nornen, die mit solchen Spindeln den Lebensfaden
gesponnen haben. Auch in der späthethitischen Kunst gibt es solche Darstellungen,
die deutlichste stammt von einer Stele aus Maraş.[20]

Speise-Bankett-Szenen gehören auch zum Repertoire der iranisch-babylonischen
Bronzebecher, den sogenannten Situlen, mit denen sich P. Calmeyer eingehend
befasst hat.[21] Wenn der Fisch auch hier zu fehlen scheint bzw. nicht nachgewiesen
werden kann, so ist der Fundort einiger dieser Gefässe interessant, sie stammen aus
Gräbern!

Immerhin kommen dort Brote vor und vielleicht sind auch manche der hier als
Vögel angesprochenen Speisen als Fische zu deuten. Übrigens bringt Herr Calmeyer
die Vögel u.a. mit den Laḫanzana-Vögeln der hethitischen Totenrituale in Verbindung.[22] Auch die hier häufig auf den Tisch gestellten Granatäpfel könnten auf
einen Totenkult hinweisen; sie sind ebenfalls auf den späthethitischen Stelen
vertreten neben Mohnkapseln, Weintrauben und Getreideähren.[23]

Die Verbindung mit Beisetzungen und Bestattungssitten über die Situlen wie aber
auch über die Stelen selbst führt uns zu einem anderen Befund, den wir vor kurzem
in Isin gemacht haben. Es handelt sich hierbei um die Mitgabe von gebratenen
Fischen auf Tellern in zwei Bestattungen, die aber älter als die bisher erwähnten
Denkmäler anzusetzen sind, nämlich an das Ende des 3. oder an den Beginn des 2.

---

[18] Wie gross die Zahl der Fischdarstellungen auf den Stelen derzeit ist, lässt sich aufgrund der
Darstellungen oder deren Erhaltungszustand nicht genau sagen. Eine deutliche findet sich auf der Stele
aus Zincirli (hier Pl. 24c). Auch auf der neu angekauften Stele in München scheint ein Fisch abgebildet
zu sein (s. Anm. 16).
[19] *Mémoires de la Délégation en Perse I* (Paris 1900) Taf. XI (hier Pl. 26a).
[20] Sehr gute Darstellung bei E. Akurgal & M. Hirmer, *Die Kunst der Hethiter* (München 1976²) Abb.
138.
[21] *Reliefbronzen im babylonischen Stil*, (Abhandlungen der Bayrischen Akademie der Wissenschaften,
München 1973).
[22] Ebendort S. 179.
[23] Vgl. W. Orthmann, *Untersuchungen zur späthethitischen Kunst*, 366ff.

Jahrtausends v. Chr. (Pl. 26b).[24] Dieser Befund steht nicht allein. Ähnliches, wenn auch aus noch älterer Zeit (ED I-II) ist aus Hafāǧī[25] und Kiš (genauer Inǧāra)[26] überliefert.

Natürlich könnte es sich hierbei um „profane" Mahlzeiten gehandelt haben. Wenn man aber die anderen aufgeführten „Phänomene" berücksichtigt und dann in den anderswo publizierten Zeilen von G.R.H. Wright auf die religiöse Bedeutung des Fisches im späteren Vorderasien, besonders in Syrien, hingewiesen wird, so lässt sich wohl mit einiger Berechtigung die Ansicht vertreten, dass es sich insbesondere beim Fisch, daneben aber auch bis zu einem gewissen Grade bei den Vögeln, um eher symbolhafte Speisen gehandelt habe, die in einer altorientalischen Vorstellung von einem „Dasein" oder gar Weiterleben nach dem Tode begründet war, eine Anschauung, die aus einer älteren als der vorhellenistischen und vorchristlichen Glaubenswelt herrührte.[27]

Unter diesen Gesichtspunkten wird man dann auch eine Darstellung wie die auf dem hier abgebildeten neubabylonischen Rollsiegel (Pl. 24b) sehen müssen.

[24] Isin-Išān Bahrīyāt I (München 1977) 117.
[25] P. Delougaz, H.D. Hill & S. Lloyd, *Private Houses and Graves in the Diyala Region* (OIP 88, 1967) 85 u. 136, Abb. 55 links oben: Häuser 9, Grab 72.
[26] G. Algaze, *Mesopotamia* 18/19 (1983/84) 169: „Y-Sounding," Grab 431. Diese beiden Hinweise verdanke ich D. Sürenhagen.
[27] Zum Abschluss meiner Darlegungen sei auf den Vortrag von Kjell Aartun (Oslo) verwiesen, der über das Thema „Nun(u)/Nu = Fisch in Texten aus Ebla und Ugarit" auf der Internationalen Tagung für Wirtschaft und Gesellschaft von Ebla vom 4.-7. Nov. 1986 in Heidelberg gesprochen hat. K. Aartun vertrat die Ansicht, dass der Fisch ein Fruchtbarkeitssymbol war. Diesen Hinweis verdanke ich Anneliese Kammenhuber.

a

b

c

Plate 24a. Rollsiegel aus Ur der frühdynastischen Zeit II.
b. Neubabylonisches Rollsiegel.
c. Späthethitische (aramäische) Grabstele aus Zincirli.

Plate 25. Aramäische Grabstele aus Neirab im Louvre.

a

b

Plate 26a. Relieffragment aus Susa im Louvre (nach *MDP I*, pl. XI).
b. Mitgabe von gebratenem Fisch auf Teller in Bestattung zu Isin, Ende 3./Beginn 2. Jahrtausends v. Chr.

TRADE IN METALS IN THE THIRD MILLENNIUM: NORTHEASTERN SYRIA AND EASTERN ANATOLIA

MARILYN KELLY-BUCCELLATI

1. Introduction[1]

Since major excavations along the principal trade routes of the Euphrates and Khabur rivers in Syria as well as sites in eastern Anatolia have been conducted in the last few years, a renewed interest has focused on the sources and use of metals, especially copper and tin, and the local and international trade in these metals. Indeed, the manipulation of ores to produce strong metals (arsenical bronzes, tin bronzes and similar copper-based alloys) is one of the hallmarks of the early development of civilization in the ancient Near East. While undoubtedly experimentation in metallurgy started at a very early date in the Near East, the third millennium is the focal point for this early development since it is in this period that metallurgy came into prominence as a successful although primitive science. The ability of Syro-Mesopotamia to manufacture chemically complicated metal alloys into high-quality objects, whether for utilitarian use such as tools and weapons or for articles of status such as jewelry and toilet objects, presupposes the ability to obtain the raw materials through trade, since none of the ores is available locally. Some of the metal ores may have been obtained as a result of conquests and some through gifts. However, as has been pointed out by numerous authors, most of the exchange came through trade relations. The existence of high-quality metal objects then in third-millennium Syro-Mesopotamian cities is a bellwether mark for the sophistication of the urban culture in those cities.

The renewed interest in the evidence for metallurgy is coupled with the more readily available scientific tests of the metals and the publication of their results.[2]

---

[1] It is a privilege to dedicate this article to Dr. Adnan Bounni, who has contributed so much to our knowledge of ancient Syrian culture from the third millennium through the Palmyrenian period. His aid through the Department of Antiquities to numerous archaeological expeditions has allowed a much fuller picture of ancient Syria to emerge over the last twenty years. A portion of this paper was given in his presence at the Bern Conference on the Khabur region in December 1986; this paper is published here as it was given at the Rencontre in Istanbul, July 1987, with a few additions and some bibliographical sources added. There is a vast literature on Mesopotamian trade dealing with the third millennium, including one Rencontre on the subject of trade. The papers read at that Rencontre were edited by J. D. Hawkins as *Trade in the Ancient Near East*, London 1977, and reviewed by N. Yoffee, "Explaining Trade in Ancient Western Asia," *MANE* 2/2 (1981) 21-60.

[2] See N. H. Gale, Z.A. Stos-Gale & G.R. Gilmore, "Alloy Types and Copper Sources of Anatolian Copper Alloy Artifacts," *Anatolian Studies* 35 (1985) 143-173; Jak Yakar, "Regional and Local Schools

Overall surveys of the results also have made an important contribution to the availability of the data and their dissemination.[3]

This paper will concentrate on the metals trade routes from eastern Anatolia into northeastern Syria and southward along the major routes of the Khabur and the Euphrates and on the east-west routes across the Khabur triangle and down the Tigris. My interest in the third-millennium metals trade has been stimulated by our excavations at Mozan, located in the center of the Khabur triangle, along the Wadi Dara, just at the southern end of the Mardin pass.[4] New evidence for this trade is coming from our excavations, since four seasons of work there have yielded numerous examples of metal objects with stylistic connections both northward and to the south. Analysis of these objects, being undertaken at the present time, will hopefully contribute to our knowledge of the sources once used, and thus to trade patterns.[5]

The nature of the present evidence dictates that the conclusions indicated here are only preliminary, since much more data on sources and analysis of objects, as well as the discovery of important metallurgical processing areas, must come before a more certain picture can be drawn about manufacturing and trade patterns.

2. Sources and Routes

The investigation of metal sources in Anatolia has resulted in a great deal of new information. This new information comes from analysis of metals and materials from metal smelting found on archaeological sites, as well as from the discovery of mines and mining areas which were worked in antiquity.[6] The investigation of metal sources and analysis of materials from excavations in eastern Anatolia are

of Metalwork in Early Bronze Anatolia, Part I," *Anatolian Studies* 34 (1984) 59-86; "............ Part II," *Anatolian Studies* 35 (1985) 25-38; Ernst Pernicka, Thomas C. Seelinger et al., "Archaeometallurgische Untersuchungen in Nordwestanatolien," *Jahrbuch des Roemisch-Germanischen Zentralmuseums* 31 (1984) 533-599. Thomas Seelinger, Ernst Pernicka et al., "Archaeometallurgische Untersuchungen in Nord- und Ostanatolien," *Jahrbuch des Roemisch-Germanischen Zentralmuseums* 32 (1985) 597-659.

[3] James Muhly, *Copper and Tin*, New Haven 1973; P. R. S. Moorey, *Materials and Manufacture in Ancient Mesopotamia*, Oxford 1985; Prentiss S. de Jesus, *The Development of Prehistoric Mining and Metallurgy in Anatolia*, Oxford 1980; James Mellaart, "Archaeological Evidence for Trade and Trade Routes between Syria and Mesopotamia and Anatolia during the Early and the Beginning of the Middle Bronze Age," *Studi Eblaiti* 5 (1982) 15-32; Tamara Stech & Vincent C. Pigott, "The Metals Trade in Southwest Asia in the Third Millennium B. C.," *Iraq* 48 (1986) 39-64.

[4] The Mozan excavations have been supported by the Ambassador International Cultural Foundation and also recently by a grant from the National Endowment for the Humanities, RO-21543-87.

[5] The analysis of these metals is being undertaken under the direction of Dr. Pieter Meyers of the Los Angeles County Museum of Art with the help of Sharyn Crane.

[6] Most recently see K. Aslihan Yener & Hadi Ozbal, "Tin in the Turkish Taurus Mountains: the Bolkardag Mining District," *Antiquity* 61 (1987) 220-226.

important for this study, since the trade routes utilizing the northern Euphrates and Khabur river systems are the focus here.[7]

The principal copper source in eastern Anatolia is in the Ergani mining area north of modern Diyarbakir. The vast amounts of slag covering the area in the present day make determination of the extent of its ancient use almost impossible. It is thought that Çayönü, nearby, obtained its early copper ores from Ergani and that the latter area was still in use during the Old Assyrian period.[8] While no evidence will probably be forthcoming from Ergani itself, we can expect that the increased analysis of ancient metal objects and slag and their comparison with ores obtained at Ergani will help us pinpoint the periods of greatest use of this source.

In addition to Ergani, northeastern Anatolia along the Black Sea coast in the North Halys/Pontic region also contains a large area of copper and silver deposits.[9] These sources are, however, that much farther away from the Mesopotamian markets to the south. While stylistic connections can be made between third-millennium metal objects from Alaca Hüyük and the Transcaucasian area, it seems unlikely that the metals themselves were transported this far, given the availability of local sources.

In eastern Anatolia the major route southward passes the Ergani mining area, continuing into the north Syrian plain via the Mardin pass. Ancient, as well as modern, merchants traveled this route from Ergani to the vast Syrian plains around Mozan. This route is about 180 km long and goes across mountain valleys from the Ergani area, just south of the source of the Tigris at the Hazar Gölü, past Diyarbakir and Mardin. It traverses the relatively low rolling hills located south of the main Taurus mountains, which are for the most part around 500 meters high, although there is a higher portion north of Mardin rising to around 1000 meters (see Pl. 27). Traveling through this country today we see that the landscape just north of Mardin is very rocky and becomes more so on approaching the higher mountains to the north. The route is dotted with narrow valleys not suitable for large-scale farming; these valleys do not seem to have encouraged heavy occupation, as the mounds are sparse and small for the most part. No major geographical impediments barred the way along this route, as it is well watered and neither as hot in summer as the lowlands to the south nor as cold in winter as the higher mountains to the north. Thus it is the easiest route for travel from the ore deposits in eastern Anatolia to the south. In later times this route was taken by the Persian

---

[7] The analyses of the early Norşun slag and metals point up the difficulty of the research and the wide range of contacts the ancient smiths had.

[8] Muhly, *Copper and Tin*, pp. 199-208; de Jesus, *Mining and Metallurgy in Anatolia*, pp. 21-22 rightly points out that there is no ancient evidence for the exploitation of this area. For a review of all the Old Assyrian trading mechanisms see the standard works of Larsen (1967 and 1976), Veenhof (1972), and Garelli (1963). On the use of the Ergani mines by the Old Assyrians see Larsen 1967:172 (diagram) and 178; Larsen 1976:77-8, 91-2. See also Gardin & Garelli 1961, especially Carte 2.

[9] Muhly, *Copper and Tin*, pp. 199-208; see also Pernicka et al. 1984 and Seelinger et al. 1985.

Royal Road and in Roman times it was the preferred route through this area, as shown by Peutinger's map. Once on the plain at Mozan merchants could go either southward along the Khabur, reaching the Euphrates near Qraya and Terqa, or continue on the major east-west route, which followed the Khabur triangle either to the Balikh and Euphrates or in the other direction to the Tigris.

3. The Importance of Mozan in the Metals Trade

The city of Mozan is located in the center of the Khabur triangle about 20 km southeast of the Turkish city of Mardin. As such it is then at the southern exit of the main pass through the Taurus mountains to the eastern part of Syria. The Mardin pass is indeed the most important pass from eastern Anatolia into Syro-Mesopotamia, since the Tigris route farther east involves traversing a winding and steep route. Both in the third-millennium levels of the temple we are excavating on top of the mound and in the earlier third-millennium tombs in the outer city, a large number of metal objects have been uncovered (Pl. 28a). One of these objects is a scraper with an asymmetrical incurving spiral on one side (Pl. 28b). This type of asymmetrical incurving spiral is characteristic for relief decorations on Early Transcaucasian pottery from Georgia and Armenia. This type of evidence along with the Early Transcaucasian pottery found at Mozan gives a good indication of the relations of Mozan with the north.

4. Reconstruction of Trade Patterns in the Third Millennium

For the reconstruction of the trade in metals in the third millennium we must also look at other factors to the north of Syro-Mesopotamia in the metal-rich regions of eastern Anatolia. Early in the third millennium a homogeneous village and small-town culture was established in this region. Originally that culture had come from the equally metal-bearing regions of the Caucasus, namely Georgia and Armenia. This area has been given various names in the literature, and I prefer to stress its great expansion on the northern periphery of the region on which we are concentrating by calling it the Outer Fertile Crescent. The importance of this culture for our purposes here lies in both its geographical spread and its patterns of internal cohesion. Given its spread from northwestern Iran across eastern Anatolia and down into inner Syria and Palestine, it is obvious why this culture can be characterized as relating in an inverse pattern to the geographical coherence called the Fertile Crescent. Therefore none of the settlements of this culture is within the area of the major urban cultures of the third millennium. While the major cultural elements are very similar throughout the area, some distribution patterns and cultural elements vary from region to region. This is especially true for the region of inland Syria and Palestine. In these regions it is clear that the influence was more superficial than elsewhere. It can be seen that the pottery types, and the wares themselves, while superficially similar to the northeastern varieties, are indigenous to these southern regions.[10]

The trade patterns of Syro-Mesopotamia and Anatolia in the third millennium fall into place as part of a much longer history of trade relations in this region. Starting with the Halaf period we can see that raw materials, lacking in the south but abundant in the north, were soon recognized and exploited in the north and then traded to the south.[11] In the case of obsidian the technology for its exploitation and later for fashioning implements was not difficult and needed a minimum of technical information in the hands of the craftsman. In the Halaf period obsidian was traded both internally within Anatolia and to its southern neighbors, especially via the Khabur and Euphrates rivers.

Less information is known about the procurement of raw materials in the Ubaid period, but by the Uruk period we can see a very active sequence of events, in which southern cultural patterns are established as far north as Qraya (near the confluence of the Khabur and Euphrates rivers) and at sites like Habuba Kabira and Jebel Aruda along the Syrian Euphrates. The major cultural indicators of architecture, ceramics, and seals from these sites are so similar to those from the south that it is all but impossible to reconstruct any other picture than one of substantial southern incursions in these areas. At Qraya, for instance, while the excavations have not thus far exposed any significant architectural remains, the pottery and seal impressions found in an ancient dump have close parallels with those from the south. Recently A. Palmieri has reviewed the evidence for the internal relations during this period in eastern Anatolia and its extension to the south.[12] She integrates the evidence of Malatya with the Uruk evidence in the south and points out the similarities and differences between the Malatya evidence and that to the south.[13] While Malatya undoubtedly had strong influences from the Uruk culture, we can see an even stronger Uruk influence at sites on the Euphrates like Habuba Kabira or even at the small site of Qraya.

---

[10] For a summary of this third-millennium evidence see M. Kelly-Buccellati, "The Outer Fertile Crescent Culture: North-Eastern Connections of Syria and Palestine in the Third Millennium B.C.," *Ugarit-Forschungen* 11 (1979) 413-430.

[11] At Bouqras near the confluence of the Khabur and the Euphrates rivers, an analysis of three of the excavation squares shows that 12% of the chipped stone is obsidian, P. A. Akkermans et al., "Bouqras Revisited: Preliminary Report of a Project in Eastern Syria," *Proceedings of the Prehistoric Society* 49 (1983) 349-51.

[12] Alba Palmieri, "Eastern Anatolia and Early Mesopotamian Urbanization: Remarks on Changing Relations," *Studi di Paletnologia in Onore di Salvatore M. Puglisi* (Rome 1985) 191-213.

[13] Alba Palmieri & Marcella Frangipane, "Assetto Redistributivo di una Società Protourbana della Fine del IV Millennio," *Dialoghi di Archeologia* 1 (1986) 35-44.

By the Early Dynastic period new spheres of interest had been consolidated and solidified. During this period we no longer have what appeared to be colonies in the Uruk period or even sites with substantial Uruk influence such as Malatya and Tepecik. Rather these northern areas are free of such massive southern influence and indeed participate in only some aspects of southern culture, and even this in a very reduced and transformed fashion. The large number of door sealings from Mozan are a good example of this (Pl. 29a). The idea of a door sealing made of clay to seal a storeroom door appears to be a southern one; the clay is put around a peg tied with rope and pressed against the flat portion of the wooden door (Pl. 29b-c). Some aspects of the iconography have southern models: nevertheless, there are fundamental changes in the way these models are looked at and executed. They therefore are the result of a northern tradition and can no longer be considered as having such a profound relationship with their southern counterparts.[14] The bureaucratic function of the use of door sealings may have been the same, however, in the north as in the south, since a number of them have been found in an ED III deposit at Mozan and examples have come from Tell Chuera.[15]

Southern influence in the Early Dynastic period extended north only as far as the mountains in Anatolia and not into them as in the Uruk period. In Anatolia there is a decline of large sites, such as for example Kurban Hüyük,[16] during this period due to the consolidation of the Early Transcaucasian culture in the eastern Anatolian river valleys and its effect on the Karababa basin. This culture, extending from its original homeland in the Caucasian region of Georgia and Armenia, came to control resources and trade routes in all of eastern Anatolia, including then its sources and traditional trade routes for metals.

Trade to the south did continue during much of the third millennium with the exchange of mutually identifiable material goods on both sides. Northerners were extracting metals from their metal sources but bringing them only as far south as the first cities below the mountains in the Syrian plains. The new excavations of Mozan at the southern exit of the Tur Abdin mountains below Mardin have uncovered many metal objects dating to the third millennium, as indicated above; these certainly show a lively commerce in metals during the period. Since there is no similar evidence for a thriving metals industry in the eastern Anatolian highlands, it can only be concluded that the manufacture of metal objects on a large scale was situated in the lowlands, probably starting with the large third-millennium cities in the Khabur basin.

[14] G. Buccellati & M. Kelly-Buccellati, *Mozan 1* (Malibu 1988) 64-78.
[15] A. Moortgat & U. Moortgat-Correns, *Tell Chuera in Nordost-Syrien: Vorläufiger Bericht über die Achte Grabungskampagne 1976* (Berlin 1978) Abb. 6.
[16] G. Algaze, "Kurban Hüyük and the Chalcolithic Period in the Northwest Mesopotamian Periphery: A Preliminary Assessment," Finkbeiner & Röllig eds., *Gamdat Nasr: Period or Regional Style?*, pp. 283-5. There he points out that the parallels for Kurban Hüyük pottery in this period are for the most part with sites in the Anatolian highlands.

Evidence for part of the pattern which reconstructs the ores being brought from the mountains by the Early Transcaucasians can be seen in the fact that in the middle of the third millennium Early Transcaucasian pottery with its distinctive gray, black and sometimes red burnished ware is found throughout eastern Anatolia, as well as Armenia and Georgia, as the dominant type of pottery.[17] At the same time we only rarely find this type of pottery south of the Taurus mountains; there is some from Tell Chuera and some from Mozan.[18] In Meijer's survey of the region in the extreme northeastern portion of Syria he reports little of this pottery, the one exception being on Tell Farfara.[19] We have evidence of the Tigris trade route being used in the third millennium from the spread of Metallic ware from northeastern Syria to the south, which will be discussed below.[20] However, the fact that Early Transcaucasian pottery is not found to any great extent in northeastern Syria is significant for our reconstruction of trade patterns, as it is instead found in great amounts in inland Syria and down into Palestine. We can only conclude that some impediment to trade coming from eastern Anatolia and going southward must have existed in north-central and northeastern Syria. That is, along the traditional trade routes connecting the north with the south and along the major waterways of the Euphrates, Balikh, Khabur and Tigris rivers some impediment existed south of the Taurus. Further to the east we do see Early Transcaucasian pottery in large amounts again along the route from Anatolia to northwestern Iran which passes the Lake Urmia area. Therefore the pattern of the spread of the Early Transcaucasian pottery all along the Outer Fertile Crescent, but not to the south except along the periphery, is not accidental. Rather, it most likely is the result of the action of the strong third-millennium cities such as Mozan, in the center of this region, which prohibited direct trade along the traditional trade routes to the south.

These cities then were the gateway cities to the south and controlled the trade in metals, and presumably other goods, southward to the thriving, but materials-poor Sumerian cities. Major cities in this area have always been concentrated in the plain, rather than being located in the mountains, for obvious reasons: conditions were less harsh on the plain and activities such as agriculture were possible on a large scale because of the plain's unique geographical position, with its rich soil and abundant water both from the surrounding mountains draining into the plain and

[17] At Korucutepe in the Keban region of Anatolia this pottery is found as predominant in all the Early Bronze levels; statistics are given in M. Kelly-Buccellati, "The Excavations at Korucutepe, Turkey, 1968-70: Preliminary Report, Part III: Statistical Description of Significant Groups of Pottery," *JNES* 32 (1973) 434-439; see also "Part V: The Early Bronze Age Pottery and Its Affinities," *JNES* 33 (1974) 44-54. For the Korucutepe material statistical testing was also done on distributional patterns of the Early Transcaucasian ware and its association with rooms and open areas, see M. Kelly-Buccellati & E. Elster, "Statistics in Archaeology and Its Application to Ancient Near Eastern Data," G. Buccellati ed., *Gelb Volume: Approaches to the Study of the Ancient Near East* (Rome 1973) 195-211, especially 202-209.
[18] Buccellati & Kelly-Buccellati, *Mozan 1*, pp. 62-64.
[19] Diederik J. W. Meijer, *A Survey in Northeastern Syria* (Istanbul 1986) 33, 6.3.1.
[20] Hartmut Kühne, *Die Keramik vom Tell Chuera* (Berlin 1976) 51-56 and map 1.

from sufficient rainfall. This massive economic foundation, combining trade and agriculture, is the basis on which these cities came into existence and gained the prosperity which we see from the architecture, sculpture and metals at such third-millennium cities as Chuera, Mozan and Brak (at Brak the trade route leaves the Khabur region and enters the Tigris area via the Jebel Sinjar).

Trade in this region was, however, not only a one-way affair. Some goods traveled north from the area of north Syria and even from more southern sites. Recently Tahsin Özgüç has reviewed the evidence for third-millennium connections between Kültepe and northern Syria. In his article he singles out some small objects probably imported from as far south as Ur and concludes "...easily transported small objects were imported into Anatolia from the Early Dynastic III and Akkadian periods on."[21] Another prominent source for our information on this trade northward is the pattern of the spread of Metallic ware. As is clear from pottery found in the Mozan graves and elsewhere,[22] Metallic ware originated in the vast plains of northern Syria and was transported southward at least as far as Terqa and Mari along the Khabur/Euphrates route.[23] To the north we find it in the Keban sites, as well as in the Malatya region and now more of it is published from Kültepe.[24] All of these northern sites are part of a trading network serving the metals trade, but which must also have transported other items, as it did later in the Old Assyrian period. That we have not found this ware on sites along the Ergani-Mozan route is, in my opinion, only a function of the fact that this area is very poorly known and no sites along this route have been excavated.

The exact dates for this third-millennium trade are as yet difficult to determine. Part of this is due to the fact that only one text has been found in this area and that we do not know the parameters for the duration of three major wares existing in northern Syria and eastern Anatolia during this period: Ninevite V incised ware, Metallic ware, and Early Transcaucasian ware. This latter is the best documented as far as eastern Anatolia is concerned, because it is well stratified at a number of sites. The problem with this ware from the viewpoint of the chronological situation is that it is found so infrequently in the plains. The contents of one tomb from the outer city third-millennium cemetery at Mozan can help to clarify somewhat the end of Ninevite V incised ware and the beginning of Metallic ware. In this tomb (O b 1) we found an assemblage of over one hundred vessels. These included large pointed-base Ninevite V incised bowls with grooves cut into them similar to those

---

[21] Tahsin Özgüç, "New Observations on the Relationship of Kültepe with Southeast Anatolia and North Syria during the Third Millennium B.C.," Canby et al. eds., *Ancient Anatolia: Aspects of Change and Cultural Development* (Madison, Wisconsin 1986) 42.
[22] These graves will be published by Judith Thompson-Miragliuolo in *Mozan 2*.
[23] This evidence has been conveniently summarized by Kühne (1976) 33-72.
[24] See Özgüç 1986.

from Ailun[25] and considered late in the Ninevite V sequence.[26] Also in this tomb were a number of Metallic ware conical cups which are thick, poorly made, and streaked blue-gray and orange due to firing problems not found later. These obviously are an early variety of Metallic ware. The third major type of pottery from the tomb was a number of painted stands of Scarlet ware. Moortgat had already published a Scarlet ware stand from Tell Chuera.[27] In the Mozan tomb also were a number of metal objects discussed above. The date of the tomb then must be at the end of the Ninevite V incised sequence and the beginning of the Metallic ware sequence, both of which overlap with the incursion of Scarlet ware into northeastern Syria. This probably took place somewhere at the beginning of the Early Dynastic II period. Whether or not this trade in metals and other goods was extensively carried on as early as the ED I period cannot as yet be discerned from the archaeological record, since few sites in the northern portion of Syria have been excavated for this period.[28] It appears from the historical record as well as from the archaeological record that the trade flourished into the Akkadian period and may even have lasted into the Ur III period. Its cessation was apparently one of the factors in the decision during the Ur III period to obtain metals from the south.[29]

5. Conclusions

In Syro-Mesopotamia interregional exchange networks developed early; by the fifth millennium obsidian was traded along the major trade routes from Anatolia southward. This long-distance exchange was stimulated in the north by the vast differentiation in the environment from the mountainous, resource-rich areas of eastern Anatolia via the vast, flat, rain-fed, fertile plains of northeastern Syria to the alluvial, irrigated plains of the south. This differentiated, but complementary, distribution of resources facilitated the development of an interdependent long-distance trading network.

---

[25] Anton Moortgat, *Archaeologische Forschungen der Max Freiherr von Oppenheim-Stiftung im nord-lichen Mesopotamien 1956* (Köln 1959) Abb. 11, 12.
[26] G.M. Schwartz, "The Ninevite V Period and Current Research," *Paléorient* 11 (1985) 53-70.
[27] Moortgat & Moortgat-Correns 1976, Abb. 28.
[28] G.M. Schwartz, *From Prehistory to History on the Habur Plains: The Operation 1 Ceramic Periodization from Tell Leilan*, Ann Arbor 1982; same, *Ceramic Periodization from Tell Leilan Operation 1*, Harvey Weiss ed., Yale Tell Leilan Research 1, New Haven: Yale University Press, 1988.
[29] Henri Limet, *Le Travail de Métal au Pays de Sumer* (Paris 1960) 85-99; here he indicates that a great deal of copper was imported into Sumerian cities from Dilmun, Magan and Meluhha, all located south of Sumer. In the east Tigris mountainous area Kimash is mentioned as a source of copper for the merchants. Hahhum, which he locates probably in northern Syria (p. 93), is a source of gold.

The most important sites in the trade network are those at crucial points where natural irregularities meet, such as an uneven distribution of natural resources or variable agricultural productivity. Barriers to communication and transportation such as exits/entrances of mountain passes, crossing points of rivers or tributaries, as well as major springs constitute natural gateway areas. Here the control of trade flow is easiest, because these sites serve as gateways out of and into distinct environmental regions and link more restrictive trading networks (in our case those in the mountainous regions of northeastern Anatolia) with wider trading networks located along natural corridors of communication (such as those which traditionally crossed the north Syrian plains). Gateway cities are defined as developing in "contact zones between areas of differing intensities or types of production, along or near economic shear lines."[30] Gateways are connected with long-distance trade and are therefore located at points where long-distance transportation is easily available and at "strategic locales for controlling the flow of merchandise."[31] In the present context Mozan can be seen as having a geographical advantage in that it was situated at one of the main river crossings on the east/west trade route and had, as well, access to easy transportation to more southern cities via the Khabur/Euphrates water route. The economic "shear lines" can also be seen at Mozan since it is located at a point where the environment changes radically from the fertile north Syrian plains to the mountainous uplands of the southern Taurus; this strong advantage as to site location is emphasized by the fact that Mozan is situated at the outlet of the major pass into the eastern Taurus at Mardin.

As gateway cities generally grow in response to increased trade, the demand for raw materials, especially metals, by the newly emerging cities in the south can be correlated with the growth of cities in the north toward the beginning of the third millennium. In the north we witness at this time the establishment of cultural links between what appear to be predominantly Hurrian (or Proto-Hurrian) populations in northeastern Syria and eastern Anatolia. The flow of goods facilitated by these interregional contacts and stimulated by local and long-distance demands became so complex that mechanisms of resource pooling and redistribution of goods had to be centered in large population areas where goods could be controlled and manipulated on a larger scale. At specific environmentally advantageous points new settlements quickly grew into powerful gateway cities such as Mozan and Chuera, with Brak continuing to control trade in the eastern portion of the Khabur triangle. The door sealings excavated at Mozan in a burnt deposit which contained a large number of pottery vessels and sherds (all part of a very limited number of vessel types and shapes) certainly indicate the presence of large storerooms, serving the

---

[30] A. F. Burghardt, "A Hypothesis About Gateway Cities," *Annals of the Association of American Geographers* 61 (1971) 270.
[31] Kenneth G. Hirth, "Interregional Trade and the Formation of Prehistoric Gateway Communities," *American Antiquity* 43 (1978) 37.

redistributive function of the city. Iconographic as well as ceramic connections with eastern Anatolia also point to important cultural links beyond those which can presently be seen in the archaeological record.

While interregional trade was not the only factor in the development of gateway cities in the Khabur region, it certainly was a key factor in the acquisition of economic power beyond what was available from a position as a central place within a more restricted, local environment in the north Syro-Mesopotamian plains.

BIBLIOGRAPHY

Akkermans, P.A. et al.
1983   "Bouqras Revisited: Preliminary Report of a Project in Eastern Syria," *Proceedings of the Prehistoric Society* 49:349-51.
Algaze, G.
in press   "Kurban Hüyük and the Chalcolithic Period in the Northwest Mesopotamian Periphery: A Preliminary Assessment," in Finkbeiner & Röllig eds., *Gamdat Nasr: Period or Regional Style?*
Burghardt, A.F.
1971   "A Hypothesis About Gateway Cities," *Annals of the Association of American Geographers* 61:269-285.
Garelli, Paul
1963   *Les Assyriens en Cappadoce*, Paris.
Hirth, Kenneth G.
1978   "Interregional Trade and the Formation of Prehistoric Gateway Communities," *American Antiquity* 43:35-45.
de Jesus, Prentiss S.
1980   *The Development of Prehistoric Mining and Metallurgy in Anatolia*, Oxford.
Kelly-Buccellati, M.
1973   "The Excavations at Korucutepe, Turkey, 1968-70: Preliminary Report, Part III: Statistical Description of Significant Groups of Pottery," *JNES* 32:434-439.
Kelly-Buccellati, M.
1974   "Part V: The Early Bronze Age Pottery and Its Affinities," *JNES* 33:44-54.
Kelly-Buccellati, M.
1979   "The Outer Fertile Crescent Culture: North-Eastern Connections of Syria and Palestine in the Third Millennium B.C.," *Ugarit-Forschungen* 11:413-430.
Kelly-Buccellati, M. & Elster, E.
1973   "Statistics in Archaeology and Its Application to Ancient Near Eastern Data," in G. Buccellati ed., *Gelb Volume: Approaches to the Study of the Ancient Near East* (Rome) 195-211.
Kühne, Hartmut
1976   *Die Keramik vom Tell Chuera*, Berlin.
Larsen, Mogens Trolle
1967   *Old Assyrian Caravan Procedures*, Istanbul: Nederlands Historisch-Archaeologisch Instituut in Het Nabije Oosten.
Larsen, Mogens Trolle
1976   *The Old Assyrian City-State and Its Colonies*, Copenhagen: Akademisk Forlag.

Limet, Henri
1960   *Le Travail du Métal au pays de Sumer au Temps de la IIIe Dynastie d'Ur*, Paris.
Meijer, Diederik J.W.
1986   *A Survey in Northeastern Syria*, Istanbul.
Mellaart, James
1982   "Archaeological Evidence for Trade and Trade Routes Between Syria and Mesopotamia and Anatolia during the Early and the Beginning of the Middle Bronze Age," *Studi Eblaiti* 5:15-32.
Moortgat, Anton
1959   *Archaeologische Forschungen der Max Freiherr von Oppenheim-Stiftung im nordlichen Mesopotamien 1956*, Köln.
Moortgat, A. & Moortgat-Correns, U.
1978   *Tell Chuera in Nordost-Syrien: Vorläufiger Bericht über die Achte Grabungskampagne 1976*.
Muhly, James D.
1973   *Copper and Tin*, New Haven.
Özgüç, Tahsin
1986   "New Observations on the Relationship of Kültepe with Southeast Anatolia and North Syria during the Third Millennium B.C.," in Canby et al. eds., *Ancient Anatolia: Aspects of Change and Cultural Development*, Madison, Wisconsin.
Palmieri, Alba
1985   "Eastern Anatolia and Early Mesopotamian Urbanization: Remarks on Changing Relations," *Studi di Paletnologia in Onore di Salvatore M. Puglisi* (Rome) 191-213.
Palmieri, Alba & Frangipane, Marcella
1986   "Assetto Redistributivo di una Societa Protourbana della Fine del IV Millennio," *Dialoghi di Archeologia*, 1:35-44.
Pernicka, Ernst; Seelinger, Thomas C. et al.
1984   "Archaeometallurgische Untersuchungen in Nordwestanatolien," *Jahrbuch Des Roemisch-Germanischen Zentralmuseums* 31:533-599.
Schwartz, G.M.
1982   *From Prehistory to History on the Habur Plains: The Operation 1 Ceramic Periodization from Tell Leilan*, Ann Arbor.
Schwartz, G.M.
1985   "The Ninevite V Period and Current Research," *Paléorient* 11:53-70.
Seelinger, Thomas; Pernicka, Ernst et al.
1985   "Archaeometallurgische Untersuchungen in Nord- und Ostanatolien," *Jahrbuch des Roemisch-Germanischen Zentralmuseums* 32:597-659.
Stech, Tamara & Pigott, Vincent C.
1986   "The Metals Trade in Southwest Asia in the Third Millennium B.C." *Iraq* 48:39-64.
Veenhof, K.R.
1972   *Aspects of Old Assyrian Trade and Its Terminology*, Leiden: E.J. Brill.
Yener, K. Aslihan & Hadi Ozbal
1987   "Tin in the Turkish Taurus Mountains: the Bolkardag Mining District," *Antiquity* 61:220-226.

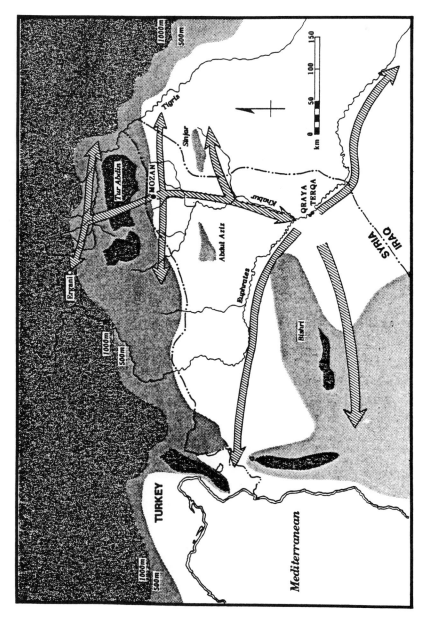

Plate 27. Major trade routes in northeastern Syria and southeastern Anatolia.

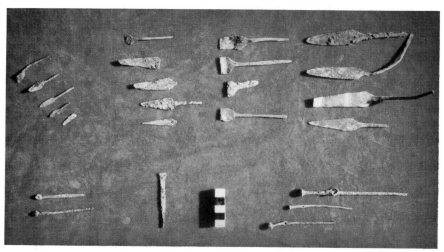

a

b

Plate 28a. Third-millennium copper alloy pins, spear heads and spatulas from the Mozan excavations.
b. Early third-millennium copper alloy scraper from a tomb (O b 1) in the outer city (MZ V 3126 N 1).

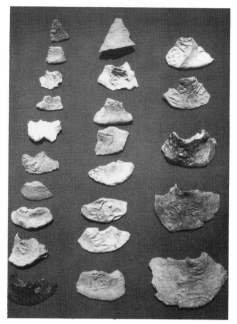

a

b

c

Plate 29a. Corpus of Mozan door sealings from the burnt deposit near the city wall (K 1).
b. Detail of the interior of a Mozan door sealing showing the rope and peg impression.
c. Three views of Mozan door sealings.

KLEINFUNDE AUS DEVE HÜYÜK BEI KARKAMISCH IM VORDERASIATISCHEN MUSEUM BERLIN

EVELYN KLENGEL-BRANDT

In seinem Buch *Cemeteries of the First Millennium B.C. at Deve Hüyük near Carchemish* hat P.R.S. Moorey das Material aus Raubgrabungen vorgelegt, das 1913 in verschiedene englische Museen gelangt ist.[1] Es war im gleichen Jahr von T.E. Lawrence und C.L. Woolley von Einheimischen erworben worden, die die ausgedehnten Friedhöfe in Deve Hüyük und benachbarten Orten ausgeräumt und die Funde selbst oder über den Antikenhandel in Aleppo verkauft hatten. Die beiden Engländer, die sich zeitweilig im Zusammenhang mit den Ausgrabungen von Karkamisch dort aufhielten, haben einigen dieser nächtlichen Unternehmungen selbst beigewohnt, vor allem aber versucht, durch Ankauf für die Museen eine Übernahme in den privaten Besitz zu verhindern.

Durch Vermittlung von D.G. Hogarth was es dem Vorderasiatischen Museum in Berlin im gleichen Jahre möglich, eine repräsentative Kollektion von Kleinfunden für insgesamt 600,- Mark zu erwerben. Es handelt sich hierbei vor allem um Bronzen, einige Gefässe, Terrakotten und sonstiges Material, das bisher unpubliziert geblieben ist. Es sind bis auf wenige Ausnahmen Dubletten oder sehr ähnliche Stücke, die sich in die von P.R.S. Moorey vorgenommene Bearbeitung einfügen lassen.

In diesem Artikel soll das Berliner Material vorgelegt werden, um damit einen vollständigen Überblick über die in den Museen befindlichen Kleinfunde aus Deve Hüyük zu erlangen. Es steht zu hoffen, dass diese Ausführungen das Interesse unseres verehrten Kollegen und Freundes Adnan Bounni finden werden, der soviel für den Ausbau und die Organisation der syrischen Archäologie getan und meinem Mann und mir stets mit Rat und Hilfe zur Seite gestanden hat.

Die von C.L. Woolley in seinen Publikationen zu den Funden aus Friedhöfen in Nordsyrien enthaltenen Angaben zum Komplex von Deve Hüyük bilden die Grundlage des von Moorey aufgestellten chronologischen Gerüstes.[2] Demzufolge kann man mit einer Belegung des Friedhofes von Deve Hüyük I innerhalb der

---

[1] P.R.S. Moorey, *Cemeteries of the First Millenium B.C. at Deve Hüyük, near Carchemish, salvaged by T.E. Lawrence and C.L. Woolley in 1913*, BAR International Series 87, Oxford 1980. Im folgenden nur als Moorey zitiert.

[2] Einschlägige Publikationen zu diesem Thema sind: C.L. Woolley, „Hittite Burial Customs", *LAAA* VI (1914) 87ff. = Woolley 1914. Ds., „A North Syrian Cemetery of the Persian Period", *LAAA* VII (1914-16) 115ff. = Woolley 1914-16. Ds., „The Iron-Age Graves of Carchemish", *LAAA* XXVI (1939) 11ff.

Späten Eisenzeit (ca. 750-550 v.u.Z.) rechnen. Deve Hüyük II dürfte während der Zeit der persischen Herrschaft (ca. 550-330 v.u.Z.) benutzt worden sein. Einige wenige Gräber sind wohl noch in der parthischen Periode dazugekommen, wie an Hand von Funden zu vermuten ist.

Die aus den Gräbern stammenden Objekte konnten von Moorey nur durch eine genaue typologische Analyse und durch den Vergleich mit datierten Stücken aus anderen Fundorten zeitlich eingeordnet werden. Sämtliche Fundzusammenhänge waren bei den Raubgrabungen verloren gegangen und das Material durch den Verkauf weit verstreut worden.

Der Friedhof von Deve Hüyük I enthielt wie die von Woolley freigelegten Gräber in der Umgebung von Karkamisch zeigen, Feuerbestattungen in Urnen und ist wohl hauptsächlich im 8. und 7. Jh. v.u.Z. benutzt worden. Nur wenige Funde können mit Sicherheit dieser Periode zugewiesen werden, dazu gehören in erster Linie einige Gefässe.

Der Friedhof von Deve Hüyük II war nur mit Körperbestattungen belegt worden. Sie befanden sich wohl meist in Kistengräbern, die mit Hilfe von Steinplatten gebaut und überdacht worden waren, die ärmeren Gräber hatte man nur in den Boden eingetieft. Moorey hält diesen Friedhof für das Bestattungsfeld einer persischen Garnison, die an diesem strategisch wichtigen Punkt stationiert war und vor allem aus iranischen Soldaten mit ihren Familien bestand. Er stützt sich bei dieser Annahme auf einige Waffentypen, wie die *akinakes* und *sagaris* sowie auf einige grob gearbeitete Lampen. Im allgemeinen kann das Grabinventar aber ohne Schwierigkeiten in den syrisch-palästinensischen Kulturkreis eingeordnet werden, wie Vergleiche mit einschlägigen Fundstücken z.B. aus Kamid el-Loz zeigen.[3]

Im folgenden soll in Form eines Kataloges das Berliner Material vorgestellt werden. Die Anordnung folgt der Publikation von Moorey und übernimmt auch die von ihm verwendeten Gruppierungen. Die auf meinen Angaben beruhende Liste im Anhang seines Buches (p. 143 f.) soll hiermit durch detailliertere Angaben ergänzt werden. Wenn es sich um Dubletten der bei Moorey beschriebenen Objekte handelt, sollen kurze Angaben zu den Berliner Stücken genügen. Nur im Falle von Abweichungen oder nicht in dem genannten Werk verzeichneten Objekten, folgt eine genauere Beschreibung und ein Kommentar dazu.

---

[3] R. Poppa, *Kamid el-Loz 2: Der eisenzeitliche Friedhof. Befunde und Funde*, Bonn 1978. Das gesamte Inventar ist zum Vergleich heranzuziehen.

Katalog
I. Gefässe
IA. Gefässe. Ton

1. Zweihenklige Urne (Pl. 30a). Hellbrauner Ton mit brauner Bemalung. Breiter Fries unterhalb des Randes, bestehend aus metopenartigen Feldern eingefasst von Doppel- und Wellenlinien. Auf dem breiten Rand verläuft Zickzackmuster.
VA 7071 H: 18,8 cm Dm: 22 cm. Typ entspricht Moorey, fig. 2, no. 4 und fig. 23, no. 565.

Die Urne gehörte sicher zum Friedhof mit Feuerbestattungen der Periode Deve Hüyük I und war für die Aufnahme der Asche bestimmt. Zur Bemalung vgl. auch ähnliche Gefässe in Hama.[4]

2. Alabastron. Bräunlicher grober Ton.
VA 7079 H: 24,4 cm Dm: 4,3 cm. Entspricht Moorey, fig. 4 no. 32.
3. Henkelkännchen. Hellbrauner feiner Ton. Hals, Lippe und Henkel unsorgfältig mit brauner Farbe überzogen.
VA 7076 H: 17 cm Dm: 8,9 cm. Entspricht Moorey, fig. 4, no 35, 36.
4. Henkelkännchen. Hellbrauner feiner Ton. Gefäss mit teilweise ausgewischtem braunen Überzug bedeckt.
VA 7077 H: 6,7 cm Dm: 8,6 cm. Typ entspricht Moorey, fig. 4, no 45.
5. Kanne mit kleeblattförmiger Mündung. Gelblicher gröberer Ton VA 7072 H: 11,4 cm Dm: 11,4 cm. Entspricht Moorey, fig. 4, no. 46.

Die Gefässe Nr. 2-5 sind alle zur einfachen, vermutlich lokalen Ware zu rechnen. Ihre Datierung ist nicht immer eindeutig zu bestimmen. Sie stammen wahrscheinlich aus den Gräbern von Deve Hüyük II, also aus dem 5./4. Jh. v.u.Z.

6. Lampe. Grober brauner Ton, vom Feuer geschwärzt. Auf der hochgezogenen Rückwand innen einfaches Muster von senkrechten Strichen an einer waagerechten Linie.
VA 7082 H: 5,5 cm 11,7 x 10,2 cm. Vergleichbar Moorey, fig. 5, no. 62, 64.
7. Zylindrisches Töpfchen mit Scheibenfuss. Mit grünlicher Glasur überzogen (ausser am Scheibenfuss und unterem Teil des Bauches).
VA 7070 H: 10,7 cm Dm: 7,9 cm. Entspricht Moorey, fig. 5, no. 72.
8. Bauchiges Töpfchen mit Scheibenfuss. Mit grünlicher Glasur überzogen (ausser am Scheibenfuss).
VA 7024 H: 5,7 Dm: 5,5 cm. Bei Moorey nicht vertreten. Vgl. Woolley 1914-16, pl. XXVI F.

Die Gefässe Nr. 7 und 8 sind in die parthische Periode zu datieren. Sie könnten aus dem nicht sicher nachgewiesenen Friedhof von Deve Hüyük III kommen. Gute Parallelen dazu finden z.B. unter der parthischen Keramik von Assur.[5]

---

[4] P.J. Riis, *Hama: Les Cimetières à Crémation* (Copenhagen 1948) fig. 130.
[5] Vgl. H. Lenzen, *Die Partherstadt Assur*, WVDOG 57 (Leipzig 1933) Tf. 49f, i (für Nr. 7) und Tf 46d (für Nr. 8).

9. Rundbauchige Flasche mit schlankem Hals und Scheibenfuss (Pl. 30b). Bauch an zwei Stellen abgeplattet. Hellbrauner gröberer Ton.
   VA 7074 H: 10,5 cm Dm: 8,8 cm. Kein Vergleich bei Moorey. Ähnliches Gefäss bei Woolley, 1914, pl. XXII, 14 abgebildet.
10. Flache Schale mit Ringfuss und gerade abgesetztem profiliertem Rand (pl. 31a). Hellgelber Ton mit bräunlichem Überzug.
    VA 7075 H: 3,6 cm Dm: 10,4 cm. Kein Vergleich bei Moorey. Ähnliches Gefäss bei Woolley, 1914, pl. XXIII, 2, XXV b.

Die Gefässe Nr. 9 und 10 sind unter dem von Moorey erfassten Material nicht vertreten und fallen in ihrer Form aus dem üblichen Gefäss-Repertoire Syriens heraus. Die einzigen vergleichbaren Exemplare fanden sich unter dem von Woolley veröffentlichten Inventar des Friedhofes von Amarna, südlich von Karkamisch. Die von ihm vorgeschlagene Datierung „mittelhethitisch'' bezieht sich auf das 2. Jt. v.u.Z. und trägt zur zeitlichen Einordnung dieser Gefässe nicht viel bei.[6]

11. Rundbauchige Flasche (Pl. 31b). Im oberen Drittel und am Hals wenige Spuren von roter Bemalung. Brauner feiner Ton.
    VA 7078 H: 28 cm DM: 11,8 cm. Bei Moorey kein Vergleich. Woolley 1914-16, pl. XXVII, 6 veröffentlicht ein entsprechendes Gefäss, das er p. 126 als Kopie eines Alabastrons bezeichnet, was zwar für die Form, aber nicht die Mündung der Flasche zutrifft.

IB. Gefässe. Metall

Die Untersuchungen von Moorey haben ergeben, dass keines der in seinem Buch behandelten Metallgefässe sicher dem Friedhof von Deve Hüyük I zuzuschreiben ist. Es sind darunter zwar einige Typen, die bereits in der neuassyrischen Periode an zahlreichen anderen Fundorten nachgewiesen wurden, doch wurden sie bis in das 5./4. Jh. v.u.Z. auch in achämenidischen Bestattungen gefunden. Es kann demnach angenommen werden, dass die Metallgefässe alle dem Friedhof von Deve Hüyük II zugehörten. Unter den in Berlin aufbewahrten Gefässen ist der überwiegende Teil in die Gruppierung von Moorey einzuordnen und somit in das 5./4. Jh. v.u.Z. zu datieren. Die Bronzegefässe sind im allgemeinen gut erhalten, die meisten noch original patiniert.

12. Flache Bronzeschale, gegossen, unverziert.
    VA 7050 H: 3,5 cm ob. Dm: 15,5 cm. Entspricht Moorey, fig. 6, no. 81.
13. Flache Bronzeschale mit Mittelbuckel, gegossen, unverziert.
    VA 7049 H: 3,7 cm Dm: 15,4 cm. Entspricht Moorey, fig. 6, no 83.
14. Flache Bronzeschale mit kleinem Buckel, gegossen, unverziert.
    VA 7054 H: 3,7 cm Dm: 18,5 cm. Entspricht Moorey, fig. 6, no. 88. Vgl. Poppa 1978: 57, Typ 4.

---

[6] Vgl. Woolley 1914: 91; er hat eine Kollektion von Keramik aus Raubgrabungen aufgekauft und einige Bronzen aufnehmen können, die er in die Periode zwischen 1750-1100 v.u.Z. setzt.

15. Flache Bronzeschale mit kleinem Buckel. Lotosornament mit 13 Blättern. Zwischen den äusseren Blütenblättern ist jeweils ein kleines plastisches Kelchblatt mit halb-kreisförmig angeordneter Einritzung darüber zu sehen.
VA 7086 H: 4 cm Dm: 16,1 cm.[7] Entspricht Moorey, fig. 6, no. 98.

16. Flache Bronzeschale mit Buckel. Lotosornament mit 15 Blättern, zwischen den äusseren Blütenblättern jeweils sieben blättrige Knospe eingeritzt.
VA 7048 H: 4,1 cm Dm: 16,7 cm.[8] Entspricht Moorey, fig. 6, no. 93.

17. Bronzeschale mit Buckel (Pl. 32a). Leicht beschädigt. Mittelbuckel ist aussen von zwei in grösserem Abstand verlaufenden Kreisen umgeben. Auf der Innenseite trägt der Kreis ein Blattornament, abgeschlossen von 13 Dreiecken mit Gittermuster.
VA 7047 H: 4,8 cm ob. Dm: 15,5 cm. Form entspricht Moorey, fig. 6, no. 100, dort unverziertes Exemplar.

18. Tiefe Bronzeschale mit flachem, nach aussen vortretendem Buckel, gegossen, unver-ziert.
VA 7051 H: 6,6 cm Dm: 12,5 cm. Entspricht Moorey, fig. 6, no. 106.

19. Tiefe Bronzeschale ohne Buckel. Gehämmert, unverziert.
VA 7053 H: 6,8 cm Dm: 14,6 cm. Entspricht Moorey, fig. 6, no. 107.

20. Tiefe Bronzeschale, unverziert.
VA 7052 H: 5,6 cm Dm: 12,6 cm. Öffn.: 10,2 cm. Entspricht Moorey, fig. 6, no. 113.

21. Bronzebecher mit Rundboden (Pl. 32b). Gehämmert, unverziert. Boden einge-drückt, beschädigt.
VA 7045 H: 10,3 cm ob. Dm: 7,4 cm. Bei Moorey nicht vertreten.

Woolley, 1914-16, pl. XXI, 14 hat eine gute Parallele veröffentlicht, die aber nicht aus dem Grabinventar stammt. Die Gefässform ist vergleichbar mit neuassyrischer Keramik vom Tell Halaf[9] oder aus Assur.[10]

22. Bronzesitula mit Spitzboden, gegossen (Pl. 33a). Dreiviertel des Körpers von unregelmässigem Strichmuster bedeckt, das durch eine waagerechte Linie und Zickzackband nach unten abgeschlossen wird.
VA 7068 H: 8,1 cm Dm Öffn.: 2,4 cm. Keine Entsprechung bei Moorey.

Woolley 1914-16, pl. XXII, 5, pl. 117, no. 6, bildet ein identisches Gefäss ab, das zum Inventar des Grabes Nr. 6 gehört und in die persische Periode zu datieren ist. Vielleicht handelt es sich um das Berliner Stück! Vgl. weitere sehr ähnliche Gefässe aus Sam'al[11] und aus Karkamisch,[12] die mit ägyptisierenden Motiven verziert sind.

23. Trinkröhre aus Bronze.
VA 7022 L: 6,8 cm. Entspricht Moorey, fig. 7, no. 130.

---

[7] Veröffentlicht bei H. Luschey, *Die Phiale* (Bleicherode am Harz 1939) 162, Abb. 18 a-c.
[8] Veröffentlicht bei H. Luschey, *op. cit.* 162, Abb. 20a, b.
[9] Vgl. B. Hrouda, *Tell Halaf IV: Die Kleinfunde* (Berlin 1959) Tf. 59, 85.
[10] A. Haller, *Die Gräber und Grüfte von Assur* (WVDOG 65, Berlin 1954) 68, Grab 79a, Tf. 5w.
[11] W. Andrae, *Die Kleinfunde von Sendschirli* (Mitteilungen aus den Orientalischen Sammlungen Heft XV. Ausgrabungen in Sendschirli V, Berlin 1943) 117, Abb. 162.
[12] C.L. Woolley, *Carchemish, Part II: The Town Defences* (Londen 1921) pl. 21.

IC. Gefässe. Fayence

24. Neujahrsflasche. Zart hellblaue Fayence. Aus Bruchstücken zusammengesetzt. Ein hockender Affe am Hals fehlt. Ohne Inschrift.
VA 7046 H: 12,5 cm Dm: 10 cm. Entspricht Moorey, fig. 8, no. 131.

ID. Gefässe. Stein

25. Kleines Alabastron mit Griffknubben. Flacher Boden, oberer Rand beschädigt, besass vermutlich keine Lippe.
VA 7088 H: 7 cm Dm: 2,8 cm. Ähnlich Moorey, fig. 8, no. 142.

Die einfachen Alabastren sind über Jahrhunderte hinweg in einem recht grossen geographischen Raum, der von Iran bis nach Ägypten reicht, benutzt worden. Ihre Datierung ist deshalb nur selten genauer einzugrenzen. Die Flasche Nr. 25 könnte zum Grabinventar von Deve Hüyük II gehört haben.

II. Waffen

Eiserne Waffen sind nur in wenigen, recht gleichartigen und meist nur fragmentarisch erhaltenen Exemplaren im Berliner Museum vorhanden. Sie sind alle den von Moorey verzeichneten Typen anzuschliessen und bieten keine Besonderheiten. Ihre Zugehörigkeit zum Friedhof von Deve Hüyük II und somit ihre Datierung in die persische Periode ist durch Vergleiche als sicher anzunehmen.

26. Eiserner Dolch mit T-förmigem Griff, fragmentarisch erhalten.
VA 6911 L: 17,3 cm. Entspricht Moorey, fig. 9, no. 151.
27. Eisernes Messer, einseitig, leicht gebogen, am Griff zwei Nieten erhalten. Klinge fragmentarisch.
VA 6998 L: 12,1 cm. Entspricht Moorey, fig. 9, no. 160.
28. Eiserne Speerspitze für schwere Stichwaffe.
VA 6995 L: 33,5 cm. Entspricht Moorey, fig. 9, no. 165.
29. Eiserne Speerspitze für schwere Stichwaffe.
VA 6993 L: 28,8 cm. Entspricht Moorey, fig. 9, no. 168.
30. Eiserne Speerspitze für schwere Stichwaffe.
VA 6994 L: 25,3 cm. Entspricht Moorey, fig. 9, no. 168.
31. Eiserne Speerspitze für schwere Stichwaffe.
VA 6992 L: 25,7 cm. Entspricht Moorey, fig. 9, no. 175.
32. Eiserne Speerspitze für Wurfspiess. Beschädigt.
VA 6997 L: 9,7 cm. Entspricht Moorey, fig. 10, no. 183.
33. Eiserne Speerspitze für Wurfspiess.
VA 6996 L: 11,7 cm. Entspricht Moorey, fig. 10, no. 192/93.
34-36. Bronzene Pfeilspitzen. Dreikantig.
VA 7026, 7027, 7028. L: 3,6; 3,4; 2,9 cm. Entsprechen Moorey, fig. 10, no. 199-207.
37. Anhänger aus Bronze (Pl. 33b). In Form eines Käfigs mit 4 Streben und 4 Öffnungen gebildet. Nach unten offen, die Streben in „Füsschen" endend. Oben Ring zum Anhängen angearbeitet.
VA 7069 H: 7,1 cm. Bei Moorey nicht vertreten.

Woolley 1914-16, pl. XXII, 9 bildet ein Exemplar ab, das vielleicht mit dem Berliner Stück identisch ist. Es wurde im Grab Nr. 6 zusammen mit einem Bronzegefäss, Bronzegeräten und der wohl ebenfalls in Berlin befindlichen Situla Nr. 22 gefunden. Die Kistengräber werden von Woolley in die persische Periode datiert.

Die Verwendung des Anhängers als Pferdeschmuck kann vermutet werden. Er erinnert an Pferdeglöckchen aus Iran, die jedoch gewöhnlich geschlossen sind und einen metallenen Kern zum Klappern besitzen.[13] Der Typ des offenen Anhängers scheint in Transkaukasien beheimatet zu sein, wo solche Kleinbronzen oft noch an Ketten hängend gefunden wurden.[14] Die Vergleichsbeispiele weisen ebenfalls in das 6./5. Jh. v.u.Z.

III. Schmuck und Toilettengegenstände

IIIA. Armringe und Ohrringe

38-40. Bronzearmringe.
    VA 7016 mit Schlangenkopfendungen Dm: 5,1 cm.
    VA 7017 mit geraden Enden Dm: 3,7 cm.
    VA 7018 mit geraden Enden, vielleicht für Kind Dm: 2,7 cm. Vergleichbar Moorey, fig. 11, no. 278, 243, 245.
41. Drei Bronzearmringe.
    a) mit breit auslaufenden und durch Längs- und Querstrichelung verzierten Enden Dm: 5 cm.
    b) mit breit auslaufenden Enden Dm: 4,8 cm.
    c) mit verzierten Enden Dm: 3,4 cm.
    VA 7057. Vergleichbar Moorey, fig. 11, no. 246, 254.
42-44. Bronzearmringe.
    VA 7009 mit geraden, durch Striche verzierten Enden Dm: 4,3 cm.
    VA 7010 mit geraden, durch Striche verzierten Enden Dm: 4,7 cm.
    VA 7011 mit geraden Enden Dm: 3,4 cm.
    Vergleichbar Moorey, fig. 11, no. 244, 254.
45-47. Bronzearmringe.
    VA 7012 mit Schlangenkopfendungen Dm: 5,5 cm.
    VA 7013 mit Schlangenkopfendungen Dm: 5,6 cm.
    VA 7014 mit geraden Enden Dm: 5,9 cm.
    Vergleichbar Moorey, fig. 11, no. 244, 280.
48. Bruchstücke von zwei dünnen Bronzearmringen.
    VA 7063.
49. Armring aus Bronze, sehr dick und schwer. Mit Tierkopfendungen und Punktmuster.
    VA 7015 Dm: 6,5 cm. Vergleichbar Moorey, fig. 11, no. 277.

[13] Vgl. z.B. P.R.S. Moorey, *Catalogue of the Ancient Persian Bronzes in the Ashmolean Museum* (Oxford 1971) pl. 28, 154. L. Vanden Berghe, *La Nécropole de Khūrvīn* (Istanbul 1964) pl. XXXVII.
[14] Vgl. z.B. S.A. Jesajan, *Drevnaja kul'tura plemen severo-vostočnoi Armenii* (Jerevan 1976) 164, Abb. 121: 14; 214, Abb. 4:8, Grabbeigaben aus Ashi-Blur. S.M. Gasijev, *Archeologičeskije raskopki v Mingečaure. Al'bom Kuvsinih pogrebenii* (Baku 1960) Tf. XXXIX: 13, Topfgräber des 6. Jh. v.u.Z.

50. Armring aus Bronze, sehr dick und schwer, mit Tierkopfendungen, dahinter Kreuz-
    muster und Strichelung.
    VA 7095 Dm: 8 cm. Vergleichbar Moorey, fig. 12, no. 285, fig. 24, no. 571 A.
51. Armring aus Bronze, sehr dick und schwer, mit Tierkopfendungen.
    VA 7008 Dm: 6,8 cm. Vergleichbar Moorey, fig. 12, no. 284.
52. Armring aus Bronze, dick und schwer, mit abgeplatteten Tierkopfendungen.
    VA 7007 Dm: 7,1 cm. Vergleichbar Moorey, fig. 12, no. 285.
53. Kollektion von 8 Ohrringen aus Bronze und Silber.
    1 einfacher offener Bronzering Dm: 1,9 cm.
    3 gedrehte offene Bronzeringe Dm: 1,5-2 cm.
    1 Paar einfache Silberohrringe Dm: 1-1,1 cm. Moorey, fig. 12, no 314.
    1 Paar kahnförmige Ohrringe. Aus einem Silberdraht, der doppelt gelegt und am
    Ende durch mehrfaches Umwickeln befestigt ist, gearbeitet. Dm: 1,7 cm.
    VA 7056. Zum letzten Paar vgl. ähnlich Moorey, fig. 13. no. 307.[15]
54. Fragmente von vermutlich zwei silbernen Ohrgehängen. Halbmondförmig, aussen
    mit Metallkugeln besetzt.
    VA 7036 Dm: aussen ca. 4 cm. Entspricht Moorey, fig. 13, no. 300.
55. Fragment eines silbernen Ohrgehänges. Erhalten ist ein verzierter Metallknopf, von
    dem eine becherförmig ausladende Wandung mit verziertem unteren Rand ausgeht.
    Form des Ohrgehänges nicht rekonstruierbar.
    VA 7067 H: 1,2 cm.
56. Lockenring aus Bronze, in 3 Spiralen gedreht.
    VA 7034 Dm: 1,7 cm. Vergleichbar Moorey, fig. 25, no. 586 (kleiner).
57. Drei bronzene Fingerringe, unverziert, offen.
    VA 7044 Dm: 1,9-2,6 cm. Vergleichbar Moorey, fig. 12, no. 314.

Für die Schmuckgegenstände unter Nr. 38-57 lassen sich, abgesehen von den bei
Moorey aufgeführten Beispielen, gute Parallelen aus dem Material von Kamid el-
Loz aufführen, das auf eine Datierung in persische Zeit hinweist.[16] Manche Typen
haben eine lange Laufzeit und sind schon in der neuassyrischen Periode nachzu-
weisen.

IIIB. Fibeln

Die Bronzefibeln sind mit einer recht umfangreichen und qualitätvollen Kollektion
in den Berliner Beständen vertreten. Die unterschiedlichen Typen konnten bis auf
wenige Ausnahmen den bei Moorey veröffentlichen Stücken zugeordnet werden.
Ihrer Datierung nach zu urteilen, könnten sie aus den Friedhöfen von Deve Hüyük
I und II gekommen sein.

58. Bogenfibel aus Bronze (Pl. 33c). Körper ohne Nadelhalter und Nadel erhalten.
    VA 7062 erh. L: 4,9 cm H: 2 cm. Blinkenberg Typ XIII, 10d. Vgl. ähnliches Stück
    bei Moorey, fig. 12, no. 328.

[15] Vgl. weiterhin Poppa, *Kamid el-Loz*, Tf. 11, Grab 12:4, 13:13. L. Jakob-Rost, „Zum Ohrschmuck
der Assyrer", *FuB* 5 (1962) Abb. auf S. 36, Nr. 4, hier neuassyrisch datiert.
[16] Zahlreiche Exemplare sind in den Grabinhalten von Kamid el-Loz, vgl. Poppa, zu finden.

Das von Moorey veröffentlichte Exemplar wird von ihm zu den mykenischen und davon abgeleiteten Formen gerechnet und könnte aus dem Friedhof Deve Hüyük I mit Feuerbestattungen stammen. Diese Annahme wird durch die Berliner Fibel unterstützt und durch weitere Parallelen aus Anatolien bekräftigt. Letztere sind in Assarlik und Bayrakli gefunden worden und werden allgemein in das 12.-10. Jh. v.u.Z. gesetzt.[17] Der Typ soll nach den Ausführungen von Caner mit dem späten 10. Jh. v.u.Z. enden. Die Fibel aus Deve Hüyük müsste demnach recht lange aufbewahrt worden sein, ehe sie in das Grab gelangte. Es könnte aber auch als ein Hinweis auf eine längere Verbreitungsdauer in Syrien gewertet werden.

    59. Anatolische Fibel aus Bronze.
        VA 7000 L: 7,5 cm H: 5,3 cm.[18] Blinkenberg Typ XIII, 3f. Entspricht Moorey, fig. 12, no. 330.

Eine bei Moorey unter no. 329 veröffentlichte sehr ähnliche Fibel wurde in einer Körperbestattung entdeckt, was auf eine Datierung in die persische Periode schliessen lässt. Zahlreiche Exemplare dieses Typs sind bei E. Caner zusammengestellt,[19] sie werden dem 8. Jh. v.u.Z. zugeschrieben, eine Datierung, die auch für die Fibel Nr. 59 nicht auszuschliessen ist.

    60. Kniefibel aus Bronze.
        VA 7004 L: 3 cm H: 2 cm.[20] Blinkenberg Typ XIII, 12f. Vgl. Moorey, fig. 12, no. 335.

Eine vergleichbare Fibel wird von D. Stronach zu seinem Typ III, 6 gezählt.[21] Die aus der Gruft 30 von Assur stammende Fibel[22] könnte bereits vor dem 7. Jh. v.u.Z. entstanden sein.[23]

    61. Kniefibel aus Bronze.
        VA 6999 L: 10,5 cm H: 5,2 cm.[24] Blinkenberg Typ XIII, 12m. Vgl. ähnlich Moorey, fig. 12, no. 337.

D. Stronach führt ein vergleichbares Exemplar unter Typ III, 7 auf,[25] das in das 7./6. Jh. v.u.Z. datiert wird.

    62. Kniefibel aus Bronze. Nadel verloren.
        VA 7005 L: 4,5 cm H: 2 cm. Entspricht Moorey, fig. 14, no. 339.

[17] E. Caner, *Prähistorische Bronzefunde, Abt. XIV, Bd. 8: Fibeln in Anatolien I* (München 1983) 30f., Nr. 8, 12A, Typ IId.
[18] Abgebildet bei: G.R. Meyer, *Altorientalische Denkmäler im Vorderasiatischen Museum zu Berlin* (Leipzig 1965) Tf. Abb. 91. H. Klengel, *Geschichte und Kultur Altsyriens* (Leipzig 1967) Tf. Abb. 39. I. Seibert, *Die Frau im Alten Orient* (Leipzig 1973) Tf. 58.
[19] E. Caner, *op. cit.* 165f., speziell Nr. 148, Tf. 63.
[20] Abgebildet wie unter Anm. 18 genannt.
[21] D. Stronach, „The Development of the Fibula in the Near East", *Iraq* 21 (1959) 196f., fig. 8:2.
[22] A. Haller, wie Anm. 10, S. 109f., Tf. 22i.
[23] Zur Datierung des aus der Gruft 30 stammenden Materials vgl. D. Sürenhagen & J. Renger, „Datierungsprobleme der Gruft 30", *MDOG* 114 (1982) 124f., Abb. 17.
[24] Abgebildet wie unter Anm. 18 genannt.
[25] D. Stronach, *op. cit.* 198f., fig. 9:8.

63. Kniefibel aus Bronze. Nadel und Befestigung fehlen.
    VA 7003 L: 9,2 cm H: 4,1 cm. Vgl. Moorey, fig. 14, no. 341 (Form sehr ähnlich,
    Verzierung leicht abweichend). S. ferner Stronach, Typ III, 7.[26]
64. Kniefibel aus Bronze. Nadel verloren.
    VA 7001 L: 11,6 cm H: 5,3 cm. Blinkenberg Typ XIII, 12v. Vgl. Moorey, fig. 14,
    no. 342 (Form sehr ähnlich, Verzierung leicht abweichend).
65. Kniefibel aus Bronze. Nadel z.T. abgebrochen.
    VA 7091 L: 4,5 cm H: 2 cm. Vgl. Blinkenberg Typ XIII, 12f. Vgl. Moorey, fig. 14,
    no. 342.
66. Kniefibel aus Bronze.
    VA 7002 L: 6,1 cm H: 3,1 cm.[27] Entspricht Moorey, fig. 14, no. 342.
67. Kniefibel aus Bronze. Nadel und Teil der Befestigung fehlen.
    VA 7031 L: 4,4 cm H: 2,4 cm. Entspricht Moorey, fig. 14, no. 343.
68. Kniefibel aus Bronze. Nadel und Teil der Befestigung fehlen.
    VA 7033 L: 4,3 cm H: 1,7 cm. Vgl. Moorey, fig. 14, no. 346 (Verzierung leicht
    abweichend).
69. Kniefibel aus Bronze. Nadel fehlt.
    VA 7032 L: 4,5 cm H: 2,2 cm. Entspricht Moorey, fig. 14, no. 352.
70. Kniefiel aus Bronze. Nadel und Befestigung verloren.
    VA 7006 L: 4,4 cm H: 1,7 cm. Entspricht Moorey, fig. 14, no. 353.
71. Kniefibel aus Bronze. Nadel fehlt.
    VA 7030 L: 5,3 cm H: 1,7 cm. Entspricht Moorey, fig. 14, no. 353.

Die unter Nr. 63-71 aufgeführten Fibel gehören zu dem am meisten verbreiteten
Typ, der vom 7. Jh. v.u.Z. bis in die parthische Periode vertreten ist.

IIIC. Nadeln und Toilettengegenstände

72. Bronzenadel mit eingerolltem Kopf.
    VA 7035 L: 3,8 cm. Entspricht Moorey, fig. 14, no. 357.
73. 6 Bronzenadeln bzw. Stifte von unterschiedlicher Form.
    VA 7023 a) runder Kopf, Nadel in Höhe der Öse leicht verdickt. L: 10,6 cm.
             Entspricht Moorey, fig. 14, no. 364.
          b) kreuzförmiger Kopf, im oberen Teil Horizontalkerben. L: 14,8 cm.
             Entspricht Moorey, fig. 16, no. 397.
          c) ähnlich wie b, oberer Teil abgebrochen. L: 6,9 cm
          d) oben und unten abgerundet. L: 16,4 cm. Entspricht Moorey, fig. 16,
             no. 401.
          e) Fragment einer spitzen Nadel. L: 4,1 cm.
          f) Stift, unten löffelartig ausgearbeitet (Pl. 33d). L: 13,5 cm. Keine
             Parallele bei Moorey. In Boğazköy sind vergleichbare Geräte aus dem
             5./4. Jh. belegt.[28]

[26] D. Stronach, *op. cit.* 198f., fig 9:9 aus Deve Hüyük.
[27] Abgebildet wie unter Anm. 18 genannt.
[28] Vgl. R.M. Boehmer, *Die Kleinfunde aus der Unterstadt von Boğazköy* (Boğazköy-Hattusa X, Berlin
1979) 31, Tf. XIX: 3399 A, 3400.

74. 3 Bronzenadeln bzw. Stifte.
   VA 7060 a) oben schräg abgeknickt, unten spitz zulaufend. L: 5,5 cm.
          b) dünne Nadel mit Öhr. L: 4,8 cm.
          c) mit leicht verdicktem oberen Teil, unten wenig angespitzt. L: 4,8 cm.
75. Flacher unverzierter Bronzestab.
   VA 7066 L: 9,5 cm.
76-77 2 massive Bronzeringe, geschlossen, unverziert. Vielleicht als Handhabe, kaum
   als Fingerring benützt.
   VA 7019, 7020 Dm: 3,5 und 2,4 cm. Entspricht Moorey, fig. 14, no. 378/79.
78. Bronzespiegel.
   VA 7084 H: mit Griff 17 cm Dm: 12,2 cm. Entspricht Moorey, fig. 15, no. 385/86.
79. 2 Bronzeröhren. Aus Blech gefaltet. Einzeln gefertigte Verschlusskappen hängen an
   Bronzeketten, die mit Öse am oberen Teil der Wandung befestigt sind und wohl
   ursprünglich beide Röhren miteinander verbanden. Beide ohne Boden.
   VA 7021 H mit Kappe: 11,8 bzw. 11,6 cm. Entspricht Moorey, fig. 15, no. 392.
80. Bronzeröhre, oben abgebrochen, unten durch eingesetzten Bronzeboden geschlos-
   sen. Wohl ähnlich wie Nr. 79 zu ergänzen.
   VA 7025 H: 10,3 cm.
81. Kosmetikbesteck. Bestehend aus 3 kleinen Bronzegeräten und 1 halbkugelförmigen
   Kappe, vielleicht zusammengehörend. 2 der bruchstückhaften, oben mit einer
   Lasche zum Aufhängen gefertigten Geräte könnten Pinzetten sein. Das 3. ist ein
   Stift mit breitem, oben durchbohrtem Kopf.
   VA 7061 H: 3,7 cm (Pinzette), 5,1 cm (Stift). Vgl. Moorey, fig. 14, no. 384.
   Ähnliche Stücke sind z.B. aus Boğazköy bekannt.[29]
82. 2 kleine Bronzebleche.
   VA 7064 a) dünnes langes, sich nach oben verjüngendes Blech, oben ösenförmig
             eingerollt. Mit Einritzung und Strichelung an den Rändern. L: 3,7 cm.
          b) verbogenes fragmentarisches Stück. L: 2,7 cm.
83. Kleiner Bronzehenkel. Besteht aus breiterer Mittelplatte und 2 dünnen, an den
   Enden rechteckig umgebogenen Seitenteilen.
   VA 7081 Br: 3,2 cm H: 2 cm.

IV. Tonfiguren

84. Stehende Frau. Beide Arme und einige aufgesetzte Tonplättchen am Kopf verloren.
   Handgemacht, feiner gelber Ton. Halsschmuck besteht aus 2 gestrichelten Bändern.
   VA 7080 H: 11,2 cm. Entspricht Moorey, fig. 17, no. 427, fig. 24, no. 566/67.
85. Pferde mit einem Körper und zwei getrennt ausgeführten Köpfen. Beine des Reiters
   und Ansatzspuren seines Körpers noch sichtbar. Handgemacht, feiner hellbrauner
   Ton.
   VA 7085 H: 14 cm. Entspricht Moorey, fig. 17, no. 434 (mit 1 Kopf).
86. Pferd und Reiter. Leichte Beschädigungen an den Pferdebeinen. Pferd mit hoher
   Mähne, alle Beine unten durchbohrt. Reiter mit Helm und Schild, rechter Arm
   durchbohrt, wohl für eine Waffe aus anderem Material. Handgemacht, feiner
   hellbrauner Ton.
   VA 7087 H: 13,3 cm. Entspricht Moorey, fig. 17, no. 430.

[29] Vgl. R.M. Boehmer, Die *Kleinfunde von Boğazköy* (Boğazköy-Hattusa VII, Berlin 1972) Tf. XXXIV:
1009, bzw. entfernt ähnlich Tf. XXIV: 583 (Stift). Die Pinzette wird von Boehmer für möglicherweise
hethitisch, der Schicht Büyükkale III zugehörig, gehalten.

Die Terrakotten Nr. 84-86 sind nach den Beobachtungen von Woolley in Karkamisch und Deve Hüyük dem Friedhof I mit Feuerbestattungen zuzuschreiben. Die einfache Handfertigung unterscheidet sie von den in der persischen Periode gebräuchlichen Figuren, die entweder ganz oder teilweise aus der Form gedrückt waren.[30] Solche Terrakottastatuetten dienten wohl in erster Linie als Beigaben in Kindergräbern, wo die Pferde und Reiter bei Jungen, die weiblichen Figuren bei Mädchen lagen.

> 87. Terrakottarelief einer nackten brüstehaltenden Frau. Füsse abgebrochen. Sie trägt eine Perlenkette, ihr Haar fällt in zwei Lockensträhnen zu beiden Seiten des Gesichtes herab. Aus der Form, feiner hellbrauner Ton.
> VA 7083 H: 10,7 cm. Vergleichbar Moorey, fig. 17, no. 435. Entspricht F. Thureau-Dangin, M. Dunand, Til Barsib, Album (Paris 1936) pl. XVII, 4-6.

Die Terrakotte kann in der neubabylonischen bis persischen Periode hergestellt worden sein. Sie ist deshalb nicht eindeutig einem der beiden Friedhöfe von Deve Hüyük zuzuordnen.

V. Siegel, Perlen

> 88. Stempelsiegel mit Metallbügel, konisch (Pl. 34a). Weissliche Paste. Darstellung kaum noch erkennbar.
> VA 7055 H: 1,5 cm. Form ähnlich Moorey, fig. 19, no 472. Das unter der Inventarnr. VA 7055 bei L. Jakob-Rost, *Die Stempelsiegel im Vorderasiatischen Museum Berlin* (1975) als Nr. 388 veröffentlichte Siegel wurde irrtümlich mit dieser Inventarnr. bezeichnet. Das hier vorgelegte Siegel ist bisher unpubliziert.
> 89. Kegelförmiges Stempelsiegel mit runder Siegelfläche, oben durchbohrt (Pl. 34b). Paste mit grünlicher Glasur überzogen. Darstellung abstrakt wiedergegebenes Horntier (Hirsch?).
> VA 7037 H: 1,7 cm Dm: 1,7 cm. Zur Form vgl. Moorey, fig. 19, no. 475-78. Vergleichbare Siegel stammen wahrscheinlich aus Syrien und werden allgemein in das 1. Jt. v.u.Z. datiert.[31]
> 90. Skaraboid. Grünglasierte Fayence. Gehört zu einer modern aufgezogenen Kollektion von Perlen. Stark abstrahierte Darstellung, vielleicht 2 aufgerichtete Tiere (?). Skaraboid, stark abgeschliffen, bräunliche Paste. Darstellung nicht mehr erkennbar. Der gleichen Schmuckkollektion zugehörig.
> VA 7089 H: 0,7 cm 1,6 x 1,2 cm und H: 0,3 cm 1,4 x 1 cm.

Die Kollektion von Perlen und Muscheln sowie anderen Materialien enthält nur wenige besser erhaltene und interessante Stücke. Die einzelnen Typen sollen hier kurz aufgeführt werden.

> 91. Modern aufgezogene Kette mit Glas und Fayenceperlen verschiedener Form. Unklar, ob die Perlen zusammen gefunden wurden. Folgende Typen sind vertreten:

---

[30] Vgl. die Ausführungen von Moorey, p. 102f.
[31] Vgl. z.B. L. Jakob-Rost, *Die Stempelsiegel im Vorderasiatischen Museum Berlin* (Berlin 1975) Tf. 7, Nr. 119, 122, 124, 125.

Dunkelblaue und weisse Glasperlen, kissenförmig, einfach oder mit Rippen; röhren-förmige, glatte oder stark gerippte Fritteperlen, weisslich und hellblau. Augenperlen aus grünlichem Glas mit dunkelblau und weiss eingelegten Augen. Eine tropfenförmige blaue Glasperle. Rechteckige gerippte hellblaue Fritteanhänger (vgl. Moorey, fig. 22, no. 523f), 1 kissenförmige Achatperle.
VA 7089. Zu den Formen vgl. Moorey, fig. 20, no. 503d,e,f,g, 505g,s, fig. 22, no 523f,k,n.

92. Fragment eines Horus-Auges. Weissliche Fayence, durchbohrt.
VA 7038 1,7 x 2,6 cm. Entspricht Moorey, fig. 21, no. 511d, 512f.

93. 4 Muscheln. VA 7039.

94. 2 Muscheln. VA 7065.

95. Zylinderförmige Steinperle.
VA 7040 L: 3,9 cm Dm: 1,7 cm.

96. Scheibenförmiges rundes Stück Bimstein, durchbohrt.
VA 7041 Dm: 2,5 cm.

97. 3 halbkugelförmige offene Bronzekappen, 2-fach durchbohrt, vielleicht zu Perlen-fassungen gehörend.

98. Sammelfund bestehend aus Fayence und Glasperlen, Metallresten, Perlmutt- und Knochenfragmenten. Besonders zu erwähnen: Mehrere Augenperlen, darunter eine ringförmige 5-eckige Perle, 1 knopfförmige grünliche Fayenceperle mit Rosetten-muster, 1 tönnchenförmiges oben und unten abgeplattetes Hämatitgewicht, 1 flache 6-eckige Karneolperle.
VA 7043 a-z, a'-p'.

99. Glasperle in Form eines grotesken menschlichen Kopfes (Pl. 34c.). Schwarzes Glas mit gelben und weissen Einlagen.
VA 7090 H: 2,2 cm.[32] Die Perle wird bei Moorey erwähnt (p. 120) und befindet sich nicht unter den Objekten in Britischen Museen.

Das Stück wird von Woolley 1914-16: 119 als zu Grab 17 gehörend, erwähnt. Es soll auf pl. XXIX: 2 abgebildet sein, was leider nicht überprüft werden konnte, da damals diese Tafelseite in der Ausgabe nicht mitgeliefert worden ist. Es ist aber die einzige derartige Gesichtsperle, die damit sicher einem Grabinhalt zugewiesen werden könnte. Die kleinen Köpfe, die in phönizischen und punischen Werkstätten produziert wurden, erfreuten sich in der Ägäis und Levante grosser Beliebtheit. Einzelne Exemplare gelangten bis in den Balkan und nach Assyrien. Sie werden allgemein in das 6.-4. Jh. v.u.Z. datiert,[33] wofür auch ihr wahrscheinlicher Fundort sprechen würde.

100. Plankonvexer Spinnwirtel aus grauem Steatit.
VA 7059 H: 1,6 cm Dm: 3 cm.

101. Plankonvexer Spinnwirtel aus grauem Kalkstein.
VA 7058 H: 0,8 cm Dm: 2,8 cm. Zu beiden Stücken vgl. Moorey, no. 553-555.

Einige Objekte konnten unter den Beständen des Vorderasiatischen Museums nicht mehr aufgefunden werden. Es handelt sich um folgende Nummern:

[32] Abgebildet bei R.B. Wartke, *Glas im Altertum* (Berlin 1982) 20, Abb. 8.
[33] Vgl. die Ausführungen von Moorey, p. 120f. und die dort genannte Literatur sowie eine Zusam-menstellung in dem Katalog *Les Phéniciens et le Monde Méditerranéen* (Brüssel 1986) 242ff.

VA 7029 Pfeilspitze
VA 7073 Gefäss
VA 7092 Fibel
VA 7093 Nadel
VA 7094 Ring
VA 7096 Bronzehand

a

b

Plate 30a. Zweihenklige Urne (Katalog Nr. 1).
b. Rundbauchige Flasche (Katalog Nr. 9). Staatliche Museen Fotowerkstatt. Aufnahmen: E. Borgwaldt.

148

a

b

Plate 31a. Flache Schale (Katalog Nr. 10).
b. Rundbauchige Flasche (Katalog Nr. 11). Staatliche Museen Fotowerkstatt. Aufnahmen: E. Borgwaldt.

a

b

Plate 32a. Bronzeschale mit Buckel (Katalog Nr. 17).
b. Bronzebecher mit Rundboden (Katalog Nr. 21). Staatliche Museen Fotowerkstatt.
Aufnahmen: E. Borgwaldt.

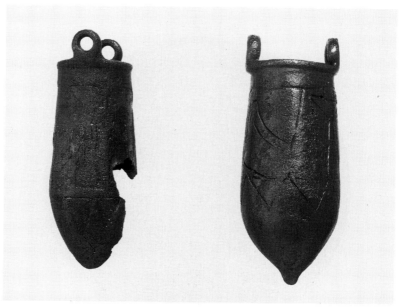

a

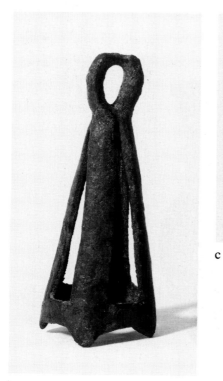

b

c

d

Plate 33a. Bronzesitula mit Spitzboden (Katalog Nr. 22).
b. Anhänger aus Bronze (Katalog Nr. 37).
c. Bogenfibel aus Bronze (Katalog Nr. 58).
d. Stift, unten löffelartig ausgearbeitet (Katalog Nr. 73f). Staatliche Museen Fotowerkstatt. Aufnahmen:
E. Borgwaldt.

a

b

c

Plate 34a. Stempelsiegel mit Metallbügel (Katalog Nr. 88).
b. Kegelförmiges Stempelsiegel (Katalog Nr. 89).
c. Glasperle in Form eines menschlichen Kopfes (Katalog Nr. 99). Staatliche Museum Fotowerkstatt.
Aufnahmen: E. Borgwaldt.

GEDANKEN ZUR HISTORISCHEN UND STÄDTEBAULICHEN ENTWICKLUNG DER ASSYRISCHEN STADT DŪR-KATLIMMU

Hartmut Kühne

Im zehnten Jahr der Ausgrabung auf dem Tall Šēḫ Ḥamad am Unteren Habur mag es angebracht sein, Gedanken zu dem Thema dieses Aufsatzes vorzutragen, zumal das Arbeitsprogramm seit 1984 darauf abgestellt ist, die stadtgeographische und funktionale Gliederung Dūr-katlimmus in einem repräsentativen Ausschnitt zu erfassen (Kühne 1984:170-1). Es ist mir eine besondere Freude, diese Zeilen dem Jubilar zu widmen, der die Ausgrabung von Anfang an unterstützt hat.

1. Geschichtlicher Überblick

Systematisch gesammelte Oberflächenfunde, vor allem Keramik, zeigen, dass der Ort Tall Šēḫ Ḥamad seit dem ausgehenden 4. Jahrtausend besiedelt gewesen ist. In den materiellen Hinterlassenschaften sind die Späte Urukzeit, die Frühe Bronzezeit (geritzte Ninive-5-Ware, Metallische Ware), die Mittlere Bronzezeit, die Späte Bronzezeit, die Eisenzeit, die parthisch-römische Zeit, die spätrömisch-byzantinische Zeit und die frühe islamische Zeit (bis zum 13. Jahrh. n.Chr.) vertreten.

Die Entdeckung eines mittelassyrischen Archivs vor und gleich zu Beginn der Ausgrabung führten zu der sicheren Identifizierung des Ortes Tall Šēḫ Ḥamad mit der aus anderen assyrischen Quellen schon bekannten Stadt Dūr-katlimmu (Kühne 1974-77, Röllig 1978). Aus den historischen Perioden ist einzig der Name der assyrischen Stadt bekannt. Ältere oder jüngere Quellen liefern bisher keinen Hinweis auf die Identifizierung eines anderen alten Ortsnamens mit Tall Šēḫ Ḥamad. Unter den assyrischen Quellen stellen die mittelassyrischen Texte aus Tall Šēḫ Ḥamad jetzt selbst die ältesten Dokumente über die Stadt Dūr-katlimmu dar. Es folgt die Erwähnung Dūr-katlimmus im sogenannten Zerbrochenen Obelisken (11. Jahrh. v.Chr., vgl. King 1902:128ff.) und in den assyrischen Annalen (9. Jahrh.). Danach ist der Ortsname Dūr-katlimmu nur noch in einer Privaturkunde belegt (s.u.). Aus den mittelassyrischen Texten erfahren wir, dass Dūr-katlimmu Sitz eines Gouverneurs gewesen ist. Damit ist erstmalig für das Untere Ḥābūr-Tal eine politische Zugehörigkeit zum mittelassyrischen Reich bezeugt. Man darf mit grosser Berechtigung annehmen, dass Dūr-katlimmu die Südwestflanke des mittelassyrischen Reiches absicherte.

Die Geschichte der Stadt kann zusammenfassend folgendermassen umrissen werden: W. Röllig (1978:420) nimmt an, dass der Name der Stadt, Dūr-katlimmu, auf eine Verballhornung des altbabylonischen Ortsnamens Dūr-Igitlim zurückzuführen ist. Der Ort Dūr-Igitlim wird in Zusammenhang mit der Eröffnung eines Kanals Ḫābūr-ibal-bugaš genannt (Groneberg 1980:59, 284). Die Verballhornung des Namens könnte auf die mitannische Herrschaft über den Ort zurückzuführen sein (Postgate 1975:28), die in der Ausgrabung durch die zahlreiche Verwendung mitannischer Siegel auf mittelassyrischen Tontafeln bezeugt ist. Zu dieser Zeit (15./14. Jahrh. v.Chr.) hatte der Ort unter Umständen schon eine ähnliche Bedeutung wie zur späteren mittelassyrischen Zeit im 13. Jahrh. v.Chr., nämlich den einer Grenzbefestigung. Archäologische Anhaltspunkte deuten darauf hin, dass die Zitadelle schon in gleichem Masse ausgebaut war wie später in mittelassyrischer Zeit (s. dazu unter 3.1).

In jedem Fall erfolgten der wiederholte Ausbau, die Namengebung und die Erhebung zur mittelassyrischen Provinzhauptstadt (Gouverneurssitz) entweder unmittelbar vor oder am Beginn der Regierungszeit Salmanassar I (1273-1244 v.Chr.). Dieser terminus ante quem wird von dem mittelassyrischen Archiv nahegelegt, das ausschliesslich Texte der Regierungszeiten der Könige Salmanassar I und Tukulti-Ninurta I enthält. Salmanassar I ist als Bauherr bekannt, der sein Augenmerk auch auf Provinzstädte richtete (Dönbaz & Frame 1983:5). Ein Ausbau Dūr-katlimmus und sein Bedeutungszuwachs als Gouverneurssitz passen daher gut in das Konzept der Konsolidierung des mittelassyrischen Reiches, die allenthalben unter diesem König erfolgt ist.

Wie die Texte aus Dūr-katlimmu zeigen, behielt die Stadt diese Bedeutung bis zum Ende der Regierungszeit Tukulti-Ninurta I (1207 v.Chr., oder nach Boese & Wilhelm 1979:38: 1197 v.Chr.). Die Quellenlage in der Zeit des 12. bis 10. Jahrh. v.Chr ist leider sehr dürftig (zusammenfassend Postgate 1975). Wegen der innenpolitischen Schwäche vor und nach der Regierungszeit Tiglat-Pilesar I (1112-1074 v.Chr.) war Dūr-katlimmu zunächst vielleicht Teil einer selbstständigen politischen Einheit (Postgate 1975) und fiel später in die Hände der Aramäer, die vielleicht schon in dieser Zeit ihre ersten Stadtstaaten gründeten (Kühne 1980:46, 59). Nahegelegt wird diese Annahme durch die Erwähnung des Landes Arime in dem „Zerbrochenen Obelisken" (King 1902:136).

Als Folge der Feldzüge der Könige Adad-Nīrārī II, Tukulti-Ninurta II und Aššurnāṣirpal II (909 bis 859 v.Chr.) gelangten Dūr-katlimmu und das ganze Untere Ḫābūr-Tal wieder unter die Botmässigkeit der Assyrer (Kühne 1980, Russell 1985). In der Folgezeit war Dūr-katlimmu fester Bestandteil des assyrischen Reiches (Kessler 1980:228; Kessler 1987). Vielleicht ist gerade deshalb die Quellenlage wieder sehr dürftig. Nur in einer Privaturkunde aus der Zeit Assurbanipals wird Dūr-katlimmu in Zusammenhang mit der Königsstrasse, die bis zu diesem Ort führte, erwähnt (Kessler 1980:227). Lokale Quellen fehlten bisher völlig, sind aber jetzt in geringem Umfang aus Šēḫ Ḥamad/Dūr-katlimmu belegt, wo 1986 ein kleines Archiv, bestehend aus neuassyrischen und altaramäischen Texten, gefunden wurde. Sie ermöglichen vorläufig die Feststellung, dass in Dūr-katlimmu gegen Ende des assyrischen Reiches eine gedeihliche Symbiose zwischen Assyrern und Aramäern bestand. Zwar wurde eine solche Symbiose durch verschiedene Anhaltspunkten schon mehrfach nahegelegt und beschrieben (vgl. zuletzt Millard 1983), aber sie scheint in Dūr-katlimmu durch den archäologischen Befund besonders deutlich in allen Lebensbereichen fassbar zu werden.

Soweit bisher ersichtlich, geht die Geschichte der Stadt Dūr-katlimmu nicht mit dem Untergang des assyrischen Reiches zu Ende. Der archäologische Befund legt gegenwärtig eher die These nahe, dass die Stadt unter aramäischer Führung und unter dem gleichen(?) Namen die Zeit bis in das achämenidische Reich hinein überdauerte. Die jüngsten aramäisch geschriebenen Textfunde (Ostraka) können nach W. Röllig um 500 v.Chr. datiert werden.

Die assyrische Stadt Dūr-katlimmu hat folglich vom Beginn des 13. bis zum Ende des 6. Jahrhunderts v.Chr., das heisst ungefähr 800 Jahre lang, bestanden. Sie war in mittelassyrischer Zeit nach Ausweis der eigenen Quellen Sitz eines Gouverneurs *bēl pāḫati*; diese Funktion hatte sie in der neuassyrischen Zeit offensichtlich nicht mehr, sondern sie war *bis* 800 v.Chr. eine unter vielen Städten der Provinz Raṣappa (Kessler 1980:228), wobei freilich noch ungeklärt ist, welcher Ort die Hauptstadt dieser Provinz war (Kessler 1987 schlägt Tall Ḥadail am Südrand des Singar-Gebirges vor). Der Ausbau der Stadt Dūr-katlimmu *nach* 800 v.Chr. wie er sich in den archäologischen Befunden widerspiegelt (s.u.) und die Tatsache, dass der Ort die grösste Siedlungsfläche einer assyrischen Stadt am Unteren Ḫābūr aufweist, lassen dem Ort eine Bedeutung zu kommen, die in den historischen Quellen bisher nicht reflektiert wird.

2. *Topographische Gliederung und Siedlungsgeschichte im Überblick*

Das Siedlungsgebiet liegt auf einem Terrassensporn, der weit in die Talaue hineinreicht. Die Topographie des Siedlungsgeländes gliedert sich in folgende Teile: Der Tall, Zitadelle genannt, liegt im Südwesten des Siedlungsgebietes, nahe dem Fluss (Pl. 35). Im Osten und Süden schliesst sich die Unterstadt I an. Im Nordosten erstreckt sich eine lang rechteckige Unterstadt II. Sie — wie ursprünglich auch die Unterstadt I — ist deutlich von einer Stadtumwallung umgeben. Dieser Unterstadt II waren im Norden und Osten die Vorstadtbereiche I und II vorgelagert (Kühne 1983: 152), die 1983 noch nicht erkannt worden waren.

Das umwallte, intramurale Siedlungsgebiet umfasst etwa 50 Hektar, das gesamte Siedlungsgebiet, einschliesslich der Vorstädte, zwischen 105 und 120 Hektar Fläche. Nach Ausweis der Oberflächenkeramik war das gesamte Siedlungsgebiet einzig in neuassyrischer Zeit vollständig besiedelt.

Die ältesten Siedlungen des Späten Chalcolithikums und der Frühen Bronzezeit beschränkten sich offenbar auf den Kern der Zitadelle. Seit der Mittleren Bronzezeit war das Gebiet der Unterstadt I besiedelt. Die heutige topographische Gestalt weist im östlichen Teil eine quadratische Form auf, die vermutlich auf ein römisches Castell zurückzuführen ist, das zuoberst liegt, während die südliche Unterstadt I durch rezente Dammbauten für Bewässerungskanäle zu zwei Drittel zerstört worden ist. Die scharfe Abgrenzung der Unterstadt I zur südlichen Unterstadt hat daher nur in parthisch-römisch-byzantinischer Zeit bestanden, nicht aber in den Phasen der Eisenzeit und der späten Bronzezeit. In diesen Perioden hat wohl eine organisch gewachsene Wohnstadt im Osten und Süden der Zitadelle existiert. Es ist vorstellbar, aber bisher nicht bewiesen, dass die Unterstadt I in dieser Zeit mit einer Stadtmauer umgeben war. Die Siedlungsfläche des Ortes im 2. vorchristlichen Jahrtausend, d.h. in der Mittleren und Späten Bronzezeit, umfasste maximal 17 Hektar.

In neuassyrischer Zeit hat dann eine Stadterweiterung stattgefunden, die zur Errichtung der Unterstadt II führte. Die Erweiterung nahm eine Fläche von etwa 36 Hektar ein, so dass das intramurale Stadtgebiet seine grösste Ausdehnung von etwa 50 bis 55 Hektar erreichte (Pl. 38). Der genaue Zeitpunkt der Errichtung lässt sich noch nicht bestimmen; jüngste Grabungsergebnisse (1987) haben gezeigt, dass unter der bisher ältesten Schicht des späten achten Jahr. v.Chr. eine noch ältere Bauschicht liegt, die aber so schlecht erhalten ist, dass eine genauere Datierung bis jetzt nicht möglich ist (s.u.). Sicher ist, dass die Erweiterung am Ende des 8. Jahr. v.Chr. schon bestand und in mehreren Phasen auch über das Ende des assyrischen Weltreiches hinaus bis etwa 550/500 v.Chr. besiedelt blieb. Danach hat keine Wiederbesiedlung mehr stattgefunden.

Das Stadtgebiet der parthisch-römisch-byzantinischen Zeit reduzierte sich wieder auf die Zitadelle und die Unterstadt I. Das Siedlungsgebiet der ehemaligen Unterstadt II und der Vorstädte wurde als Friedhof genutzt. In islamischer Zeit nahm das Siedlungsgebiet weiter ab und beschränkte sich höchstwahrscheinlich auf die Zitadelle allein.

3. Funktionale Gliederung

3.1 Zitadelle

In der mittelassyrischen Zeit hat am westlichen Rand der Zitadelle ein grosses Verwaltungsgebäude gelegen, wahrscheinlich der Palast des Gouverneurs (Gebäude P). Dieses Gebäude bestand mit Sicherheit aus mehreren Komplexen, von denen einer vollständig freigelegt, aber nicht ganz vollständig ausgegraben werden konnte (Kühne 1984:166-8). Der westliche Teil dieses Komplexes ist durch Erosion für immer verloren, lässt sich jedoch zu einer parallelen Raumreihe mit Sicherheit ergänzen. Vermutlich bildete die Aussenmauer dieses Komplexes gleichzeitig die äussere Abgrenzung der Zitadelle. Die nördlich und südlich angegrabene Fortsetzung des Gebäudes ändert nämlich jeweils ihre Richtung, so dass das Gebäude in seiner Anlage offensichtlich dem polygonalen Verlauf der Zitadelle folgte.

In den eisenzeitlichen Schichten darüber, die bisher nur sehr geringfügig freigelegt wurden, weil die Zielsetzung hier in der Erlangung einer stratigraphischen Abfolge bestand (Kühne 1983:153), wurde jedoch die Feststellung gemacht, dass alle Baukörper eine ähnliche Ausrichtung wie das mittelassyrische Gebäude P des 13. Jahrh. und die Räume eine ähnliche Grösse hatten. Es ist deshalb zu vermuten, dass die Funktion der Baukörper sich nicht wesentlich veränderte, dass an dieser Stelle in neuassyrischer wie vielleicht auch in parthisch-römisch-byzantinischer Zeit ein grosses Verwaltungsgebäude lag. Die Räume haben weiterhin Magazin- bzw. Wirtschaftscharakter, zu dem — weiter im Zentrum gelegen, — ein Repräsentativtrakt gehört haben dürfte.

Geringe Anzeichen deuten darauf hin, dass unter dem Gebäude P ein älteres Bauwerk ähnlicher Dimension liegt, das wohl — wegen der zahlreichen Verwendung mitannischer Siegel auf mittelassyrischen Tontafeln — in die mitannische Zeit des 16. bis 14. Jahrh. v.Chr. datiert werden dürfte. Da das tiefste Fussbodenniveau des Gebäudes P schon auf der Höhe 231 m liegt und eine am Nordhang durchgeführte Bohrung schon gewachsenen Boden in einer Tiefe von 229,40 m ergeben hat, können die unter dem Gebäude P liegenden Siedlungsschichten nicht mehr sehr mächtig sein. Unter Berücksichtigung einer ungleichmässigen Terrassenfläche können allenfalls noch drei bis vier Meter Siedlungsablagerungen erwartet werden. Diese dürften noch bis in die ausgehende Mittlere Bronzezeit zurückreichen.

Weitere Anhaltspunkte für die funktionale Gliederung der Zitadelle lassen sich gegenwärtig nur aus der Topographie gewinnen. Der Zugang zur Zitadelle muss zumindest seit der Mitte des zweiten vorchristlichen Jahrtausends im Süden gelegen haben. Der Tall hat die Form eines Hufeisens, und die einzige Stelle, die sich für ein Tor eignet, liegt im Süden an dem Punkt, an dem die beiden Schenkel des Hufeisens sich nähern, aber nicht zusammenlaufen. An allen anderen Seiten, vor allem aber an der Nordseite, fällt der Hügel steil ab. Erosionsrinnen haben sich allenthalben gebildet und stellen gelegentlich ein Abbild ehemaliger Baustrukturen dar. Sie unterscheiden sich aber gänzlich von der grossen Eintiefung im Süden, die sich aus einer ausgedehnten Mulde entwickelt, und sicher nur als Strukturelement gewertet werden darf. Die Mulde deutet vermutlich den grossen inneren Hof der Zitadelle an, um den herum sich alle Verwaltungs-, Regierungs- und Sakralgebäude gruppierten. Das vermutliche Tor öffnet sich auf das Plateau der südlichen Unterstadt I, deren weitere südliche Ausdehnung heute zerstört ist.

Die jetzige topographische Gestalt des Hügels ist wahrscheinlich auf die Siedlung der ausgehenden Mittleren oder der älteren Späten Bronzezeit zurückzuführen. Die

unter den mittelassyrischen Gebäuden am Westhang angeschnittenen ältere Bauwerke können sich strukturell von den mittelassyrischen nicht so völlig unterscheiden, dass eine ganz andere Siedlungsform erwartet werden könnte. Älter als
die Mittlere Bronzezeit einzustufende Siedlungreste müssen dagegen einer wesentlich kleineren, dörflichen Siedlungsform zuzurechnen sein, die durch die ausgedehn-
teren, im äusseren Ring wahrscheinlich auf gewachsenem Boden aufliegenden,
spätmittelbronzezeitlichen Gebäude vollständig überlagert wurden.

Die Zitadellenbauten können sich zur Mittleren Bronzezeit nur wenig über der sie
umgebenden Unterstadt erhoben haben. Zur Späten Bronzezeit wird der Unter-
schied schon mehrere Meter betragen haben. Deutlich als „Burg" oder „Akropolis"
ragte die Zitadelle erst in der Eisenzeit über die Unterstadt hinaus.

3.2. Unterstadt I

Ausgrabungen sind in der Unterstadt I noch nicht durchgeführt worden. Sie
werden erschwert, wenn nicht sogar gänzlich verhindert durch einen Friedhof, der
den östlichen Teil der Unterstadt I einnimmt. Der südliche Teil ist für die
Ausgrabung wenig attraktiv, weil er durch rezente Erdumlagerungen weitgehend
zerstört worden ist. Es sind daher nur mittelbare Aussagen über Siedlungsstruktur
und funktionale Gliederung möglich.

Keramikscherben, die aus dem Profil eines in die Siedlungsschichten der östlichen
Unterstadt I eingetieften Bewässerungskanals aufgesammelt werden konnten, belegen hier eine Siedlungsabfolge von der Mittleren Bronzezeit bis in die spätrömische
Zeit. Anhaltspunkte für eine ältere Besiedlung fehlen bisher. Wenn die oben
angestellten überlegungen über die Siedlungsform der Zitadelle seit der Mittleren
Bronzezeit zutreffen, dann ist vorauszusetzen, dass sich die Zitadelle schon am Ende
der Mittleren Bronzezeit nach Süden hin öffnete, was eine Vorstadtbesiedlung in
der südlichen Unterstadt I mit sich gebracht haben muss. Diese Überlegungen
zusammen mit dem Nachweis der Besiedlung in der östlichen Unterstadt I führen
dazu, den Bestand einer Unterstadt östlich und südlich der Zitadelle seit der
ausgehenden Mittleren Bronzezeit anzunehmen. Über Ausdehnung und mögliche
Umwallung dieser Anlage können mangels eindeutiger Nachweise keine Aussagen
gemacht werden.

Die Funktion dieser Unterstadt, die zu jener Zeit wegen des noch geringen
Niveauunterschieds zur „Zitadelle" wahrscheinlich richtiger als Vorstadt bezeichnet
werden sollte, kann nur aus einer Wohnsiedlung bestanden haben, die wahrscheinlich organisch gewachsen und nicht geplant war. Unter der Voraussetzung, dass die
mittelbronzezeitliche Siedlung mit Dūr-Igitlim zu identifizieren ist, kann ihr in
Verbindung mit der Nachricht über die Eröffnung des oben genannten Kanals eine
gewisse wirtschaftliche Bedeutung nicht abgestritten werden. Im Gegenteil könnte
dieser Kanal zu einer gesicherteren Einkommenssituation geführt haben, was

wiederum zu der für die Zitadelle postulierten Siedlungserweiterung und -befesti-
gung geführt haben mag. In der neuassyrischen Zeit des 8. bis 6. Jahrhunderts war
die Unterstadt I Teil des gesamten umwallten Unterstadt-Gebietes (s.u.).

3.3. Unterstadt II

Wie schon oben festgestellt wurde, ist die Gründung der Unterstadt II im 8.
Jahrh. v.Chr. erfolgt. Welchen Umfang sie einnahm, macht am besten das Luftbild
deutlich, das bei A. Poidebard 1934 publiziert ist. Gleichzeitig ermöglicht es dieses
Luftbild, im Vergleich zu dem 1984 durch die Expedition aufgenommenen (Pl. 35),
die Veränderungen im Gelände auszumachen, die seitdem erfolgt sind.

Der Zustand von 1934 lässt das von der Wiederbesiedelung noch unberührte
Gelände erkennen. Lediglich im Nordwesten ist ein schmaler Uferstreifen unter
dem Pflug. Das Castell der Unterstadt I fällt als deutliche Erhebung auf; östlich
von ihr verläuft die Umwallung der Unterstadt II, die damit erkennen lässt, dass sie
dieses wie auch das südliche Unterstadt-I-Gelände mit umfasste, was auf dem
Luftbild bei Poidebard gleichfalls noch unberührt, wegen des Aufnahmewinkels
aber nicht gut sichtbar ist. Die östliche Stadtmauer knickt in ihrem südlichen
Verlauf leicht nach Osten ab. Eine Ufermauer im Westen macht sich im Gegensatz
zu der nördlichen Stadtmauer nicht durch Geländeerhebungen bemerkbar. Lediglich die nordwestliche Ecke der Umwallung scheint sich noch anzudeuten.

Die seit 1960 verstärkt einsetzende Neu- oder Jungbesiedlung hat vor allem durch
die Anlage von flussseitig gebundenen Bewässerungseinrichtungen grosse Beein-
trächtigungen des alten Siedlungsgeländes mit sich gebracht. Im Westen ist ein Teil
des Siedlungsgeländes mit Bulldozern zu einem Bewässerungsdamm aufgeschüttet
worden, was eine Vergrösserung der Ackerfläche im Norden und Süden des
Dammes mit sich brachte. Der Damm bedient einen Kanal, der die Unterstadt II in
ost-westlicher Richtung schneidet und bis zu 1,50 Meter in das Siedlungsgelände
eingetieft worden ist, um die Felder östlich der Unterstadt II zu bewässern. Eine
ähnliche Beeinträchtigung erfolgte östlich des Castells der Unterstadt I, wo gleichfalls ein grosser Damm aufgeschüttet wurde und durch die Abschiebung der
Siedlungsreste Ackerland hinzugewonnen werden konnte. Die östliche Stadtmauer
ist dadurch völlig zerstört worden, lässt sich im Luftbild (Pl. 35) aber durch
Bodenverfärbungen noch erkennen. Für die südliche Unterstadt I trifft der gleiche
Sachverhalt zu.

Auf dem Luftbild bei Poidebard verläuft eine Piste in nordsüdlicher Richtung
mitten durch das Gelände der Unterstadt II. Vor der Erhebung des Castells der
Unterstadt I schwenkt sie nach Osten ab und kreuzt die östliche Umwallung in der
Nähe ihres südlichsten Punktes. Obwohl diese Piste heute nur noch teilweise
benutzt wird, ist sie deshalb immernoch gut im Gelände erkennbar, weil sie
gleichzeitig eine Geländeeintiefung darstellt. Grabungen im Bereich der Mittleren

Unterstadt II (s.u.) haben ergeben, dass die Sohle der Piste dicht über gewachsenem Boden liegt. Da mithin in ihrem Bereich keine Bebauungsreste festzustellen sind, muss gefolgert werden, dass sie, zumindest streckenweise, eine *Altstrasse* markiert.

Diese Beobachtung ist ein erster Hinweis auf die Siedlungsstruktur der Unterstadt II. Weitere Hinweise ergeben sich aus der Topographie. Die kleinen Erhebungen, die auf dem gewachsenen Boden des Terrassensporns liegen und das Gelände gliedern, müssen den ehemaligen Gebäudebestand widerspiegeln. Die Ausgrabungserfahrungen bestätigen diese Beobachtung: mehrfach wurde gewachsener Boden erreicht; die Ruinen stehen maximal 3,50 Meter hoch an. Da bisher keine jüngeren als neuassyrische Bauschichten angetroffen worden sind, sind die sich abzeichnenden Strukturen alle einer Kultur- und Geschichtsepoche zuzuweisen, nämlich der neuassyrischen, und innerhalb dieser der spät- und nachassyrischen Phase vom Ende des achten bis zum Ende des sechsten Jahrhunderts v.Chr.

Die topographische Gliederung der Unterstadt II ist leider nicht so deutlich, dass sich die Gebäudekomplexe schon an der Oberfläche abzeichneten. Die Grabungserfahrung lehrt, dass die topographisch am höchsten liegenden Geländeteile direkt unter der Oberfläche befindliche Gebäudereste markieren, während die flacher liegenden Teile eine in ihrer Stärke nicht genau vorher bestimmbare Verweh- und Zersetzungsschicht über den Baukörpern aufweisen. Dennoch lässt sich eine gewisse Gliederung erkennen, die — unter Zuhilfenahme der Grabungserfahrungen — zu den Rekonstruktionsentwürfen (Pl. 38) des Stadtbildes geführt haben.

Die Beobachtung, dass die Baukörper teilweise direkt unter der Oberfläche anstehen, hat die Anwendung einer besonderen Grabungstechnik nach sich gezogen (Kühne 1984:171). Sie besteht darin, dass mit Hilfe einer Strassenkehrmaschine zunächst die Geländeoberfläche gefegt wird, so dass die unmittelbar anstehenden Baukörper erkannt werden können. In den flacher liegenden Geländeteilen wird zunächst mit Testschnitten die Stärke der Verweh- und Zersetzungsschicht bestimmt, um dann grossflächig und gezielter unter Einsatz eines Schaufel-Radladers die Verweh- und Zersetzungsschicht abzutragen. Auf diese Weise können Gebäudegrundrisse und Ausdehnung von Baustrukturen schneller und grossflächiger erfasst werden. Die im Grundriss freigelegten Räumlichkeiten werden punktuell ausgegraben, oder — wenn es zur Klärung der Funktionalität lohnend erscheint — auch gebäudeumfassend. Diese Grabungstechnik wurde in den letzten drei Ausgrabungskampagnen 1985 bis 1987 angewendet. Es gelang in diesem recht kurzen Zeitraum auf diese Weise, eine Fläche von 10.000 qm freizulegen und teilweise auszugraben. Dabei konzentrierte sich die Ausgrabung auf zwei Bereiche, auf die Nordostecke der Unterstadt II und auf die Mittlere Unterstadt II (Pls. 36-37).

In der Nordostecke der Unterstadt II war auf der Grundlage der bis 1985 durchgeführten Grabungen und der Topographie angenommen worden, dass die Anlage eines Zeughauses, ähnlich dem Fort Salmanassar in Nimrud (Kühne 1983:159; Kühne 1984:176), zu erwarten wäre. Die Ausgrabung der letzten drei

Kampagnen hat gezeigt, dass es sich zwar um einen grösseren zusammenhängenden Gebäudekomplex handelt (Pl. 36), dessen Funktion jedoch eindeutig nicht die eines Zeughauses sein kann. Es wurde ein Gebäude des Typs Bit Hilani (Gebäude F) angetroffen, dessen im Grundriss und in den Ausmassen am nächsten verwandtes Beispiel das Hilani III in Sendschirli/Sam'al ist (Pl. 39a). Dieses parallel zur Stadtmauer angelegte Gebäude hat eine in den einzelnen Bauphasen noch nicht bestimmbare Erweiterung nach Norden erfahren, die flächenmässig den gesamten Raum der zwischen den leicht spitzwinklig zulaufenden Nord- und Oststadtmauern einnimmt. Westlich des Gebäudes F liegt das Gebäude W, dessen Haupträume K und J mit einem Ringschichtengewölbe eingedeckt waren. An Raum K grenzende Räumlichkeiten im Westen begrenzen offenbar einen grossen Hof, der im Norden von dem Erweiterungsbau des Gebäudes F umschlossen wird, wodurch beide Gebäudeteile zu einer konstruktiven Einheit zusammenwachsen. Diese westliche Raumreihe scheint gleichzeitig die westliche Gebäudebegrenzung darzustellen. Sie wird im Süden von einer ansatzweise erfassten Gasse betont.

Gebäude W schliesst nach Süden hin nicht in gleicher Flucht mit Gebäude F ab. An die Südmauer des Gebäudes W ist das Haus 1 angelehnt, das den Freiraum ausfüllt. Beide, Haus 1 und Gebäude F, liegen an einem freien Platz, der im Osten von der Stadtmauer und im Westen von Haus 1 und vermutlich weiteren Häusern begrenzt wird. Haus 1 diente einerseit Wohnzwecken, weist aber in seinem westlichen Teil Werkstätten oder Produktionsanlagen auf. Im Westen wird Haus 1 von einer Gasse begrenzt. Westlich von dieser liegt Haus 2, dessen Grundriss noch nicht vollständig erfasst ist. Über seine Funktion können noch keine Angaben gemacht werden.

Die östliche Stadtmauer ist auf einer Länge von 270 Meter freigefegt und in einem exemplarischen Ausschnitt zwischen Turm 5 und 6 ausgegraben worden. Neun Türme liegen in Abständen von 18 m zueinander und ragen 2,50 m hervor. Ein Stadttor konnte bisher nicht festgestellt werden. Zwischen Turm 5 und 6 hat zeitweise ein „Fussgänger"-Durchgang bestanden. Die nördliche Stadtmauer bildet mit der östlichen eine spitzwinklige Ecke. Teile von ihr konnten bisher nur in Testschnitten erfasst werden.

Mit der jetzt 7000 qm grossen Fläche der Grabungsstelle Nordost-Ecke ist ein repräsentativer Ausschnitt des Siedlungsgebietes freigelegt aber noch nicht abschliessend bearbeitet worden. Er lässt alle Merkmale einer strukturellen und funktionalen Gliederung erkennen: wenigstens zwei öffentliche Gebäude (F und W), ein oder zwei Wohnhäuser, Gassen, ein freier Platz und die Einfassung des ganzen Komplexes durch die Stadtmauern im Osten und Norden. Die Benützungsphasen des Gebäudes F sind durch stratigraphisch gesicherte Kleinfunde und Schriftfunde datiert und lassen eine Benützungsdauer vom Ende des achten bis zum Ende des sechsten Jahrh. v.Chr. erkennen. Erst 1987 konnte eine Bauschicht erkannt werden, die älter als die Gründungsphase des Gebäudes F ist. Sie ist aber so schlecht erhalten, dass eine Datierung bisher nicht möglich ist.

In der Mittleren Unterstadt II ist ein Gebäude (G) auf einer Fläche von bisher 2700 qm freigelegt und teilweise ausgegraben worden. Dieses Gebäude (Pl. 37) kann strukturell und funktional in drei Flügel aufgeteilt werden. Der westliche grenzt an die oben beschriebene ehemalige Piste bzw. Altstrasse, ist wegen des zur Strasse hin, das heisst nach Westen, abfallenden Geländes stark erodiert und schlecht erhalten und stellt mit seinem grossen, gepflasterten Hof wahrscheinlich einen Wirtschaftsflügel dar. Der mittlere Flügel gliedert sich um zwei Höfe, die im Westen und Süden von Wirtschafts- und Wohnräumen, im Osten von einem grossen Repräsentativraum (D) eingefasst sind. Der östliche Flügel besteht ebenfalls aus einem nicht ganz so grossen Repräsentativraum (B), in dem Wandmalerei angetroffen wurde (Kühne 1984:171f.). Dieser liegt wahrscheinlich an der Südseite eines Hofes. Die Ausdehnung des östlichen Flügels ist noch ungewiss; Spuren lassen erkennen, dass eine wesentlich stärkere Ausdehnung nach Osten erwartet werden muss, als zunächst angenommen werden konnte. Grundriss und Funktion des Gebäudes G lassen einen sehr engen Vergleich mit dem ,,Grossen Haus" aus Assur zu (Pl. 39b), das zuletzt von E. Heinrich (1984:167f.) als Residenz angesprochen wurde.

4. Das Stadtbild Dūr-katlimmus im 7.Jahrhundert v.Chr. (Pl. 38)

Die Stadt umfasste etwa eine Fläche von 55 Hektar innerhalb der Stadtmauern. Die Stadtmauer war etwa 3,1 Kilometer lang. Die Ostmauer verlief nicht geradlinig sondern leicht konkav. Der Winkel mit der Nordmauer war leicht zugespitzt. Wahrscheinlich verlief auch die Westmauer konkav.

Das südliche Teilstück der Ostmauer ist nicht mehr erhalten. Die Geländespuren deuten auf einen geradlinigen Verlauf bis auf die Höhe des heutigen Standortes des Expeditionshauses, in dessen Nähe die Südostecke gelegen haben muss. Die gleichfalls zerstörte Südmauer kann anhand der Geländespuren zunächst geradlinig und dann auf die Zitadelle hin einschwenkend rekonstruiert werden.

Es ist möglich, dass ein grosses Stadttor an der Stelle im Norden der Unterstadt II gelegen hat, an der die moderne Piste das Stadtgelände erreicht. Ein weiteres könnte sich im Osten, nahe der modernen Häusergruppe ausserhalb des Stadtgeländes (Pl. 35), gelegen haben.

Eine Vormauer kann bisher nicht bestätigt werden. Wahrscheinlich aber umgab die Ost- und die Nordmauer ein flacher Wassergraben, der von dem Hauptbewässerungskanal gespeist wurde. Dieser verlief 2,5 Kilometer östlich der Zitadelle am Rande der Terrassenstufe und ermöglichte die Bewässerung des gesamten Geländes (Kühne 1984:176-7). Dieser Hauptbewässerungskanal stellte die Lebensgrundlage der Stadt dar. Das Gelände unmittelbar nördlich und östlich der Stadtmauern, die Vorstädte, müssen wegen des Scherbenbelages locker besiedelt gewesen sein. Siedlungsreste dürften hier wegen rezenter Überackerung und Gipsgewinnung kaum mehr anzutreffen sein.

Die Zitadelle im Südwesten des Stadtgebietes nahm eine Fläche von etwa vier Hektar ein. Sie überragte das Stadtgebiet um etwa zehn Meter. Vermutlich war sie gegenüber der Unterstadt nicht durch eine eigene Zitadellenmauer befestigt, sondern die polygonal der Siedlungsfläche entsprechend angelegten Verwaltungs- und Wirtschaftskomplexe stellten gleichzeitig die äussere Abschirmung dar. Dieser äussere Gebäudekranz ging wahrscheinlich unmittelbar in Repräsentationsbauten wie Palast und Tempel über (beide sind in dem mittelassyrischen Archiv der Stadt erwähnt und können gleichermassen für die neuassyrische Siedlung vorausgesetzt werden). Die Repräsentationsbauten waren ihrerseits wieder um einen grösseren Innenplatz angesiedelt. Der einzige Zugang zu diesem Platz und zur Zitadelle überhaupt bestand von Süden. Das will angesichts der Stadterweiterung nach Norden wenig sinnvoll erscheinen, aber die Topographie lässt gegenwärtig keinen anderen Schluss zu.

Die südliche und die östliche Unterstadt bestanden aus organisch gewachsenen Wohnkonglomeraten mit zahlreichen Blindgassen und verwinkelten Plätzen. Die nördliche Erweiterung der Unterstadt war demgegenüber planmässig angelegt und besass wenigstens eine nordsüdliche Verkehrsachse und, wie der Befund in der Nordostecke zeigt, eine grössere Anzahl kleinerer Strassen oder Gassen. Allen Erwartungen zum Trotz bestand die Bebauung offensichtlich nicht überwiegend aus Wohnbauten sondern aus Verwaltungs-, Repräsentativ- und Zweckbauten verschiedener Art, zwischen die einzelne Wohnhäuser, Handwerksbetriebe und landwirtschaftliche Produktionsstätten eingestreut waren.

BIBLIOGRAFIE

Boese, J. & Wilhelm, G.
1979   „Aššur-Dān I, Ninurta-Apil-Ekur und die Mittelassyrische Chronologie," *Wiener Zeitschrift für die Kunde des Morgenlandes* 71:19-38.
Dönbaz, V. & Frame, G.
1983   „The Building Activities of Shalmeneser I in Northern Mesopotamia," *Annual Review of the Royal Inscriptions of Mesopotamia Project* 1:1-5.
Groneberg, B.
1980   *Die Orts- und Gewässernamen der altbabylonischen Zeit*, Répertoire Géographique des Textes Cunéiformes, Beihefte zum Tübinger Atlas des Vorderen Orients Reihe B Nr. 7/3.
Heinrich, E.
1984   *Die Paläste im Alten Mesopotamien*, Denkmäler Antiker Architektur 15.
Kessler, K.
1980   *Untersuchungen zur historischen Topographie Nordmesopotamiens*, Beihefte zum Tübinger Atlas des Vorderen Orients, Reihe B/26.
Kessler, K.
1987   *Assyrien bis 800 v.Chr.*, Karte B IV 10 des Tübinger Atlas des Vorderen Orients.

King, L.W.
1902   *Annals of the Kings of Assyria.*

Kühne, H.
1974-77   „Zur historischen Geographie am Unteren Ḫābūr," *Archiv für Orientforschung* 25:249-255.

Kühne, H.
1980   „Zur Rekonstruktion der Feldzüge Adad-Nīrārī II, Tukulti-Ninurta II und Aššurnaṣirpal II im Ḫābūr-Gebiet," *Baghdader Mitteilungen* 11:44-70.

Kühne, H.
1983   „Tall Šēḫ Ḥamad/Dūr-Katlimmu, die Wiederentdeckung einer mittelassyrischen Stadt," *Damaszener Mitteilungen* 1:149-163.

Kühne, H.
1984   „Tall Šēḫ Ḥamad/Dūr-katlimmu 1981-1983"; ders., „Tall Šēḫ Ḥamad/Dūr-katlimmu 1984", *Archiv für Orientforschung* 31:166-178.

Luschan, F. von
1898   *Ausgrabungen in Sendschirli II.*

Millard, A.R.
1983   „Assyrians and Arameans", *Iraq* 45:101-108.

Poidebard, A.
1934   *La trace de Rome dans le désert de Syrie*, Bibliothèque Archéologique et Historique 18.

Postgate, N.
1975   „Ḫābūr", *Reallexikon der Assyriologie und Vorderasiatischen Archäologie* 4:28f.

Röllig, W.
1978   „Dūr-katlimmu", *Orientalia* 47:419-430.

Russel, H.F.
1985   „The Historical Geography of the Euphrates and Habur according to the Middle- and Neo-Assyrian Sources", *Iraq* 47:57-74.

Plate 35. Tall Šēḫ Ḥamad/Dūr-katlimmu: Luftaufnahme des Siedlungsgeländes am 1.5.1984; mit freundlicher Genehmigung der Syrischen Antikenverwaltung und des Agrarministeriums. Aufnahme: Norbert Grundmann, vgl. Kühne 1984, Abb. 62.

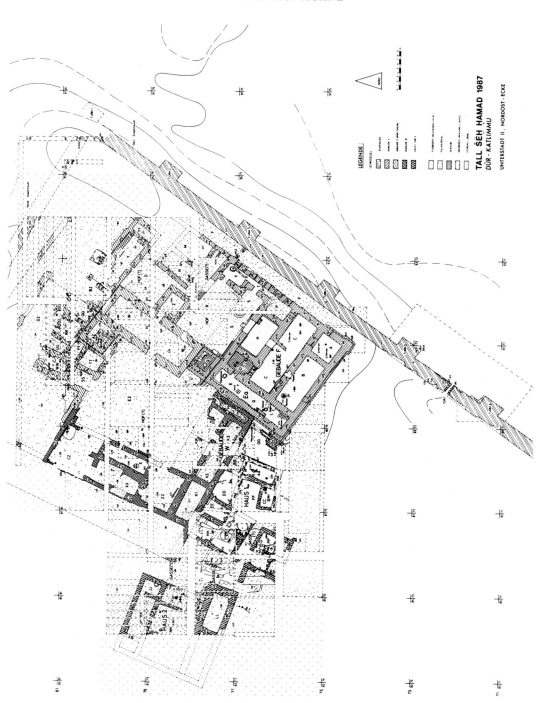

Plate 36. Tall Šēḥ Hamad/Dūr-katlimmu Schematischer Plan der Grabungsstelle Nordost-Ecke der Unterstadt II: Ausgrabungszustand 1987

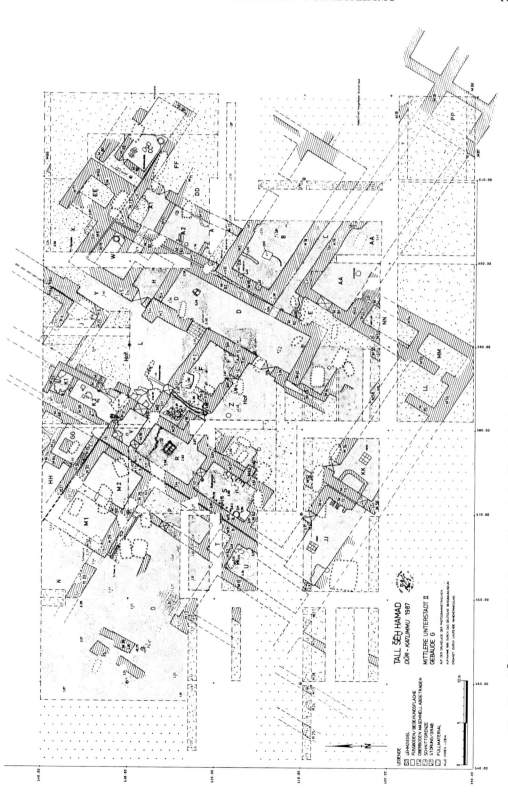

Plate 37. Tall Šēḫ Ḥamad/Dūr-katlimmu: Schematischer Plan der Grabungsstelle Mittlere Unterstadt II (Gebäude G); Ausgrabungszustand 1987.

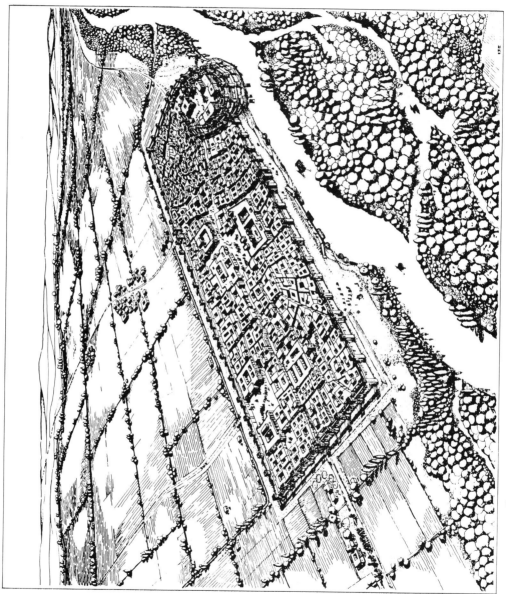

Plate 38. Tall Šēḥ Ḥamad/Dūr-katlimmu: Rekonstruktion des Stadtbildes im 7. Jahrh. v.Chr.; Zeichnung H. Steuerwald.

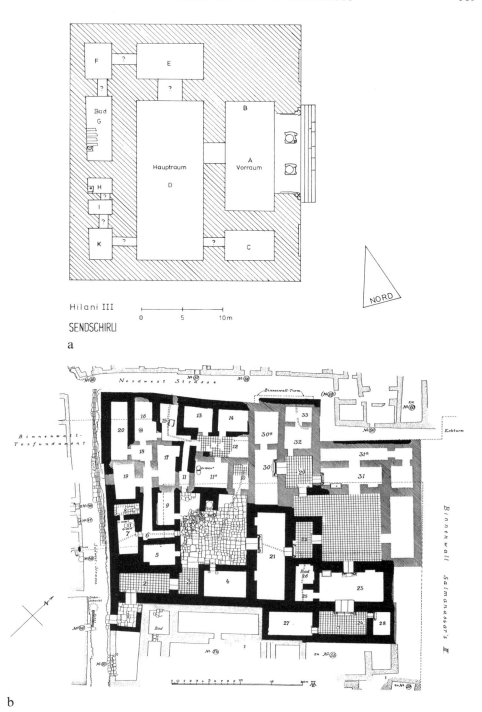

a

b

Plate 39a. Sendschirli, schematischer Plan des Hilani III, nach F. von Luschan 1898, Tf. XXVI.
b. Assur, schematischer Plan des "Grossen Hauses", nach E. Heinrich 1984, Abb. 103.

UN BATON MAGIQUE EGYPTIEN EN IVOIRE A RAS SHAMRA[*]

ELISABETH & JACQUES LAGARCE
CNRS, Paris

Parmi les si nombreux sites syriens sur lesquels s'est exercée, depuis plus de trente ans, l'inlassable activité archéologique d'Adnan Bounni, Ras Shamra a très tôt retenu une partie de son coeur. Toujours animé de la même foi dans son métier, il s'est replongé, avec Nassib Saliby et nous-mêmes, dans cette nouvelle Ugarit qu'est la ville du Ras Ibn Hani, nous offrant la chance de mieux le connaître et l'apprécier dans une longue et chaleureuse coopération, pour nous si bénéfique, au sein de notre mission conjointe.

La réflexion sur des objets de Ras Shamra, de Palestine et d'Egypte que nous lui dédions ici touche, une fois de plus, à un thème qui nous est cher, cette faculté qu'a eue Ugarit, grâce à sa curiosité et à son esprit d'entreprise, d'ouvrir sa culture aux richesses qu'elle allait chercher chez ses contemporains proches ou lointains. Douée d'une grande facilité d'assimilation et de synthèse, Ugarit, avec finesse et réalisme, a su nourrir de ces apports extérieurs sa participation à l'élaboration de l'art international du Bronze Récent, tout en conservant sa personnalité originale et ses intérêts propres. L'oeuvre de chercheur d'Adnan Bounni et son action à la tête du Service des fouilles de Syrie nous paraissent s'inscrire dans la fidélité à cette tradition: contre vents et marées, le plus souvent d'ailleurs avec l'appui des Directeurs Généraux des Antiquités qu'il a vus se succéder, et toujours avec l'aide efficace de N. Saliby, il a défendu avec succès l'esprit de collaboration scientifique internationale qui fait de la Syrie une terre d'accueil et de fructueux travail pour les archéologues du monde entier.

Découvert à Ras Shamra en 1961, le bâton magique RS.24.441 (Musée de Damas n° 7022) provient d'une petite tombe (point topographique 3552), dans la tranchée dite «Sud-Acropole», installée sous une maison qui ne paraît ni particulièrement importante, ni réellement modeste par rapport à ses voisines dans ce quartier aux

[*] Nous tenons à remercier, pour leur accueil dans les musées ou pour leur aide au cours de ce travail: en Syrie, la Direction Générale des Antiquités et des Musées, en particulier M.N. Saliby, Directeur-Adjoint du Service des Fouilles, Mlle M. Yabroudi, Conservateur en chef du Département des Antiquités Orientales du Musée de Damas, M.G. Saadé; en France, Mme C. Schaeffer-Forrer, MM.J. Leclant, E. Laroche, P. Garelli, A. Caquot, de l'Institut, Professeurs au Collège de France, M.H. de Contenson, Directeur de recherche au C.N.R.S., Mlle C. Berger, Ingénieur de recherche au C.N.R.S., M.A. Dussau, Bibliothécaire du Cabinet d'Assyriologie. Cet article ayant été composé pendant une mission en Syrie, le lecteur voudra bien tenir compte du fait que notre documentation ne peut être aussi complète que nous l'aurions désiré.

multiples activités artisanales,[1] puisqu'elle couvre environ 170 m² au sol et que son plan comporte, au rez-de-chaussée, treize espaces, pièces ou courettes, avec deux portes sur la rue, au sud, et deux escaliers d'accès à l'étage. Tandis que le bâtiment mitoyen, au nord, a livré notamment un fragment de stèle en calcaire figurant un dieu archer (RS.24.434) et deux beaux cylindres en hématite, le mobilier de la maison à la tombe 3552 ne comprend rien qui permettrait de reconnaître à ce bâtiment une fonction autre que celle d'habitation. Les seuls objets qui sortent un peu de l'ordinaire sont une faucille en bronze, un scarabée en faïence blanche, découvert dans la pièce où s'ouvre le *dromos* de la tombe, et une figurine de singe, assez fruste, en terre cuite, recueillie dans l'espace central (cour?) de l'édifice. La chambre de la tombe est située sous cet espace central, carré, et son entrée s'ouvre dans un angle d'une des pièces périphériques. Les murs sont construits en petits moellons et la couverture est formée de deux grandes dalles brutes. Pillée, la tombe renfermait encore, outre le document qui nous intéresse ici, une boucle d'oreille en argent, une pointe de flèche et des aiguilles en bronze, plusieurs ivoires, dont une main (serait-ce un fragment de claquoir comme ceux représentés Pl. 41a + b, cf. *infra*), un fragment de fuseau et un fragment de vase, un petit vase en albâtre (RS.24.491), à pied amovible (perdu) et à deux anses verticales, un poids cylindrique en calcaire dur (RS.24.583); parmi les récipients en céramique, on peut noter un vase en forme de quadrupède (RS.24.443), en terre cuite claire à décor sombre, et un cruchon en céramique Base-Ring II orné de lignes blanches (RS.24.490). Fuseau, boucle d'oreille, aiguilles, montrent que la tombe a servi de sépulture à une femme au moins. Ce matériel indique une utilisation de la tombe à l'Ugarit Récent 2 ou 3; d'après le contenu des couches archéologiques qui recouvraient la tombe, c'est plutôt à l'Ugarit Récent 3 (1350-1185 av. J.-C. environ) qu'il faut attribuer l'établissement de celle-ci.[2]

Le bâton magique de Ras Shamra était donc déjà fort ancien lorsqu'il a été déposé dans la tombe, postérieure de trois ou quatre siècles à la période où sont attestés les bâtons magiques égyptiens, comme nous le verrons: objet précieux, il a pu être transmis de génération en génération. Il se présente comme une plaque d'ivoire de 25,8 cm de longueur (Pl. 40), en forme de lame de couteau, l'un des longs côtés étant à peine concave, l'autre plus nettement convexe; les deux côtés convergeaient, à droite, vers une pointe, qui est brisée; le talon, à l'autre extrémité, est droit, perpendiculaire aux deux bordures, et un trou circulaire de 5 à 6 mm de diamètre est foré à 1 cm de ce talon, au milieu de la largeur. La lame d'ivoire pourrait, d'après sa forme, avoir été débitée à partir d'une canine inférieure peu

---

[1] Sur les quartiers sud d'Ugarit, voir J.-C. Courtois, s.v. Ras Shamra, *Supplément au Dictionnaire de la Bible* (Paris 1979) col. 1261-1278.

[2] Nous empruntons les renseignements qui précèdent au carnet de notes de H. de Contenson, qui a bien voulu nous permettre de les utiliser, et à l'inventaire de la Mission de Ras Shamra.

recourbée ou d'une incisive inférieure d'hippopotame[3] (mais nous ignorons si cette dernière dent peut atteindre une longueur suffisante) ou sinon à partir d'une petite défense d'éléphant.

Une face est plane et sans décor, avec seulement des stries dues au débitage et, à l'extrémité la plus large, la pointe, dédoublée, de la cavité pulpaire (?). L'autre face, bombée, porte un décor gravé d'un trait léger, disposé en bandeau que limite, en haut et en bas, un trait plus appuyé. Le dessin est sommaire, sans détails, mais le trait est sûr. Le champ est occupé par une frise d'animaux et d'êtres mythiques, tous de profil à droite.

L'usure de l'extrémité droite ne permet plus de reconnaître les premières figures. Puis on distingue la jambe, d'aspect humain, d'un personnage dans le dos duquel pend une sorte de longue natte ou manteau s'achevant en pointe. Viennent ensuite un félin tacheté, assis sur son arrière-train, la queue passant entre la cuisse droite et le corps et se dressant jusqu'au niveau de la tête; un autre animal, lion, lionne ou chat, dans la même attitude, avec, devant lui, sortant de la ligne de sol, un objet analogue aux couteaux tenus par les êtres qui se trouvent derrière lui; une déesse-hippopotame (la tête est effacée) à pattes de lionne et à long appendice pointu — représentant une dépouille de crocodile — pendant dans son dos; sa patte anté-rieure droite, tenant un couteau pointe levée, s'appuie sur un hiéroglyphe *s3*, signe de la protection, tracé comme une simple boucle; une déesse-lionne debout dans la même attitude, la patte appuyée sur un signe *ankh* (*ᶜnḫ*) («vie»); un dieu à corps humain, à tête de canidé et à longue queue, qu'il semble saisir à la naissance avec sa main droite, tandis que sa main gauche, tenant le couteau, s'appuie sur un vase *ḥs*; enfin un vautour debout, ailes repliées, un couteau dressé sortant de sa serre gauche posée sur le sol. Le dessin du vautour est coupé, à l'arrière, par le bord de l'objet, ce qui peut suggérer que celui-ci n'est pas complet mais qu'il a été raccourci ancienne-ment, peut-être à la suite d'une cassure. Le trou pourrait d'ailleurs être dû à une réparation, comme on en voit sur des bâtons magiques égyptiens (ici Pl. 43b et Pl. 45c,1-2; voir aussi, par ex., BM 24426 — ici pl. 43h, mais les trous ne sont pas dessinés — et Philadelphia Univ. Mus. E 12912),[4] mais il se présente plutôt comme un trou de suspension.

La découverte d'un bâton magique hors d'Egypte est tout à fait exceptionnelle: seule la Palestine a livré deux exemplaires fragmentaires, l'un à Mégiddo,[5] l'autre à Gaza.[6] Tous les autres, soit environ cent cinquante, proviennent des différentes

---

[3] Sur la forme et la matière constitutive des bâtons magiques égyptiens en général, voir *infra*, n. 9. Cf. aussi A. Caubet & P. Poplin, *Ras Shamra-Ougarit III* (Paris 1987) 281, fig. 11.

[4] Cf. H. Altenmüller, *Die Apotropaia und die Götter Mittelägyptens. Eine typologische und religionsge-schichtliche Untersuchung der sogenannten «Zaubermesser» des mittleren Reiches* (Diss., Munich 1965) 13, pour cette pratique en Egypte.

[5] G. Loud, *Megiddo II* (Chicago 1948) pl. 203 (1); R. Dussaud, *L'art phénicien du IIe millénaire* (Paris 1949) 92 et 94, fig. 55.

[6] W. Fl. Petrie, *Ancient Gaza III: Tell el-Ajjûl* (Londres 1933) pl. XXVIII, 8.

parties de la vallée du Nil, y compris la Nubie soudanaise (Kerma), avec une plus forte densité en Haute Egypte. Les exemplaires dont l'origine est connue avec assez de précision ont été recueillis dans des tombes, sauf un des trois de Kerma (couche K III A), celui de Gaza (puits LI,965) et celui de Mégiddo (zone «d 795»).

Pratiquement tous les exemplaires datables appartiennent au Moyen Empire (XIe à XVIIe dynastie: du XXIe s. au début du XVIe s. av.J.-C.). Pourtant quelques-uns, notamment ceux de Mégiddo et de Gaza, ont des contextes archéologiques contemporains du début de la XVIIIe dynastie; en outre, des bâtons magiques sont représentés dans des peintures de tombes de la même époque: tombe de Bébi à El-Kab[7] et tombe de Rekhmiré à Thèbes (première moitié du XVe s.) (Pl. 48). [8]

Les bâtons magiques ont été décrits et étudiés à plusieurs reprises depuis le début de notre siècle. [9] Constitués le plus souvent d'une plaque d'ivoire obtenue à partir d'une canine inférieure d'hippopotame fendue en deux dans le sens de la longueur, ils peuvent aussi être, rarement, en ébène, en albâtre ou en faïence à glaçure bleue, un peu plus fréquemment en ivoire d'hippopotame avec des éléments en ébène. L'ivoire d'hippopotame fait participer les bâtons à la grande force magique attribuée à cet animal et aux pouvoirs bénéfiques de la déesse hippopotame Thouéris, qui figure si souvent dans leur décor.

Celui-ci, habituellement réservé à une seule face, est généralement gravé; parfois il est en relief bas; les extrémités en forme de tête de canidé peuvent être en ronde-bosse. Beaucoup de bâtons sont inscrits: les inscriptions peuvent se mêler aux représentations figurées, ou bien c'est le dos de l'objet qui peut porter un court texte; dans les deux cas, et sauf très rares exceptions, la teneur est la même: les êtres bénéfiques représentés déclarent étendre leur protection sur une personne, qui est parfois un homme, plus souvent une femme, ou un enfant désigné par son nom suivi de celui de son père ou de sa mère. «Parole de ^{c}ḥȝty: Je suis venu, j'apporte la protection à Sn^{cc}-ib, fille de Snb-smȝ, à nouveau vivante» (Pl. 44a1); [10] ou, sur le bâton de Mégiddo (Pl. 45d), «Protection sur la maîtresse de la maison B^{c}twmw la nuit, durant la nuit, et le jour, durant le jour». [11]

---

[7]   W. Wreszinski, *Bericht über die photographische Expedition von Kairo bis Wadi Halfa* (Halle a.S. 1927) 78-79, pl. 36.

[8]   N. de Garis Davies, *The Tomb of Rekh-mi-rēᶜ at Thebes* (New York 1943) I, p. 26; II, pl. XXXVII.

[9]   G. Daressy, *Textes et dessins magiques* (Catalogue Général du Musée du Caire, Le Caire 1903) 43-48, pl. XI-XII, nos. 9433-9439; F. Legge, «Magic Ivories of the Middle Empire,» *Proceedings of the Society of Biblical Archaeology* 27 (mai 1905) 130-152, pl. I-XVII; (déc. 1905) 297-303, pl. I-IV; 28 (1906) 159-170, pl. I-VI; W.Fl. Petrie, *Objects of Daily Use* (Londres 1927) 39-43, pl. XXXV(5-6)-XXXVII; F.W. von Bissing, *Ägyptische Kunstgeschichte* (Berlin 1934) I, p. 196-198; II, p. 185-189, chap. IV, § 24; H. Altenmüller, *Apotropaia, op. cit.* note 4, que nous avons largement utilisé ici.

[10]   Berlin 14.207, traduction de F. Ballod, *Prolegomena zur Geschichte der zwerghaften Götter in Ägypten* (Moscou 1913) 28.

[11]   G. Loud, *Megiddo II*, pl. CCIII et texte correspondant.

La forme des bâtons magiques est celle de la canine inférieure d'hippopotame, plus ou moins incurvée, dans laquelle ils ont été taillés et dont dépend aussi leur dimension, qui peut dépasser 50 cm de longueur (la canine de l'hippopotame mâle atteint jusqu'à 70 cm). On notera au passage que les claquoirs, sortes de castagnettes utilisées dans les danses rituelles en l'honneur d'Hathor, dont le visage les orne souvent (Pl. 41a et b, et voir ci-après, n. 31), ont, au Nouvel Empire, une forme très similaire; ils la doivent aussi aux canines d'hippopotames dont ils sont souvent tirés et qui contribuaient certainement à leur puissance magique. Pour certains bâtons brisés anciennement, l'extrémité endommagée a été retaillée, comme on peut le supposer pour notre exemplaire de Ras Shamra. L'une des extrémités est généralement plus pointue, l'autre plus arrondie, la première souvent décorée d'une tête de canidé, le dieu Oupouaout (Pl. 42a-b, 43a,d,h, 44a, 46a-c), la seconde d'une tête de lionne, la déesse Sekhmet (Pl. 43a,c,g,h, 44a,b, 45d, 46c). On rencontre fréquemment aussi, dans ces positions, la fleur de lotus (Pl. 44c, 45e), l'oeil *oudjat* (Pl. 45a, 47b), un cobra ondulant (Pl. 45a,c).

Le bâton magique de Ras Shamra n'offre qu'un faible échantillonnage des motifs, au nombre d'une cinquantaine, qui peuvent être utilisés sur les documents égyptiens de même nature. Cette multiplicité des personnages, le choix éclectique qui en est fait, toujours différent d'un objet à l'autre, l'absence d'ordre canonique apparent dans leur présentation, pourraient décourager tout essai d'explication. Les inscriptions, cependant, nous assurent que nous avons affaire à des instruments faits pour protéger des êtres humains vivants.

De plus, une certaine unité est décelable dans la thématique du décor. Toutes les figures qu'on y rencontre peuvent être reconnues comme des personnages qui jouent un rôle dans le mythe du voyage nocturne du soleil, Horus-Rê, et de sa renaissance au matin. Entre sa disparition à l'occident et sa réapparition à l'orient, le dieu-soleil parcourt, en barque, un monde parsemé d'embûches et de dangers. Les forces des ténèbres s'emploient à renverser la barque, barrer son chemin, faire disparaître l'eau sur laquelle elle vogue. Le soleil doit vaincre tous ces obstacles pour pouvoir renaître comme enfant, chaque jour, du flot primordial, ventre de la vache céleste, afin d'illuminer le monde de ses rayons qui apportent vie, ordre et justice. Chaque matin est un véritable triomphe après une période d'angoisse; aucun lever de soleil ne va de soi. Ce mythe, variable dans plusieurs détails d'un lieu de culte à l'autre, est essentiel dans la pensée égyptienne, et il imprègne toute la croyance en la destinée de l'au-delà pour les humains défunts: l'âme doit subir mainte épreuve pour prouver sa pureté, et le mort ne pourra renaître que si, justifié, il s'identifie au soleil et resurgit avec lui, privilège primitivement réservé au pharaon, puis étendu aux autres hommes dès la Première Période Intermédiaire (2300-2065 av. J.-C.). Les ennemis du soleil s'incarnent principalement dans les serpents, animaux issus de la terre; à Hermopolis, dont la théologie semble avoir marqué l'iconographie de la plupart des bâtons magiques, le chaos primordial est composé de quatre éléments représentés comme des serpents, que le soleil doit vaincre pour faire régner l'ordre harmonieux dans l'univers. Les serpents sont figurés sur les bâtons magiques comme de simples traits ondulés, mais des représentations plus détaillées se rapportent sans doute à un serpent particulier, Apopis, farouche adversaire de la barque du soleil. Les serpents en sont ainsi venus, bien que certains soient bénéfiques, à symboliser le mal en général. Apopis a pour alliée la tortue, motif fréquent sur les bâtons magiques. Enfin, les forces malfaisantes sont symbolisées aussi, sur ceux-ci, par des hommes dans lesquels on peut reconnaître, lorsque la qualité du dessin est suffisante, des Asiatiques; ils sont dévorés et déchirés par la déesse-hippopotame ou la déesse-lionne (Pl. 42b, 43f, 45c). Dans le long combat qu'il doit livrer, le dieu-soleil a en effet des alliés, que les textes nous présentent le plus souvent armés de couteaux. Leurs chefs sont le dieu Thot, les dieux-crocodiles Ḥnty ou Sobek, et surtout la déesse-lionne Sekhmet. Sekhmet est une des figures favorites des bâtons magiques (Pl. 40a-b, 42a-b, 43a-b, 44a-b, 45a(?),b-c, 46a,c, 47b). C'est une déesse combattante, souffle du désert, qui tue les hommes comme la flèche. Nourrice du pharaon dès l'Ancien Empire, elle l'accompagne au combat et lui assure la victoire, comme elle a massacré les hommes qui s'étaient attiré la colère de Rê, son père. Très tôt, elle est considérée comme la forme redoutable d'Hathor, avant que celle-ci ne soit apaisée. La déesse-hippopotame Ipet-Thouéris (Pl. 40a-b, 42a-b, 43a-b,d,f-h, 44a-c, 45a-b,e,f, 46a,c, 47b)[12] est une autre divinité «qui anime l'équipe de Rê et combat pour lui avec la torche et le couteau». Animal du Nil, elle est un être primordial, incarnation même de la fertilité. Figurée enceinte, elle personnifie la maternité, protège l'accouchement, allaite le nourrisson royal. Elle aussi devient une forme d'Hathor.

Les autres sujets présents sur les bâtons magiques ont tous, par un ou plusieurs de leurs aspects, un rapport avec le mythe solaire et peuvent être considérés comme faisant partie des défenseurs du soleil.

Souvent associé à la déesse hippopotame dans des fonctions voisines et faisant partie de l'entourage d'Hathor, le dieu difforme et grotesque aux jambes torses, à la crinière, aux oreilles et à la queue de lion, appelé Aha ou Ahaty (ꜥḥꜣty), «le Combattant», et connu surtout sous le nom, beaucoup plus récent, de Bès,[13] tue les

---

[12] Sur la déesse Thouéris en Egypte et hors d'Egypte, en particulier à Chypre et dans le monde phénicisé, voir E. Lagarce & J. Leclant dans G. Clerc, V. Karageorghis, E. Lagarce & J. Leclant, *Fouilles de Kition II: Objets égyptiens et égyptisants* (Nicosie 1976) 117, 122-123, n. 4, avec bibliographie, p. 172, 235, 244-245, fig. 25, p. 270, n. 229, p. 289, n. 414-415, et pl. V (*passim*). A la bibliographie donnée dans cet ouvrage, on ajoutera D. Meeks, s.v. Ipet, *Lexikon der Ägyptologie III* (1977) col. 171-176, avec bibliographie. Voir aussi J. & E. Lagarce dans J.-C. Courtois, J. & E. Lagarce, *Enkomi et le Bronze Récent à Chypre* (Nicosie 1986) 71-73, n. 231, p. 97, 153, n. 361, p. 186, 189, pl. XXXI, 4, 28 et 29. Ici-même, cf. *infra*, avec n. 27-28.

[13] Sur le dieu Bès, l'ouvrage fondamental reste celui de F. Ballod, *Prolegomena*, op. cit. note 10(1913). Nous avons donné une très large bibliographie et documentation sur Bès en Egypte et hors d'Egypte, en particulier à Chypre et dans le monde phénicien et phénicisé, dans *Fouilles de Kition II* (1976) 127-130,

ennemis du dieu-soleil avec ses couteaux, mais prend soin aussi du nouveau-né. Sur les bâtons magiques, qui sont les documents sur lesquels il apparaît en premier sous sa forme sensiblement définitive et avec son nom du moment, il tient des serpents (Pl. 42a-b, 43b,c,f, 44a-c, 45a,c,d, 46a, 47a). Une divinité féminine qui lui ressemble, représentée beaucoup plus rarement, mais elle aussi de face, tenant des serpents, parfois d'autres animaux (Pl. 42b, 44a, 45c), est probablement sa parèdre, connue plus tardivement sous le nom de «Béset». Très fréquent également, le griffon (Dwn-ᶜanwy, sfr), être hybride ailé à corps de lion et à tête de faucon, portant une tête humaine comme posée au-dessus du dos entre les ailes (Pl. 42a-b, 43a-e,h, 44a, 45b,d, 46a,c, 47a-b), est une forme du dieu-faucon Horus; il personnifie la vitesse fulgurante de l'attaque, la force invincible, celle du dieu ou celle du roi; c'est lui, pense-t-on, qui combat à la proue de la barque solaire. L'emblème fait d'une courte hampe verticale à pied, surmontée d'une tête de canidé, ressemblant au hiéroglyphe ouser (Pl. 43c,e, 44a,c, 45a-b,f, 47a-b), est aussi un des motifs les plus fréquents sur les bâtons magiques. Il représente sans doute le dieu Oupouaout, l'une des plus anciennes puissances protectrices du roi, «ouvreur du chemin», personnification d'Horus combattant en même temps que dieu des morts, et conçu aussi comme divinité protectrice, notamment contre les crocodiles; dans les mammisis, deux Oupouaout, l'un du Nord, et l'autre du Sud, protègent les accès du temple de la naissance (pr-mst).[14] Oupouaout est associé, parfois assimilé, à Anubis, autre dieu-canidé (l'appellation courante de «chacal» est en fait inexacte, les animaux en question étant des variétés de canis lupaster), plus exclusivement funéraire, gardien de la nécropole, embaumeur et psychopompe, mais à l'occasion aussi combattant (en particulier pour aider Horus contre Seth). La présence d'Anubis sur les bâtons magiques est exceptionnelle: il ne figure, à part celui de Ras Shamra, que sur un très petit nombre d'exemplaires (ici Pl. 44a, 45e). Anubis joue un rôle dans la naissance à Deir el-Bahari (XVIIIe dyn.) et, plus tard, dans les mammisis, présentant au nouveau-né un disque lunaire, symbole de la disparition et de la renaissance périodiques, en jouant du tambourin comme il l'a fait pour célébrer la naissance d'Horus à Chemnis.

Tout aussi fréquemment utilisées sont les grenouilles (Pl. 42a, 43b,e,h, 44a-b, 45a, 46a). La grenouille, animal des marais, amphibie, dont la larve respire dans l'eau et

n. 9; voir aussi *ibid.* p. 118, p. 172-174, fig. 8-12, n. 48-53, p. 240-241, fig. 19-22, p. 246-247, 278-279, n. 315-327, pl. VIII-IX et XXXII, 11-12. A la bibliographie donnée dans *Fouilles de Kition II*, p. 127-130, on ajoutera H. Bonnet, s.v. Bès, *Reallexikon* (1952) 101-109; F. Jesi dans *Aegyptus* 38 (1958) 171-183; W. Culican dans *Australian Journal of Biblical Archaeology* 1 (1968) 93-98; A.M. Bisi dans *Rivista di Studi Fenici VIII* (1980) 19-42, pl. III-V; J. & E. Lagarce dans *Enkomi et le Bronze Récent à Chypre* (1986) 76, n. 237-238, p. 90, n. 264, p. 114, n. 305, p. 165, 180-181, et pl. XX, 23.

[14] Sur les «mammisis,» temples de la naissance mais aussi de la hiérogamie et de la période pré- et post-natale, cf. p. ex. E. Chassinat dans *BIFAO* (1912-1913) 183-193; H. Brunner, *Die Geburt des Gottkönigs* (Wiesbaden 1964); F. Daumas, s.v. Geburtshaus, *Lexikon der Ägyptologie* II, 3 (Wiesbaden 1976) col. 462-475, avec bibliographie.

l'individu adulte dans l'air, est, dans la conception hermopolitaine, au sein de l'Ogdoade, à l'origine du monde. Sous le nom de Ḥéket, elle est une déesse de l'accouchement, et surtout de la gestation, celle des enfants humains ou royaux comme celle du soleil. Avec son époux, le dieu-potier à tête de bélier, Khnoum, qui apparaît parfois sur les bâtons magiques (Pl. 42a, 43g, 46a) et qui façonne sur son tour le nouveau-né et son *ka*, elle modèle l'enfant dans le sein de sa mère et l'y protège.

D'autres sujets sont beaucoup moins fréquents. Pour eux aussi, les bâtons magiques mettent en relief le caractère de dieux ou génies combattants, en leur donnant très souvent un couteau. On relève le disque solaire pourvu de jambes (Pl. 43c,e, 45b, 47a); le chat (Pl. 42b, 43a,c,e, 45d, 46c, 47a), grand pourfendeur, à Héliopolis, du serpent Apopis; la panthère à haut cou ondulant (*ᶜAnty, sḏꜣ*) (Pl. 42b, 43b, 45a, 46c), le crocodile (Pl. 43b-c, 44a, 45a,f, 47a), image du dieu Sobek et du dieu Ḫnty; le cobra-*uraeus* (Pl. 42b, 44a,c, 45a,c, 47b), personnification de la déesse Outo-Ouadjet, protectrice de la moitié septentrionale de l'Egypte, déesse des couronnes, «Oeil de Rê,» feu du soleil au front de Sekhmet et du pharaon sous la forme de l'*uraeus*; le double sphinx (Pl. 43d, 45a), peut-être l'horizon, porte du ciel par laquelle se lève le soleil; le dieu Thot, dieu-lune, sous la forme d'un cynocéphale portant l'oeil solaire prophylactique *oudjat* (Pl. 43f, 44a), qu'il a conquis et sauvé pour le rapporter à Horus; une déesse-vache, le plus souvent posée sur une corbeille *neb*, tenant le fouet, enveloppée d'un tissu brodé, et coiffée fréquemment du disque hathorique (Pl. 43d, 44b), est une des nombreuses divinités de ce type, mères par excellence, symboles de naissance et de renaissance, assimilables à Hathor; le vautour (Pl. 40a, 43a,d, 45e), c'est-à-dire la déesse Nekhbet, protectrice de la Haute Egypte, du jeune roi et du dieu soleil, accoucheuse qui sera assimilée à la déesse-grenouille Ḥéket et qui, dans les mammisis, reçoit l'enfant dans ses bras, déesse des couronnes comme Ouadjet, et comme elle nourrice du roi; le guépard (Pl. 44a), qui anéantit les serpents et qui peut représenter la déesse Mafdet, maîtresse de justice, qui tranche la tête des Rebelles.

Parmi tous ces êtres divins, défenseurs de la course régulière du soleil, on est frappé par le grand nombre de ceux qui ont un rapport direct avec l'idée de gestation, de naissance et de protection de la petite enfance. Si l'on considère non pas la proportion de ces divinités par rapport à l'ensemble de la liste des motifs possibles, mais la fréquence de chacune sur les bâtons magiques, leur prépondérance devient évidente: Sekhmet, Thouéris, la grenouille Ḥéket, Bès et Béset doivent, à eux cinq, constituer environ la moitié du décor des bâtons. Cela s'explique si l'ornementation de ces objets est fondée sur le mythe solaire: le moment qui précède la réapparition du soleil, et l'instant où celui-ci surgit, régénéré, nouveau-né, sont les plus critiques, et il faut des divinités particulièrement puissantes et compétentes pour aider au bon déroulement des événements.

Le rapprochement de ces observations et de la teneur des inscriptions des bâtons

magiques, affirmant la protection sur le possesseur de l'objet, qui paraît souvent
être un enfant ou une femme, conduit à l'interprétation la plus vraisemblable, et la
plus généralement admise aujourd'hui,[15] qui voit dans les bâtons magiques des
objets destinés essentiellement à écarter les dangers qui entourent l'enfant en
gestation, sa venue au monde et les premiers instants de sa vie; le processus
magique consistait, selon une méthode courante dans la magie égyptienne, à obtenir
l'identification de l'enfant à Horus-Rê, de façon que les dieux et génies défenseurs
du soleil figurés sur l'instrument magique deviennent tout naturellement ses propres
défenseurs. Dans deux des trois tombes égyptiennes où nous sont montrés des
bâtons magiques, celle de Djehouti-Hotep à El-Bersheh et celle de Bébi à El-Kab,
ceux-ci se trouvent dans les mains de nourrices ou de gouvernantes.[16] Ces mêmes
tombes confirment que le bâton magique suit l'individu à travers toute sa vie,
puisqu'on en voit qui appartiennent à la femme du défunt. Ils le suivent aussi au-
delà de la mort, comme le montre le contexte funéraire de tous les exemplaires
égyptiens bien documentés. La symbolique de la naissance, calquée sur celle de la
renaissance quotidienne du soleil, répond en effet parfaitement au désir fondamental de renaissance dans l'au-delà qui est celui de tout Egyptien. Dans la tombe de
Rekhmiré (Pl. 48), où les bâtons magiques sont figurés parmi les cadeaux du
Nouvel An, ce n'est peut-être pas un hasard si on nous les montre sous un lit
encadré de deux bâtons-serpents, qui sont eux aussi des objets magiques de
protection, et chargé de vases d'onguents parfumés à vertu magique pour les
vivants comme pour les morts.[17]

Dans le vaste répertoire des motifs dont il disposait, et que nous sommes loin
d'avoir tous cités, le graveur égyptien qui avait à décorer un bâton magique devait
opérer un choix. La liste des sujets retenus pour un bâton donné semble avoir
dépendu de nombreux facteurs, parmi lesquels le lieu et la date de fabrication ont

---

[15] Altenmüller, *Apotropaia*, p. 178-185; Id., «Ein Zaubermesser aus Tübingen,» *Die Welt des Orients*
14 (1983) 30-45; D. Meeks, «Génies, anges et démons en Egypte,» *Sources Orientales 8: Génies, anges et
démons* (Paris 1971) 50; W. Helck, s.v. *Zaubermesser, Lexikon der Ägyptologie VI* (Wiesbaden 1986)
col. 1355; C. Desroches-Noblecourt, *La femme au temps des Pharaons* (Paris 1986) 240. Cette interprétation reprend, en insistant plus sur le rôle de protection de la naissance et moins sur la protection
spécifique contre les serpents — considérés désormais surtout comme des personnifications des forces
mauvaises de toute sorte — celle amorcée par F. Legge dans *PSBA* 27 (mai et déc. 1905) 148-151, 303, et
adoptée, pour l'essentiel, par exemple par W.C. Hayes, *The Scepter of Egypt* (New York-Cambridge
1953) 248-249. M. Murray, *The Astrological Character of the Egyptian Magical Wands, PSBA* 28 (1906)
33-43, pl. I-II, avait proposé une interprétation astrologique (horoscopes) des bâtons magiques, suivie
par Petrie, *Objects of Daily Use*, p. 40-42.
[16] P.E. Newberry, *El Bersheh I: The Tomb of Tehuti-Hetep* (Londres 1895) 33, pl. XXX; W. Wreszinski, *Von Kairo bis Wadi Halfa*, p. 78-79, pl. 36.
[17] N. de Garis Davies, *loc. cit.* note 8. Sur la valeur magique, prophylactique et revivifiante des fards,
onguents et cosmétiques en Egypte et dans le Proche-Orient méditerranéen, voir par ex. A. Caubet &
E. Lagarce dans *Report of the Department of Antiquities, Cyprus* (1972) 122-128, *passim*, fig. 5b et
pl. XIX, 3; E. Lagarce & J. Leclant dans *Fouilles de Kition II*, notamment p. 242, 244, 281-282, n. 345-
346; J. & E. Lagarce dans *Enkomi et le Bronze Récent à Chypre*, p. 121-127, 129-136 et 145.

dû tenir une place importante. Sur l'objet de Ras Shamra, rien ne permet de déceler une région d'origine précise en Egypte, ni, d'ailleurs, de supposer que l'objet n'a pas été produit dans la vallée du Nil. En revanche, la disposition des sujets, en petit nombre, occupant toute la hauteur du champ, tous de profil à droite, en frise régulière, leur type, le style du dessin, au trait assez sûr, mais avare de détails, permettent sans doute de classer ce document dans une phase très avancée de l'existence des bâtons magiques égyptiens.[18] On peut même se demander si le choix des êtres divins protecteurs (guépard, lion ou chat, Thouéris, Sekhmet, Anubis, Nekhbet), laissant de côté les monstres ou symboles peut-être un peu obscurs même pour certains Egyptiens — plus encore pour un homme d'Ugarit —, et faisant plutôt confiance à de grandes figures divines connues de tous, n'est pas l'indice d'une fabrication particulièrement tardive, à un moment où la tradition des bâtons magiques était appauvrie et en train de se perdre, peut-être au temps de la XVIIIe dynastie.

S'ils n'ont eu qu'une existence relativement éphémère, les bâtons magiques s'inscrivent, en Egypte, dans une longue tradition, tant par l'iconographie dont ils s'ornent que par la conception même de leur fonction magique. Certains de leurs motifs les plus caractéristiques figurent déjà sur des monuments prédynastiques: griffon ailé, panthère à cou étiré serpentiforme sur les palettes cérémonielles commémoratives en schiste du prédynastique récent (Pl. 49b et c), héros maîtrisant des animaux qu'il tient symétriquement de part et d'autre, sur le mur d'une tombe de Hiéraconpolis (Gerzéen récent) ou sur le couteau de Jebel el-Araq (Pl. 49a) (prédynastique récent). Ce dernier thème, prototype de celui de «Bès» maître des animaux, appartient au fonds d'inspiration, commun aux diverses régions du Proche-Orient méditerranéen et mésopotamien, dont on peut déceler l'origine à l'époque de la domestication des animaux sauvages et des grandes innovations techniques qui accompagnent la sédentarisation. Le motif du maître ou de la maîtresse des animaux symbolise bien cette emprise récemment acquise sur la nature sauvage, emprise dans laquelle la magie joue d'ailleurs son rôle. L'apparte-nance à un répertoire déjà international est soulignée, pour Bès, par le caractère frontal de sa représentation, exceptionnel dans l'art égyptien du dessin. De plus, sur les bâtons magiques, sa figure, qui est souvent placée dans la région médiane de l'objet, est parfois employée comme motif central d'une composition antithétique ou symétrique (Pl. 43b), parti peu commun dans l'art de la vallée du Nil et correspondant bien, au contraire, à d'autres traditions décoratives, telles celles de l'art mésopotamien et syrien. Le personnage de «Bès» se dédouble en deux divinités, masculine et féminine. «Béset», qui n'a pas l'aspect difforme aux jambes torses de Bès, mais est comme lui montrée en représentation frontale, tenant des

---

[18] Cf. un essai de classification chronologique des bâtons magiques dans Altenmüller, *Apotropaia*, p. 29, 77-78 et planches.

serpents, parfois d'autres animaux, ne semble apparaître sur les bâtons magiques qu'en compagnie de Bès, soit à côté de lui (Pl. 44a), soit à quelque distance (Pl. 42b, 45c). On peut voir dans ces «Béset» des bâtons magiques du Moyen Empire les ancêtres égyptiennes de la déesse Qadesh(*Qdšu*)/Kent (identifiée ou associée à Hathor, Astarté et Anat)[19] du Nouvel Empire, représentée sur des stèles sculptées certes en Egypte, mais dans des milieux cananéens tout empreints de traditions syriennes.

La notion d'efficacité magique imprègne profondément la mentalité égyptienne.[20] Les dieux, pétris de *héka*, ont laissé aux hommes l'usage de cette énergie créatrice qui s'exprime principalement dans le verbe, prononcé ou écrit. Les réalisations de l'art égyptien, l'écriture elle-même, le dessin, la parole, les rites religieux en général, étaient, d'abord, porteurs d'une signification précise, de façon à remplir le rôle qui était le leur: assurer magiquement à l'homme, et plus spécialement au pharaon, la maîtrise sur le monde, pour la bonne marche de celui-ci, et la renaissance après la mort.

Des pratiques spécifiques, qui méritent plus nettement le qualificatif de magiques, étaient destinées à faire face à certains dangers particuliers. Le magicien est avant tout un lettré, appartenant habituellement au personnel annexe des temples ou aux «Maisons de Vie», car son rôle essentiel est de lire les formules. De catégorie subalterne devaient être les *saou*, ceux qui dispensent le *s3*, la protection (contre les serpents et les scorpions généralement). Dans tous les cas, l'essentiel du rite magique, qui peut-être complété par une préparation médico-magique, par la fabrication d'une amulette spécifique ou d'un nœud magique, réside dans la récitation ou la lecture de la formule, dont les papyrus nous vantent à maintes reprises l'efficacité. Ce sont les mots, prononcés ou écrits, qui agissent et sont, par eux-mêmes, créateurs de réalité. Les images peuvent aussi avoir des vertus analogues: les amulettes utilisées en très grand nombre par les Egyptiens en témoignent.

Parmi les procédés les plus fréquemment employés dans les formules magiques est celui — auquel nous avons déjà fait allusion pour les bâtons magiques et qui se retrouve notamment sur les stèles d'Horus-Shed sur les crocodiles — qui consiste à obtenir que la personne à protéger ou à guérir soit identifiée à un être divin capable de mobiliser pour son salut des puissances démoniaques ou divines. Il est souvent fait appel à des mythes dans lesquels un dieu a dû faire face à la même menace qui

---

[19] Sur ces monuments dédiés à la déesse Qadesh/Qdšu, voir Ch. Boreux dans *Mélanges syriens offerts à M. René Dussaud II* (Paris 1939) 673-687; J. Leibovitch dans *ASAE* 41 (1942) 81 sq., pl. VIII; Id. dans *Syria* 38 (1961) 23-34; I.E.S. Edwards dans *JNES* 14 (1955) 49-51; N. Wyatt dans *Ugarit-Forschungen* 16 (1984) 327-337.
[20] Sur la magie en Egypte, voir par exemple F. Lexa, *La magie dans l'Egypte antique*, 3 vol. (Paris 1925), en particulier II, p. 27-98; S. Sauneron, «Le monde du magicien égyptien,» *Sources Orientales 7: Le monde du sorcier* (Paris 1966) 27-65, en particulier p. 30-50; A. Rocatti & A. Siliotti eds., *La Magia in Egitto ai tempi dei Faraoni*, Atti Convegno Internazionale di Studi Milano 29-31 ott. 1985 (Milan 1987). Voir aussi E. Lagarce dans *Fouilles de Kition II*, p. 167-182, fig. 4-14.

met en danger le patient, et en particulier à des mythes où Horus s'est trouvé en
péril et a été sauvé par l'intervention de sa mère Isis, la magicienne par excellence.
Le rappel du mythe s'adresse sans doute aux dieux, mais également aux hommes,
pour leur garantir l'efficacité de la formule. On a couramment recours aussi à la
menace envers les dieux, menace de chaos et de tarissement des offrandes, pour les
contraindre à apporter leur aide. Particulièrement nombreuses sont les incantations
destinées à protéger ou secourir la mère et le jeune enfant. Tout un papyrus
hiératique (Berlin n° 3027), de la première moitié de la XVIIIe dynastie (milieu du
XVe s.), leur est consacré.[21] Une fois, dans une formule pour l'accouchement,
l'officiant doit tenir à la main un «bâton», sur lequel nous ne possédons aucun
autre détail.[22]

Les bâtons magiques, souvent inscrits de formules de protection, ou portant les
signes de vie et de protection inclus dans leur décor, comme l'exemplaire de Ras
Shamra, peuvent ainsi associer la magie des mots à celle des images. Efficaces par
eux-mêmes sans doute pour assurer une protection quotidienne ordinaire, ils étaient
peut-être, dans les occasions de plus grave danger, utilisés au cours de rituels
spécifiques.

Si nous sommes très richement informés sur la magie égyptienne, qui a joui
d'ailleurs d'une grande renommée dans tout le monde antique, en particulier dans le
Proche-Orient du IIe millénaire av.J.-C., nous disposons de beaucoup moins de
renseignements sur la magie à Ugarit.[23]

Une vingtaine de textes magiques ou médico-magiques en langue accadienne
offrent des soins contre les maladies les plus diverses. La plupart sont de tradition
mésopotamienne. Un rituel d'accouchement fait intervenir plusieurs pierres, précisément désignées, que la femme doit porter sur diverses parties de son corps. Une
série de conjurations vise une fille dévoyée du dieu Anu, la Lamaštu, monstre à tête
de lion qui poursuit les femmes enceintes et les parturientes pour leur arracher leur
enfant et l'allaiter. On retrouve ici, comme en Egypte, l'obsession du risque encouru
par la mère et l'enfant à la naissance, mais sans pouvoir discerner de symbolisme de
renaissance. Parfois la formule destinée à guérir est attribuée aux dieux Ea et

[21] Cf. Lexa, *op. cit.*, p. 27-33.
[22] *Ibid.*, p. 29-30.
[23] Voir essentiellement J. Nougayrol dans *Ugaritica V* (Paris 1968) 29-40 et 64-65; Ch. Virolleaud, *ibid.*,
p. 564-578; J. Nougayrol dans *Ugaritica VI* (Paris 1969) 393-408; J. Gray dans *Ugaritica VII* (Paris 1978)
79-97; D. Pardee dans *Journal of the Ancient Near Eastern Society of Columbia University* 10 (1978) 73-
108; Id. dans *ZAW* 91 (1979); A. Caquot, s.v. Ras Shamra, dans *Supplément au Dictionnaire de la Bible*
(Paris 1979) col. 1389-1391 et 1412; J.-C. Courtois, *ibid.*, col. 1269-1277; P. Bordreuil dans *Ugarit-
Forschungen* 15 (1983) 299-300; Id. dans *Annales Archéologiques Arabes Syriennes* 34 (1984) 183-188. Les
textes d'Ebla offrent, au IIIe millénaire, 28 exemplaires de conjurations contre les serpents, les scorpions
ou le mauvais oeil, ainsi que pour des conditions atmosphériques favorables aux cultures, cf. P. Xella
dans *Dossiers Histoire et Archéologie 83: Ebla* (mai 1984) 51. Selon Eusèbe de Césarée, *Prep. Ev.* I,
10:45-54 (F. Jacoby, *Fragmente griechischer Historiker III* [Leyde 1958] 814-816), les serpents auraient
joué un rôle important dans la religion phénicienne.

Asalluḫi (Marduk), patrons de la magie, ou à la déesse Ninkarak et à son fils Damu, sans qu'un mythe vienne appuyer explicitement cette attribution. Mais un texte accadien inédit (RS.25.436)[24] — qui fait intervenir dans un accouchement deux Lamaštu, cette fois propices, appelées par le dieu-lune Sin et apportant du ciel «l'une de l'huile, l'autre de l'eau de délivrance» —, ainsi que quelques textes ugaritiques de Ras Shamra (RS.24.258, 24.244 et 24.251) et de Ras Ibn Hani (Hani 77/18) montrent qu'on avait coutume, comme en Egypte, de justifier une formule ou une recette en la rapportant à un mythe.

Plusieurs divinités d'Ugarit nous sont montrées accomplissant des actions qui relèvent de la magie. Ainsi, El façonne en argile et anime une créature ailée, Shaᶜataqat, pour qu'elle aille guérir Kéret mourant, «chasser la maladie et exorciser le mal»: «...avec un bâton, elle...elle arrache entièrement le mal sur sa tête».[25] La fabrication et l'animation par le magicien de figurines qui doivent l'assister est une pratique bien attestée aussi dans la magie égyptienne. Mais le véritable patron de la magie à Ugarit est le dieu Kothar[26] «celui qui réussit», «l'expert», «l'avisé», «l'intelligent», maître des techniques de la métallurgie, architecte, artisan du mobilier, des armes et des parures des dieux et des héros, qui donne aux objets, en les nommant, une efficacité magique. C'est un grand navigateur, comme le souligne son titre «le maritime»; sa double résidence, Memphis (Ḥkpt en ugaritique, Ḥwt-kȝ-Ptḥ en égyptien) et la Crète (Kptr) montre sa liaison directe avec deux des grands foyers de la civilisation d'alors et son étroite relation avec le dieu Ptah, sa contrepartie égyptienne.

Autres magiciennes, les Kotharôt,[27] que seul leur nom, «les expertes», permet, pour le moment, de rapprocher de Kothar, sont des divinités féminines qui président à la procréation et à la naissance. Elles sont de quelque façon liées à la lune qui, pour les Babyloniens, «s'engendre d'elle-même», et à la périodicité du cycle lunaire de génération et de gestation, puisqu'elles sont qualifiées de «filles de

---

[24] Ce texte est mentionné par A. Caquot, M. Sznycer & A. Herdner, *Textes ougaritiques I* (Paris 1974) 386, n. 1.

[25] Id., *ibid.*, p. 564-570.

[26] Sur le dieu Kothar, cf. Id., *ibid.*, p. 97-99, avec bibliographie, et p. 581, s.v. Kothar; M.S. Smith dans *Revue Biblique* 91 (1984) 377-380. Voir aussi, en particulier pour ses relations avec le Ptah égyptien, J. & E. Lagarce dans *Enkomi et le Bronze Récent à Chypre*, p. 70, n. 230, p. 75, 90 et 198. Une représentation de Kothar sur une stèle dédiée en Egypte sous la XIXe dyn. par le sculpteur *Wsr-Stḥ*, d'origine probablement syrienne, montre simplement le dieu sous les traits conventionnels que l'on donne aux dieux étrangers, tel Reshef, en Egypte, cf. par ex. G. Scandone Matthiae dans *La religione fenicia. Matrici orientali e sviluppi occidentali. Atti del Colloquio in Roma 6 marzo 1979* (Rome 1981) 69, n. 26.

[27] Sur les Kotharôt, qualifiées régulièrement de «bonnes», cf. Caquot, Sznycer & Herdner, *op. cit.*, p. 285-289, 384-397, 405, 425-426, auquel nous avons fait de larges emprunts. Sur Thouéris, que nous avons déjà rencontrée sur les bâtons magiques, voir *supra*, n. 12. Pour le Ier millénaire, W. Culican a identifié Kusarthis-Thouéris avec la «*dea gravida*» à coiffure hathorisante illustrée par de nombreuses figurines de terre cuite phéniciennes et chypriotes des VIIe et VIe s., cf. W. Culican, «Dea Tyria Gravida,» *Australian Journal of Biblical Archaeology* I, 2 (1969) 35-50, pl. I-VII, auquel on ajoutera E. Lagarce & J. Leclant dans *Fouilles de Kition II*, p. 244-245, fig. 25, et p. 289, n. 414.

Hilal», le croissant de lune. Danel leur offre un banquet de sept jours, comme on le fait aussi pour les Rephaïm. Bien qu'on ne sache pas quel était le nombre des Kotharôt, ce chiffre sept a évidemment ici la signification magique qu'il a eue depuis toujours et qu'il garde encore: les Kotharôt, comme les sept Hathor, protectrices de la naissance et qui déterminent le destin du nouveau-né, sont les ancêtres lointaines des sept fées marraines invitées au festin célébrant la naissance de la Belle au Bois Dormant, comme la Lamaštu préfigure la méchante fée qu'on n'avait pas priée; les sept premiers jours après la naissance sont considérés chez les Sémites comme la période critique de la vie de l'enfant.

Les Kotharôt interviennent par des formules magiques et des recettes. Une tablette rédigée en ugaritique, découverte à Beth-Shemesh, nous apprend en outre de quelle manière on appelait leur protection: «En vérité, ô Kotharôt, pénétrez son sein, faites que cette femme produise des descendants et éloignez d'elle la Mort».[28]

Beaucoup plus tard, dans la «théologie secrète de Taautos», rapportée par Eusèbe de Césarée, la déesse phénicienne Chusarthis, dont le nom est la transcription grecque du sémitique *ktrt* (Kotharôt) est identifiée avec la déesse Thouro-Thouéris (Ta-Ouret, «la Grande», en égyptien).

La documentation la plus riche sur les pratiques magiques et la personnalité du magicien à Ugarit provient de la maison dite du prêtre-magicien, découverte en 1961 et 1962 dans les quartiers s'étendant au sud de l'acropole, à une soixantaine de mètres seulement au nord de la tombe où a été trouvé le bâton magique. La maison[29] a livré non seulement les fameux modèles de poumons et de foies en terre cuite dont beaucoup sont inscrits et qui attestent la pratique de la divination à partir des organes d'animaux sacrifiés, un nombre important de textes rituels et liturgiques hourrites, mais encore un lot de textes en ugaritique: l'un, RS.24.244 (et peut-être un autre, RS.24.251, très incomplet), est une conjuration qui, comme beaucoup d'incantations égyptiennes, vise les serpents, que seul le dieu Ḥoron, selon l'interprétation de D. Pardee et de P. Bordreuil, parvient à neutraliser tous; un autre, RS.24.252, montre le dieu Rāpi'u ou Raphau (*Rp'u*) qui, parmi les bons compagnons du dieu Kothar, boit, «chante et fait de la musique avec la cithare et la flûte, avec le tambourin et les cymbales, avec les castagnettes d'ivoire» (appelées «instruments à faire danser»).[30] Un fragment de castagnette ou claquoir hathorique (Pl. 41a),[31] en ivoire, apparemment unique à Ras Shamra (à moins que la

[28]   Barton dans *BASOR* (1933) 5; W.F. Albright, *ibid.* (1934) 18. Nous remercions G. Saadé de nous avoir fait connaître le contenu de ce texte.

[29]   J.-C. Courtois dans *Ugaritica VI*, p. 91-119, et dans *S.D.B.* (cité note 23) col. 1269-1276.

[30]   Ch. Virolleaud dans *Ugaritica V*, p. 551-553; Caquot, Sznycer & Herdner, *op. cit.*, p. 455, n. t; D. Pardee, *Ras Shamra-Ougarit IV: Les textes paramythologiques de la 24e campagne (1961)* (Paris 1988) Chap. II, p. 75-118, en particulier p. 97-99.

[31]   La longueur maximale conservée du claquoir de Ras Shamra est de 16,5 cm. Cf. J.-C. Courtois dans *Ugaritica VI*, p. 95 (hors d'Egypte, on connaît un objet similaire, très probablement un claquoir aussi, en ivoire, provenant de Beth-Shan, cf. C. Decamps de Mertzenfeld, *Inventaire commenté des ivoires*

«main» en ivoire découverte avec le bâton magique n'appartienne à un objet de cette série de claquoirs de type égyptien), a justement été recueilli à proximité des tablettes, avec deux bols en or. Un peu plus au sud, sans doute dans la même

phéniciens et apparentés découverts dans le Proche-Orient [Paris 1954] 77 pl. XXIII, 257). Nous avons déjà fait allusion, *supra*, aux claquoirs utilisés par paires (un dans chaque main ou deux dans chaque main) pour rythmer les danses égyptiennes, en particulier celles célébrées en l'honneur d'Hathor, maîtresse de la danse et de la musique. Instruments de percussion de tradition extrêmement ancienne, représentés dès l'époque préhistorique, ils sont généralement en bois, os ou ivoire, habituellement percés d'un trou permettant de les attacher ensemble, et leur forme s'apparente souvent à celle des boomerangs; ils peuvent aussi dessiner un angle droit, ou être rectilignes, avec alors la face interne plate. Ces claquoirs droits peuvent être ornés à leur extrémité d'une main ou d'une tête de gazelle (dès les premières dynasties) ou encore d'une fleur de lotus, symbole d'Hathor (à partir du Moyen Empire). Dans le cas des claquoirs courbes taillés dans une défense d'éléphant ou dans une canine d'hippopotame fendue en deux, matériau qui augmente leur pouvoir magique, la cavité pulpaire détermine une dépression peu profonde qui améliore la résonance. Le manche peut être traité en tige de papyrus s'achevant en ombelle — autre motif intégré à la symbolique hathorique — d'où peuvent jaillir soit une main seule, soit une tête hathorique surmontée d'une main. Une autre variante, à laquelle appartiennent l'exemplaire de Ras Shamra (Pl. 41a) et ceux du Louvre illustrés ici (Pl. 41b), montre un manche simple prolongé par la tête hathorique et par la main. Ces claquoirs présentent ainsi une certaine ressemblance formelle avec la famille des vases à huile ou à onguent parfumés syro-palestiniens en ivoire, en forme de corne, à bouchon-verseur constitué par une main, par une tête féminine, ou une tête féminine prolongée par une main; ces vases, d'après les textes du IIème millénaire, faisaient partie des cadeaux échangés entre rois et renfermaient, en particulier, l'onguent précieux qui était versé sur la tête des jeunes princesses proche-orientales au moment de leurs fiançailles (cf. par ex. G. Loud, *The Megiddo Ivories* [Chicago 1939] pl. 43, n. 186; Id., *Megiddo II*, pl. 202; O. Tufnell, C.H. Hinge & L. Harding, *Lakish II* [Oxford 1940] pl. XV, 1); on les voit dans les mains de porteurs de tribut syriens dans les tombes égyptiennes, celles de Rekhmiré (Thoutmosis III) et de Sébekhotep (Thoutmosis IV). Un objet analogue, peut-être aussi une corne à onguent, figuré dans une tombe thébaine de la XXe dynastie, est doté, à la place du bouchon-verseur, d'une tête de Bès verticale (cf. Ballod, *op. cit.* note 10, p. 52, fig. 54). Le schéma qui préside à la composition du décor de ces claquoirs les rattache surtout à une série d'objets de toilette et d'autres instruments de musique accompagnant la danse qui sont porteurs d'une symbolique hathorique très élaborée (cf. *supra*, n. 17) et chargés de force magique: miroirs et sistres. Sur le manche des miroirs, la tête d'Hathor, «la belle», patronne de la parure et de la toilette (ou parfois la tête de Bès), est intercalée entre le fût et l'ombelle du papyrus qui porte le miroir en forme de disque solaire. Le manche des sistres, qui font partie des objets sacrés de la déesse, est traité en tête d'Hathor portée par une tige de papyrus à l'ombelle épanouie. Tous ces objets sont ainsi créés à l'image de la déesse et lui sont identifiés. On pourrait faire la même remarque, à plus forte raison, pour les colonnes hathoriques qui décorent les sanctuaires d'Hathor. Or, si celles-ci, au IIe millénaire en Egypte, ont simplement pour chapiteau une double ou quadruple tête d'Hathor, on les trouve, au Ier millénaire, faites d'une tête d'Hathor posée sur l'ombelle épanouie d'une tige de papyrus: cette structure, semblable à celle des claquoirs, sistres et miroirs du IIe millénaire que nous venons d'évoquer, est employée dès le VIIIe s. pour les colonnes hathoriques de petits naos gravés sur le disque de miroirs égyptiens, et un peu plus tard pour les chapiteaux ou stèles hathoriques chypriotes (voir par ex. E. Lagarce & J. Leclant, dans *Kition II*, p. 259, n. 114, p. 237 et 273-274, n. 255-257, p. 245, fig. 23 et 24; A. Caubet & M. Pic, dans *Archéologie au Levant. Recueil R. Saidah* (Lyon 1982) 237-249; A. Hermary dans *BCH* 109 (1985) 657-699; V. Picur, *ibid.* 700-701; M. Schvoerer, V. Lamothe & M. Martinaud, *ibid.* 702-708). Sur les claquoirs égyptiens, voir C. Sachs, *Altägyptische Musikinstrumente* (Leipzig 1920) 2; W.Fl. Petrie, *Objects of Daily Use*, p. 43 (*Hand wands*), pl. XXXV, 7, 8, 20-23; H. Hickmann, *Instruments de musique* (Catalogue Général du Musée du Caire, Le Caire 1949) 2-31, pl. I-XVII, en particulier pl. VII, no. 69235; Id., *Musikgeschichte in Bildern II: Altertum, Ägypten* (Leipzig 1961) pl. 28-32, 63-64; récemment, C. Ziegler, *Catalogue des instruments de musique égyptiens. Musée du Louvre* (Paris 1979) 19-29, avec bibliographie; C. Sourdive, *La main dans l'Egypte pharaonique* (Bern 1984) 181-213, pl. XXXVIII-XLIII; l'exemplaire illustré dans

maison, étaient conservés des textes en écriture babylonienne comprenant des textes divinatoires, plusieurs textes médico-magiques, dont deux rituels d'accouchement, et des fragments de la version ugaritienne de la Lamaštu, mentionnée ci-dessus. On relève l'importance que semblent revêtir, dans les activités du prêtre-magicien, les rituels destinés à protéger l'accouchement; remarquable aussi, entre autres choses, est la présence du claquoir, objet hathorique égyptien, chez un praticien pourtant familier surtout des rituels hourrites et des pratiques mésopotamiennes.

Une amulette inscrite d'une formule contre la Lamaštu (RS.25.457) a été découverte à Ras Shamra, dans un sarcophage, d'enfant apparemment, du IIIe s. av.J.-C. Cette attestation de la continuité d'une tradition magique à travers un millénaire (que l'amulette ait été retrouvée alors dans les ruines d'Ugarit ou qu'elle ait été récemment écrite) peut être mise en parallèle avec le décalage chronologique qui est probable entre la fabrication du bâton magique de Ras Shamra et son dépôt dans la tombe 3552. D'autre part, la découverte de l'amulette dans une sépulture indique sans doute que, au IIIe s. av.J.-C., dans cette région anciennement marquée par l'influence égyptienne, l'on voyait aux formules contre la Lamaštu, l'ennemie de la naissance, un certain rapport avec la renaissance dans l'au-delà.

Si les risques encourus lors de la venue au monde des enfants constituent une des principales occasions où il est fait appel à la magie, les dangers que présentent les serpents en sont une autre, importante aussi. On connaît à Ugarit une déesse Ishara, qualifiée de «serpent». Parmi les divinités, en majorité masculines et au nombre desquelles apparaît Kothar, que, dans le texte RS.24.244, la déesse Shapash (le soleil), sur la demande de sa fille, «la mère de l'étalon», supplie de rendre inoffensifs ces reptiles, on rencontre aussi deux déesses d'Ugarit, Anat et Astarté, à côté d'Astarté de Mari. Par ailleurs, sur une plaquette-pendentif d'Anat/Astarté en or découverte à Minet el-Beida[32] montrant la déesse nue, de face, portant la perruque à boucles spiralées et le calathos bas d'Hathor, debout sur un lion et maîtrisant deux capridés, deux serpents se croisent derrière le dos de la déesse; la même déesse nue, tenant des lotus, est encadrée, sur un manche de lampe murale en terre cuite de Ras Shamra, par des lignes ondulées dont on peut penser qu'elles

---

W. Kaiser, *Ägyptisches Museum Berlin* (Berlin 1967) no. 709, en bois, est une bonne comparaison pour le claquoir de Ras Shamra. Pour les représentations de danses en Egypte avec usage de claquoirs, cf. dans J. Vandier, *Manuel d'archéologie égyptienne IV* (Paris 1964) le chapitre consacré à la danse, p. 391-486, et notamment p. 387-389, fig. 202, p. 427-441, fig. 227 et 234.

[32] Minet el-Beida 1931, Inv. Mission no. 185, Musée du Louvre AO 14714. Sur cette famille de plaquettes, leur typologie, notamment à Ugarit et à Chypre, leur iconographie, leur signification, leurs parallèles et leur descendance au Ier millénaire, voir E. Lagarce, «Le rôle d'Ugarit dans l'élaboration du répertoire iconographique syro-phénicien du Ier millénaire av. J.-C.,» *Atti del I Congresso Internazionale di Studi Fenici e Punici II* (Rome 1983) 547-561, pl. XCVI-CXIV, *passim*, en particulier p. 554, n. 9-12, et pl. IC (1-3); J. & E. Lagarce dans *Enkomi et le Bronze Récent à Chypre*, p. 111-114, n. 303-304, avec bibliographie, pl. XX, 16, 17, 18, 20. Pour les plaquettes de couronnes chypriotes segmentées du Ier millénaire, on ajoutera V. Karageorghis dans *BCH* 111 (1987) 722-723, fig. 198.

rendent, de façon schématique, des serpents.[33] Mais, tout en représentant un danger quotidien réel pour une population essentiellement rurale, les serpents sont aussi sans doute des symboles du mal en général et de tous les dangers, comme le serpent de la Genèse, antagoniste de la femme (*Gen.* III:1-15) dans un combat millénaire dont l'issue, la victoire de la femme, mère du sauveur (*Apoc.* XII:1-17), a été popularisée par l'iconographie chrétienne. Nous avons évoqué cette incarnation du mal par le serpent à propos des bâtons magiques égyptiens; elle est très largement illustrée en Egypte par une abondante documentation, dans laquelle nous relèverons les stèles d'Horus-Shed sur les crocodiles,[34] qui semblent en quelque sorte relayer, au Nouvel Empire et au Ier millénaire, les bâtons magiques dans les divers aspects de leur rôle de protecteurs. A l'iconographie de la plaquette-pendentif de Minet el-Beida se rattache directement celle des stèles de la déesse Qadesh(*Qdšu*)/ Kent, nue, de face, coiffée de la perruque hathorique, debout sur un lion, tenant des serpents et des lotus; ces stèles ont été élaborées en Egypte dans des milieux sémitiques ou fortement sémitisés, et nous avons vu qu'elles doivent avoir eu comme source d'inspiration, à côté de modèles syro-palestiniens, la «Béset» apparue au Moyen Empire sur les bâtons magiques égyptiens.

Ainsi, ni les figures représentées sur ces derniers, ni leur symbolique, n'étaient vraiment étrangères à la culture ugaritique du Bronze Récent. Il ne nous semble pas probable que le bâton magique de Ras Shamra ait été fabriqué à Ugarit, mais, en venant dans cette lointaine métropole cananéenne, cet objet est arrivé dans un milieu prêt à le recevoir. Dès le Bronze Moyen, les artistes ugaritains, et notamment les lapicides qui taillaient les cylindres-sceaux, employaient abondamment des thèmes et motifs qu'ils allaient puiser dans le répertoire égyptien;[35] ils les adaptaient à leurs besoins en les transformant de façon plus ou moins profonde, mais en les utilisant conformément à l'usage égyptien, preuve que la signification leur en était familière.

Au Bronze Récent, les relations entre l'Egypte, la Palestine et la Syrie n'ont fait que s'intensifier, du fait, notamment, de l'expansion de l'Egypte hors de ses frontières.[36] L'apport de populations ouvrières, d'artisans et d'artistes syriens dans

[33] C. Schaeffer, *Ugaritica II* (Paris 1949) 212-213, fig. 88 (16). Sur ce type d'objets, leur iconographie, leur symbolisme, voir J. & E. Lagarce dans *Enkomi et le Bronze Récent à Chypre*, p. 159-162, n. 369-370, avec bibliographie, et pl. XXIX (1-3).

[34] Nous reviendrons sur ces monuments dans la suite de cette étude, qui paraîtra séparément, cf. ci-dessous, n. 38.

[35] P. ex. C. Schaeffer, *Corpus des cylindres-sceaux de Ras Shamra-Ugarit et d'Enkomi-Alasia I* (Paris 1983) 25-26 (R.S. 7.181), 35-39 (R.S. 9.889).

[36] Sur les relations d'Ugarit avec l'Egypte, voir en particulier J. & E. Lagarce dans *Syria* 51 (1974) 12-24, avec bibliographie. Aux textes découverts à Ras Shamra il faut ajouter maintenant la tablette Ibn Hani 78/3 + 30, minute de deux lettres adressées au roi d'Egypte, cf. P. Bordreuil & A. Caquot dans *Syria* 57 (1980) 356-358, 371, fig. 9. Pour le matériel d'époque ugaritique en relation avec l'Egypte découvert à Ras Ibn Hani, voir p. ex. A. Bounni, J. & E. Lagarce, N. Saliby dans *Syria* 58 (1981) 293, fig. 52; J. & E.

les ateliers des palais, ceux des temples et, en particulier, ceux de la nécropole thébaine, les mariages de pharaons avec des princesses asiatiques et ceux de princesses égyptiennes avec des dynastes asiatiques, le commerce international plus actif, ont suscité dans la vallée du Nil un intérêt accru pour les civilisations étrangères, en même temps qu'augmentait en Syrie-Palestine la pénétration des idées, de la symbolique, des thèmes et motifs d'origine égyptienne. Le cas de la déesse maîtresse des serpents, que nous venons d'évoquer, n'est qu'une des nombreuses illustrations possibles de ce phénomène de va-et-vient.[37]

Nous avons tenté de dégager ici certaines similitudes entre les conceptions et les pratiques de la magie à Ugarit et en Egypte, pour essayer de préciser la signification que peut avoir la présence à Ugarit d'un bâton magique égyptien. Mais celle-ci ne peut être appréciée à sa juste valeur que lorsque l'on inscrit l'objet, outil spécifique, dans son pays d'origine, de l'aide apotropaïque et prophylactique à la naissance et à la renaissance, dans un ensemble de documents iconographiques et religieux provenant d'Ugarit, de la Syrie-Palestine en général et de Chypre, qui s'éclairent les uns les autres et qui prennent leur plein sens à la lumière d'une lecture «à l'égyptienne» ou, en tout cas, d'une lecture appuyée sur la richesse et le caractère souvent plus explicite des sources égyptiennes. On comprend alors l'importance, dans cette région de la Méditerranée orientale, où leur présence n'a que rarement été relevée ou correctement interprétée jusqu'à maintenant, des divinités à caractère et origine partiellement égyptiens protectrices de la naissance. Ce deuxième volet de notre étude qui, portant sur le dossier complet, a pris trop d'ampleur pour trouver place dans ce volume d'hommage, sera publié à part incessamment.[38]

Lagarce, A. Bounni, N. Saliby dans *Comptes rendus de l'Académie des inscriptions et belles-lettres* (1983) 280-284; (1984) 409, fig. 5; (1987) 285-286, fig. 9.

[37] Le grand panneau de lit en ivoire de Ras Shamra est sans doute le document qui atteste le mieux la fidélité au symbolisme égyptien dans l'adaptation aux nécessités locales, cf. E. Lagarce dans *Atti del I Congresso Internazionale di Studi Fenici e Punici, passim*, en particulier p. 547-553, n. 2-5, avec bibliographie, et pl. XCVI (1-2); J. & E. Lagarce dans *Enkomi et le Bronze Récent à Chypre*, p. 78, 175-176 et 184.

[38] E. & J. Lagarce, *Divinités de type égyptien protectrices de la naissance et de la renaissance à Ugarit, en Syrie-Palestine et à Chypre*, à paraître.

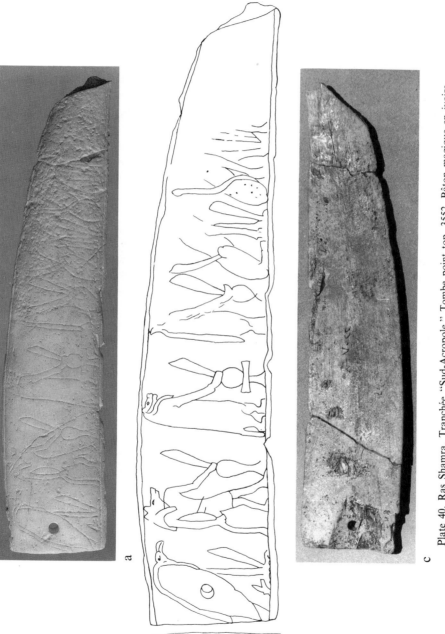

Plate 40. Ras Shamra. Tranchée "Sud-Acropole." Tombe point top. 3552. Bâton magique en ivoire (RS.1961, Inv. 24.441). Musée de Damas 7022. L. 25,8 cm (photo face Archives Mission de Ras Shamra; photo revers J. Lagarce; dessin L. Courtois, J. & E. Lagarce).

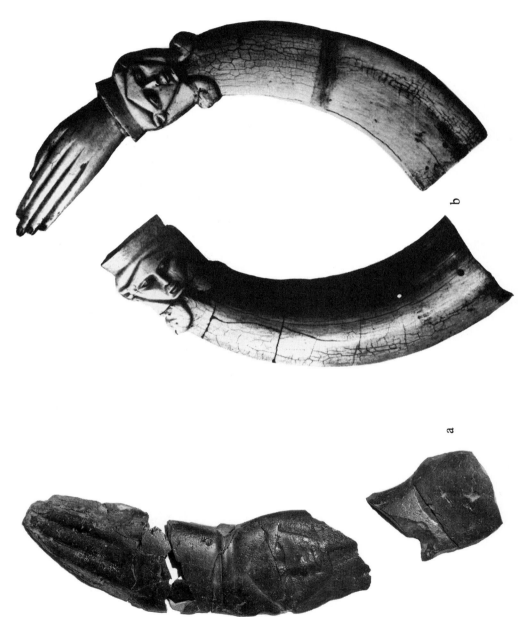

Plate 41a. Ras Shamra. Tranchée "Sud-Acropole." Maison "du prêtre-magicien," "*cella* aux tablettes," point top. 3746 et 3786. Claquoir hathorique en ivoire (RS.1961, Inv. 24.421). Musée de Damas. L. max. cons. 16,5 cm (photo J. Lagarce).

b. Egypte. Paire de claquoirs hathoriques en ivoire d'hippopotame. Musée de L... em N.1408 / N.1459

Plate 42. Egypte. Bâtons magiques.

a. Musée du Caire C.G.C. 9434 (Petrie, *Objects of Daily Use*, pl. XXXVIA; cf. notre Pl. 46a).
b1-2. Lisht. New York, Metropolitan Museum 15.3.197 (Altenmüller, *Apotropaia*, p. 119, fig. 13).

Plate 49.

a. Jebel el-Araq. Manche de couteau en ivoire.

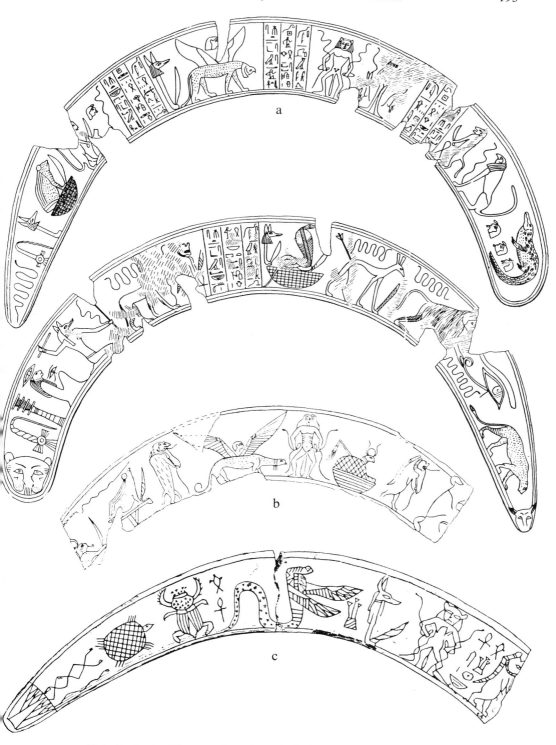

Plate 44. Egypte. Bâtons magiques (pour le détail consulter la liste des planches).

Plate 45. Egypte et (d) Palestine. Bâtons magiques (pour le détail consulter la liste des planches).

Plate 46. Egypte. Bâtons magiques (pour le détail consulter la liste des planches).

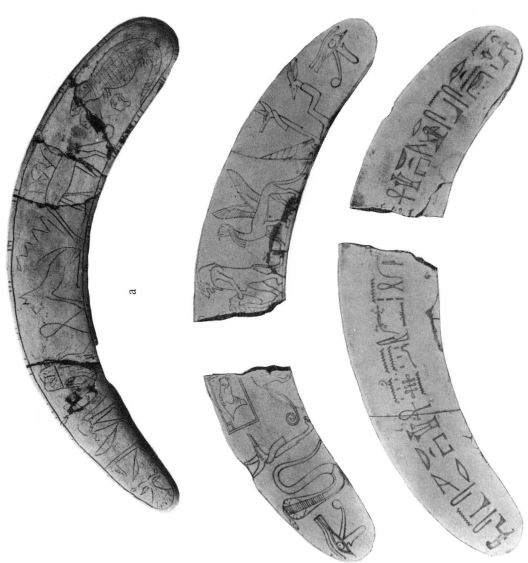

a

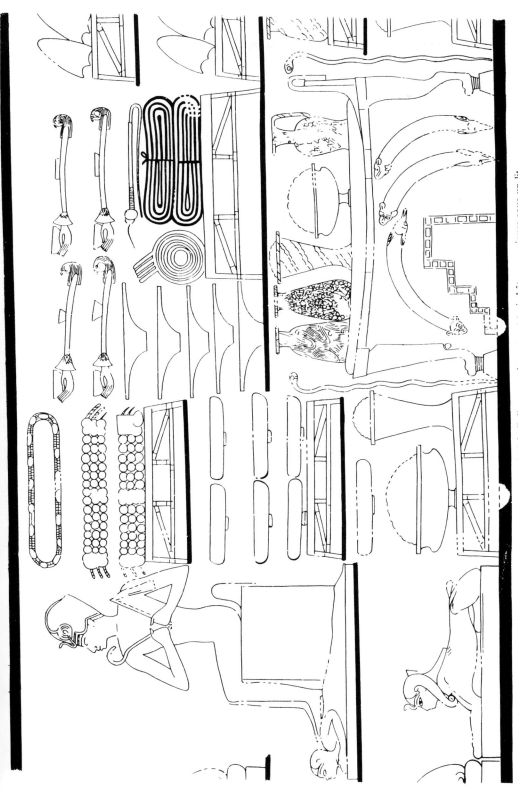

Plate 48. Thèbes. Tombe de Rekhmiré. Détail d'une paroi montrant trois bâtons magiques sous un lit encadré de deux bâtons-serpents (N. Davies, *The Tomb of Rekhmire II*, pl. XXXVII, quart inf. droit).

Plate 49a. Jebel el-Araq.
            Manche de couteau en ivoire.
         b. Hiéraconpolis. Palette en schiste du roi Narmer.
         c. Egypte. Palette en schiste «aux canidés» (pour le détail consulter la liste des planches).

TALL MUNBĀQA. DIE SPÄTBRONZEZEITLICHE STADTANLAGE UND DIE HÄUSER

Dittmar Machule

Der Grabungsort Tall Munbāqa liegt am Ostufer des oberen Euphrat-Tales in der Höhe von Aleppo. Er wird zwar nicht vom Wasser des heutigen Assad-Stausees überflutet, jedoch sind die Uferzonen durch Wellenschlag und schwankenden Wasserspiegel akut gefährdet.

Die englische Reisende Gertrude Bell vermutete schon 1907, als sie die Ruine entdeckte und die noch bis zu 10 m hoch anstehenden Schüttungswälle sowie die verstreuten Reste steinerner Mauern fotografierte, dass in Tall Munbāqa eine sehr alte, bedeutende Stadt verborgen ist.[1] Spätestens mit der Identifizierung zweier grosser bronzezeitlicher Antentempel durch E. Heinrich, — Gertrude Bell hatte deren Mauerreste für ein Wassertor gehalten —, wurde deutlich, dass es sich um die Ruine einer einst blühenden kleinen Stadt der in diesem Raum unerforschten Kultur des 2. Jahrtausends v.Chr. handelt.[2] Durch die Ausgrabungen, die die Deutsche Orient-Gesellschaft seit 1969 trägt, erschliesst sich vielfältiges Quellenmaterial für die Erforschung der kulturellen Entwicklungen der Bronze-, insbesondere der Spätbronzezeit im nordsyrischen Raum. Ermöglicht wurde die Feldforschung Dank der Förderung und Unterstützung durch die Generaldirektion der Antiken und Museen Syriens und mit Hilfe der Finanzierungen durch die Stiftung Volkswagenwerk (1969 bis 1974), durch private Spendengeber (1975 bis 1979) und durch die Deutsche Forschungsgemeinschaft (ab 1983).

Schon die bisherigen Grabungsergebnisse in Tall Munbāqa bieten umfangreiche Einblicke in die räumliche Organisation einer Stadt und ihrer Bauwerke.[3] Zusammen mit den Ergebnissen anderer Grabungen im Euphrattal, beispielsweise die von Meskéné-Emar, Hadidi, Tell Fray, Tell Sweyhat, Tell Al Abd oder El-Qitar, wird das Bild einer durch Handel und Handwerk, Land- und Viehwirtschaft im 2. Jahrtausend v.Chr. ökonomisch starken Euphratregion gestützt. Die mehrfach zerstörte und dann wiederbesiedelte Stadtanlage von Tall Munbāqa, — der alte Name lautet vermutlich *Uri* —, wurde um 2400 v.Chr., in der Frühbronzezeit, gegründet und

---

[1] Gertrude Bell, *Amurath to Amurath* (London 1924, 2.Aufl.) 43ff.

[2] Vgl. die Berichte in den *Mitteilungen der Deutschen Orient-Gesellschaft zu Berlin* (*MDOG*) 101 (1969) und folgende.

[3] Zu den Ergebnissen der Kampagnen 1985 und 1986 vgl. *MDOG* 119 (1987) 68ff. und *MDOG* 120 (im Druck).

erlebte die Blüte und den Niedergang in der Spätbronzezeit, zwischen 1600 v.Chr. und 1200 v.Chr.

Angesichts weiterer Grabungen in dieser Stadtruine sollen im folgenden einige Aspekte des erarbeiteten städtebaulich-architektonischen Befundes zur spätbronzezeitlichen Stadtanlage und ihrer Häuser zusammengefasst werden.

Tall Munbāqa liegt, sowohl regional als auch überregional betrachtet, in verkehrsgünstiger Lage. In Nordsyrien nähert sich der Euphrat in einem Bogen dem Mittelmeer, sodass sich hier, wo der kürzeste Landweg zwischen Meeresküste und Euphrattal gegeben ist, die günstigen Stellen für Umschlagplätze im Verlauf der Überlandhandelsrouten befanden. Die Siedlung von Munbāqa wurde auf einer schmalen, von Wadis unterbrochenen Schotterbank gegründet. Diese Aufschotterung zieht sich zwischen den heutigen Orten Shams ed Din im Norden und Tawi im Süden am östlichen Flussufer hin. Der Gründungsplatz ist geschickt ausgesucht worden, denn offensichtlich war die heute noch fruchtbare Talung östlich der Schotterbank einst hochwassergefährdet. Die spätbronzezeitliche Stadt überbaut und benutzt eine frühbronzezeitliche Siedlung. Die Stadtmauern der frühbronzezeitlichen Anlage und die Stadtwälle der spätbronzezeitlichen Stadterweiterung bzw. Wiederbesiedelung des Ortes wurden im Norden und Süden jeweils dicht an Wadis errichtet. Diese Wadis waren der natürlich vorgegebene Abgang zur Uferzone. Hier endeten vermutlich die Wege und Strassen der Fernhandelsrouten, die geradlinig durch zwei wie Pforten wirkende Unterbrechungen der zwei Kilometer von Munbāqa entfernten Tafelberge von Osten an den Euphrat heranführten (Pl. 52).

Der auf der westlichen Flussseite, Tall Munbāqa gegenüber liegende Djebl Aruda dient heute noch als eine weithin sichtbare Landmarke. Wer, von Osten kommend, auf ihn zuhält stösst unweigerlich auf Tall Munbāqa. Von der Stadt, insbesondere von den Wällen aus, lässt sich das Euphrattal weit nach Süden hin überblicken. Nach Norden verstellt dagegen der Djebl Sin den Blick, der Fluss macht um diesen Berg eine Biegung. Von der Spitze des Djebl Sin überschaut man das Tal auch nach Norden. Die spätbronzezeitliche, ebenfalls mit Schüttungswällen umgebene Stadtruine Hadidi, — vermutlich das alte *Azu* —, liegt in Luftlinienentfernung 6 km nördlich von Munbāqa auf der anderen Uferseite und ist gut erkennbar. Fernkommunikation mittels Sichtzeichengebung dürfte eine relativ gute Kontrolle über die Bewegungen im Umkreis der Stadt ermöglicht haben.

Der Fluss besass in der Höhe von Munbāqa, auf der Ostseite des Tales, offensichtlich immer einen Hauptarm. Wie aufgereiht finden sich dort, auf der langgezogenen Schotterbank, die Stadtruinen Tell Al Abd, Tall Munbāqa und Tell Sheikh Hassan, letztere mit Siedlungsresten aus neolithischer Zeit.

Die spätbronzezeitliche Stadtanlage von Tall Munbāqa (Pls. 50-51) folgt einem Idealkonzept, das den vorgefundenen topographischen Bedingungen des ausgewählten Siedlungsortes angepasst wurde (Pl. 55a). Ein mit Mauern abgegrenzter Bereich wirkt wie die Zitadelle der Stadt („Kuppe"). Er ist der Siedlungskern und das

Zentrum der spätbronzezeitlichen Stadtanlage. Hier lag die frühbronzezeitliche Siedlung, die überbaut bzw. weiterbenutzt wurde (Pl. 53a). Sie hatte starke Lehmziegelmauern als Befestigung. Vor diesen wurde in der Spätbronzezeit eine Steinmauer errichtet, die der Linienführung der älteren Befestigungen folgt und offenbar auch die Lage der Tore übernimmt. Ob die Steinmauer errichtet wurde, um eine erste spätbronzezeitliche Stadt[4] zu schützen, oder ob sie, im Sinne einer Temenosmauer, die flussseitige Nordecke der Gesamtstadt ausgrenzen sollte, ist unklar. Ein Wechsel der Funktion dieser Steinmauer von einer äusseren Stadtbefestigung zu einer inneren Grenzmauer ist auch denkbar. Offen ist also, ob sich die Stadtentwicklung in der Spätbronzezeit, was die flächenmässige Ausdehnung betrifft, in drei oder zwei Schritten vollzog.

Eine mit Schüttungswällen umgebene Siedlungsfläche (die Grabungsbereiche „Innenstadt" und „Ibrahims Garten") umschliesst den Siedlungskern in der Art einer ersten (?) Stadterweiterung. Die städtische Uferzone, der Flusshafen von Munbāqa, wurde von den nördlichen und südlichen Ufern durch Mauern, — vielleicht auch in Verbindung mit grösseren Bauwerken, wie Steinsetzungen am Südufer anzeigen —, abgegrenzt. Eingänge auf Uferniveau führten zum Hafenbezirk. Landseitig wurden Stadteingänge im Südosten, das „Süd-Tor 1," und am nördlichen Wadi, das „Nord-Tor" angelegt. Auch im Südwesten wird die neue Stadtfläche, im Grabungsbereich „Ibrahims Garten," bis an ein grosses Wadi geführt. Das hat auch verteidigungsmässig Vorteile, wirken doch die Wadis im Norden und Süden der Stadt wie Stadtgräben. Diese Wadis führen vom oberen Niveau der Schotterterrasse im Bereich der landseitigen Stadteingänge in gleichmässigem Gefälle zum etwa 6,0 Meter tiefer liegenden Ufer. Karawanen können nun den Weg durch die Wadis „extra muros" benutzen und, ohne durch die Stadt selbst zu müssen, den Hafen und seine Magazine erreichen. Das Wadi, das die frühbronzezeitliche Siedlung mit gleicher Funktionszuweisung im Süden begrenzt, liegt nun „intra muros". Es übernimmt die Rolle eines innerstädtischen Abgangs zum Ufer. Die funktionalen Vorteile des an die naturräumlichen Gegebenheiten angepassten Stadtkonzeptes sind offensichtlich.

Für eine landseitige grössere Stadterweiterung, die „Aussenstadt," werden die beiden Wadis „extra muros" ebenfalls bestimmend. Die „Aussenstadt" wird über Zugänge von jedem dieser Wadis, das „Nord-Ost-Tor" und das „Süd-West-Tor," sowie über einen landseitigen, das „Süd-Tor 2" erschlossen. Die bisher unerklärbare Situation der drei Stadttore, „Süd-Tor 1," „Süd-West-Tor" und „Süd-Tor 2," wird verständlich, wenn man sich die unterschiedlichen Lasttransporte der Händler und Handwerker mit ihren unterschiedlichen Zielen und Richtungen vergegenwärtigt. Anhand der Pl. 53b wird deutlich, dass die Anlage der Stadt und ihre

---

[4] Da die Rolle der Stadt in der Mittelbronzezeit völlig ungeklärt ist, könnte auch an eine mittelbronzezeitliche Stadtanlage mit steinernen Befestigungen gedacht werden. Bisher fehlen deutliche Hinweise auf mittelbronzezeitliche Siedlungsschichten in Tall Munbāqa.

Erschliessungen von aussen der Logik kurzer und energiesparender Wegebeziehungen folgt. Von zeit- und energieökonomischem Planen spricht auch das innere Haupterschliessungssystem der Stadt, so wie es derzeit ergänzt werden kann. In Pl. 53b sind die vermuteten Hauptstrassen bzw. -verbindungswege eingetragen. Es zeigt kurze und bequeme Verbindungen.

Die ca. 13,95 ha grosse Stadtfläche unterteilt sich in 2,18 ha Stadtkern, 4.05 ha „Innenstadt" einschliesslich „Ibrahims Garten," 2,69 ha „Aussenstadt," 0,72 ha Uferzone und ca. 4,3 ha Stadtwälle und Böschungen. Die Fläche der frühbronzezeitlichen Ansiedlung, der spätere Stadtkern, wurde also zunächst verdoppelt. Es ist noch nicht geklärt, ob die frühbronzezeitliche Siedlungszelle, sei sie „Stadt" oder „Festung" gewesen, bereits eine Uferzone als befestigten Bereich einbezog. Durch die Anlage der „Aussenstadt" wird die Stadtfläche um 43% erweitert, die innerstädtische Uferzone wird dabei nicht vergrössert. Legt man eine Einwohnerzahl von etwa 150 E/ha-200 E/ha zugrunde, so hätten zur Blütezeit der spätbronzezeitlichen Stadt 2100 E-2800 E, also etwa 2500 Einwohner, in Munbāqa gelebt. Es ist nicht nachgewiesen, dass im näheren Umfeld der befestigten Stadt weitere Ansiedlungen existierten. Auf der Schotterterrasse nördlich von Munbāqa fanden sich frühbronzezeitliche Gräber, auf derjenigen südlich der Stadt spätbronzezeitliche. Die Grabstätten lagen also vor der Stadt, „hinter" den Wadis. [5]

Die spätbronzezeitliche Stadt hat, nach den Beobachtungen im Grabungsbereich „Ibrahims Garten," drei Hauptbau- bzw. -siedlungsphasen, eine Gründungsphase und zwei Wiederaufbauphasen. In der „Aussenstadt" sind zwei Hauptbauphasen erkennbar. Zumindest in der Gründungsphase und in der ersten Wiederaufbauphase hat es Stadtteile bzw. Quartiere mit unterschiedlichen Hauptnutzungen gegeben. Ob dies auch ein Beleg für Bevölkerungssegregation in der kleinen Stadt ist, mag zunächst offen bleiben. In der „Innenstadt" und in der „Aussenstadt" deutet der Grabungsbefund auf handwerkliche Produktion hin, nicht aber in „Ibrahims Garten". Dort mag Handel die Hauptbeschäftigung der Bewohner gewesen sein. Die beiden grossen Tempel im Stadtkern sind möglicherweise Beleg für das, der Tradition des Standortes entsprechend, dort errichtete kultische Zentrum der Stadt, während die städtische Uferzone allein der Magazinierung und dem Umschlag von Handelsware im Flusshafen der Stadt diente. [6]

Für alle Phasen der Stadtbesiedlung, — auch für die jüngste, in der die Wälle überbaut wurden und in der sich die politische und ökonomische Situation in der Region und in der Stadt grundlegend verändert haben musste —, lassen sich typische Häuser nachweisen. Mit 100 qm-200 qm überbauter Fläche sind sie relativ gross. Es sind Lehmziegelhäuser mit bis zu einem Meter hohen, stabilen Steinsockelmauerwerk und mit Holzbalkeneinlagen in den Wänden. Sie sind entweder als

---

[5]   *MDOG* 108 (1976) 38f.
[6]   Vgl. *MDOG* 120 (im Druck).

Einzelbauwerke oder als „Reihenhäuser" plaziert. Zumindest im Grabungsbereich „Ibrahims Garten" basiert die städtebauliche Struktur auf einer überraschend klaren Grundordnung (Pl. 54-55b). Die Frage, ob Einzelhaus und „Reihenhaus" soziale Rangfolgen ausdrücken, kann bisher nicht beantwortet werden.

Städtische „Grundstücke" mit bebauten und unbebauten Flächen, etwa Höfe, Gärten oder Brachflächen, oder mit unterschiedlichen, vielleicht agglutinierenden Bauten, gibt es im Quartier „Ibrahims Garten," das hier betrachtet wird, nicht (Pl. 54). Das Haus selbst und die überbaute Fläche sind Einheiten, die einander zugeordnet werden. Dabei wird das Gebäude bzw. sein Umriss unter Beibehaltung der Grundrissordnung offenbar einer gegebenen Bauplatzsituation angepasst, wie Haus N gut zeigt. Die Häuser werden wie Zelte mehr oder weniger dicht nebeneinander gesetzt, nicht aber auf grössere „Baugrundstücke," die Raum für weiteres Bauen oder für allein auf die Hauseinheit bezogene Aussenraumnutzung geben könnten, plaziert. Das Quartier „Ibrahims Garten" macht tendenziell den Eindruck eines verstädterten Lagers. Die Enge der Aussenräume, der Frei- bzw. Verfügungsflächen vor und zwischen den Baukörpern mag eine Folge der zu kleinen Stadtfläche sein oder es hat klimatische Gründe. Ungeklärt ist es, ob andere Quartiere und bebaute Flächen der Stadt ebenso organisiert sind. Auch ist noch nicht auszuschliessen, dass das Quartier „Ibrahims Garten" eine baulich-räumlich gestaltete, funktional begründbare „Mitte," zum Beispiel einen Platz oder ein Bauwerk mit besonderer Funktion, hat. Regeln für eine generelle Orientierung der Häuser sind nicht ablesbar, wenn man sich alle bisher ausgegrabenen auf ihre Lagebeziehungen hin ansieht (Pl. 54, 57). Die Gebäude richten sich nach der Strasse, an der die Hauseingänge liegen. Dies spricht für ein vorgegebenes Hauptstrassennetz.

Es gibt im Grabungsbereich „Ibrahims Garten" Differenzierungen, vielleicht auch Hierarchien, von Aussenräumen, nämlich der Platz oder die platzartige Erweiterung, die breite Strasse und die schmale Gasse. Nutzungen „unter freiem Himmel" spielten sich, wenn man von Dachbenutzungen absieht, in diesen Aussenräumen ab. Ausser langen, schmalen Steinbänken entlang von Hauswänden fanden sich keine Hinweise auf baulich-räumliche Abgrenzungen oder Einteilungen. Dies schliesst Zuordnungen von Aussenraumbereichen nicht aus. Bänke in den Strassen und Gassen können als Belege intensiver Aussenraumnutzung gelten. Auffallend sind gleichartig gestaltete Hauseingänge. Breitere, sorgfältig gesetzte Steinschwellen vor dem Eingang und ein neben der Tür in die Schwelle eingebauter grösserer Stein mit kleinen Ausarbeitungen, die wie zum Spielen gedacht erscheinen, betonen bei mehreren Häusern diese Nahtstelle zwischen Innenraum und Aussenraum.

Es gibt in Munbāqa einfache, dreiräumige Häuser mit einem Hauptraum und zwei Nebenräumen, die typisch sind und es gibt aufwendige, mehrräumige Häuser mit einem Hauptraum und mehreren Nebenräumen. Der einfache Haustyp ist bisher nur am Beispiel des Hauses C (Pl. 54) sicher identifiziert, dürfte aber noch

häufiger in Munbāqa vertreten sein. Dieser Haustyp ist aus Meskéné-Emar
bekannt.[7] Den aufwendigen Haustyp kennen wir dagegen aus Hadidi[8] und Tell
Fray.[9] In Munbāqa wurde er mit mehreren Grundrissvarianten bei den Häusern
A,B,D,E,F,H,M,N verwirklicht (Pl. 54,57). Massive Treppen wurden bei diesen
Haustypen bisher nur in Tall Munbāqa beobachtet (Häuser B und E). Bei diesen
Häusern gibt es wiederkehrende Merkmale, die deren Eigenart ausmachen. Das
sind:

1. Die eher quadratisch-kubische Grundform des Gebäudes mit den regelmässig
angeordneten, eher quadratischen kleinen Nebenräumen mit 6 qm-10 qm Fläche
am langrechteckigen Hauptraum mit 40 qm-55 qm Fläche.

2. Die indirekte Erschliessung des Hauptraumes vom Hauseingang her gesehen über
einen Nebenraum, der wie ein Vorraum in einer Hausecke liegt.

3. Die Erschliessung nahezu aller Nebenräume direkt vom Hauptraum, der somit
die Funktion einer zentralen „Verteiler"-Halle bekommt.

4. Die Art und die Lage der typischen Einbauten im Hauptraum, wodurch dessen
Längsachse betont wird.

Der Hauptraum wird, wenn man vom Hauseingang kommt, in allen Fällen nicht
in Richtung der Raumachse betreten, sondern von der Seite (Pl. 58a). Dies steht in
auffallendem Gegensatz zum konstruktiv gleich und grundrisslich ähnlich gestalte-
ten „petit palais" von Tell Fray.[9] Die dem Zugang des Hauptraumes gegenüber-
liegende Querwand ist in der Wandmitte baulich-räumlich mehr oder weniger
wirkungsvoll betont (Pl. 58). Dies wird offenbar schon beim Bau des Steinsockel-
mauerwerks an dieser Stelle bedacht. Es wird ein grösserer Sockelstein eingesetzt
und ein Wandvorsprung konstruktiv ausgebaut. Dies Baudetail ist äusserlich auch
im „temple sud" und im „temple nord" von Tell Fray zu beobachten. Die
Gestaltung dieser Stelle der Gebäude gehört, wie die übrigen hier beobachteten
Eigentümlichkeiten, zur regionalen Bautradition. Denn von Haus B, dessen Bau in
die frühspätbronzezeitliche Gründungsphase Munbāqas datiert wird, zu Haus F,
dessen Errichtung auf dem Innenwall der jüngsten Wiederaufbauphase der Stadt
hinzugerechnet wird, sind Entwicklungen hin zu vereinfachten Details zu beobachten. Die kurzen Wandvorlagen, die „Anten" oder „Wangen," in den Haupträumen
der frühspätbronzezeitlichen Häusern A, B und D liessen sich im Haus A als Reste
von Wandpodesten identifizieren. Diese waren etwa 1,0 m hoch und zum Raum hin
offen. Sie wurden bisher nur im „temple sud" von Tell Fray beobachtet. In ihm und
im „temple nord" von Tell Fray fanden sich weitere Einbauten, die auch für die
Munbāqa-Häuser typisch sind, das flache Steinpodest und längere, seitlich angeord-
nete Bänke. Nicht nachgewiesen, aber für den Hauptraum im „temple nord"
anzunehmen, ist ein Sockelpodest, das einem Altar ähnlich im Haus A stand. Zu

7   J. Margueron ed., *Meskéné-Emar, Dix ans de travaux 1972-1982* (Paris 1982) 26, Fig. 2.
8   R.H. Dornemann, *BASOR* 241 (1981) 30, Fig. 2.
9   A. Bounni & P. Matthiae, „Tell Fray," *Archaeologia* 140 (mars 1980) 30ff.

diesen Einrichtungen der Haupträume zählen auch Steinblöcke, die wie ein Gefäss ausgearbeitet sind. Das alles diente offensichtlich differenziert ablaufenden kultisch begründeten Handlungen, die im Haus ebenso wichtig waren, wie sonstiges Geschehen. Die Einbauten sind, wie Pl. 58b zeigt, in gleicher Zueinanderordnung eingebaut worden und unterteilen den Hauptraum in zwei Zonen, wovon auch die Funktion der Nebenräume beeinflusst zu sein scheint. Am Eingang in den Hauptraum ist mehr Platz, dort liegen auch die Treppen. Die Tiefe des Raumes, wo die Podeste angeordnet sind, wirkt intim, erfordert Annäherung. Auffallend ist es, dass diese deutliche Gliederung und Einrichtung der erdgeschossigen Räume in allen bisher in Tall Munbāqa ausgegrabenen Häusern dieses Typs zu finden sind. Es handelt sich also nicht um Ausnahmen, sondern um Übliches, — es sei denn, die beschriebenen Häuser selbst sind eine Gruppe von aussergewöhnlichen Bauten mit aussergewöhnlicher Funktion. Die vorhandenen Grundrissvarianten und Modifizierungen der Haustypen in Bezug auf die Lage und die Erschliessung der Räume dokumentieren allerdings Beweglichkeit und eine gewisse Freizügigkeit im Rahmen der vermuteten traditionellen Bindungen (Pl. 58a).

Am Beispiel von Tall Munbāqa wird eine eigenständige syrische Stadtkultur der Euphratregion im 2. Jahrtausend v.Chr. sichtbar. Die städtebaulichen und die architektonischen Planungen folgten offenbar klaren inneren Regeln. In der Planungspraxis tendiert dies aber nicht zu Erstarrung und Regelhaftigkeit. Die Stadt und ihre Häuser vermitteln den gegenteiligen Eindruck. Das hohe Mass an pragmatischer räumlich-funktionaler Anpassung kann als Ausdruck einer selbstbewussten Bewohnerschaft gelten.

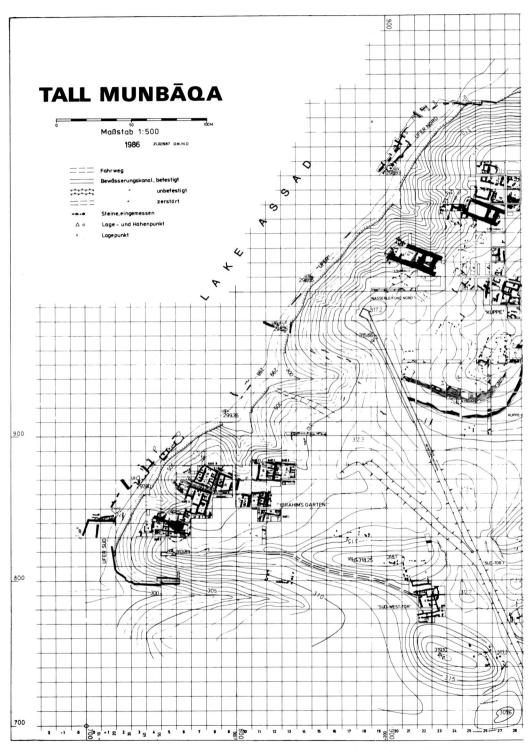

Plate 50. Lageplan von Tall Munbāqa (West). Stand der Ausgrabungen 1986.

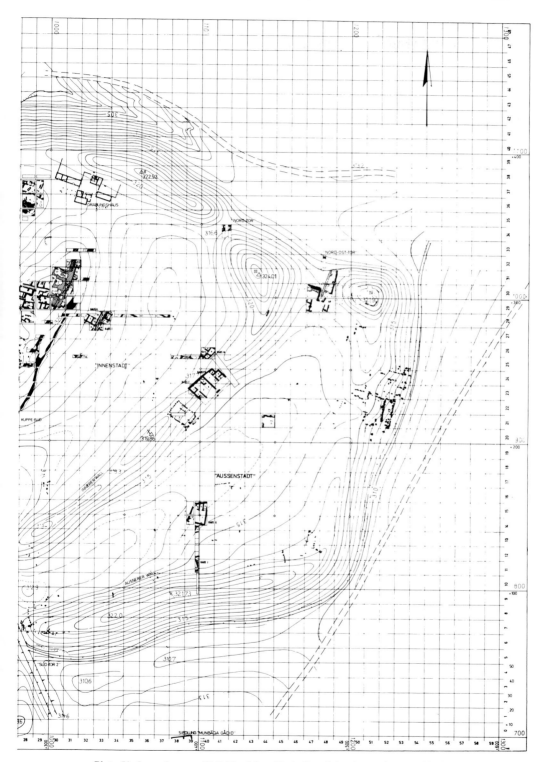

Plate 51. Lageplan von Tall Munbāqa (Ost). Stand der Ausgrabungen 1986.

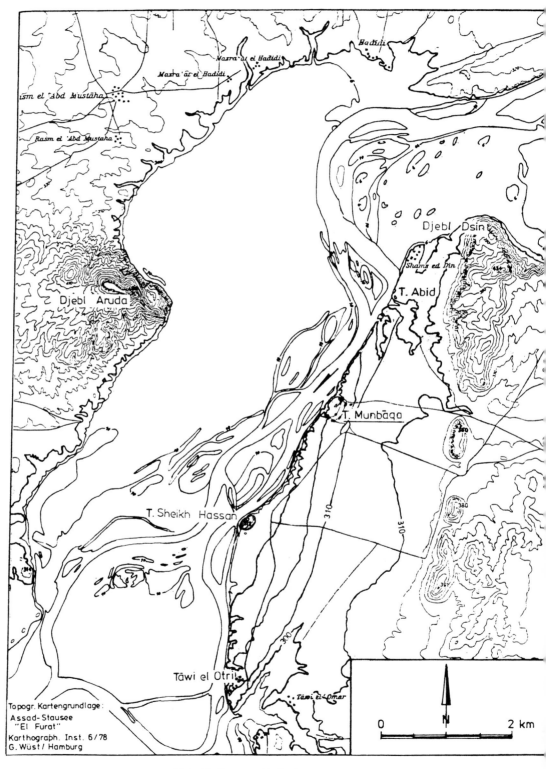

Plate 52. Topographie im Raum Munbāqa.

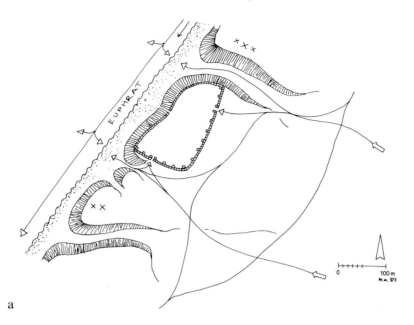

a

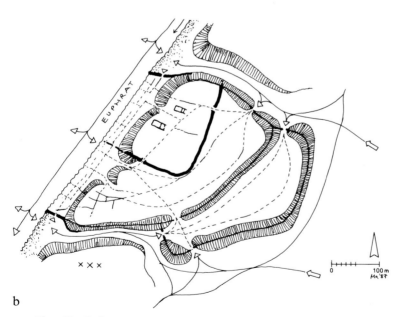

b

Plate 53a. Tall Munbāqa. Lageplan der frühbronzezeitlichen Siedlung.
b. Spätbronzezeitliche Stadtanlage von Tall Munbāqa.

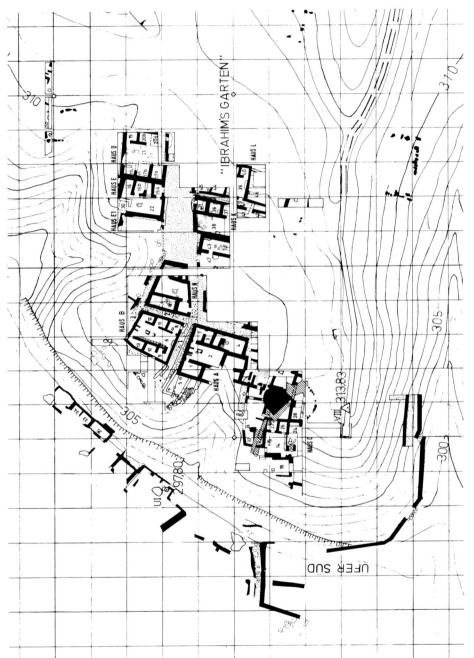

Plate 54. Grabungsbereich "Ibrahims Garten." Grabungsstand 1986. Eingetragen ist ein 10m-Rasternetz.

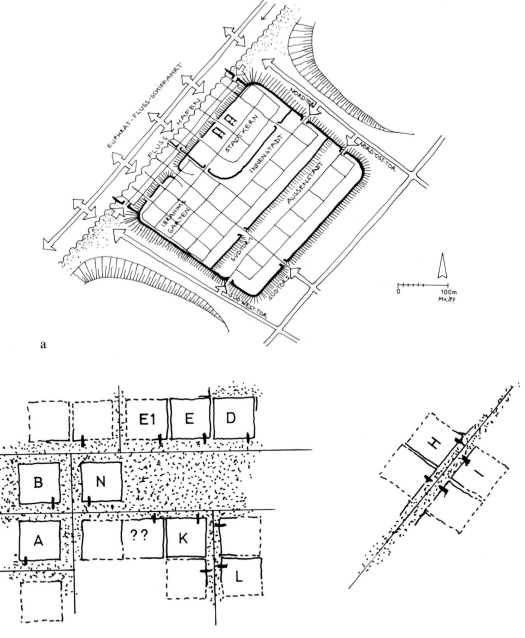

Plate 55a. Idealtypischer Plan der spätbronzezeitlichen Stadtanlage von Tall Munbāqa.
b. Bebauungsstruktur im Quartier "Ibrahims Garten" und in der "Innenstadt."

Plate 56. Haus B in "Ibrahims Garten." Im Hintergrund der Djebl Aruda.

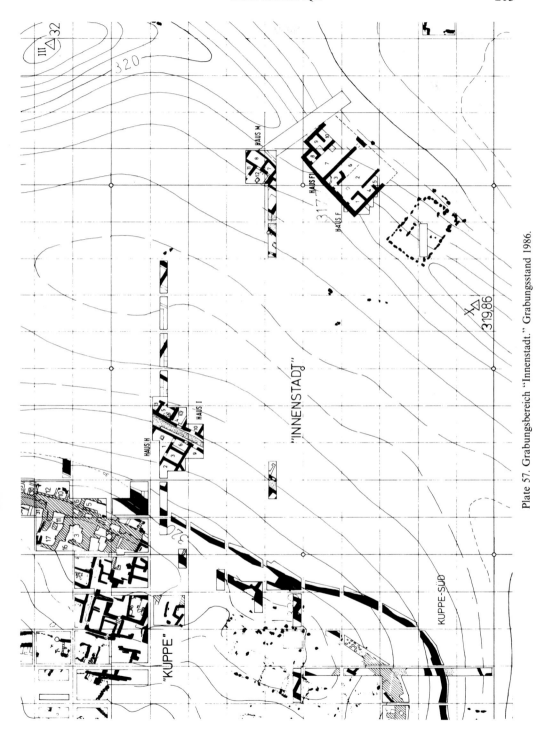

Plate 57. Grabungsbereich "Innenstadt." Grabungsstand 1986.

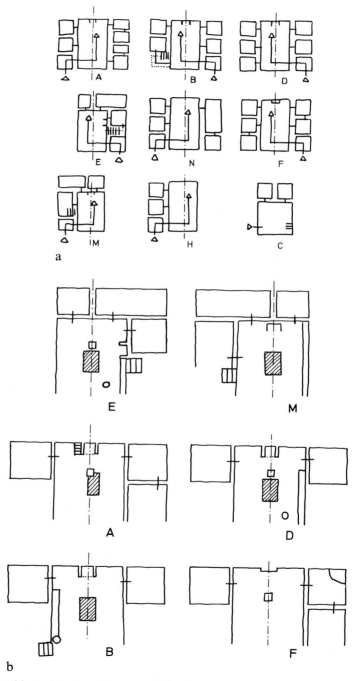

Plate 58a. Grundrissstruktur der grösseren mehrräumigen Häuser von Tall Munbāqa, teilweise ergänzt.
b. Einbauten in den Haupträumen der Häuser von Munbāqa.

OBSERVATIONS ABOUT IRON AGE GLYPTICS FROM TELL AFIS AND TELL MARDIKH

Stefania Mazzoni

The seals from Iron Age levels of Tell Afis and Tell Mardikh offer a clear example of the problems of identification and interpretation of the Syrian glyptic repertory of the first millennium B.C. Because of both the limited and incomplete nature of the documentation, it seems to us that it is as yet premature to pretend to impose order on the complicated and multifaceted picture of seal production during this period, and so we shall therefore limit ourselves to sharing some observations and reflections about this material.

The general lines of development of Syrian glyptic production during the first millennium is yet to be defined. The reasons behind the delay in the study of this material, especially in comparison with more ancient material, are diverse. It is a certainty that the production of cylinder seals underwent a seemingly irreversible decline from the 14th and 13th centuries B.C. onward. The practice of the reutilization of more ancient seals as early as the Mitannian age is the first sign of this.[1] By the first millennium, cylinder seal production in the local Syrian style was in full crisis; it was opposed by an evermore widespread repertory of Neo-Assyrian inspiration, which is documented by both importations and imitations produced locally.[2] A local repertory was affirmed only in stamp seals, but here too the widespread reuse of older seals indicates the reality of a tradition on its way to extinction.

The division of seal production between a cylindrical type of prevailingly Neo-Assyrian style and a stamp type with local styles and themes indicates that such a dichotomy lay more in the function and circulation of the seals than in the production of the workshops themselves. We are able to recognize at least two among the many possible reasons at the root of the phenomenon: 1) the progressive spread of alphabetic writing on different materials, such as cloth and papyrus, which required new sealing devices, among which the most suitable were stamp

---

[1]   B. Teissier, *Ancient Near Eastern Cylinder Seals from the Marcopoli Collection* (London 1984) 100-101 on this decline. On the reuse of seals, see S. Mazzoni, "Gli stati siro-ittiti e l'età oscura," II: Sviluppi iconografici e propaganda politica," *EVO* 5 (1982) 201.

[2]   A good example of this situation is in H. Kühne, *Das Rollsiegel in Syrien: Zur Steinschneidekunst in Syrien zwischen 3300 und 330 vor Christus* (Tübingen 1980) 136-145. Nos. 84-91, all seals from the "Neusyrische Zeit" (1100 bis 540 v. Chr.), are of Neo-Assyrian style; in Teissier, *Marcopoli Collection*, some of the Neo-Assyrian ones are also recognized as Levantine, nos. 175-176, p. 35.

seals, adopted later in the Greek and Roman worlds; and 2) the progressive diffusion, primarily in sea trade, of shipping jars and the need for permanent seals on the body of these containers.

Whatever the causes, a sign of the decline in cylinder seal production and its increasing characterization as imitative in the face of the affirmation of the local stamp type can be read in a particular phenomenon, one which is the opposite of what one would expect from the quality of the two productions: the Syrian cylindrical glyptics of local style show a strong influence from stamp seal production in both style and themes.[3] Only few cylinders of the highest quality show similarities to the iconographic repertory of Syro-Hittite relief carving, both monumental carving on orthostats and that seen on the ivories.[4]

The delay in making even a general classification of Syrian Iron Age glyptic production is, in any case, due to the difficulty of making a chronological, or even geographic, identification of many seals which unfortunately are held in private collections. So the study of this material is reduced to three general tendencies: 1) to attribute to this period only that which is clearly recognizable, that is, the Assyrian-like production; 2) to separate, as was also done recently, the Levantine Assyrian-like seals (that is, Assyrian-like seals certainly of Syrian production) from the "Levantine" seals of various tendencies and to include the former among the Assyrian types;[5] then, to classify the "Levantine" types between 1550 and 900 B.C., among the following types: First Group: Hyksos, Syrian and Mitannian Derivation; Second Group: Foreign Influence; and Third Group: Local. The last operation has been done out of prudence, deserving of merit, especially because the material classified is varied and difficult to date. In addition, it is part of a private collection that for various reasons we are unhappy to know is now located outside of Syria. 3) to end up, because of an opposite tendency, arriving at dates that are too high precisely because we are more familiar with and better able to classify Early, Middle and Late Bronze Age seals.[6]

---

[3] *Ibid.*, figs. 664-666, p. 300, 303; the composition of the animals is clearly inspired by the seals with passant animals often accompanied by scorpions and birds from D.G. Hogarth, *Hittite Seals, with particular reference to the Ashmolean Collection* (Oxford 1920) nos. 252, 271, 273, 284-287, pl. IX.

[4] Among the few exceptions, see the impression from Hama: O.E. Ravn, *A Catalogue of Oriental Cylinder Seals and Impressions in the Danish National Museum* (København 1960) no. 160, p. 123-124. For a class of stamp scarabs with Syro-Hittite themes, see now: J. Boardman & R. Moorey, "The Yunus Cemetery Group: Haematite Scarabs," M. Kelly-Buccellati ed., *Insight through Images: Studies in Honor of E. Porada* (BiMes 21, 1986) 35-48.

[5] Teissier, *Marcopoli Collection*, nos. 175-176, p. 35; for the Levantine seals, see pp. 100-104.

[6] As we did in "Sigilli a stampo paleosiriani di Mardikh IIIB," *SEb* 2 (1980), for fig. 39, now to be compared with the trefoil stamp from Tell Mastuma: N. Egami, "The Archaeological Researches in Idlib Prefecture," *AAAS* 33 (1983) 78, 82, fig. 8. H.H. von der Osten, *Altorientalische Siegelsteine der Sammlung H.S. von Aulock* (Uppsala 1957) 136-137, also considered these trefoil stamps as part of his "ältere syrische Gruppe," as Lambert does now: W.G. Lambert, "Near Eastern Seals in the Gulbenkian Museum of Oriental Art, University of Durham," *Iraq* 41 (1979), no. 109, pl. XII, p. 33.

The materials from Tell Afis, and other comparable materials from Mardikh V levels, are valid as examples of the types of problems posed by the Syrian glyptic documentation of the first millennium B.C. Other glyptic documents of the first millennium were brought to light in earlier years, such as those from Tell Halaf, Zincirli and the area of Karkemish, often of uncertain or no longer recognizable stratigraphic provenance. P.R.S. Moorey was also faced by these same problems when he reconsidered the seals and other materials from the Deve Hüyük excavations made by L. Woolley in 1913.[7] These problems, which the documentation from Tell Afis also presents, are substantially of four types: 1) the reuse of older seals; 2) the stylistic and iconographic hold-over from earlier repertories; 3) the occasional rise from earlier levels of more ancient material to later floors; and 4) irregular and "dateless" schematizations.

In the following we shall examine the material which fits best into a certain chronological development of the Afis site.

A — Cylinder seal.   Pl. 59a
    The sole example is a seal imitating a Neo-Assyrian example:
TA.72.232
        Faience; light blue glaze; 1.8 × 0.7 × 0.2 cm.
        DgV4, Level 4, Locus 214, Iron Age II-III.

The seal belongs to a class of Neo-Assyrian seals in faience with the theme of the archer and the horned serpent, widespread in Assyria between the 9th and the 7th centuries, also in simple schematizations.[8] In the Levant and especially in Syria the presence of these seals is well documented.[9] Our seal is similar to an example in the Ashmolean Museum in the schematization of the arm raised behind the figure.[10] The Assyrian model has there been transformed with a few adaptations; thus the double line corresponding to the arm holding the bow and the taut bowstring seems to be reduced to a geometric motif. In the examples in the Ashmolean Museum and in the Marcopoli collection of local style, only one line appears, corresponding to

[7]   P.R.S. Moorey, *Cemeteries of the First Millennium B.C. at Deve Hüyük* (= BAR 87, Oxford 1980) 105-117.
[8]   B. Parker, "Excavations at Nimrud, 1949-1953: Seals and Seal Impressions," *Iraq* 17 (1955) 103-104, pl. XV and especially XV:2-3 (ND 2153, ND 1009); A. Moortgat, *Vorderasiatische Rollsiegel: Ein Beitrag zur Geschichte der Steinschneidekunst* (Berlin 1966) nos. 689-694, p. 72, 147, and in particular no. 695 from Tell Halaf.
[9]   R. Reich & B. Brandl, "Gezer under Assyrian Rule," *PEQ* 117 (1985) fig. 6:1, p. 46 with relative bibliography. Of the latter, it is worthwhile to point out at least B. Hrouda, *Tell Halaf IV* (Berlin 1962) 31, 35, pl. 25:23-27.
[10] B. Buchanan, *Corpus of Ancient Near Eastern Seals: The Collection of the Ashmolean Museum* (Oxford 1966) no. 625 in particular and 624, 626-629, pl. 41, p. 113; Teissier, *Marcopoli Collection*, nos. 175-176, p. 35, 156, considered Levantine.

the arm or to the bow's string. In TA.72.232, on the contrary, a double line is represented, just as in the seals of this class from Tell Halaf, together with the detail of the pulled-back arm and with the often schematic representation of the arrows in the quiver.[11]

The theme, B. Parker Mallowan states, persisted for a long period of time. In any case, the most stylized examples, and those most similar to ours, date to the 8th and 7th centuries. The same date has also been assumed for the Levantine types. In the cases of certain stratigraphy (Gezer, Abu Danne), they belong to the period of the Assyrian occupation, as is logical. It would be advisable to attribute the seal from Afis to this same period.

B — Stamp seals and impressions.

The transformation of Syrian glyptics during the first millennium B.C. is evident in the different proportion of cylinder seal to stamp seal documentation. In contrast to the second millennium, it now appears that there is a preponderance of stamp seals, which are of different shapes and types.

TA.78.13   Pl. 59b
        Cretula, grey clay; 2 x 1.9 x 0.8 cm.
        DIV1 Level 3, East of M.184.

An element of interest is the provenance of the bulla; it was found in the building identified by P. Matthiae as a *bit hilani*,[12] in what, in the probable reconstruction of the building's original floor plan, was likely to have been one of the rooms beside the portico entrance. However, removal and remodelling of the walls, and more often of the very foundations of the entire building, had caused the almost complete disappearance of the original soil and its contents. In this specific case, the bulla comes from a third level, below a reutilization of the Eastern facade of M.184, but also below the original elevation of the building; since, however, this is not preserved due to the remodelling, which was partly responsible for disturbing the levels in this area, the bulla could hypothetically be attributed to the earliest phase of the building's use.

The cretula presents a disc-like motif with rays and with globes at the center and in the spaces between the rays, made with drill holes. A similar motif is well known in the Anatolian pendants and discs in lead.[13] On one of these, the motif is simplified to four rays or crescents with interior globes. It may be Phrygian. This

[11]   Hrouda, *Tell Halaf IV*, pl. 25:23-26, p. 30-31, 35.
[12]   P. Matthiae, "Sondages à Tell Afis (Syrie), 1978," *Akkadica* 14 (1979) 2-5 and figs. 2-3.
[13]   Osten, *Aulock*, no. 365, p. 124, 155. R.M. Boehmer, *Die Kleinfunde von Boğazköy* (= WVDOG 87, Berlin 1972) nos. 1755-1756, p. 186, pl. LX, the latter considered Hittite or Phrygian.

motif, identified as a sign of royalty,[14] has been analyzed in its diffusion over Anatolia and the Near East during the second millennium; of the examples cited, the type which is most similar in motif is a pendant from Shechem.[15]

The simple star-shaped motif is well known in local stamp glyptics of the Neo-Assyrian age, dated to the end of the 8th and the 7th centuries.[16] Also known is the eight-pointed star with eight interior globes. Together with other astral symbols and with the sign of Marduk, it appears, among many examples, in a stamp documented by three impressions on a tablet from Nimrud. In general, in Assyria the star was considered as the symbol of Ishtar.[17] However, it has been given a different interpretation with regard to the stele of Zincirli, where it has been interpreted to be the symbol either of a specific deity (Rakkab-El) or as a divine determinative.[18]

The motif of our impression presents a variant in the scheme which could perhaps be linked to a symbolic value. In fact, at the center is the disc with an internal globe. The rays of the star are curved to form crescents that appear to be separate from the center circle. If this reading is correct, we have the symbols of the astral triad — sun disc, moon and star — united in a sole motif.[19]

Whatever interpretation is to be given to the motif, it seems to us that it can be classified among the motifs belonging to the Neo-Assyrian and Neo-Babylonian stamp glyptics of sacred symbolism rather than among local or even non-local stamps of purely geometric design. This interpretation of the motif concurs with the possibly official function documented by the bulla, and with the location of its discovery in a public building at the city's center.

TA.72.42   Pl. 60a

    Chalcedony, white, translucent; 2.1 x 1.7 x 1 cm.
    Df-gV7. Level 3. Over the debris of L.148.

It belongs to a type of Neo-Assyrian stamp-amulet widespread at the end of the 7th century and in the Neo-Babylonian age, often in duck-shaped examples, mainly

---

[14] H.Th. Bossert, "Meine Sonne," *Orientalia* 26 (1957) 126, pls. VI-VII, figs. 12-16, 18. Th. Beran, "Das Zeichen Sonne in der Hethitischen Hieroglyphenschrift," *Anadolu Araştirmalari* 2 (1965) 63-69.
[15] Boehmer, *Kleinfunde*, p. 19-30 and p. 24, fig. 12. See also at Ebla: P. Matthiae, "Osservazioni sui gioielli delle tombe principesche di Mardikh IIIB," *SEb* 4 (1981), fig. 59, p. 217-218.
[16] Hrouda, *Tell Halaf IV*, pl. 27:63, p. 32, 36, in frit, considered Neo-Assyrian; W.G. Lambert: *Iraq* 41 (1979), no. 120, pl. XIII, p. 35, N 2316 and relative bibliography. For similar types, very schematized Neo-Assyrian and Neo-Babylonian, L. Jakob-Rost, *Die Stempelsiegel im Vorderasiatischen Museum* (Berlin 1975) nos. 436-449, pl. 16, p. 79-81, 44-46.
[17] B. Parker, *Iraq* 17 (1955), text-fig. 26, ND 3428, p. 124, from the middle of the 7th century; for the interpretation of the symbolism, see U. Seidl, *RLA III*, p. 485.
[18] Y. Yadin, "Symbols of Deities at Zinjirli," *Near Eastern Archeology in the Twentieth Century: Essays in Honor of Nelson Glueck* (New York 1970) 206-207.
[19] Regarding the connection of these symbols: P. Calmeyer, "Das Zeichen der Herrschaft...ohne Šamaš wird es nicht gegeben," *AMI* 17 (1984) 138-140.

made out of chalcedony and agate. The motif of the running gazelle is often
sketched in with the use of the drill.[20] The seal must be dated to this time span and
may be considered an import.

TA.72.146   Pl.60b
  Grey stone; 1.7 x 1.3 x. 0.8 cm.
  Dh-V8-9. Level 3. Locus 151.

This category of flattened hemispheroids with rather simple or simplified motifs,
including leaves, made out of poor or common stones, is well documented in the
region. The simplicity of the type makes a chronological attribution difficult.

An almost identical motif appears on a stamp from Smyrna in the Louvre and on
one from Babylonia,[21] but in different shapes, specifically, pendants. The motif is
most likely the simplification of a branch, which we also find documented in the
simpler glyptics of Neo-Assyrian and Neo-Babylonian tradition. Closer to the Neo-
Assyrian motif as well as less schematized is that appearing at Gezer in the
impression of a seal on a cuneiform tablet[22] or in some seals from Tell Halaf.[23]
These latter are considered Neo-Assyrian, but could also be dated to the late Neo-
Assyrian and Neo-Babylonian age. They are especially similar to the drilled
Mesopotamian types, of which they are no more than an even more simplified
version.[24]

This type of Neo-Assyrian and Neo-Babylonian seals/amulets with simplified and
often symbolic motifs was very widespread throughout Syria during the 7th and 6th
centuries. They also stimulated a local production that had similar stylistic and
iconographic characteristics and which we can easily date to this time period only.
We cite just two examples, this time from Mardikh. The more local, and perhaps
also more cursory, aspect of the workmanship concurs with the character of the
settlement. During this period Mardikh was reduced to a peripherical center or
village of an agricultural nature, dependent on Afis, the leading center in the region
during the Iron Age.

---

[20] B. Parker, *Iraq* 17 (1955), no. ND 3261, p. 109, pl. XIX:4 from the end of the 7th century; Jakob-
Rost, *Stempelsiegel*, no. 350, pl. 14, p. 68, VA Bab. 1556-6512 from Amran; no. 362, pl. 14, p. 69, VA
2046.
[21] L. Delaporte, *Museé du Louvre: Catalogue des cylindres, cachets et pierres gravées de style oriental, I*
(Paris 1920-23) pl. 60:1, no. Gl, p. 96; Jakob-Rost, *Stempelsiegel*, no. 454, VA Bab. 1589-649, p. 82,
pl. 17.
[22] R. Reich & B. Brandl, *PEQ* 117 (1985), fig. 61, p. 48.
[23] Hrouda, *Tell Halaf IV*, pl. 27:62, p. 32, 36; pl. 28:66.
[24] For example, see Jakob-Rost, *Stempelsiegel*, pl. 17:450-458, 468.

TM.68.E.54   Pl. 60c

    Steatite; 3.2 x 1.6 x 0.8 cm

    Sector E, North Terrace, Level Iron II-III.

This specimen is also part of the Neo-Assyrian and Neo-Babylonian class of seals/amulets that only have sacred symbols, as in some examples from Assur.[25] The two stars appear among various symbols on seals from the Aulock collection and in the Bibliothèque Nationale.[26] It is a re-elaboration of types from the local repertory of seals imitating Neo-Assyrian and Neo-Babylonian examples.

How this type of seal stimulated various local readaptations is demonstrated again by a stamp seal from Mardikh,

TM.67.F.116   Pl. 61a

    Dark green stone; 1.1 x 2 . 0.6 cm.

    Sector F; surface.

The seal is carved and worked by a drill on all sides; it belongs to a Syrian class of seals/amulets that are often irregular, parallelepiped and scarcely decorated. Some similar examples are part of the Newell collection; one of these presents rather similar iconographic motifs.[27]

The type seems partly to follow a local tradition, both because of the shape and because of the motifs represented. Local antecedents almost certainly were the slightly older prismatic seals.[28] Now, however, both the use of the drill and the often vague symbolism of the geometrical, starred and floral designs, indicate a transformation which took place through the influence of Neo-Assyrian and Neo-Babylonian glyptics.[29]

These various types of stamp seals clearly document the diffusion in Northern Syria of the Neo-Assyrian repertory during the 7th century and of the Neo-Babylonian one during the first half of the 6th. The phenomenon presents different aspects and varying degrees in the absorption of styles and motifs, in their imitation

[25] *Ibid.*, pl. 16:430-431, pp. 78-79; 430, VA 5812 in lapis lazuli, Grab 446; no. 431, VA 870. For the local diffusion of similar symbols: D. Homès-Fredericq, "Glyptique sur les tablettes araméennes des Musées Royaux d'Art et d'Histoire," *RA* 70 (1976), fig. 1, p. 62-63.

[26] Osten, *Aulock*, nos. 183-184, 164, p. 142, Neo-Babylonian; L. Delaporte, *Fondation E. Piot: Catalogue des cylindres orientaux et des cachets assyro-babyloniens, perses et syro-cappadociens de la Bibliothèque Nationale* (Paris 1910) no. 545, p. 303, pl. XXXVI: in this case the lower star is actually a simplified winged sun.

[27] H.H. von der Osten, *Ancient Oriental Seals in the Collection of Mr. Edward T. Newell* (= OIP 22, Chicago 1934) nos. 542, 546, pl. XXXIII, pp. 9-10, 12, considered North Syrian.

[28] G. Loud, *Megiddo II Seasons of 1935-1939* (= OIP 62, Chicago 1948) pl. 163:22, from VA, dated 1150-1000, p. 73; L.Y. Rahmani, "Two Syrian Seals," *IEJ* 14 (1964), no. 1, p. 180-181, pl. 41A-E, from the 8th century. P. Bielinski, "A Prism-Shaped Stamp Seal in Warsaw and Related Stamps," *Berytus* 23 (1974) 53-69. W. Culican, "Syrian and Cypriot Cubical Seals," *Levant* 9 (1977) 162-167.

[29] L. Delaporte, *Louvre II*, no. A 1149, pl. 105:1, p. 208.

and re-elaboration. Some differences can be established between centers of different political and economic significance. Up to the present, imitation Neo-Assyrian seals seem to be absent from Iron Age levels in Mardikh, whereas a poor-quality glyptic is present which grafts the new models onto rather traditional types. Instead, Tell Afis, in the as yet preliminary stages of research, already offers points of contact with sites where the presence of Assyrian glyptics or direct imitation of Neo-Assyrian glyptics has been documented. There is a clear divergence from centers like Hama; here, precisely because the documentation stops with the defeat and destruction of the city in 722 B.C., this current of Neo-Assyrian tradition is completely missing. This fact demonstrates that the Neo-Assyrian current was only spread in the region after it was annexed by Assyria; and this can only mean that there was no normal distribution of imported seals by trade, or at least it was very limited, before this annexation.

Stamp glyptics of a local nature present a different situation; the problems of dating and actual stratigraphic relevance alluded to above become pre-eminent. One of the most typical cases of this situation is that of the animal seals that are part of a local repertory dating back to at least the age of Obeid. For some of them, and especially for one from Tell Afis found on the surface, we have proposed a date in the Middle Bronze Age primarily on the basis of morphological similarities with Anatolian seals and especially with the rich documentation from Konya.[30] We here confront the problem again with regard to other seals from Afis.

TA.72.205   Pl. 61b
    Greyish-brown stone; 2.4 x 1.4 x 1.2 cm.
    DjVl; Level 2; Locus 167, South of Wall M.178.

The stratigraphic data of the seal allow it to be attributed to the principal room of the *bit hilani*, with the caveat set out above. Even if near wall M.178 the flooring of Locus L.167 was in a good state of preservation, we must remember the meager consistency of the original soil in this whole area of the building, which lay at the surface.

The seal belongs to a class of hemispheroid seals on an oval base of indeterminable date, since the shape is documented from the Chalcolithic Age onward. A date can only be proposed on the basis of the motif and of the style in which the motif is represented; here we again find two stylized quadrupeds, perhaps two gazelles, with a branch in the background. The same motif, but in quite a different style, is also found in a series of seals, mostly cone-shaped, from the Ashmolean Museum. The one most similar to ours is a double-faced circular stamp from Deve

---

[30] S. Mazzoni, *SEb* 2 (1980) 97-104, especially p. 101-102, fig. 41; Osten, *Aulock*, p. 136-137 already attributed the three-leafed types to the "älteren syrischen Gruppe." See note 6.

Hüyük[31] dated by Moorey to the 8th century. This simple iconographic repertory of animals connected with branches recurs in the Phoenician and Palestinian documentation of the Iron Age.[32]

We confess to being somewhat perplexed in trying to date our seal; when compared with one another, the Ashmolean seals listed form a notably more consistent group, both with regard to the shape and the design. The prevailing shapes are the cone, the scaraboid and the disc. The animals are generally more slender in aspect; most often the branch is in front of the animal and the scorpion behind it. These characteristics certainly prevail in this class of seals, in which other tendencies are also present, including a more flowing manner. But in the case of greater dissimilarity, as in that of the seal from Afis, doubt remains as to its actually belonging to this class. One must also take into consideration the tendency to reuse older seals that was common practice during this chronological period. Clear evidence of the diffusion of this phenomenon is the percentage of protohistorical gable seals from Iron Age levels in Tell Halaf, Zincirli, Deve Hüyük, Mardikh and Afis. Also, the reuse of seals with motifs similar to those in use is quite possible and could even have stimulated some copying of older repertories. In some cases the similarity in motif of seals apparently from different periods is such as to cause understandable perplexity.[33] In any case, it is these various possibilities that must be kept in mind when examining seals which do not fit easily into classes of a certain date, and even in the face of certain stratigraphic provenance a final opinion may remain uncertain.

A similar situation is offered by another seal from Afis:

TA.72.66   Pl. 61c

    Whitish clay, burned; 3.2 x 2.7 x 2.3 cm.
    DgV9; Level 6; Pit, L. 166, at the bottom.

Seals of this type are present in the contemporary Syrian and Palestinian documentation. Characterized by the very flowing representation of geometric elements, very hypothetically interpretable as signs, they are practically undatable.[34] It is probable that they result from incidental production, as is demonstrated also by the fact that they are most often made out of clay.

[31] Hogarth, *Hittite Seals*, nos. 281, 284-286, 293, 297. pl. IX; 266-273, pl. IX; in particular no. 319, pl. X, p. 47 = Moorey, *Cemeteries*, no. 464, pp. 111-112.

[32] O. Tufnell, *Lachish III: The Iron Age* (Oxford 1953) pl. 43A:90-92 and pl. 44. O. Keel, "La glyptique," J. Briend & J.-H. Humbert, *Tell Keisan 1971-1976. Une cité phénicienne en Galilée* (Fribourg 1980) no. 14, pls. 89, 136, p. 271-273.

[33] See the gable seal in E. Herzfeld, "Aufsätze zur altorientalischen Archaeologie, II: Stempelsiegel," *AMI* 5, fig. 21, collection EH cspl., p. 98, which fits into the third group of our II class, characterized precisely by the depiction of the branch or the oblique fishbone motif above the back, see S. Mazzoni, "Sigilli a stampo protostorici di Mardikh I," *SEb* 2 (1980) 70.

[34] H.M. Ibrahim, "Siegel und Siegelabdrücke aus Sahab," *ZDPV* 99 (1983) no. 10, p. 53; W.F. Albright, *Excavations at Tell Beit Mirsim, II: The Bronze Age* (= AASOR 17, New Haven 1938) pl. 32.

Plate 59. Iron Age seals from Tell Afis:
a. faience cylinder seal TA.72.232.
b-c. clay cretula TA.78.13.

a

b

c

Plate 60. Iron Age seals from Tell Afis and Tell Mardikh:
a. chalcedony stamp seal TA.72.42.
b. grey stone stamp seal TA.72.146.
c. steatite stamp seal TM.68.E.54.

STEFANIA MAZZONI

Plate 61. Iron Age seals from Tell Mardikh and Tell Afis:
a. dark green stone stamp seal TM.67.F.116.
b. greyish-brown stone stamp seal TA.72.205.
c. burned clay stamp seal TA.72.66.

ASPECTS OF HELLENISTIC AND ROMAN SETTLEMENT IN THE KHABUR BASIN

DAVID & JOAN OATES

It is a great privilege and pleasure to dedicate this article to Dr. Adnan Bounni on the occasion of his retirement as Director of Excavations and Research in the Directorate General of Antiquities and Museums. We hope that he will accept it as a small expression of our gratitude for all his assistance during our twelve years in Syria, for his scholarly interest in our work at Tell Brak, and for his friendship. In our contribution we have placed a major emphasis on the evidence for Hellenistic and Roman settlement, partly because it is one of Adnan Bounni's personal interests, but also because we feel that in the Khabur region this period has been seriously neglected in recent years. We have not done more than assemble a few personal observations, but we hope that they may assist future research in the historical geography of this very important area.

Sites in the vicinity of Tell Brak

The *castellum* is the best known of the Roman sites around Tell Brak. It lies on a low rise about 1 km to the northeast of the tell and was first identified by Poidebard, who conducted soundings there in 1927 and 1928. Unfortunately, although the air photograph, plan and architectural details are published (Poidebard 1934, 144-46 and pls. X, CXXIII-CXXVIII) there is no record of finds such as pottery or coins. We have not been able to find distinctive, identifiable sherds that would help in the dating of this building, although a single diamond-stamped sherd of possibly third century date has been recovered (below) and a lamp fragment from its surface is almost certainly Late Roman. Nor have we succeeded in tracing the "outer enceinte" which appears on Poidebard's Plate X and may represent the outline of a considerable settlement intermediate in time between the effective abandonment of Tell Brak itself, ca. 1200 B.C., and the Roman occupation. Certainly sherds from this outer area include Late Assyrian types as well as one Khabur beaker fragment and the ubiquitous Uruk, but it must be remembered that our knowledge of pottery from the beginning of the 12th century to the late 7th century B.C. is virtually non-existent, even in Assyria itself. Moreover, the identification of topographic features that were often hard to see on the ground in Poidebard's time has been made progressively more difficult in the last fifty years by the spread throughout the area of intensive cultivation which also inhibits the collection of sherds, particularly in the spring when we are working at Brak. In this respect an autumn survey would doubtless produce more information.

We can also see no evidence, either on the ground or on the published air photograph, of the "traces du camp de légion" which is said to be "autour du castellum et hors de l'enceinte de la ville byzantine" (Poidebard 1934, 145). We can only remark that there is as yet no evidence for a Byzantine date for the outer enceinte, and that any rectangular enclosure surrounding the *castellum* cannot be entirely outside the enceinte, since the *castellum* lies within it. Our purpose in these comments is not to criticise Père Poidebard, whose contribution both to the study of Roman settlement in Syria and to the use of air photography in archaeology is monumental. But he had not the advantage of the last sixty years of slowly accumulated, though still inadequate, evidence for the dating of pottery.

Another indication of the date of the *castellum* is fortunately supplied by the architectural evidence published by Poidebard. He relies essentially on two comparisons in proposing a Justinianic date. We may take first the correspondence in size between the baked bricks found in the collapsed gate vault of the *castellum* and those recovered in buildings attributed to Justinian at Circesium. No dimensions are given, so no other comparisons are possible, but it is in any case our experience that brick sizes, in *libn* or baked brick, are a most unreliable guide to dating. We vividly remember a demonstration on this basis by a distinguished visiting colleague at a Byzantine building in Istanbul, which we were then excavating, that in a wall which had two stages of construction, the lower brickwork was some centuries later than the upper masonry.

The more significant parallel cited by Poidebard is the comparison between the corner towers of the Tell Brak *castellum*, which have a truncated diamond plan — unknown to us in the 3rd century — and the corresponding towers of Qasr Çuruk, an outlying *castellum* of Dara. Dara was originally founded as a major Roman fortress on the Mesopotamian frontier to replace Nisibis, surrendered to the Persians along with Singara after the death of the emperor Julian in A.D. 363 (Ammianus Marcellinus xxv.7.9). Since this involved the establishment, and presumably the fortification, of a new frontier from Dara to Circesium by way of the Wadi Jaghjagh and the Khabur, it seems probable that the *castella* at both Çuruk and Brak were founded at this time, although they may well have been repaired during the reorganization of the eastern frontier under Justinian. Whether the existing masonry of the *castellum* at Brak should be attributed to the 4th or the 6th century remains uncertain, in the absence of associated material. But we incline strongly to a 4th century date on a point of structural technique. The foundation of the wall consisted of a few courses of undressed stone capped by a layer of mortar, while the superstructure had an ashlar face backed by mortared rubble (Poidebard 1934, pls. CXXV, CXXVI). The first course of ashlar was set back from the outer edge of the foundation, and was composed of alternate stretchers and headers which served to bond it into the core of the wall. The second and succeeding courses were also set back slightly from the line of the first, but consisted only of stretchers, relying for their bonding on the adhesion of the mortar. This distinctive technique is almost exactly paralleled in the city wall of Singara, with the sole difference that a shallow course of small dressed blocks intervenes between the undressed foundation and the first main course of ashlar, presumably serving the same levelling function as the mortar layer in the castellum at Brak (Oates 1968, 103-6, and fig. 12). The wall of Singara is almost certainly of 4th century date and certainly no later than 360, when the Persians breached a recently repaired round tower during the final siege (Ammianus Marcellinus xx.6.3-7).

About 1400 m west of the castellum and 700 m northwest of the survey point on the summit of Tell Brak is an irregular mound, about 180 by 110 m and rising to a height of ca. 5 m, although to judge by neighbouring small knolls and ridges which have produced no pottery, some part of its elevation may be natural. The south-western crest of the mound is now occupied by a modern house. It looks like a village site, and settlement of the Roman period is attested by the discovery of diamond-stamped sherds of a distinctive type well known at Hatra (Pl. 65a), where occupation came to an end ca. A.D. 257, and published from Ain Sinu (below) which was probably overrun by Ardashir I in A.D. 237 (Oates 1959, 221ff.). This decoration is thus firmly dated in the first half of the 3rd century, although we do not know how much earlier or later it was in use. It does not occur on Tell Brak itself except in the immediate vicinity of the dig house and, as a *caveat* to colleagues engaged in survey and excavation on other sites, we must explain that it was unwittingly introduced there in bricks made, for the building of the house, close to this small Roman site where a good supply of water was available.

A third Roman site lies on the east side of the Wadi Jaghjagh 3.5 km southeast of Tell Brak. It is now completely covered by the modern village of Saibakh, but the plan appears clearly on the air photograph (Poidebard 1934, pl. CXXII), taken before the village was built.[1] Within an outer wall and ditch some 200 m square are four long parallel mounds running from east to west, bisected by a north-south roadway of which faint traces can be seen. Poidebard made a small sounding here "on the site of the *praetorium*", but reports no finds except bricks identical with those from the *castellum* (1934, 145). We have found no distinctive pottery on the surface, which is effectively sealed by the recent houses and their occupation debris. The one coin that has been brought to us is entirely illegible (TB 9053, now in the Deir ez-Zor Museum). It is of bronze, thinly plated with silver, a fact obviously suspected by its last owner who cut halfway across it to confirm his suspicion. Its

---

[1] We are grateful to Professor Hartmut Kühne for providing us with a number of recent air photographs of Tell Brak and its immediate vicinity, including one which enabled us to identify the village of Saibakh with Poidebard's camp.

size, average diameter ca. 23.5 mm, might suggest an imitation of an early third century *Antoninianus*, a time when debasement of the coinage was particularly prevalent.

Despite Poidebard's claim to have dug on the site of the *praetorium*, there is nothing on the air photograph to suggest the presence of a headquarters building. The site is in fact exactly comparable with, though rather smaller than, a camp excavated by us at Ain Sinu (Zagurae of the *Tabula Peutingeriana*) on the Severan frontier road 30 km east of Singara (Oates 1959). At Ain Sinu too there was no trace of a headquarters building within the outer walls, there ca. 300 m square, and the parallel mounds, again bisected by an axial roadway, proved to contain only barrack blocks. The purpose of this establishment remains a matter for speculation. We originally suggested that it may have been intended to receive recruits for auxiliary units, but the suggestion remains very tentative. A camp without a *praetorium*, however, is extremely rare. We know of only two examples in the eastern Roman provinces apart from Ain Sinu: at Saibakh and near Tell Bati 24 km north of Haseke. The latter was only partly preserved when Poidebard photographed it (1934, pl. CXXXIX) and has since been completely effaced. We could consequently recover no pottery there, and indeed found only one Akkadian sherd at Tell Bati itself which, like Saibakh, is now covered by a modern village. It seems almost certain, however, that the three are contemporary, and the date of Ain Sinu is firmly bracketed between Septimius Severus' Mesopotamian campaigns of A.D. 197-99 and the invasion of Mesopotamia by Ardashir I in A.D. 237.

An interesting feature of the approach to the camp at Saibakh from the direction of Tell Brak is a paved ford at the crossing of the Jaghjagh, visible only in the last three years since the ever increasing use of water for irrigation in Turkey and Syria has left this part of its course virtually dry, except after heavy rain. The ford crosses the present course of the wadi, coincidentally also the ancient course, diagonally from northwest to southeast. On Plate 64a, taken from the west bank, the village of Saibakh can be seen in the upper lefthand corner, and the vertical survey pole marks the upstream edge of the roadway, visible in the left foreground as a line of medium-sized blocks. The line bends slightly to the left in midstream. The quantity of pebbles on the upstream side suggests that there already existed a natural gravel deposit of which the builders of the ford took advantage. On its downstream side the roadway was reinforced by at least three courses of much larger boulders, stepped outwards toward the base to provide greater resistance to erosion (Pl. 63). The foundation of the road itself consisted of stones similar in size to those on the upstream face but less regularly laid, and probably covered by a layer of pebbles. The level of the original road surface where it disappears into the far bank of the wadi is indicated by the horizontal survey pole on Plate 64a. In one of the upstream edging stones just in front of the vertical pole is a circular socket, seen just beyond the survey pole in Plate 64b and a little to the left of its centre. This was obviously intended to receive a vertical post, presumably one of a line that marked the edge of the roadway when it was covered by water. There is obviously no material evidence for the date of the ford, but its close association with the camp at Saibakh makes it almost certainly Roman, and the road width of approximately 7 m accords well with the other road widths recorded by Poidebard, e.g. on the left bank of the upper Khabur some 18 km northwest of Haseke (1934, 166 and pl. CXXXVIII).

Tell Brak to Lake Khatuniyah and Balad Sinjar

The road that crossed the Jaghjagh here must have passed by the camp at Saibakh and crossed the Wadi Radd, though we have not yet located a ford. It appears then to have bifurcated, with one branch leading south-southeast to Lake Khatuniyah (Lacus Beberaci) and another heading farther to the east. The evidence for this more easterly road lies in the discovery of an important Roman site at Tell Zanatri, 22 km or 15 Roman miles east-southeast of Saibakh. Here there is a fortified enclosure some 150 m square, with a possibly walled settlement extending to the north and west for at least 500 m. The outer walls of the fort stand to a height of 4-5 m, and internal depressions probably represent one or more court-yards. There is no visible stone masonry and the construction was probably of mud-brick, at least in the upper parts of the walls. A distinctive feature is the presence of a higher building some 45 m square close to the northeast corner. Whether it is contemporary with the lower enceinte cannot be determined without excavation, but the precise alignment of the two structures, and the existence of another almost exactly similar fort, again with a high square tower, illustrated by Poidebard (1934, pl. CLI), suggests that the tower is in each case an original feature, possibly a signal station. Some medieval barbotine was found, but the great majority of identifiable pottery closely parallels that from Ain Sinu (Oates 1959), including diamond-stamped ware, ribbed cooking ware, blue glaze and a single red-painted sherd. Moreover, this material occurred not only in and around the fort, but across the whole area of occupation outside it. The reason for the presence of the fort and settlement at Zanatri can only be the existence of the eastern road we have postulated above, since the site lies on a straight line from the Radd crossing below Brak to the Karsi gorge on the north side of Jebel Sinjar, where Trajan's direct road from Nisibis to Singara penetrated the escarpment (below). Moreover, the very close similarity between the pottery from Zanatri and that from Ain Sinu would suggest an early 3rd century date, after the extension by Septimius Severus of the Roman frontier through Singara to the Tigris.

Despite our earlier statements concerning this site, based on a wrong identification of its position, it clearly had nothing to do with the second road that ran south-southeast from the Jaghjagh and Radd crossings to Lake Khatuniyah, Lacus

Beberaci. Here we have not as yet found any intermediate station, and have not in particular been able to locate the site referred to above and described by Poidebard as "10 km north of al-Hol". This is particularly frustrating since, as we have observed, his photograph shows it to be so closely similar to Zanatri that they must be of the same date. There are, apart from the small scale and relative antiquity of the available maps, two constant problems in this barren, rolling countryside which no doubt affected Poidebard 60 years ago even more than they affect us. They are the impossibility of taking bearings on invisible landmarks, for most sites lie in slight depressions where water is available, and the frequent difficulty of finding people who have resided in the area long enough to know what the place-names were when the maps were made. Our last enquiry of a shepherd on the track revealed that he came from Raqqa, an interesting example of motorized transhumance but topographically uninformative. At all events the site is not Tell Abu Jerade, as stated by us in *Iraq* 44 (1982) 198, which is in any case now known as Tell al-Ishara after the survey point on its summit.

The next station along the road, Khatuniyah, again shows evidence of both Roman and Medieval settlement. On the north-eastern side of the lake there is a peninsula, connected to the mainland by a causeway. It is now occupied by a modern village where we have seen Roman coins, most of which looked third century in date, though unfortunately they were poorly preserved and we had no opportunity to examine them closely. On Poidebard's vertical air photograph (1934, pl. CLIII) there is a clear wall across the neck of the peninsula, which appears to continue around its shores. It is interesting to compare this with Layard's description of the place in 1851 (1853, 324-25) and particularly with his drawing of the peninsula from the southeast, opposite p. 324.

> "The few remains that exist do not belong to an earlier period than the Arab. The small town occupies the whole area of the peninsula, and is surrounded by a wall, rising from the water's edge, with a gate opening on the narrow causeway. The houses were of stone, and the rooms vaulted. In the deserted streets were still standing the ruins of a small bazar, a mosque and a bath."

He says that the town had been abandoned as the result of an internal feud, but at what date he did not know. When Budge spent the night here in 1891, the only inhabitants were outlaws who lived underground to conceal their presence from the Turkish authorities (1920, 212-14). There is now no trace of walls, or of the ruined towers which Layard illustrates, around the edge of the peninsula, and the only masonry that might be ascribed to the perimeter wall is the jamb of a gate, built of large dressed limestone blocks, on the west side of the road leading into the village from the causeway. We were told that this had been part of a mosque, but Layard's description implies that the mosque lay inside the town, and the position of these blocks suggests rather that they were part of the north gate.

The Wadi Jaghjagh north of Tell Brak

The upper Jaghjagh north of Brak is lined by sites, several of which have produced Hellenistic and Roman, and in one case even fifth-century Attic, pottery. The first complex straddles the modern road to Qamishli some 5 km north of Brak. Its delineation was rightly regarded by Poidebard, who refers to it as Tell Awan, as one of his best demonstrations of the use of aerial photography (1934, pls. I-III). To the west of the road is a small tell, marked on our quarter inch map as Tell Aledane. It was enclosed by a rectangular enceinte ca. 260 by 280 m, most of which was invisible on the ground even in Poidebard's day. Just to the east lay a circular camp surrounded by a wall and ditch with an overall diameter of 400 m, also visible only from the air. Beyond that, and approaching the banks of the Jaghjagh, was a third irregular polygonal enclosure, apparently with a wall and ditch, still visible on the surface.

The tell is clearly of prehistoric origin, and yielded very fine Halaf sherds, including an early example of the bukranium motif, as well as some ᶜUbaid and Early Uruk. Later pottery is largely nondescript, but tentative identifications include 2nd/1st millennium and Hellenistic/Roman, and also a very small number of blue, green and white glazed fragments which could be Roman,[2] Sasanian and very early Islamic. We could see no trace at all of the rectangular enclosure around the tell, and within its presumed limits we found very few sherds, among them one blue glazed and one incised which might be Roman, one possibly Sasanian or early Islamic green glazed piece and one Medieval sherd. There is therefore no basis at present for dating the enclosure, and certainly no grounds for suggesting extensive Hellenistic or Roman settlement. In the area of the circular enceinte we found no pottery, but we would identify it from its plan as a Late Assyrian camp. Such circular camps are illustrated on the 9th century bronze reliefs from the Balawat Gates (e.g. Barnett 1960, pls. 157, 161, 170) and a similar though slightly larger example, with a gate and perimeter towers as shown on the reliefs, can be seen on Poidebard's plan of ᶜAbra al-Foqani (1934, pl. CLIX). At Tell Awan parts of the third polygonal enclosure and the buildings inside are still visible, but the pottery we found is exclusively Medieval in date.

The next site north of Tell Awan is ancient Kahat, of which little need be said in view of the continuing Italian excavations, except to record that we have found Roman diamond-stamped ware there, including one sherd with isolated nine-dot stamps similar to Ain Sinu no. 55 (Oates 1959). Two kilometres upstream from Tell Barri and also on the east bank is Tell al-Maᶜaz, about 130 by 100 m and 17 m high. Here there is some Halaf, ᶜUbaid and Ninevite 5, though surprisingly we

---

[2] By this we mean Roman in date; such blue glazed sherds are likely to be Parthian in origin.

found no Akkadian sherds. Khabur ware is common, and Mitanni sherds were found. There is a large quantity of Hellenistic pottery, some Pergamene, probably of the 2nd or 3rd century A.D., and Medieval barbotine (see also Oates, 1988).

But the most interesting finds were two fragments of imported Attic black "glazed" vessels, one a part of the ring base of a plate or shallow bowl rouletted on the interior, the other a body sherd from a shallow bowl, black on the interior and on the exterior light brown with thin radiating black lines irregularly spaced (Pl. 65a). Both can be firmly dated to the second half of the 5th century B.C.[3] They imply not only trading contact with Athens, but also a surprising degree of prosperity on a site of such modest size at a time when, under Artaxerxes I, Babylonia at least suffered from crippling taxation (Herodotus I, 192; III, 92). The relationship between Tell al-Maᶜaz and its close neighbour, Tell Barri, which must at all times have been the larger settlement, is obscure, but it is the sort of site that might have been one of the military outposts mentioned in a letter of Zimri-Lim (Dossin 1972, 123; Kessler 1984; Charpin n.d.). Such outposts, with garrisons of 100 men, need not and probably should not be looked for among the larger tells.

A Roman presence is also attested on this stretch of the Jaghjagh by a diamond-stamped sherd illustrated by Mallowan in his account of a survey in this region (Mallowan, unpublished report, fig. 17).[4] He had no contemporary name for the site, which is marked on his sketch map (Mallowan 1936, fig. 1) 5 km south of Tell Hamidi, and he says that the name he uses, Tell Hamoudi, was a temporary invention of his own. But from his description of the site (p. 22) as a conical mound ca. 20 m high, it can hardly be other than Poidebard's Tell Sheikh Names (1934, 147 and pl. CXXX), identified by Diederik Meijer as Tell Shaikh Nims (1986, 30, site 282). Poidebard's photograph, which seems to have been reversed in printing, shows the faint outline of a rectangular enclosure (which he identifies as Roman), but, like Meijer, we found no unequivocal Roman pottery here, although there were Hellenistic sherds as well as 3rd and 2nd millennium material. It should be noted that Sheikh Names is on the west bank of the Jaghjagh and not, as shown on Poidebard's map and on our 1/4 inch map, on the east bank. Opposite Sheikh Names on the east bank, and cut by the river, the mound of Tell Qahfa produced some Roman/Parthian together with a large quantity of Hellenistic sherds, as well as 3rd and 2nd millennium material. We may infer that the two sites lay on opposite sides of a river crossing in the earlier historic and probably also in the later periods.

Tell al-Hamidi is also at present being excavated and no prolonged comment is necessary, but we may note the considerable quantity of Hellenistic material we found, before the excavations started, and the fact that on many visits we have

---

[3] We are very grateful to Professor Robert Cook for confirming the identification of these Attic sherds.
[4] We would like to thank the Department of Western Asiatic Antiquities of the British Museum for providing us with a copy of Mallowan's unpublished report on his survey of the Khabur region.

picked up only one possibly Roman sherd. But the record at the eastern mound of Tulul al-Mohammed, some 16 km south-southeast of Qamishli, is of considerable interest. The mound measures about 400 by 300 m, with a height of 35 m. Prehistoric occupation is attested by Halaf, ᶜUbaid and Early Uruk pottery, and the historical material includes Akkadian, Ur III, Khabur and Mitanni sherds. We found no identifiable Late Assyrian pottery, but there followed Hellenistic and Roman, Islamic barbotine and fine glazed sherds. This is the point at which, in the later Roman period after A.D. 363, when Nisibis passed into Persian hands, the frontier road would have diverged from the course of the Jaghjagh northwest to Dara. We might expect some sort of Roman post here, but there is no sign of it on the ground. On the other hand we may suspect that, with the increasing use of local auxiliaries attested in the *Notitia Dignitatum Orientalis*, a compilation of the early 5th century, many small frontier units were no longer housed in *castella* of the traditional type.

This is an appropriate moment to remark that from a few sherds of a particular period, unless they have been artificially introduced from elsewhere as at Tell Brak (above), we may infer a minimal, or from a large number of sherds over a wide area, a major occupation at that time. But we cannot learn from the sherds alone whether the site was a local village or a military post. In times of peace and security dependent on strong government, we would expect many settlements in the countryside which we may hope to identify and date by survey, and the advance and recession of settlement in marginal areas such as the Khabur basin, where herdsmen and farmers overlap on the border of rainfed agriculture, is a potentially fascinating barometer of political history.

The *Tabula Peutingeriana*

At this point we may consider the possible course of the road marked on the *Tabula Peutingeriana* from Nisibis to Singara.

Nisibi XXXIII Thebeta XVIIII Baba XXXIII Singara XXI Zagurae — — — — Ad flumen Tigrim

The intervening mass of Jebel Sinjar, with its steep northern escarpment, permits only two relatively easy routes, over passes at its eastern and western ends. There is a more direct track which penetrates the escarpment through the narrow gorge of Karsi and then winds its way up the flank of a broad valley inside the mountain and over its crest, reaching Beled Sinjar from the northwest. At points on the track there are traces of a terraced road bed (Oates 1968, 71 and pl. V), and the discovery of a milestone of Trajan in the village of Karsi (Cagnat 1927, 53ff.) suggests that these may be of Roman origin.

We believe that the eastern route, favoured by Poidebard, can be rejected because a road from Nisibis to the Tigris over this pass would arrive directly at Zagurae

(Ain Sinu) and would require a very considerable detour to include Singara. The central route, over the crest of Jebel Sinjar, is unlikely for more detailed but still compelling reasons. Trajan's conquest of northern Mesopotamia can be assigned to the years A.D. 114-115, but the Karsi milestone includes *Parthicus* among the imperial titles, and cannot therefore be dated before A.D. 116. In fact the construction of this road, as one might expect, followed the conquest and formed part of the organization of a new frontier. We also know from a surviving fragment of Arrian's *Parthica* (Roos 1928, frag. 11; Lepper 1948, 127-28) that Trajan captured Thebeta, and this must have been during the original campaign of 114-115 *before* the building of the road. Trajan would not have led an army over a mountain in hostile territory by a mule track. He must have been marching south from Nisibis, recently captured, to approach Singara over the western pass between Jebel Sinjar and Jebel Jeribe (Pl. 65b) by way of Brak and Khatuniyah. Turning to the figures given on the *Tabula*, we find that the stage Nisibis-Thebeta is 33 Roman miles or approximately 49 km, almost precisely the distance from Old Nisibin to the Roman ford on the Jaghjagh below Tell Brak. The second stage of 19 miles or 28 km to Baba brings us to Khatuniyah, and we suggest that Baba is a corruption of Beberaci. The distance from Baba to Singara is too short by some 7 or 8 Roman miles, but one of the commoner sources of error among the many successive copyists who produced the surviving version of the *Tabula* seems to have been the repetition of the same figures, as in this case between the first and third stages of the sector we have discussed. [5]

We are confident, then, that Thebeta lies in the immediate vicinity of Tell Brak, and we believe that the name, or variants of it, were applied at different times to different settlements within a relatively short distance of the confluence of the Wadi Jaghjagh and the Wadi Radd, which was always an important road junction. It is widely agreed that Thebeta is the same as Late Assyrian Tabitu, mentioned in the Annals of Tukulti-Ninurta II as two days' march from Nisibin on the way from the lower Khabur, and by Assurnasirpal II as the point near which he reached the Jaghjagh on his march from Kalhu to the Khabur (Grayson 1976, 104 and 137). We believe that there are also strong arguments for its identification with Mitanni Ta'idu and Old Babylonian and Akkadian Tādum (Oates 1985: 169ff. and 1987: 180; Finkel 1985: 191ff.; Illingworth 1988: 90), but these arguments depend largely on textual evidence and we shall not reiterate them here. Archaeologically, the Mitanni period is represented by a major settlement on top of Tell Brak itself, including a palace and a temple, but we have so far not located a large site of the early 9th century in the vicinity, partly perhaps because we have no knowledge at

---

[5] Budge took this road from Khatuniyah over the pass to Balad Sinjar, and gives his travelling time to Sukainiyah, 4 km northwest of the Roman *castellum* at Alaina (Tell Hayal), as eight hours and forty minutes, and from Sukainiyah to Balad Sinjar as six hours and fifteen minutes (1920:215-19). The actual distance by this route is approximately 62 km or 42 Roman miles, two days' march.

all of 9th century pottery. The Late Assyrian circular camp at Tell Awan, if we are correct in its identification, is significant as evidence of the passage of Late Assyrian armies, but it is not obviously a pre-existing settlement as Tabitu must have been in the time of Tukulti-Ninurta. On the other hand, as we have observed above, the "outer enceinte" surrounding the *castellum* at Brak remains a distinct possibility as an early 1st millennium site which would satisfy this criterion, although further pottery evidence is desirable.

The Jaghjagh below Tell Brak

Immediately to the south of Tell Brak, on the north bank of the Jaghjagh, lies the small village of Tahat. On the north side of the village, partially exposed in the side of an irrigation channel, is a very large rectangular stone block with a hollow, perhaps a basin, in its upper surface, and on the wadi bank below the village are three carefully dressed blocks (slotted on their under sides possibly to allow the passage of water and now stepped one above the other). Neither the purpose nor the date of these stones can be determined, though the three blocks seem to have formed part of some structure in the stream itself. At this point there is also a gravel bed crossing the wadi, which suggests a ford similar to the one at Saibakh, but no traces of a revetment or road-bed were found. The village itself has, however, produced a small bronze Roman coin, average 18.5 mm in diameter (TB 9054, Deir ez-Zor Museum). It is badly preserved, but on the obverse can just be discerned a beardless head facing right, and traces of a name ending in IVS or perhaps NS. The reverse type seems to consist of three standing figures, possibly the three emperors who occur on coins of Theodosius, Arcadius and Honorius. This coin thus suggests early 5th century occupation of the site, which, on the evidence of the pottery and a second bronze coin of Justinian I discovered in 1988 (TB 10143; Deir ez-Zor Museum), continued into the 6th century. The dressed stone blocks indicate some substantial construction which may or may not be Roman but is certainly not recent, and the gravel bed is a possible ford. Obviously there were always many crossing points on the Jaghjagh — usually, as now, gravel fords — and we may suppose that in this period, when the river was the frontier line, such crossings would be controlled by some sort of police post, although they did not necessarily relate to an important highway.

Just over a kilometre west of Tahat and also on the north bank of the Jaghjagh is a site, Tell Abu Ghazala, measuring some 130 by 100 m and about 9 m high. Much Uruk pottery was found here and many Hellenistic sherds, adding yet another to the surprising number of Hellenistic settlements along the river. No Late Assyrian or Roman material was identified and, although negative evidence is not conclusive, it combines with the small size of the tell — at most a village — to dismiss the possibility that it was Late Assyrian Tabite and Roman Thebeta. Nor is it, as commonly stated, close to the confluence of the Jaghjagh and the Radd, which lies more than 3 km to the east, with at least four intervening sites on the south and north banks. Abu Ghazala is indeed a good example of the dangers of identification without first-hand evidence. It took us some years to find anyone who would admit to its existence, but under the name of Abu ᶜAzale it has acquired in recent literature a status quite out of proportion to its size. How the process of inflation began is not worth the effort of investigation, but the place has certainly been in the news for at least 25 years, since it appears on a USAF navigational chart revised in 1962 as the only named site between Hasake and Qamishli. Its value as a navigational aid would appear as slight as its historical importance, but it will no doubt remain enshrined in repetitive footnotes for many years to come.

Much more significant is Tell Zembil, downstream from Ghazala, some 8 km southwest of Brak and also on the north bank. Here there are two sites, a medium-sized mound ca. 250 by 150 m and 12 m high and, some 200 m to the east of the mound, a rectangular fortified enclosure measuring ca. 225 by 200 m. We visited Tell Zembil during the unprecedentedly wet spring of 1988, when high vegetation made the collection of sherds from both the mound and the enclosure very difficult, and floods in the Jaghjagh, usually dry at this time, prevented any examination of the river bed for a possible ford. But the tell yielded Akkadian, a large proportion of Old Babylonian and later 2nd millennium sherds, and some Late Assyrian material. The rectangular enclosure was identified by Poidebard (1934, 143-4 and pl. CXXI) as Roman, but we found only a large quantity of Hellenistic pottery, with no other identifiable sherds. We have observed the unusual frequency of Hellenistic occupation along the river, which is indeed reflected on sites throughout the Khabur basin that we have visited in less systematic fashion. But this apparently military site leads us to speculate on the possible organization of the Seleucid frontier in the east, in which the Khabur-Jaghjagh line may have played a part as it later did in Roman and Byzantine times.

We may note here that of other sites on this stretch of the river claimed by Poidebard (*loc. cit.*) as Roman posts, Tulul al Hosn produced no pottery later than the 3rd and 2nd millennium with the exception of one possibly Hellenistic sherd, while Tell Aswad, discussed in greater detail below as the site of a ford, yielded no unequivocally Roman sherds. Certainly a major crossing in Roman and much earlier times is Tell Bezari, on the south bank of the Jaghjagh, 1.5 km east of the point where the river bends south to join the Khabur below Haseke. The mound measures some 480 by 370 m and is 20 m high. The pottery includes Halaf and ᶜUbaid, and a long Uruk occupation is attested by up to 10 m of debris on the west side, where it is cut by a gully. We found two sherds of Ninevite 5, as well as Akkadian and Khabur ware, numerous Mitanni and Middle Assyrian, and a very large amount of Roman pottery (Pl. 65a). This may be associated with stone foundations on the southeastern slopes at the foot of which Poidebard saw traces of an outer wall, 300 m long and 1.50 to 2.50 m thick (1934, 143 and pls. CXVIII, CXIX). He also publishes photographs of the remains of a bridge across the Jaghjagh, which we have not seen but there seems to be no evidence that it was Roman and the rubble and mortar masonry might be Medieval, although it must be said that we picked up no later Islamic pottery on the mound.

We have already suggested (Oates 1985, 169-70) that Tell Bezari is Middle Assyrian Makrisu, 9th century Magarisu and Roman Magrus, and we shall only summarise the arguments here. The Dur-Katlimmu (Shaikh Hamad) itinerary (Röllig 1983) shows that Makrisu was the second night stop on the march of a military contingent from Ta'idu to Dur-Katlimmu. There was an intervening stop on the Marirte river which can hardly be other than the Jaghjagh; it may then have borne the name of its eastern tributary, the Wadi Radd, whereas it was later known by the name of the Nisibin branch, Late Assyrian Harmiš or Hirmaš. The same route was followed by Assurnasirpal II, marching from Kalhu (Nimrud) to the lower Khabur. He stopped in Tabite, which we believe to be Ta'idu, came to the banks of the Harmiš and spent the night in Magarisu. On the following day, moving on, he came to the banks of the Khabur and encamped at Šadikannu (Tell Ajaja). It is clear that Magarisu was on the Jaghjagh, *not* on the Khabur. Tell Haseke, which has been proposed as its location (Kühne 1980: 57-58) is actually on the Khabur and not the Jaghjagh, although the modern town spans both rivers. Magrus of the *Tabula Peutingeriana* lay on a road from Edessa (Urfa) to Singara which passed somewhat to the north of Resaina (Ras al ʿAin) and therefore would have had to cross the Jaghjagh rather than the Khabur itself. This it could of course have done at any point between Haseke and Bezari, and the essential information provided by the *Tabula* is that the distance from Edessa to Magrus, 124 Roman miles (183 km), corresponds very closely with the actual distance from Urfa to this stretch of the Jaghjagh by a route north of Ras al ʿAin, 191 km. The evidence of the *Tabula* does not, then, give us the precise location of Magrus, but it brings us so close to the site of Makrisu/Magarisu that the identity of the names cannot be in doubt.

But the principal argument for the identification with Tell Bezari remains archaeological. It commands an important river crossing, and shows evidence of extensive occupation in the Mitanni/Middle Assyrian and Roman periods. Our failure to find extensive evidence of Late Assyrian occupation (two possible sherds only) may be due to the fact that later settlement appears to have been confined to the lower southeast side of the mound, which is effectively sealed by the stone foundations of Roman buildings. Even more important is the problem of recognising the sherds. As we have already remarked, we are ignorant of Late Assyrian pottery, even in Assyria itself, before the late 7th century, and there is in any case no reason to suppose that in the early 1st millennium the Khabur basin and Assyria shared precisely the same range of pottery types.

We have at this point a question to raise about the reason for the march of a
military contingent, as detailed on the Shaikh Hamad itinerary, from Ta'idu to
Dur-katlimmu. Putting aside conflicting views on the location of Ta'idu, it is clear
that the contingent marched along the lower Jaghjagh as far as Makrisu. Again,
views differ on the location of Makrisu, but it must be on the Jaghjagh north of
Haseke, and the question is, if their only purpose was to reach Dur-katlimmu as
quickly as possible, why should a troop of soldiers go by the longer route through
Makrisu, i.e. to the *west* of the lava field around the extinct volcano of Kaukab,
rather than by the direct road east of Kaukab from Tell Aswad to Touneinir. It
may be that they had work to do en route, and we are reminded of Tukulti-Ninurta
and Assurnasirpal's collection of tribute or taxes from these riverain sites.

Lastly, we would like to call attention to the site of Tell Aswad on the south
bank of the Jaghjagh 16 km south-west of Tell Brak and 10 km east of Bezari. It is
a long, low mound some 600 by 250 m and 10-12 m high. Early Dynastic, including
some Ninevite 5, and especially Akkadian pottery is plentiful over a large area, and
Khabur ware together with Mitanni types is also found, especially on the central
and eastern parts of the tell, but we recovered only a few sherds of later material
including possible Late Assyrian, Hellenistic, and only one blue-glazed fragment
that might be Roman. The chief interest of Tell Aswad lies in its position. A direct
track runs north up the Wadi Khanazir and Wadi Dara to Amouda, where it joins
another major route from Tell Brak to Mardin and Diyarbakr. At the point where
this track reaches the river, immediately below Tell Aswad, there are stones in the
river bed and even a channel cut in the rock on the south side, presumably to divert
water from the surface of the ford. South of Tell Aswad the road continues as a
straight track to Tell Touneinir on the lower Khabur. There can be no doubt of the
antiquity of this section of the route, for where it crosses a series of parallel
limestone ridges running east from the Kaukab lava field it has been hollowed out
by centuries, perhaps millennia, of use to a trough up to 5 m deep and 50 m wide
(Pl. 66a-b). It is, in fact, the most direct road to the lower Khabur from the
Mardin/Diyarbakr region of eastern Turkey, including the ancient copper mines of
Ergani Maden north of Diyarbakr, and from the eastern part of the upper Khabur
triangle. Recent suggestions that this deep cut represents a canal seem implausible,
owing to the height of the ridge above any possible local water source.

The ancient name of Tell Aswad cannot of course be certainly established
without textual evidence from the site itself, but we believe there are strong reasons
for suggesting that it is Nagar/Nawar. This place is known to have been important
in the Early Dynastic/Akkadian period, when it features in inscriptions of two
Hurrian kings of Urkiš, first in the titulary of Atelšen as the second city of his
kingdom, and secondly in the inscription of Tišatal as the first of three important
religious centres (Sollberger & Kupper 1971, 128; Parrot & Nougayrol 1948: 1ff.).
Since in the two inscriptions, in Akkadian and Hurrian respectively, the name

appears as Nawar and Nagar, these would appear in this instance to be variant spellings of the same name, although there may be more Nawars around than meet the eye. In this connection we remark only that the occupation of Tell Aswad reached its greatest extent at precisely this time, and that a site in the vicinity of Amouda, where Urkiš must be (? perhaps Mozan), and Tell Aswad would appropriately represent the northern and southern capitals of a kingdom covering the eastern half of the Khabur basin.

Two second-millennium references are more specific. In *ARMT* II, 57, we read that Kabia, governor of Kahat, and a companion, were held up on a journey to Mari by snow between Nagar and Tabatum, probably Tell Taban. It seems highly probable that they had started from Kahat, and would have initially been travelling down the Jaghjagh. This might suggest the identification of Nagar with Tell Brak, but our objection to this is that a traveller leaving Tell Barri who was held up by snow on the next stage after Tell Brak was not displaying the intelligence and foresight required of a provincial governor since the two sites are 9 km apart and clearly visible one from the other. Secondly, the place where the road from the Jaghjagh to Tell Taban is most likely to have been seriously obstructed by snow is on the high ridges between Tell Aswad and Touneinir where falls might well be heavier and drifting more probable than on lower ground.

Our last piece of textual evidence relating to Nawar is a tablet found in the Mitanni palace at Tell Brak in 1986 (Illingworth 1988, 105ff.). It presents some difficulties of interpretation, but is clearly a record of the delivery of GI.MEŠ, which might be translated "reeds" or "arrows," either from Nawar "to the fortress of Ta'idu" or, more likely, from Nawar "in the district of Ta'idu," depending on the meaning of *halṣu* in this period and context. We incline to the translation of GI.MEŠ as reeds, because we have archaeological evidence of roof repairs which would have required the replacement of reed matting, as well as quantities of burnt reeds, no doubt coincidentally, on the floor of the room where the tablet was found. If GI.MEŠ are reeds, then Nawar is a riverain site. Secondly, there are only two places named on this tablet, and it seems to us highly improbable that Brak is not one of the two. Whatever the meaning of *halṣu*, Ta'idu either had a fortress, as Brak had at the time, or it was the capital of a district in which Nawar was a subordinate town or village. The relatively limited late second millennium settlement at Tell Aswad, though it may well be in part concealed under the modern village which occupies the eastern end of the mound, corresponds with this relationship.

In this article we have made available our somewhat disconnected observations on sites in the area of Tell Brak, the result of punishing "weekly holidays" rather than any consistent survey. We hope that an emphasis on the Hellenistic and Roman periods, which is in any case overdue, may be of especial interest to Adnan Bounni.

BIBLIOGRAPHY

Barnett, R.D.
   1960   *Assyrian Palace Reliefs*, London.
Budge, E.A. Wallis
   1920   *By Nile and Tigris*, London.
Cagnat, R.
   1927   *Syria* 8:53ff.
Charpin, D.
   n.d.   "Recent Excavations in the Upper Habur Region," *Tall al-Hamidiya 2*, Berne.
Charpin Dossin, G.
   1972   "Adaššum et Kirhum dans les textes de Mari," *RA* 66:111-130.
Finkel, I.L.
   1985   "Inscriptions from Tell Brak 1984," *Iraq* 47:187-201.
Grayson, A.K.
   1976   *Assyrian Royal Inscriptions 2*, Wiesbaden.
Illingworth, N.J.J.
   1988   "Inscriptions from Tell Brak 1986," *Iraq* 50.
Kessler, K.
   1984   "Nilabšinu und der altorientalische Name des Tell Brak," A. Archi, P.E.
               Pecorella, & M. Salvini eds., Gedenkschrift Meriggi = *SMEA* 24.
Kühne, Hartmut
   1980   "Zur Rekonstruktion der Feldzüge Adad-Nīrārī II., Tukulti-Ninurta II. und
               Assurnasirpal II. im Hābūr-gebiet," *Baghdader Mitteilungen* 11:44-70.
Layard, A.H.
   1853   *Nineveh and Babylon*, London.
Lepper, F.A.
   1948   *Trajan's Parthian War*, London.
Mallowan, M.E.L.
   1936   "Excavations at Tall Chagar Bazar and an Archaeological Survey of the Habur
               Region," *Iraq* 3:1-86.
Meijer, D.J.W.
   1986   *A Survey in Northeastern Syria*, Istanbul.
Oates, D.
   1968   *Studies in the Ancient History of Northern Iraq*. Oxford.
   1985   "Excavations at Tell Brak, 1983-84," *Iraq* 47:159-173.
   1985   "Walled Cities in Mesopotamia," *MARI* 4:585-594.
   1987   "Excavations at Tell Brak 1985-86," *Iraq* 49:175-191.
Oates, D. & J.
   1958   "Nimrud 1957: The Hellenistic Settlement," *Iraq* 20:114-157.
Oates, D. & J.
   1959   "Ain Sinu: A Roman Frontier Post in Northern Iraq," *Iraq* 21:207-242.
Oates, D. & J.
   1988   "An Urartian Stamp Cylinder from Northeastern Syria," *Iranica Antiqua* 23.
Parrot, A. & Nougayrol, J.
   1948   "Un document de fondation hurrite," *RA* 42:1-20.
Poidebard, A.
   1934   *La Trace de Rome dans le désert de Syrie*, Paris.

Röllig, W.
1983   Ein Itinerar aus Dūr-katlimmu, *Damaszener Mitteilungen* 1:279-82.
Roos, A.G. ed.
1928   Arrian, *Parthica*.
Sollberger, E. & Kupper, J.-R.
1971   *Inscriptions Royales Sumériennes et Akkadiennes*, Paris.

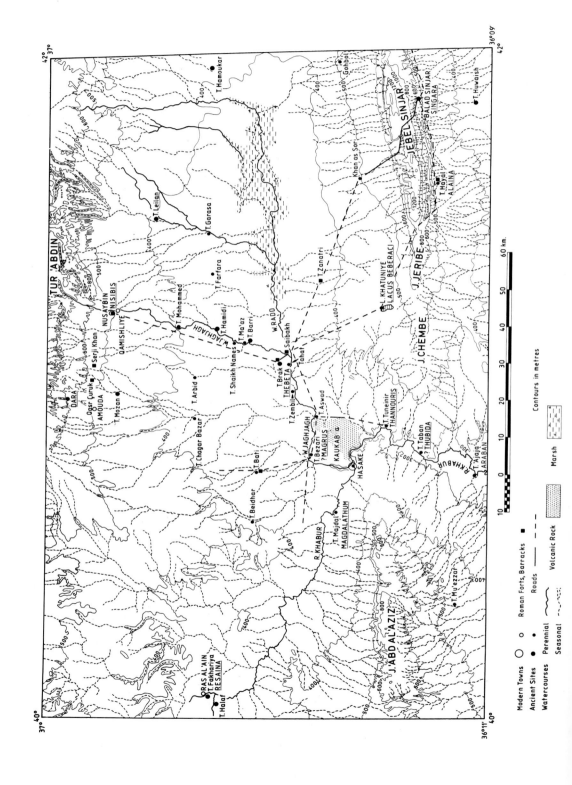

Plate 63. The Roman ford southeast of Tell Brak. The survey poles mark the revetments of the roadway.

a

b

Plate 64a. The ford from the northwest.
b. The upstream revetment near the east bank, showing the socket for a marker post.

a

b

Plate 65a. Hellenistic and Roman sherds: for particulars see list of plates.
65b. Lake Khatuniyah, looking southeast from the peninsula. In the distance, the pass between Jebel Sinjar (left) and Jebel Jeribe (right).

a

b

Plate 66a-b. The ancient road from Tell Aswad to Tell Touneinir, crossing successive limestone ridges east of Kaukab.

ZU DEN MONUMENTALEN STEINBAUTEN VON TELL CHUERA

Winfried Orthmann

Die an der Oberfläche anstehenden Überreste monumentaler Steinbauten gehören zu den Merkmalen des Tell Chuera, die frühzeitig die Aufmerksamkeit auf diesen Ruinenhügel gelenkt haben.[1] Es verstand sich fast von selbst, dass mit dem Beginn der systematischen Ausgrabungen auf dem Tell Chuera durch A. Moortgat im Jahr 1958 sogleich die Untersuchung dieser Bauten in Angriff genommen wurde. Dabei richtete sich das Interesse zunächst auf einen schon durch M. von Oppenheim beschriebenen Komplex am Ostausgang der grossen Mittelsenke; die hier anstehenden Bauwerke wurden als Steinbau I, Steinbau II und Steinbau III bezeichnet.[2] In den ersten Jahren der Grabung bis zu der durch äussere Umstände erzwungenen Unterbrechung nach der Kampagne 1964 wurde der Steinbau I und seine Umgebung in vier Grabungskampagnen untersucht, am Steinbau II fand nur in der ersten Kampagne eine kürzere Grabung statt, am Steinbau III schliesslich wurde in zwei Kampagnen gearbeitet. Die Ergebnisse wurden in den Vorberichten über die Grabung publiziert,[3] jedoch bisher nicht systematisch zusammengefasst.[4]

Bei der Wiederaufnahme der Grabungen 1973-1976 wandte sich das Interesse der Ausgräber anderen Grabungsbereichen zu. Als dann nach dem Tod von A. Moortgat die Ausgrabungen 1982 wieder aufgenommen werden konnten, wurde zunächst 1982 eine Nachuntersuchung am Steinbau III begonnen,[5] in der Kampagne 1986 wurden die Grabungen im Bereich der Steinbauten I und II fortgeführt. Dabei ergaben sich eine Reihe neuer Erkenntnisse, die hier kurz vorgestellt werden sollen.[6]

Der *Steinbau I* stellt sich nach dem Grabungsstand von 1963 als eine ca. 26 × 14 m grosse Steinterrasse dar, die bis zu einer Höhe von 7 m über der Fundament-

---

[1] Vgl. den Bericht von M. von Oppenheim *apud* Moortgat-Correns 1972:27.

[2] „Steinbau IV" ist eine 1973 untersuchte kleinere Ruine gegenüber von Steinbau III. Als Steinbau V wird eine 1973 und 1976 ausgegrabene Anlage im Südwesten des Kernhügels bezeichnet, die sich im Typus von den Steinbauten I-III deutlich unterscheidet (vgl. Moortgat & Moortgat-Correns 1975:37-53).

[3] Steinbau I: Moortgat 1960a:22-32; Moortgat 1960b:12-35; Moortgat 1962:22-38; Moortgat 1965: 6-9. Steinbau II: Moortgat 1960a:22-25. Steinbau III: Moortgat 1965:9-11; Moortgat 1967:4-8.

[4] Einen Überblick über den damaligen Stand der Kenntnis geben Moortgat-Correns 1972:39 sowie der Artikel „Huera, Tell" im *Reallexikon der Assyriologie* 4 (Berlin/New York 1972-1975) 480-487.

[5] Vgl. Orthmann, Klein & Lüth 1986:34-38.

[6] Ein Vorbericht über die Kampagne 1986 soll zusammen mit dem über die für 1987 geplante Kampagne erscheinen.

Unterkante aufragt;[7] sie ist mit einer Abweichung von etwa 21° in Ost-West-Richtung orientiert (Pl. 67).[8] An diesen Kernbau schliessen sich verschiedene aus Steinen oder Lehmziegeln gebaute Terrassen an, deren Bauweise und Struktur allerdings aus den Vorberichten nicht sehr deutlich hervorgeht.

Die Oberfläche des Kernbaus ist sehr ungleichmässig; der publizierte Plan[9] lässt Einsenkungen und Erhebungen erkennen, aus denen sich jedoch keine klaren Mauerverläufe rekonstruieren lassen. Der Aufbau des Kernbaus wurde bisher nicht durch Schnitte oder Sondagen untersucht, da dies erhebliche Eingriffe in die Bausubstanz mit sich gebracht hätte.[10] Die Ungleichmässigkeit der Steinlagen an ihrer Oberfläche lässt allerdings auch ohne eine solche Untersuchung vermuten, dass die Terrasse nicht massiv aus Steinblöcken gesetzt ist, sondern dass nur die Umfassungsmauern — und vielleicht einige Quermauern — aus Steinen errichtet wurden, während die so gebildeten Kästen mit andersartigem Material aufgefüllt wurden. Eine derartige Bautechnik lässt sich bei den aus Stein gebauten niedrigeren Terrassen beobachten, die dem Kernbau im Süden und Westen vorgelagert sind.

Die erhaltenen Reste gehören deutlich zu zwei verschiedenen, einander ergänzenden bzw. überlagernden Bauzuständen. Die ältere Anlage (Terrasse A) unfasst nur eine ca. 2,60 m breite „Mauer," die sich von der Südost-Ecke her auf eine Länge von ca. 10 m an die Südmauer des Kernbaus anlehnt und die im Westen in einer glatten, sorgfältig gesetzten Kante abbricht. Im Osten ragt die Terrasse A noch etwa 2,60 m über die Südost-Ecke des Kernbaus hinaus; ihr Abschluss im Osten ist noch nicht genauer untersucht worden. Der Aufbau dieser Terrasse ist nicht genau zu erkennen: sichtbar sind nur die gut gesetzten Aussenschalen im Süden und Westen sowie die verhältnismässig ebene obere Abdeckschicht aus ziemlich grossen Steinblöcken.

Die jüngere Terrasse B an der Westseite des Kernbaus ist ebenfalls etwa 2,50 m breit. Sie schliesst mit der Nordkante des Kernbaus bündig ab; die Fuge ist an der Ansatzstelle sehr deutlich zu erkennen. Im Süden reicht ihre Westkante noch 8,40 m über die Südmauer des Kernbaus hinaus; sie bildet dort eine Ecke mit einem weiteren Mauerzug, der noch etwa 28 m weit nach Osten zu verfolgen ist, dort dann aber abzubrechen scheint.[11] Diese Mauer weist ebenso wie die südliche Fortsetzung der Westterrasse eine gut gesetzte Aussen- und eine weit weniger sorgfältig gesetzte Innenkante auf. Innerhalb dieses Mauerhakens wurde südlich der Südwest-Ecke des

---

[7]   Die Unterkante des Baus wurde nur in einer Sondage in der Nähe seiner Nordwest-Ecke erreicht: vgl. Moortgat 1960b:18.

[8]   Im folgenden wird diese Abweichung von den Haupthimmelsrichtungen bei der Beschreibung vernachlässigt.

[9]   Moortgat 1960b: Abb. 19.

[10]   Ausserdem standen der Expedition nicht die technischen Mittel zur Verfügung, die für eine Bewegung der grossen Steinblöcke erforderlich wären.

[11]   Aus den Vorberichten ist nicht genau zu entnehmen, ob die Mauer tatsächlich an dieser Stelle endet oder ob sie — evt. auf tieferem Niveau — eine Fortsetzung besitzt.

Kernbaus eine Tiefgrabung durchgeführt, bei der ältere, von der Terrasse B überbaute, aus Lehmziegeln errichtete Gebäudeteile angetroffen wurden.[12] In der Verlängerung der Südmauer des Kernbaus ist so eine Art Profil entstanden, das den Aufbau des dem Zentralbau im Westen vorgelagerten Teils der Terrasse B deutlich erkennen lässt: sie besteht hier aus der aus Steinen aufgemauerten Schale und einer Auffüllung aus Lehmmaterial zwischen dieser Schale und der Westmauer des Kernbaus, auf der dann zwei Lagen von Steinblöcken als Abdeckung verlegt sind. Es ist zu vermuten, dass es sich bei dem Mauerhaken im Süden um eine Fortsetzung der Aussenschale der Terrasse B handelt; ob die Abdeckschichten aus Steinblöcken hier nicht vorhanden waren oder ob sie bereits vor Beginn der Grabung zerstört worden sind, lässt sich nicht mehr feststellen. Die Terrasse B ist demnach im Südteil mit rund 8,5 m wesentlich breiter gewesen als im Westen; vermutlich hat sie sich mindestens bis zur Ostkante der Terrasse A nach Osten erstreckt. Im Norden ist an den Kernbau eine Terrasse aus Lehmziegeln angesetzt, wobei wahrscheinlich wenigstens zwei Bauzustände zu unterscheiden sind.

Von besonderem Interesse ist schliesslich die Ostseite des Gebäudes, da nur hier der Aufgang zu dem Kernbau gelegen haben kann (Pl. 70a). Hier sind auf den publizierten Plänen Steinsetzungen eingezeichnet, deren Funktion bei der Nachgrabung 1986 weitgehend geklärt wurde: es muss sich um eine Art Rampe handeln, die aus zwei Schalen mit einer Auffüllung dazwischen bestand und die oben mit Steinblöcken abgedeckt war; die südliche der beiden Schalenmauern ist jedoch bereits frühzeitig zusammengestürzt, so dass ihr Verlauf noch nicht genau geklärt werden konnte. Diese Rampenanlage gehört jedoch keineswegs zu dem ältesten Bauzustand des Kernbaus, sie ist vielmehr auf Schuttschichten gegründet, die von Osten her an den Kernbau heranziehen und die mit den älteren Schichten (6-7) im Bereich nördlich des Steinbau I[13] in Verbindung gebracht werden können; diese Schichten liegen ihrerseits noch erheblich höher als das Gründungsniveau des Kernbaus.[14] Diese Rampe reicht jedoch nicht sehr weit nach Osten, vielmehr stellt sie nur eine Verbindung zwischen dem Kernbau und einer ihm im Osten vorgelagerten Lehmziegelterrasse dar, deren Ausdehnung und Funktion noch gänzlich unbekannt ist.[15]

Während der Kernbau des Steinbau I durch seine Lage auf dem Grund der grossen Ost-West-Senke gut geschützt war und deshalb weitgehend ungestört erhalten geblieben ist, ist der *Steinbau III* wesentlich stärker zerstört. Dadurch

---

[12]   Moortgat 1960b:31-35; Moortgat 1962:23.
[13]   Vgl. Moortgat 1965:6-9.
[14]   Es sei denn, der Kernbau wäre in eine — bisher nicht nachgewiesene — Baugrube gesetzt worden.
[15]   Es ist denkbar, dass diese Terrassenanlage mit der Terrasse B südlich des Kernbau in Verbindung steht, jedoch muss diese Hypothese noch durch zukünftige Grabungen in diesem Bereich überprüft werden.

ergibt sich die Möglichkeit, hier den Aufbau der Hochterrasse ohne wesentliche Eingriffe in den Baubestand zu untersuchen.

Steinbau III besteht aus einer Terrasse von rund 16 × 14 m, die mit einer Abweichung von 29° nach den Haupthimmelsrichtungen orientiert ist (Pl. 69). Die obersten erhaltenen Steine liegen rund 4 m über der — an einer Stelle erreichten — Unterkante des Fundaments. An die Terrasse schliesst sich nach Osten hin ein rund 21 m langer Treppenaufgang an, dessen Breite der Terrassenbreite entspricht.

Auf dem publizierten Plan ist deutlich zu erkennen, dass sich die Terrasse aus zwei Kästen aufbaut, die von den rund 3 m starken Umfassungsmauern und einer Quermauer gebildet werden.[16] Diese Kästen sind mit Lehmmaterial, z.T. auch mit Lehmziegeln aufgefüllt. Im Nordteil des westlichen „Kammer" sind unter den im publizierten Plan eingetragenen Lehmziegeln noch Reste der Abdeckschicht erhalten, die wiederum aus zwei Lagen von Steinblöcken besteht. Sie liegt im Niveau höher als die erhaltene Oberkante der Mauern im südlichen und östlichen Teil des Baus, kann also dort gar nicht mehr erhalten sein, zumal sich in diesem Bereich zwei verhältnismässig grosse Ausbruchgruben abzeichnen, die vermutlich durch Ausraubung von Steinen entstanden sind. Es kann angenommen werden, dass es sich auch bei dem Steinbau III um eine Terrasse handelt, die ursprünglich vollständig mit Steinen abgedeckt war, und dass umgekehrt der Kern des Steinbau I im Innern ähnlich aufgebaut ist wie der von Steinbau III.

Betrachtet man die im Osten vorgelagerte Treppe, so ist auch hier die gleiche Bautechnik wie bei den vorgelagerten Terrassen des Steinbau I zu beobachten: die Treppe besteht aus je einer aufgemauerten Schale im Norden und Süden mit einer Auffüllung aus Lehmmaterial im Innern; dauauf liegt eine Abdeckung aus Steinblöcken, die hier in Form einer Treppe abgestuft ist. Auffällig ist, dass diese Treppe im Osten wesentlich tiefer hinabreicht als die Unterkante des Fundaments des Kernbaus; hier müssen also wohl schon vor der Errichtung des Steinbau III erhebliche Niveauunterschiede des Geländes bestanden haben.[17]

Wie mag nun das Gebäude ausgesehn haben, das ursprünglich auf der Terrasse des Steinbau III gestanden hat? Während beim Steinbau I zumindest auf der Nordseite des Kernbaus noch Blöcke erhalten sind, die über den Abdeckschichten liegen, die also wohl zum Sockel der Mauern des eigentlichen Gebäudes gehören, ist dies bei dem Steinbau III kaum der Fall. Immerhin lässt sich vermuten, dass die Anordnung der Kästen im Innern des Sockels bereits dem Grundriss des auf dem Sockel stehenden Gebäudes entspricht; allerdings dürften die aufgehenden Mauern schmaler gewesen sein. Man kann so — allerdings nur hypothetisch — die Form

---

[16] Bei den 1986 durchgeführten Nachuntersuchungen konnte der Grundriss dieser Kastenmauern vervollständigt werden.

[17] Es ist beabsichtigt, zur Klärung dieser Frage eine grössere Flächengrabung südlich des Steinbau III durchzuführen.

eines Antentempels mit offener Vorhalle im Osten und mit einem nahezu quadratischen Innenraum rekonstruieren.

Bei einer solchen Rekonstruktion kommen uns die Befunde an dem allerdings
wesentlich kleineren *Steinbau II* zu Hilfe. Bei den 1986 durchgeführten Nach-
grabungen konnten wir feststellen, dass es sich bei diesem Bau ebenfalls um eine
Terrassenanlage handelt, und zwar mit einer Länge von rund 13 und einer Breite
von rund 10 m (Pl. 68). Dieser Bau ist wesentlich besser erhalten als die Steinbauten
I und III: hier wurden die Abdeckschichten der Terrassenoberfläche vollständig
angetroffen, und auch von den Mauern des auf der Terrasse errichteten Gebäudes
ist der Sockel teilweise erhalten; auf der Südwest-Seite ist die äussere Blockreihe
stehengeblieben, wenn auch teilweise verkippt; die nordwestliche Aussenmauer ist
bis zur Fussbodenschicht vollständig zerstört, die unterste Steinreihe der Nord-
ostmauer ist fast überall noch vorhanden.

Es lässt sich mit Sicherheit erkennen, dass der Eingang des Gebäudes im
Südosten gelegen hat. Die Wand des Innenraums ist an dieser Stelle etwas nach
innen verschoben, so dass zwischen den vorgezogenen Langwänden ein schmaler
Vorraum bleibt. Die nördliche Türwange besteht aus zwei senkrecht stehenden
Steinplatten; auf der Südwest-Seite fehlen die entsprechenden Steine. An die
Türwangen schliesst sich auf beiden Seiten nach Innen eine Steinsetzung an, die
vermutlich die Türangel aufgenommen hat. Die 3,75 m breite Türöffnung lag nicht
in der Mitte der Südost-Wand, sondern ist etwas nach Südwesten verschoben.

Reste eines Fussbodens konnten im Innern des Raumes etwa 25 cm über den
Steinplatten der Abdeckschicht erfasst werden. Im rückwärtigen Teil des Innenraums fand sich über der Abdeckschicht ein 3,25 × 2,00 m grosser und 25 cm
hoher Sockel aus weissen Gipsstein-Platten, der als Unterbau für einen Altar oder
als Basis für ein Kultbild gedient haben dürfte (Pl. 70b).

Über die Höhe der Terrasse, auf der dieser Bau errichtet worden war, lässt sich
bei dem derzeitigen Stand der Grabungen noch nichts sagen; eine Sondage an der
Südost-Ecke zeigte bereits mehrere Lagen der Südwest-Mauer dieser Terrasse. Auch
die Frage des Aufgangs ist noch weitgehend ungeklärt. Eine möglichst umfassende
Freilegung des Steinbau II soll in den nächsten Kampagnen erfolgen.

Zusammenfassend kann festgestellt werden, dass wir es bei den Steinbauten I, II
und III in Tell Chuera mit aus Steinen errichteten Hochterrassen zu tun haben. Auf
ihnen haben Gebäude gestanden, von denen wir annehmen, dass es sich um
Kultbauten gehandelt hat, vergleichbar mit dem 1960 ausgegrabenen Nordtem-
pel,[18] der allerdings nicht auf einer Steinterrasse, sondern nur auf einem Lehm-
ziegel-Unterbau errichtet worden war. Am Ostende der grossen Ost-West-Senke des

---

[18]   Moortgat 1962:9-22.

Tell Chuera gab es anscheinend einen Komplex von Tempeln, zwischen denen möglicherweise auch architektonische Zusammenhänge bestanden. Die Freilegung dieses Kultbezirks, für den es im nördlichen Zweistromland keine Parallele gibt, ist die wichtigste Aufgabe zukünftiger Grabungen in Tell Chuera.

BIBLIOGRAPHIE

Moortgat, A.
1960a *Tell Chuera in Nordost-Syrien. Vorläufiger Bericht über die Grabung 1958* (Wissenschaftliche Abhandlungen der Arbeitsgemeinschaft für Forschung des Landes Nordrhein-Westfalen 14), Köln & Opladen.
1960b *Tell Chuera in Nordost-Syrien. Vorläufiger Bericht über die zweite Grabungskampagne 1959* (Schriften der Max Freiherr von Oppenheim-Stiftung), Wiesbaden.
1962 *Tell Chuera in Nordost-Syrien. Vorläufiger Bericht über die dritte Grabungskampagne 1960* (Wissenschaftliche Abhandlungen der Arbeitsgemeinschaft für Forschung des Landes Nordrhein-Westfalen 24), Köln & Opladen.
1965 *Tell Chuera in Nordost-Syrien. Bericht über die vierte Grabungskampagne 1963* (Wissenschaftliche Abhandlungen der Arbeitsgemeinschaft für Forschung des Landes Nordrhein-Westfalen 31), Köln & Opladen.
1967 *Tell Chuera in Nordost-Syrien. Vorläufiger Bericht über die fünfte Grabungskampagne 1964* (Schriften der Max Freiherr von Oppenheim-Stiftung), Wiesbaden.
Moortgat-Correns, U.
1972 *Die Bildwerke vom Djebelet El Beda in ihrer räumlichen und zeitlichen Umwelt*, Berlin & New York.
Orthmann, W.; Klein, H. & Lüth F.
1986 *Tell Chuera in Nordost-Syrien 1982-1983. Vorläufiger Bericht über die 9. und 10. Grabungskampagne* (Schriften der Max Freiherr von Oppenheim-Stiftung), Berlin.

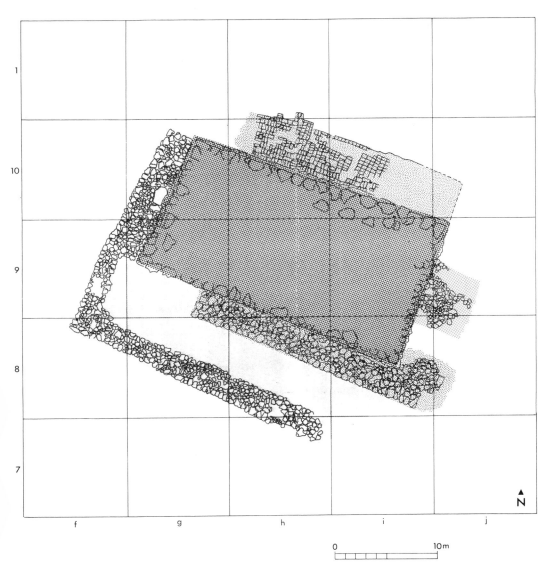

Plate 67. Tell Chuera: Steinbau I.

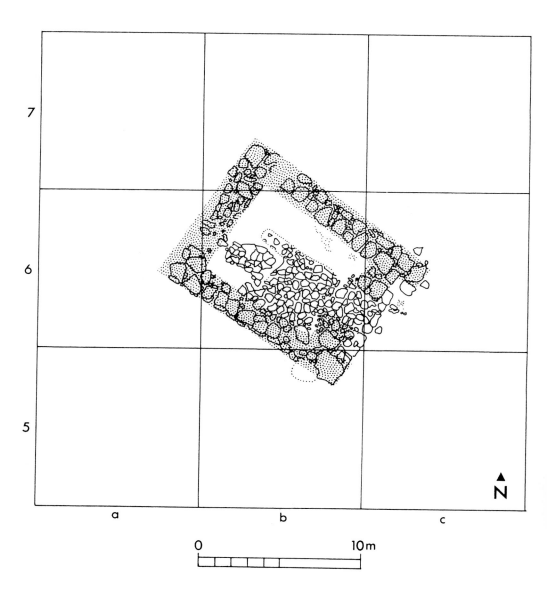

Plate 68. Tell Chuera: Steinbau II.

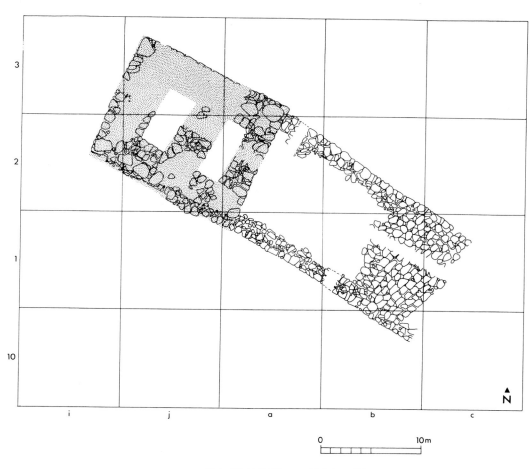

Plate 69. Tell Chuera: Steinbau III.

a

b

Plate 70a. Tell Chuera: Ostseite des Steinbau I.
b. Tell Chuera: Steinbau II: Mitte des Innenraums vom Süden.

TELL BARRI/KAHAT DURANTE IL II MILLENNIO

All'Amico Adnan con affettuosa riconoscenza

Tell Barri si trova nella Jazirah settentrionale, sulla riva sinistra del Jaghjagh, un affluente orientale del Habur, a mezza via tra le città di Qamishli e di Haseke. Dall'alto del tell si scorge, a 10 chilometri a sud, Tell Brak, punto di riferimento obbligato per tutta la regione.

Situato a 374 m. s.l.m. Tell Barri presenta una acropoli dai fianchi ripidi, a pianta più o meno ellittica, alta 32 m (Pl. 71a). La città bassa si stende a forma di semiluna su tre lati del tell (il quarto, quello occidentale, è delimitato dal corso del fiume), separata da questo da un avvallamento che deve corrispondere ad un fossato. All'esterno è ben visibile il rilevato delle mura del II millennio. L'area totale è di circa 34 ettari, compresi i 6 dell'acropoli. Dalla fotografia aerea (Pl. 71b)[1] si scorgono tracce di canalizzazioni[2] che dovevano derivare l'acqua del fiume per rifornire gli "stagni" e il fossato civico.

Nel 1961 G. Dossin[3] sulla base del ritrovamento causale di una lastra integra e di altri frammenti con una iscrizione del sovrano neoassiro Tukulti-Ninurta II (890-884 a.C.), identificò Tell Barri con la città di Kahat nota dalla la letteratura cuneiforme. Nel variegato panorama del triancolo del Habur, con i suoi innumeri tell, questa identificazione fu estremamente importante, specie se si tengono a mente le discussioni sulla identificazione di centri importanti quali Tell Brak, Chagar Bazar e la stessa Tell Fakhariyah. La situazione dalla fine degli '70 è migliorata: oltre a Kahat, è venuta la quasi sicura localizzazione di Shubat-Enlil con Tell Leilan (scavo di Harvey Weiss dell'Università di Yale) e a questo si aggiunga il ritrovamento della statua di Tell Fakhariyah, ormai quasi certamente Washshu-kanni.

Il progetto che ha condotto all'apertura della missione di Tell Barri è nato a Roma negli anni '70, in collaborazione con il collega M. Salvini, che conduce l'edizione del Corpus dei testi hurrici unitamente a colleghi delle università di Costanza e di Berlino.

---

[1] Foto gentilmente concessa da H. Kühne.
[2] Si veda W.J. Van Liere, "Notice géographique sur la ville de Kahat-Tell Barri," *Annales Archéologiques de Syrie* 11-12 (1961-62) 63-164.
   4G. Dossin, "Le site de Kahat," *Annales Archéologiques de Syrie* 11-12 (1961-62) 197-206.

Non è questa la sede per rifare in dettaglio la storia, desunta dalla letteratura cuneiforme di Kahat nel II millennio.[4] Mi limito a ricordare la tavoletta di Mari 6672[5] che attesta l'esistenza del tempio del dio della tempesta durante l'età di Zimri-Lim (in base alla quale è stato anche possibile tracciare una pianta del santuario) e la ricostruzione dell'edificio ad opera di Salmanassar I (1273-1244). Tra questi due momenti si situa la citazione del tempio nel trattato stipulato tra Suppiluliuma e Shattiwaza di Mitanni: a parte la considerazione che questo è il momento ormai del declino del regno di Mitanni, nelle ultime righe del trattato si stabilisce che una copia vada conservata nel santuario della divinità solare di Arinna in Hatti e un'altra nel tempio del dio della tempesta, appunto a Kahat. Le implicazioni sono di per sè evidenti: si doveva trattare di un santuario centrale dello stato, forse anche luogo di conservazione dei documenti ufficiali posto sotto la tutela del dio. La possibilità, quindi, di recuperare testi hurrici, di cui è ben noto lo scarso numero disponibile agli studiosi — pur con tutte le incertezze che uno scavo comporta — faceva pendere la bilancia verso un'indagine a Tell Barri. A questo si aggiunga l'annosa questione della definizione della produzione artistica dei Hurriti, anche prima della costituzione del regno mitannico, che poteva basi concrete nell'indagine di un sito, sicuramente importante, tra XVIII e XIV secolo.

Nel 1980, sotto l'egida dell'Istituto per gli Studi Micenei ed Egeo-Anatolici del C.N.R. e dal 1986 sotto quella dell'Università degli Studî di Firenze, grazie alla generosa accoglienza e alla collaborazione della Direzione Generale alle Antichità e ai Musei di Siria, nelle persone del Prof. Afif Bahnassi e del Dott. Adnan Bounni, che qui si onora, si iniziarono gli scavi.

Il primo compito che ci proponemmo fu di stabilire la sequenza di occupazione del sito (anche se questo penalizzava risultati più vistosi e immediati) che si presentava assai complessa specialmente a causa dei livelli del I millennio d.C. Il lavoro venne svolto mediante una serie di saggi sull'acropoli, sui suoi pendii e nella città bassa. Il risultato delle indagini può essere riassunto dalla seguente tabella:[6]

---

[4]   M. Salvini, "I dati storici," P.E. Pecorella & M. Salvini, *Tell Barri/Kahat 1* (Roma 1982) 13-28; "Le cadre historique de la fouille de Tell Barri (Syrie)," *Akkadica* 35 (nov.-déc. 1983) 24-41.

[5]   D. Charpin, "Le temple de Kahat d'après un document inédit de Mari," *Mari, Annales de Recherches Interdisciplinaires* 1 (1982) 137-147.

[6]   Per le notizie sullo scavo si veda P.E. Pecorella & M. Salvini, *Tell Barri/Kahat 1, Relazione preliminare sulle campagne 1980-1981 a Tell Barri/Kahat nel bacino del Habur*, con contributi di R. Biscione, P. Ferioli, E. Fiandra, N. Parmegiani, R. Ricciardi Venco, U. Scerrato, S. Sorda e G. Ventrone Vassallo, Roma 1982. Inoltre, P.E. Pecorella, "Gli scavi italiani a Tell Barri," *Atti del II Convegno "La presenza culturale italiana nei paesi arabi"* (Roma 1984) 351-368; "Tell Barri, un sito sul *Limes* nell'area del Habur (Siria), scavi 1980-1984," *Mesopotamia* (in corso di stampa); "The Habur Area and its Relationship with Anatolia mainly during the Second Millennium B.C.," *Acts of the Xth Turkish Historical Society Meeting, Ankara* (in corso di stampa). Brevi notizie sono apparse in *Archiv für Orientforschung* 28 (1981-82) 208-210; 31 (1984) 114-118; *Syria* 62 (1985) 128-130.

1. fase di Halaf
2. fase di Uruk III
3. fase del Dinastico Antico II-III
4. fase accadica e neosumerica
5. XVIII secolo a.C.: periodo del dominio di Assur e di Mari
6. XV-XIV secolo a.C.: periodo del regno hurrita di Mitanni
7. XIII secolo a.C.: periodo del dominio medioassiro
8. IX (-VII) secolo a.C.: periodo del dominio neoassiro
9. I secolo a.C.-I secolo d.C.: periodo romano-partico
10. IV secolo d.C.: periodo sasanide
11. XII-XIV secolo d.C.: periodo medievale islamico
12. (1940?)-1980: cimitero islamico.

In base a queste investigazioni è risultato più chiaro sia il modo in cui l'insediamento è cresciuto sia quali sono le fasi più importanti qui rappresentate e meno sconvolte da interventi posteriori. Si tratta, da una parte, della fase 3, ascritta dallo scavatore[7] alla metà del III millennio, dall'altra delle fasi 9 e 11, la romano-partica e l'islamica. Si noti inoltre che la sagoma a trapezio del tell è dovuta alla crescita durante il I millennio d.C., quando vennero eretti successivi muri di terrazzamento ed operati cospicui spianamenti della superficie dell'acropoli. A nostro avviso la fase 3, con i suoi quindici metri di altezza, ha costituito la prima e più antica elevazione del sito e da qui l'abitato si deve essere disteso, in momenti successivi, durante il II millennio, durante oriente e mezzogiorno senza eccessivamente elevarsi in altezza. Questa considerazione ci ha condotto allo scavo dell'Area G sulla pendice SSE dell'acropoli (Pls. 72, 73a).[8]

Materiale ceramico del II millennio, di cui la spia più evidente è la ceramica del Habur, è stata rinvenuta in varî saggi fuori dei contesti originarî, specie nell'Area B dove è stato scaricato dall'alto, o nell'Area F dove è affiorato, in modica quantità, nei livelli romano-partici e islamici. Particolarmente interessante è stato il rinvenimento di ceramica del Habur e di tipi del II millennio inornati nella Operazione 4, condotta nella città bassa, sul versante esterno del rilevato che noi riteniamo sia la testimonianza delle mure urbiche del II millennio. Qui, al di sotto di consistenti livelli d'età romano-partica e medievale, il materiale ceramico risultao inglobato in un terreno di fluitazione che, data la pendenza, non può non provenire dall'area esterna alle mura.

Sono stati, per altro, i lavori intrapresi nell'Area G a dare i risultati più consistenti che fanno bene sperare per il proseguimento delle ricerche. Nel 1983 furono aperti i settori A-B: 1-2; A1 venne approfondito nel 1984 e impiegato come area di saggio. Sempre nel 1984, ad una quota superiore a causa del declivio del

---

[7] R. Biscione, "La sequenza del III millennio," *Tell Barri/Kahat 2* (in preparazione).
[8] Lo scavo, iniziato dalla Prof. M.G. Amadasi, è stato diretto dalla Dott.ssa N. Parmegiani nel 1983 e nel 1984.

colle, vennero aperti i settori A-D: 3-4 che raggiunsero una profondità pari a quella dello inizio dello scavo nei settori A-B: 1-2.[9] Il dislivello totale tra i due punti estremi messi in luce è di 7.75 m. di cui 1.95 appartengono alla fase superiore del XIII secolo a.C. (medioassira, Pl. 73b) e 5.80 a quella inferiore, mitannica (Pl. 74a).

La sequenza degli strati e dei livelli mitannici è stata fortemente intaccata da intrusioni di epoca posteriore, non tanto dai silos d'età romano-partica quanto dalle immense fosse medievali di cui, in taluni casi, è stato impossibile, oltre che non necessario, delimitare il perimetro. Nonostante queste presenza è stato possibile stabilire la successione di un certo numero di periodi strutturali, evidenti nei disegni delle pareti e nelle piante.

La fase architettonica mitannica più recente è costituita dalla Struttura 7 (che si unifica alla 24), un vano di cui è stato possibile recuperare parte dell'area e i cui muri sono conservati per circa 0.70 m (Pls. 75, 77-79). Al di sopra di questo edificio si trovano gli strati 3, 4 e 5 di A4, B4 che non hanno restituito per ora resti architettonici ma solamente materiale ceramico sul quale torneremo tra poco (Pl. 81a).

La fase precedente, che chiameremo 2, è data dalle Strutture 15 e 21, due miserandi speroni strutturali, pesantemente violati dai silos 17 e 22 e dalla fossa 19 (Pl. 80a).

La fase 3 è identificabile dal *tannur* 14 e dal piano pavimentale 13 (Pl. 80b; in questo momento i silos 12 e 17 hanno intaccato la zona in misura meno rovinosa e la fossa 19 si è ridotta di dimensioni).

La fase 4 è rappresentata da un piano pavimentale in A1 con il ritrovamento di due olle *in situ*, n.i 5 e 6, nello strato 5B (Pl. 75).

Nel saggio in A1, inoltre, sono state registrate altre tre fasi, 5, 6 e 7, rappresentate da piccoli filari di mattodi o da aree di ammattonato in cotto, oltre che da grosse olle frammentarie (Pl. 81b).

A +6.50 m. tra la fase 6 e la 7, infine, è stata rinvenuta una sepoltura di cui è stato possibile mettere in luce solamente il cranio, dato che il corpo si trova sotto diversi metri di terreno nell'area non scavata (Pl. 74b). Accanto alla testa giaceva un'olla inornata del tipo corrente anche nella classe decorata a fasce orizzontali della ceramica del Habur. La limitatezza del saggio non permette di stabilire se si tratti di una tomba all'interno di una abitazione; comunque è certo che non si tratta di una sepoltura *extra moenia*.

La fase superiore, del XIII secolo o medioassira, è, a nostro avviso, la testimonianza della rioccupazione della città dopo la distruzione ad opera di Adad-Nirari I (1304-1274). Abbiamo citato la ricostruzione del tempio del dio della tempesta ad opera del successore, Salmanassar I (1273-1244) e a questo momento si deve riferire il livello dell'Area G, settori A-D: 3-4, con almeno due fasi distinte (di cui la più

---

[9] Una puntuale relazione sullo scavo e sui materiali verrà data in *Tell Barri/Kahat 2*.

cospicua è data dalla presenza del pozzo 43 e delle piccole strutture 40, 42, 44, 45) ed una terza di interramento (strati 1A-C), sembrerebbe per abbandono dell'area. Alla fase più antica di questo periodo si riferisce il rinvenimento di un migliaio di ciotole svasate e di vasi poterî, oltre a vasellame d'uso domestico, spesso integro o quasi, sparso per tutta l'area ma con maggiore concentrazione nello strato 1F e 2 (Pl. 82). Abbiamo, di conseguenza, formulato l'ipotesi che l'area sia o contigua ad un edificio per pasti comuni o addirittura una corte di cui non si sono raggiunti i limiti (quello meridionale è stato dilavato dal decadimento naturale). Comunque stiano le cose (e le indagine prossime, si spera, chiariranno la situazione) da questa fase è scomparsa totalmente la ceramica decorata a pittura, sia quella del Habur che quella di Nuzi che invece sono presenti negli strati 3 e 4 (Pl. 81a). Queste due classi, inoltre, coesistono sia nello strato 5, che corrisponde alla distruzione (o spianamento) della Struttura 7, sia — e in modo particolare — negli scarichi di ceneri, all'esterno dell'edificio, scarichi che si sono indubbiamente formati durante il periodo d'uso dell'abitazione (Pl. 79).

La conseguenza che se ne trae è evidente: siamo di fronte alla produzione contemporanea (e all'uso) della ceramica di Nuzi e di quella del Habur sino al momento immediatamente antecedente alla distruzione di Adad-Nirari I.

La fase successiva, che abbiamo definita come medioassira, da una parte vede la totale assenza delle ceramiche decorate (a parte qualche piccolo frammento ininfluente da un punto di vista generale) e dall'altra una produzione di ceramica inornata (ci riferiamo particolarmente alle ciotole svasate la cui quantità attesta una serie numerosa di varianti, Pl. 82) che denuncia una sostanziale continuità di base con quella della fase terminale mitannica. Se ne deduce quindi che, a prescindere dalle conseguenze della presa della città da parte di Adad-Nirari I (e quindi la scomparsa delle botteghe "palatine" di ceramica decorata per mancanza di committenza), tra le due fasi (e gli strati 2 e 3) non deve essere trascorso che un breve lasso di tempo.

Nella prossima campagna, quella del 1987, ci ripromettiamo di proseguire l'indagine, incrementando i dati già in nostro possesso. D'altro canto il saggio GS, nell'angolo NE dell'Area G, condotto nel 1984, ci ha mostrato alcuni elementi che ci inducono a proseguire nell'investigazione di quest'area.

Il tempio del dio della tempesta, che tanta parte ha avuto nella storia della città di Kahat, giace ancora inesplorato. Il suo ritrovamento non sarà il risultato di una sorta di "caccia al tesoro" ma si deve, a nostro avviso, inquadrare nel generale problema dell'esplorazione dell'abitato e nella ricostruzione delle sue variegate vicende storiche.

a

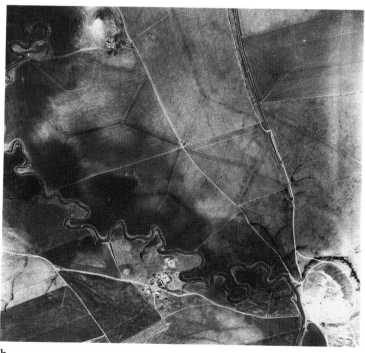

b

Plate 71a. Tell Barri, da sud.
b. Foto aerea di Tell Barri e della regione circostante ripresa per conto della Spedizione germanica a Tell Schech Hamad in cooperazione con la Direzione Generale alle Antichità e il Ministero all'Agricoltura della Repubblica di Siria, effettuata l'1.5.1984 da N. Grundmann, pilota A. Salman, copilota H. Kühne.

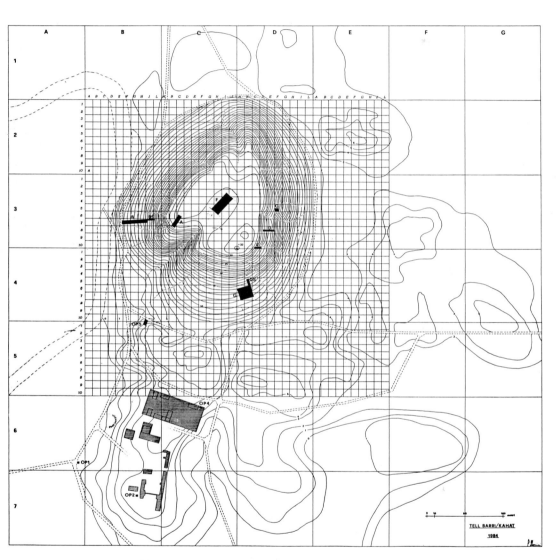

Plate 72. Pianta di Tell Barri (rilievo di A. Mancini, 1984).

a

b

Plate 73a. L'Area di scavo G, nel 1984.
b. L'Area G con i livelli medioassiri esposti, 1984.

a

b

Plate 74a. L'Area G con parte dei livelli mitannici scavati. Sono ben visibili le intrusioni d'età tarda.
b. Area G, settore A1, il saggio profondo con la struttura 59. In alto, presso la parete è visibile il cranio e
il vaso di corredo della Tomba 1.

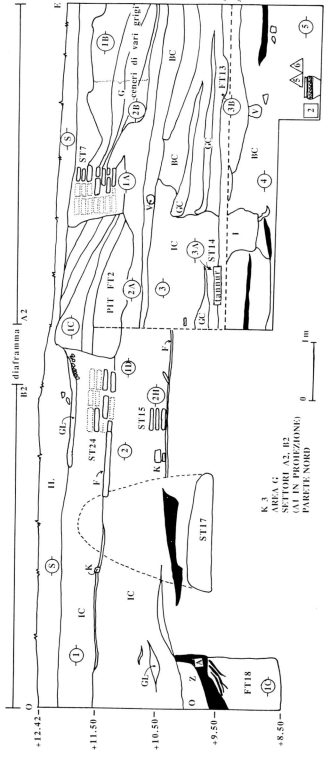

Plate 75. Area G, Settori A2, B2 (in proiezione il Settore A1), parete settentrionale. Livelli mitannici in maggioranza.

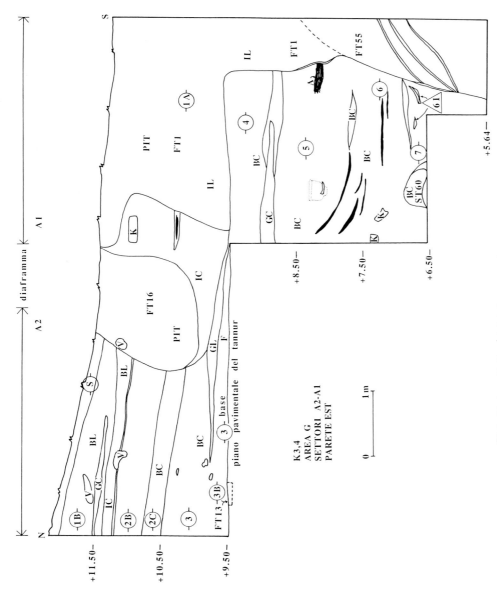

Plate 76. Area G, Settori A 1-2, parete orientale. Livelli mitannici.

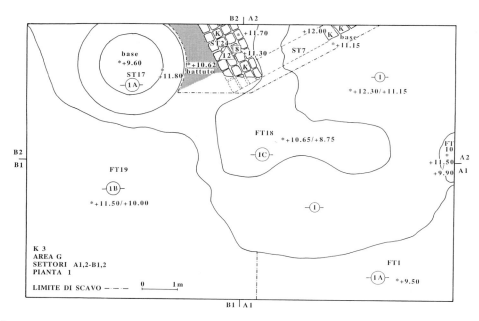

a

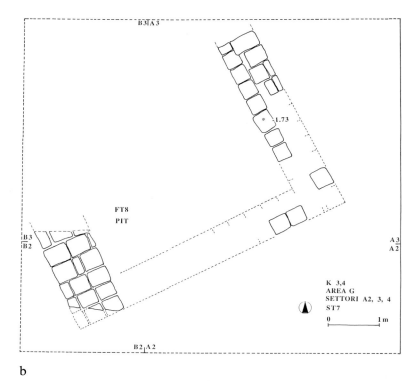

b

Plate 77a. Area G, Settori A 1, 2, B 1, 2, pianta 1.
b. Area G, Settori A 2, 3, B 2, 3, Struttura 7 (che ingloba la 24), pianta. Livello mitannico.

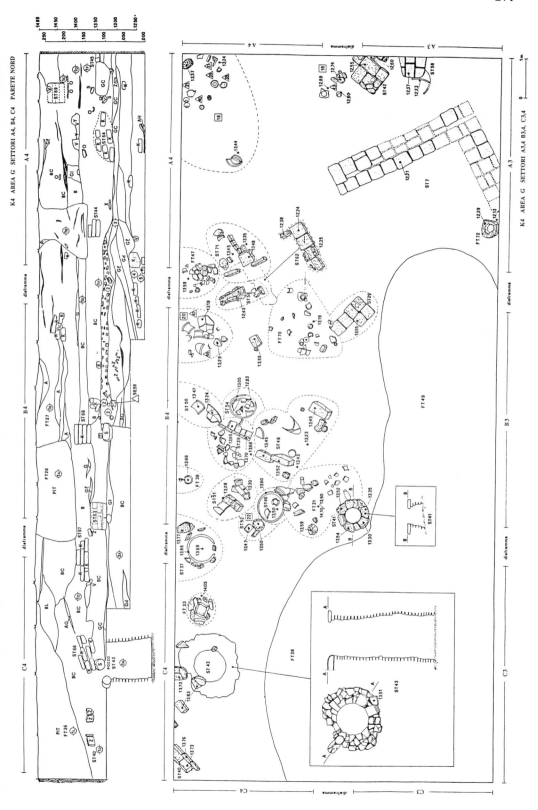

Plate 78. Area G, Settori A, B, C, 3-4, pianta e parete settentrionale. Livelli mitannici e medioassiri.

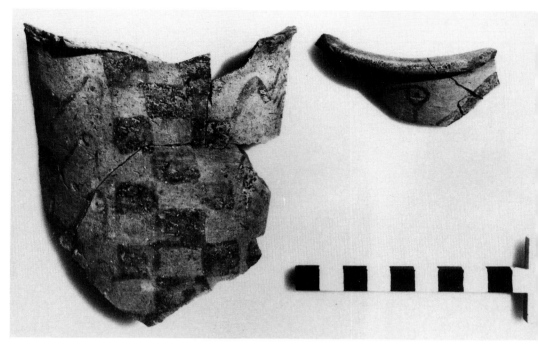

a

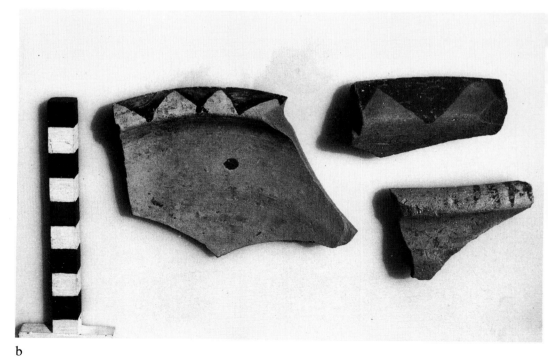

b

Plate 79a. Due frammenti di vasi con decorazione a motivi animali dallo scarico di ceneri adiacente alla
Struttura 7 dell'Area G.
b. Tre frammenti di ciotole della medesima provenienza dei precedenti. Ceramica del Habur.

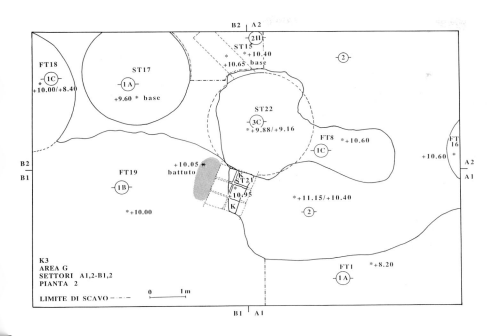

a

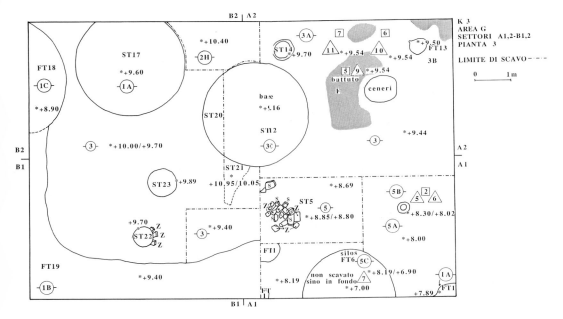

b

Plate 80a. Area G, Settori A 1, 2, B 1, 2, pianta 2.
b. Area G, Settori A 1, 2, B 1, 2, pianta 3.

a

b

Plate 81a. Area G, strato 3; bicchiere del tipo di Nuzi.
b. Un frammento di ceramica del Habur con la rappresentazione di un leone dallo strato aderente al
muro della Struttura 24 dell'Area G.

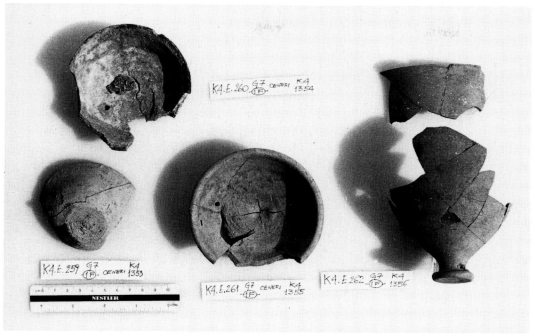

a

b

Plate 82a. Materiale ceramico medioassiro dell'Area G, strato 1 F.
b. Ciotola e bicchiere dell'Area G, strato 2, d'età medioassira.

UNE MAISON ARABE A RESAFA

Nassib Saliby

La participation de la Direction Générale des Antiquités et des Musées de Syrie en collaboration avec la Mission archéologique allemande dirigée par le Professeur Kollwitz en 1956 à Resafa m'a donné la possibilité de fouiller, en plus des fouilles dans le secteur byzantin, une maison de l'époque arabe et une partie de l'avenue principale nord-sud de la ville (Pl. 84-85).[1]

La ville de Resapha ou Resaphe, mentionnée déjà dans les textes assyriens, se transforma en Sergiopolis. Elle fut aussi nommée Anastasiopolis au nom de l'empereur Anastase (491-518), puis, sous Justinien Ier (527-565), la ville est devenue très prospère. Elle a été pillée par Khosroès II en 616. Les historiens arabes l'appelaient aussi Resafat Hicham au nom du calife omeyyade qui a habité Resafa en 724-743.

La ville a beaucoup souffert des tremblements de terre et des invasions de peuples voisins. Les habitants payaient des taxes à la tribu Khafaja au moment de sa décadence, d'après les historiens arabes. Baïbars (1260-1277) a évacué et reparti ses habitants entre les villes de Salamiyé et de Hama et peut-être dans d'autres sites.

Depuis longtemps déserte, elle est maintenant en proie aux dégradations des pillards et des fouilleurs clandestins qui ont bouleversé le sol pour y trouver des poteries irisées et emporter les marbres des édifices, laissant une surface difficile à traverser, vu la quantité innombrable des fossés (Pl. 83a). Les ruines sont construites en pierre gypseuse, brillante et grisâtre de couleur et très fragile. Les édifices rélèvent dans leur style l'alliance des influences chrétiennes de Mésopotamie et de Syrie aux 6e et 7e siècles de notre ère.

Une mission allemande dirigée par le Dr. T. Ulbert poursuit toujours des fouilles à Resafa. Nous allons maintenant présenter les découvertes importantes de la maison signalée. La fouille de la maison arabe est située à 16 m à l'ouest de l'avenue nord-sud et à 80 m au sud de la porte nord (Pl. 83b-c).

L'avenue principale a subi des remaniements: des banquettes de pierres remployées étaient construites devant les boutiques qui la longent (Pl. 83d). Parmi ces pierres de remploi se trouvaient un chapiteau d'ordre byzantin et d'autres pierres

[1] Mes remerciements vont à la Direction Générale des Antiquités et à la Mission allemande avec laquelle nous avons partagé la vie dure sous les tentes, loin de l'Euphrate. Je remercie aussi Madame Laurice Chahla pour son aide.

moulurées. La largeur de l'avenue est de 2,30 m et la largeur des boutiques varie entre 1,50 m et 2 m. Le matériel utilisé pour le jambage de ces boutiques comprend des briques cuites, des pierres taillées et des pierres en petite dimension non taillées. Les banquettes servaient aux marchands pour étaler leur marchandise. La dimension d'une de ces boutiques atteint 2,95 x 1,87 m. Une autre boutique garde encore en place une grande jarre qui servait pour vendre des liquides ou d'autres produits (Pl. 87a). Elle est encore couverte par un couvercle en plâtre telle que son propriétaire l'a abandonnée.

Poursuivant les fouilles vers l'ouest on reconnaît par son unité une maison qui marque la dernière phase de l'habitation de Resafa (Pl. 84). Elle atteint 250 m² de superficie. L'entrée principale se trouve au nord; elle donne sur une route orientée est-ouest et couverte par une couche de petits cailloux, qui date probablement de l'époque byzantine. La route a été fouillée sur une petite superficie, qui ne permet pas de donner beaucoup de détails; celà est dû à la quantité de déblais accumulés dans cette partie de la ville. Un sondage très limité montre que la route de l'époque byzantine était une chaussée faite de gravier mélangé à des éclates de pierre. Les habitants ont conservé cette route avec des remaniements qui l'ont surélevée de 40 cm au-dessus du niveau byzantin.

La salle qui porte le no. 8 sur le plan (Pl. 86) est l'entrée de la maison en question. Elle atteint 4,60 × 3,60 m et garde le reste d'une colonne pour soutenir le toit. La porte donne sur la route qu'on vient de signaler. Une marche surmontée d'une colonne couchée permet l'accès à la maison. Les murs sont construits en pierres provenant d'une maison plus ancienne. A l'angle nord-est une banquette de 75 cm de long et 65 cm de haut accompagnée d'une meule en basalte fait penser qu'une cuisine était aménagée à l'entrée de cette maison (Pl. 87b). A droite de l'entrée une latrine a été retrouvée; on y a récupéré tout un ensemble de matériel jeté après l'usage, comprenant des assiettes en céramique incisées et colorées (Pl. 87c-d), un pot en terre cuite, des tessons d'une jarre couverte d'émail bleuâtre qui date du 9e siècle et des objets en ivoire (Pl. 88a-b). La datation de ce matériel varie entre le 10e et le 13e siècle, quand la ville fut abandonnée. N'oublions pas un fragment en bronze représentant deux têtes de dragons et un autre en cuivre décorée (Pl. 88c-d). Des fragments de lampes en verre avec une tige au centre, des tessons de verre côtelés (Pl. 90), des fragments de marmites en pierre verte et des lampes en terre cuite (Pl. 89c) ont également été trouvés.

La cour no. 4 est dallée de pierres gypseuses de Resafa bien polies. Une petite citerne se trouve au centre, serrée dans un petit bassin octagonal (Pl. 91a). Au centre elle atteint 2,20 m de profondeur et elle a 2 m de diamètre au fond. Quatre iwans donnent sur cette cour carrée de 3 m de côté. Les iwans en question portent les nos. 1, 5, 11 et 12 sur le plan (Pl. 86). Leur sol est surélevé par rapport à celui de la cour. On rejoint cette cour par le couloir no. 2, qui est dallé de la même façon que la cour.

Le sol de la pièce no. 10 est revêtu d'un enduit coloré ocre-rouge et le sol des quatre iwans est en plâtre grisâtre. Les murs, dont la hauteur varie entre 1,20 et 2,20 m, sont faits en briques crues et en pisé. Plusieurs parties ont été détruites par les fouilleurs clandestins à la recherche de céramiques. Des fragments de plâtre montant en diagonale avaient été destinés à encadrer des carreaux de faïence bleuâtre pour décorer les parties hautes des murs de l'iwan no. 12 (Pl. 92b). A l'iwan no. 12 nous avons aussi trouvé des fragments d'une fenêtre en plâtre vitrée (Pl. 92a). Quelques pointes en fer forgé rouillé (Pl. 92e) et quelques tessons de verre ordinaire y furent également ramassés.

A l'iwan no. 5 quelques fragments d'enduit peint ont été trouvés parmi les décombres. Les couleurs reconnues sont le noir, le rouge et le gris clair; le dessin comprend des rinceaux noirs entourés par des petits points rouges. Dans l'angle sud-est de cet iwan on a ramassé quelques fragments de stuc provenant d'une claire-voie composée d'un dessin floral de l'époque seldjoukide (Pl. 91b-c). Les traces de peinture y sont bien visibles; sur sa surface on reconnaît le rouge, le vert et le bleu. On a trouvé d'autres fragments du même genre, mais cette claire-voie est la seule qu'on a pu recoller.

La pièce no. 25, qui se trouve à l'est de l'entrée principale de la maison, est de forme carrée et mesure 3,70 × 3,85 m. Les soubassements des murs sont construits en pierre et les parties hautes, ainsi que la voûte dont les traces ont été trouvées parmi les déblais, sont construites en briques cuites. Les pierres remontent proba-blement à l'époque byzantine. Dans les côtés nord et sud on remarque une assise de pierres piquetées dont les dimensions sont assez grandes pour recevoir de l'enduit. Quelques restes d'enduit portent des dessins floraux en couleurs. Les principales couleurs sont l'ocre-rouge, le vert et le bleu; les rinceaux sont en noir. Le sol est couvert d'une couche d'enduit sur de la terre damée.

Le sol de la pièce no. 15 est surélevé par rapport au sol de l'espace no. 16. On remarque que les niveaux des pièces dans tout ce secteur ne sont pas les mêmes. Une petite auge construite en petites pierres vient s'adosser sur le côté ouest de la pièce no. 15. Un tuyau en terre cuite servait à conduire l'eau vers la cour dallée no. 14 (Pl. 92c).

Dans la petite pièce no. 20 qui se place à l'est de la maison des fragments d'un pigeon en faïence ont été trouvés (Pl. 93a). Ils sont parmi les fragments les plus importants qu'on a découverts. Le pigeon date du 10e ou 11e siècle après J.C. Sa hauteur après la restauration est de 18 cm.

La maison a dû être la propriété d'un commerçant assez important, vu sa composition architecturale et son emplacement près de l'avenue principale, non loin de la porte nord de la ville.

A l'est de l'ensemble de la maison quelques pièces et boutiques ont été mises à jour. Le no. 24 sur le plan représente une latrine dont les murs sont construits en pierres remployées. Dans les fosses une grande variété de tessons de différents objets a été trouvée. On a reconnu parmi eux des verres à ventouse, des fonds de lampes à tuyau central pour la mèche et le fond d'un flacon. Leur date varie entre le 9e et 10e siècle après J.C. Parmi les poteries découvertes il y a plusieurs tessons de marmites et de casseroles en terre cuite de couleur rouge à panse ondulée (Pl. 94a) et des cols de grandes jarres de provision décorés par des dessins incisés et incrustés de petits tessons en faïence du 12e siècle (Pl. 96a).

Les couvercles de jarres en plâtre étaient nombreux parmi les déblais de la maison; ils atteignent le nombre de 14 (Pl. 94b). Certains ont des tenons hauts et d'autres se soulèvent par un creux des deux côtés d'une tige centrale. Leur diamètre varie entre 9 et 30 cm. Deux sortes de meules en basalte ont été trouvées (Pl. 95a-b).

Des supports d'angle en plâtre se trouvant devant les portes des pièces (Pl. 95c-e) servaient à soutenir les linteaux des portes, qui avaient en certain cas 175 cm de haut. Les colonnes enserrées dans les murs (Pl. 96b) aux endroits indiqués sur le plan (Pl. 86) ont pu servir de portique pour un grand édifice à l'époque byzantine.

L'ensemble des trouvailles nous fait penser qu'il y a eu une succession de remplois et de modifications dans le centre urbain de Resafa depuis l'époque byzantine jusqu'à l'époque ayyoubide, quand la ville fut abandonnée.

BIBLIOGRAPHIE

Boustani, Fouad F.
    1936   «Nouvelle prospection au nord du désert syrien» (en arabe), revue *Al-Machrek*
                4-5:245.
Dussaud, R.
    1927   *Topographie historique de la Syrie antique et médiévale* (BAH 4), Paris.
Fehervari, Geza
    1973   *Islamic Pottery*, London.
Hassan, Z.M.
    1981   *L'art de l'Islam* (en arabe: Daïrt al-Raëd al-Arabi), Beyrouth.
Karnapp, W.
    1976   *Die Stadtmauer von Resafa in Syrien* (Deutsches Archäologisches Institut,
                Denkmäler antiker Architektur II), Berlin.
Karnapp, W., Kollwitz, J. & Wirth, W.
    1958-59   «Die Grabungen in Resafa Herbst 1954 und 1956,» *AAS* 8-9:21-25.
Kollwitz, J.
    1958   «Die Grabungen in Resafa Herbst 1954 und Herbst 1956,» *Jahrbuch des
                Deutschen Archäologischen Instituts* 72:64.
Kollwitz, J.
    1959   *Neue deutsche Ausgrabungen im Mittelmeergebiet und im vorderen Orient* (Ber-
                lin) 45-70.
Lassus, J.
    1947   *Sanctuaires chrétiens de Syrie: Essai sur la genèse, la forme et l'usage liturgique
                des édifices du culte chrétien en Syrie du IIIe siècle à la conquête musulmane*
                (BAH 42), Paris.

Otto-Dorn, K.
   1954-55   «Bericht über die Grabung im islamischen Rusafa,» *AAS* 4-5: 45-88.
Poidebard, A., S.J.
   1934   *La trace de Rome dans le désert de Syrie: Le limes de Trajan à la conquête arabe: Recherches aériennes 1925-32* (BAH 18), Paris.
Riis, P.J. & Poulsen, V.
   1957   *Hama. Fouilles et recherches 1931-38 IV,2: Les verreries et poteries médiévales,* (avec le concours d'Erling Hammershaimb), Copenhague.
Spaner & Guyer
   1926   *Rusafa-Sergiopolis,* Berlin.
Tchelenko, G.
   1953-58   *Villages antiques de la Syrie du Nord I-III,* Paris.
Ulbert, Thilo
   1977   «Eine neuentdeckte Inschrift aus Resafa (Syrien),» *AA* 1977.
Ulbert, Thilo
   1986   *Resafa II* (Deutsches Archäologisches Institut) Berlin.
Yaqout al-Hamawi
   1977   *Mou'ajam al-Bouldan* (en arabe, Beyrouth) II:660.

a

b

c

d

Plate 83a. La ville à l'intérieur des murs d'enceinte.
b. L'avenue vers la porte nord avant les fouilles.
c. L'avenue vers la porte nord après les fouilles.
d. Banquettes devant les boutiques de l'avenue principale.

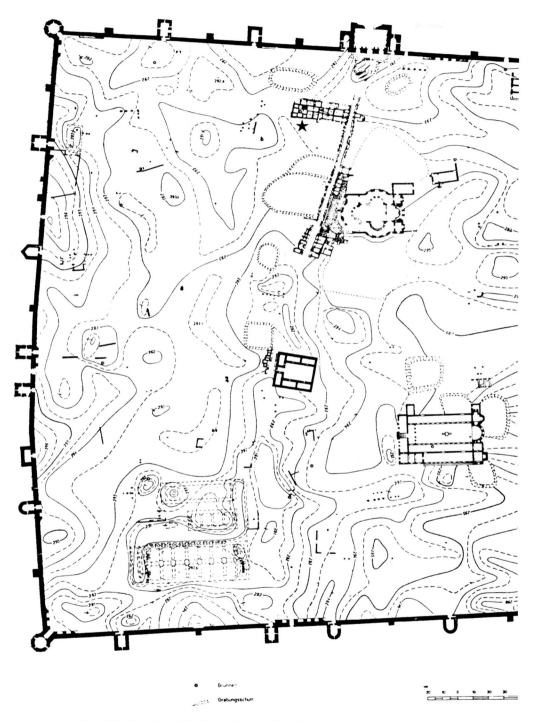

Brunnen

Grabungsschutt

20 10 0 10 20 30

Plate 84. Plan général de Resafa (ouest). *Emplacement de la maison arabe.

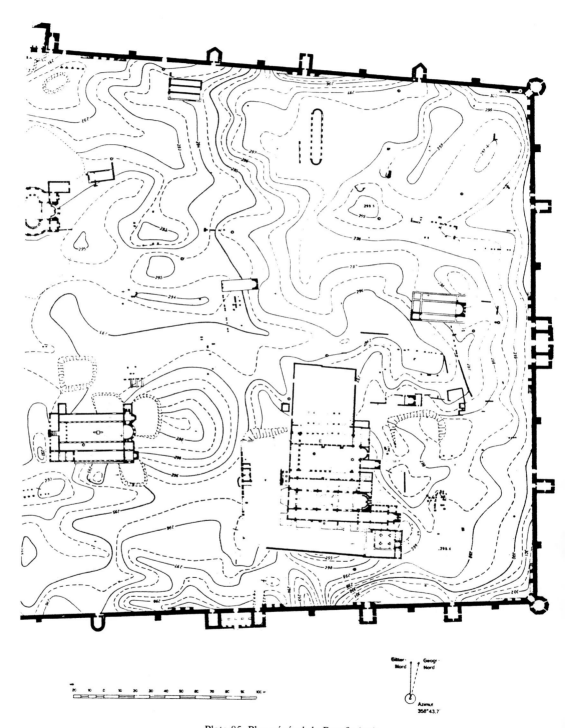

Plate 85. Plan général de Resafa (est).

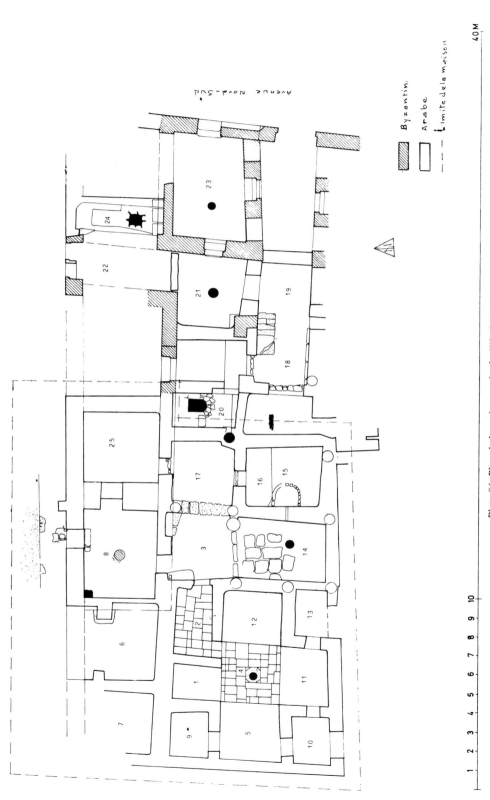

Plate 86. Plan de la maison arabe fouillée à Resafa.

Plate 87a. Grande jarre en place dans une boutique.
b. Meule dans l'entrée de la maison arabe.
c-d. Assiettes incisées et couvertes d'émails colorés.

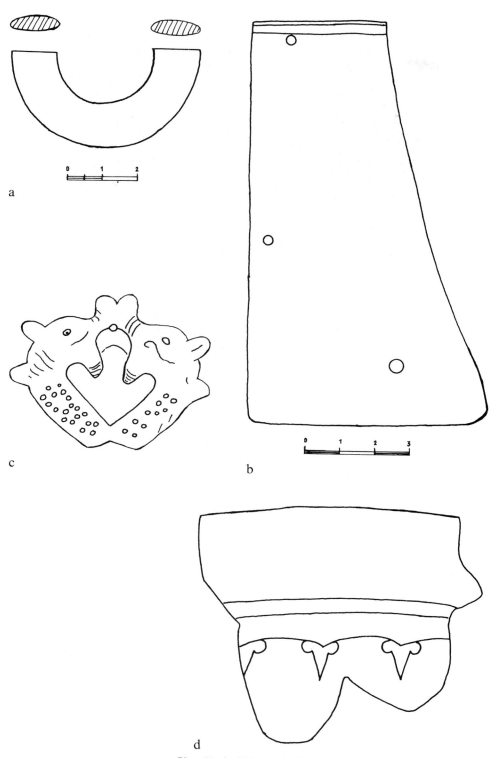

Plate 88a-b. Objets en ivoire.
c-d. Fragments d'objets en bronze et en cuivre.

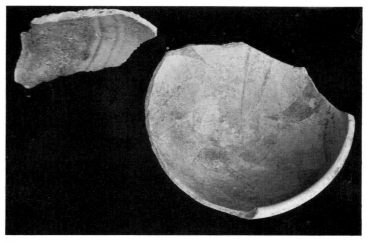

a

b

c

Plate 89a. Assiette incisée et couverte d'émail coloré.
b. Fragment de jarre à décor dit "barbotine," découvert dans l'avenue principale suite aux boutiques de
la Pl. 83d.
c. Lampes en terre cuite.

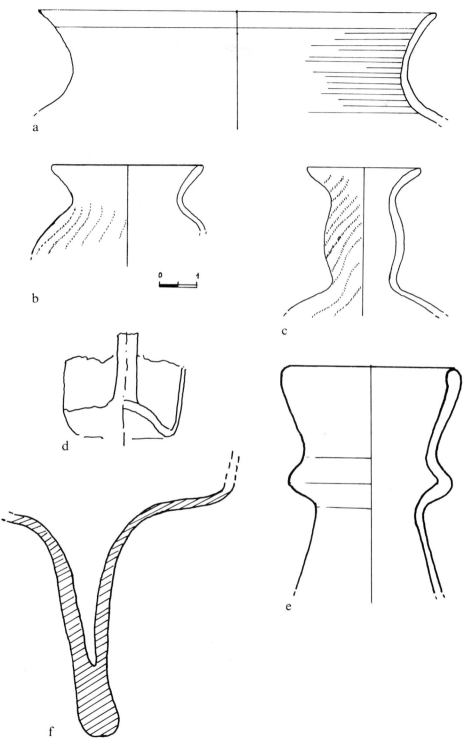

Plate 90. Différents fragments de verre côtelé.
d. Lampe en verre.
f. Fond d'une lampe en verre.

a

b

c

Plate 91a. La cour no. 4 de la maison arabe avec l'*iwan* sud.
b. Fenêtre à claire-voie en plâtre coloré.
c. Dessin reconstruit de la fenêtre.

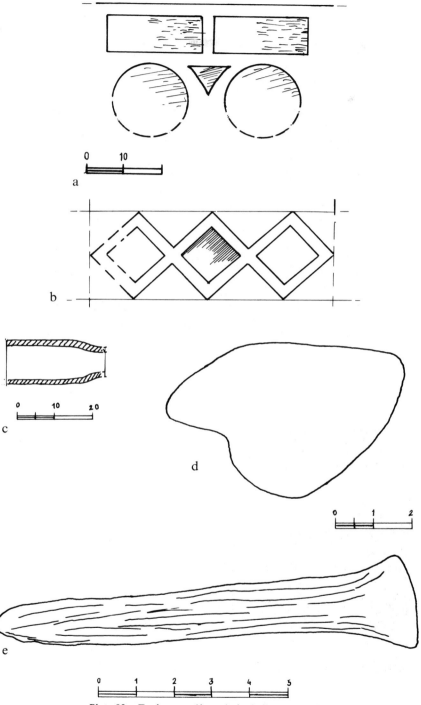

Plate 92a. Fenêtre en plâtre vitrée de l'*iwan* no. 12.
b. Décor de carreaux en faïence reconstruit de l'*iwan* no. 12.
c. Tuyau en terre cuite entre les pièces 14 et 15.
d. Lampe en verre.
e. Pointe en fer.

NASSIB SALIBI

a

b

Plate 93a-b. Pigeon en faïence restauré.

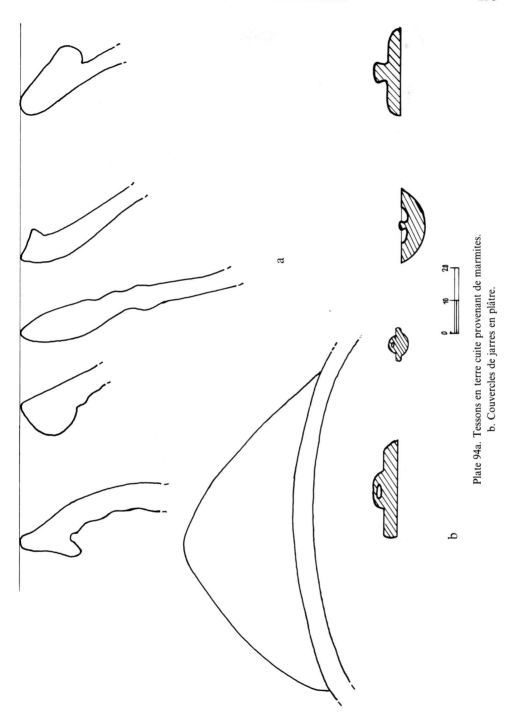

Plate 94a. Tessons en terre cuite provenant de marmites.
b. Couvercles de jarres en plâtre.

NASSIB SALIBI

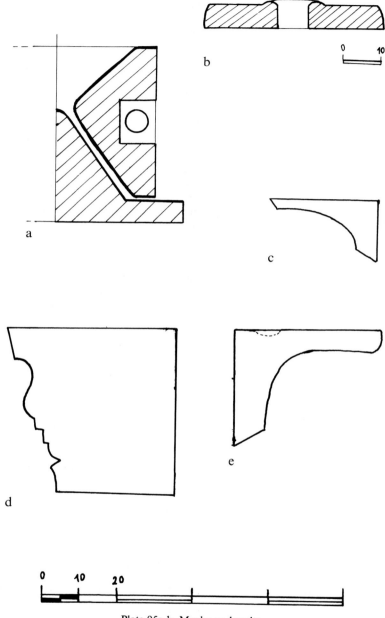

Plate 95a-b. Meules en basalte.
c-e. Supports d'angle en plâtre.

a

b

Plate 96a. Col d'une grande jarre de provisions et anse incisée.
b. Colonne incorporée dans l'angle de deux murs.

a   b

c

Plate 97a. Cruche provenant de la partie est de la zône fouillée.
b. Pot en terre cuite provenant de la pièce no. 8.
c. Pot à deux anses en terre cuite de fabrication grossière.

PLANWAGEN AUS DEM MITTLEREN EUPHRATTAL

Eva Strommenger

Bei Ausgrabungen im mittleren Euphrattal gehören Wagenmodelle aus Terrakotta überall dort zu den üblichen Fundobjekten, wo Wohnhäuser und Gräber der Frühen Bronzezeit untersucht werden. Auch die Arbeiten unseres Jubilars in Tall ᶜAbid brachten einige von ihnen zutage[1] ebenso wie die Forschungen in Habuba Kabira, Tall Biᶜa und an anderen Orten der Flussregionen. Hinzu kommen zahlreiche Belege aus Mittelsyrien — zum Beispiel aus Hama[2] — und aus Grossmesopotamien.[3] Nur wenige von ihnen sind veröffentlicht.

Die meisten Modelle geben oben offene Gefährte wieder, die typologisch zu den Kasten- und Deichselbockwagen gehören.[4] Bei den Exemplaren aus Assur wurde deren verhältnismässig häufiges Vorkommen in Tempeln beziehungsweise im Bereich der repräsentativen Bauten beobachtet, wobei in Frühdynastischer Zeit sowohl zwei- als auch vierrädrige Typen mit mittelständiger wie mit nach vorn verlagerter Achse belegt sind.[5] In der Bildenden Kunst kommen sie als Kriegs- oder Götterwagen vor.

Unter den Terrakottafragmenten aus Habuba Kabira und Tall Biᶜa gibt es gelegentlich Bruchstücke, die sich nicht sogleich als Wagenteile zu erkennen geben, denn sie tragen deutlich Spuren von einer Bearbeitung mit Hilfe der Töpferscheibe. Das Beispiel Pl. 98b ist der rückwärtige Teil eines überdachten Wagens.[6] Ein Blick ins Innere lässt die Drehspuren deutlich erkennen und an der unteren Bruchstelle markiert sich die Achsenführung.

Ein Wagenmodell dieser Art wurde etwa folgendermassen hergestellt: Zunächst formte man ein Rohstück als becherartiges Gefäss, beziehungsweise steilwandige Schüssel auf der Töpferscheibe. Dieser Behälter wurde dann durch Zusammendrücken in eine elliptische Form gebracht und um 90 Grad gekippt, so dass sich

[1] Kassem Toueir, *The Syrian Archaeological Expedition to Tall Al Abd Zrejehey: Clay Figurines of the Third Millennium B.C.* (Syro-Mesopotamian Studies 2 Heft 4, September 1978) 1ff., bes. 13 pl. XIX, XX.

[2] E. Fugmann, *Hama. L'architecture des périodes préhellénistiques* (København 1958) fig. 64 (J 6), fig. 93 (J 3), fig. 110 (silos), fig. 132 (H), fig. 139 (H).

[3] Armas Salonen, *Die Landfahrzeuge des alten Mesopotamien* (Helsinki 1951); M.A. Littauer & J.H. Crouwel, *Wheeled Vehicles and Ridden Animals in the Ancient Near East* (Leiden 1979) 15ff.

[4] Wolfram Nagel, *Der mesopotamische Streitwagen und seine Entwicklung im ostmediterranen Bereich* (Berlin 1966) 1ff.

[5] Evelyn Klengel-Brandt, „Wagenmodelle aus Assur," *Staatliche Museen zu Berlin: Forschungen und Berichte* 12 (1970) 33ff.

[6] Fundnummer X:3, aus einer neuzeitlichen Lehmziegelgrube westlich des Tall Habuba Kabira; grösste Höhe 7,3 cm.

eine der beiden stark gekrümmten Seitenwände unten, die andere oben befand. Die untere Wand wurde dann durch Modellieren zum Wagenboden abgeflacht, während die obere die Dachwölbung bildete. Zur Aufnahme der Achse wurde die Unterseite des Bodens vorn und hinten durch je eine lange Tonwalze verstärkt (Pl. 98a) oder alle vier Ecken erhielten ösenartige Führungsringe aufmodelliert (Pl. 98b; hier nur im Ansatz erhalten). In einigen Fällen wurde zur Herstellung des Bodens die stark gekrümmte Seitenwand nach innen gebogen, sodass er im gleichen Sinne gewölbt ist wie die Bedeckung.

Dieses Verfahren der Herstellung wird vor allem an zwei vollständigen Planwagen der Prähistorischen Staatssammlung München deutlich (Pl. 99a-b).[7] Hier sind durch Einknicken der Gefässwand beiderseits des Wagenbodens zwei Grate entstanden, die zum Durchstecken und Durchschieben der Achsen dienten.

Rückwand, Seiten und Dach des Planwagens wurden mit einem Spachtel nachgeformt, glattgestrichen und gelegentlich durch Ritzungen verziert. Dazu verwendete man einfache geometrische Muster, häufig Kreuzschraffuren oder baumartige Elemente. Der kleinere Münchener Wagen trägt hinten und an den Seiten je einen vertikal bzw. horizontal eingeritzten Zweig (Pl. 99b).

Vorn am Wagen wurden Durchbohrungen oder plastisch aufmodellierte Ösen zum Befestigen der Zugvorrichtung angebracht. Der gewölbte Boden der beiden Münchener Exemplare wurde ein- oder zweimal senkrecht durchbohrt. Sonst kommen ein-, zwei- und dreiösige Konstruktionen vor (Pl. 98a).[8]

Aus der Kenntnis der beiden vollständigen Planwagen — als deren Herkunftsgebiet das mittlere Euphrattal genannt wird — liessen sich Details der oft sehr unvollständigen Fragmente erklären. Bei allen Gemeinsamkeiten gibt es jedoch gewisse Unterschiede in der Herstellungstechnik und in Konstruktionselementen. Auf einiges haben wir oben hingewiesen. Auch sind nicht alle Wagenmodelle auf der Töpferscheibe vorgeformt. Im Falle des Exemplares aus Tepe Gaura[9] ist dies sehr unwahrscheinlich, bei den von Littauer und Crouwel veröffentlichten Beispielen vom mittleren Euphrattal jedoch nicht auszuschliessen.[10]

Gelegentlich wurde anstelle des Tons ein fritteartiges Material verwendet. Zwei schöne, fast gleichgrosse Exemplare dieser Art kamen als Grabbeigaben in dem frühbronzezeitlichen ‚Friedhof U' im Norden von Tall Biᶜa ausserhalb der ummauerten Stadt zutage (Pls. 100, 101). Ihr besonderes Material bedingt einen anderen Herstellungsprozess: Das Dach wurde aus einem rechteckigen Fladen

---

[7]   Für die Möglichkeit ihres Studiums und die Publikationserlaubnis dieser wichtigen Objekte bin ich Herrn Dr. Hermann Dannheimer zu grossem Dank verpflichtet.

[8]   Vgl. M.A. Littauer & J.H. Crouwel, „Terracotta Models as Evidence for Vehicles with Tilts in the Ancient Near East," *Proceedings of the Prehistoric Society* 49 (1974) 20ff., fig. 1 pl. II.

[9]   E.A. Speiser, *Excavations at Tepe Gawra I: Levels I-VIII* (Philadelphia 1935) 75, 192 pl. XXXV a 2; Höhe 6,2 cm, Länge 6,8 cm, Räder nicht original.

[10]   E.A. Speiser, *Tepe Gawra* (Anm. 9) 75, 175.

gebogen, an den Langseiten einer rechteckigen Bodenplatte befestigt und rückwärts durch ein entsprechend vorgeformtes Teil verschlossen. Zwei durchlochte Walzen auf der Unterseite des Bodens dienten zur Führung der Achsen. Die vordere von ihnen wurde beim Modell Pl. 101a[11] auch zugleich zur Anbringung der Zugvorrichtung verwendet, da hier mittig eine senkrechte Einbohrung vorhanden ist. Das zweite Exemplar (Pl. 101b)[12] blieb ohne eine solche.

Beide Frittewagen sind mit weiteren Details ausgestattet, die Hinweise auf gewisse konstruktive Elemente geben: Der erste von ihnen (Pl. 101a) trägt auf der Plane einen plastischen Dekor, der vor ihrer Montage auf die Bodenplatte mit einer Model oder einer Art Siegelrolle aufgebracht worden ist: Unten an den beiden Seitenwangen verläuft horizontal ein Fischgräten- oder Zweigmuster — vielleicht als Wiedergabe eines Gitters, das die Wagenwände bildete und zugleich die Plane stabilisierte. Über diesem Gitter stehen auf jeder Seite zwei Vierbeiner — vielleicht als Ladung im Wageninneren zu denken. Das Dach darüber ist mit Kreuzschraffur bedeckt, die ein Textil oder auch ein Flechtwerk wiedergeben könnte. Beim zweiten Wagen (Pl. 101b) sind die Randverstrebungen des Daches vorn und hinten durch plastisch aufgesetzte Frittebänder mit schwarzem Malstrich markiert. Eine gewisse Hervorhebung dieser Partien gibt es auch beim Modell Pl. 101a durch eine grössere Dicke des Materials und Andeutungen schwarzgrauer Farbe.

Der Wagen Pl. 101a war ohne Räder als Beigabe in ein Grab mitgegeben worden. Zum Wagen Pl. 101b sollen zwei Fritteräder gehören, die auf ihrer Aussenseite jeweils vier ,speichenartige' Streben in Leistenform tragen (Pl. 100). An anderen Stellen wurden einzelne Fritteräder von ähnlicher Dimension gefunden (Pl. 100),[13] entweder ebenfalls mit vier ,Speichen' oder aber mit zwei gebogenen Leisten, die wohl die Stossfugen eines mehrteiligen Scheibenrades markieren sollen. Angesichts des bisher nur hier belegten, offenbaren Nebeneinanders von ,Speichen'- und Scheibenrädern gegen Ende der Frühbronzezeit verbieten sich gewiss noch weiterreichende Schlüsse zur Geschichte des Rades.[14] Es wäre nämlich durchaus möglich, dass es sich gar nicht um ,Speichen' handelt, sondern auch hier um ein Rad aus vier massiven Segmenten mit entsprechenden Stosskanten.

Sehr ähnlich ist diesen beiden Modellen der Terrakottawagen aus Tepe Gaura Schicht IV, dessen einzige Besonderheit neben einer Barriere an der Vorderseite die vorn oberhalb der Bodenplatte angesetzten Ösen zur Befestigung einer Zugvorrichtung sind (Pl. 98a). Ein grösserer Wagen, der angeblich aus einem Friedhof bei

[11] Fundnummer U:131, Beigabe im Kindergrab U:6, vgl. Lauffrey Nabo: *Mitteilungen der Deutschen Orient-Gesellschaft* 119 (1987) 48f. Abb. 28, Höhe des Wagens ohne Räder 5,6 cm.

[12] Fundnummer U:296,1, Grabbeigabe, gefunden beim Ausheben eines neuzeitlichen Grabes im Gelände nördlich von Tall Biᶜa, Höhe des Wagens ohne Räder 5,4 cm, Länge 5,7 cm.

[13] U:31 und 27/49:31.

[14] M.A. Littauer & J.H. Crouwel, ,,The Earliest Known Three-dimensional Evidence for Spoked Wheels''; *American Journal of Archaeology* 90 (1986) 395ff.

Hammam stammen soll, hat vorn nur eine Öse. Mit den walzenförmigen, am Boden angesetzten Achsenführungen und ähnlichem Dekor der Plane ist er auch hier anzuschliessen.[15] Ein anderer, ebenfalls grösserer Wagen aus ‚Syrien' könnte im Achsenbereich wie die beiden Exemplare aus München gearbeitet sein. Jedenfalls durchstossen die Löcher für die Achsenführung die Seitenwände. Drei anmodellierte Ösen sind zum Befestigen der Zugvorrichtung vorgesehen.[16]

Die meisten Unterschiede bei den einzelnen Modellen dürften eher durch die Technik ihrer Herstellung bedingt sein und nicht auf besonderen Eigenarten in der Konstruktion ihrer realen Vorbilder beruhen. Das Frittematerial, aus dem die Exemplare aus Tall Biᶜa bestehen, liess sich wohl nicht mit der Töpferscheibe formen. Gemeinsam ist jedenfalls allen Beispielen das Fehlen eines grösseren und tieferen Loches zur Befestigung einer Deichsel.

Die Zugtiere waren demnach wohl nicht mit einem starren Deichselbaum angeschirrt. Vermutlich wurden Ochsengespanne benutzt, welche die überdachten Lastfahrzeuge in langsamem Trott unter einem Zweierjoch fortbewegten, das durch einen Strick mit dem Wagengestell verbunden war.[17] Steilere Abfahrten konnten dabei mit einem Bremsstock bewältigt werden.

Darstellungen des Planwagens in der Bildenden Kunst Altvorderasiens fehlen bislang.[18] Er gehört offenbar nicht in den Rahmen des gängigen Repertoires. Dies ist gewiss eine Folge seiner speziellen Funktion im täglichen Leben. Als einzige gedeckte Gefährte des Alten Orients bieten Planwagen Schutz vor Sonne und Regen. Nur sie sind geeignet zu langem Verweilen empfindlicher Waren, von Tieren und Menschen. Händlern und Wanderhandwerkern könnten sie gute Dienste geleistet haben. Noch heute begegnet man in abgelegenen Gegenden des mittleren Euphrattales Kaufleuten mit ihrem Warenangebot auf Planwagen. Ähnlich dürfte auch im 3.Jahrtausend v.Chr. mit Hilfe solcher Gefährte ein Teil des Handels von Ort zu Ort oder über grössere Distanzen vonstatten gegangen sein. Auf jeden Fall sind derartige Lastfahrzeuge unter den Terrakottamodellen nicht so selten, wie es zunächst den Anschein hatte. Für die offizielle Kunst waren sie offenbar kein Thema. Wohl aber finden wir Planwagen als Grafitti auf dem Wandputz des abbasidischen ‚Westpalastes' in Raqqa (Pl. 102).[19]

Erste literarische Belege von Planwagen liefern Autoren des Klassischen Altertums, z.B. Hippokrates:

---

[15] M.A. Littauer & J.H. Crouwel, „Terracotta Models" (Anm. 8) Fig. 1, Höhe mit Rädern 15 cm, Länge 19 cm.

[16] M.A. Littauer & J.H. Crouwel, „Terracotta Models" (Anm. 8) 33 pl. II, Höhe oder Länge 14,6 cm.

[17] Vgl. hierzu auch M.A. Littauer & J.H. Crouwel, „Terracotta Models" (Anm. 8) 33.

[18] Ein einachsiger Käfigwagen aus Karkemisch ist eine noch vereinzelte Sonderform: D.G. Hogarth, *Carchemish I: Introductory* (London 1914) pl. B10.

[19] Mit freundlicher Genehmigung von Herrn Dr. Michael Meinecke; vgl. J.-C. Heusch & M. Meinecke, „Grabungen im ᶜabbāsidischen Palastareal von ar-Raqqa / ar-Rāfiqa 1982-1983," *Damaszener Mitteilungen* 2 (1985) 85ff.

Der Landstrich, der als skythische Steppe bekannt ist, ist eine kahle Ebene.... Dort also wohnen die Skythen. Man nennt sie Nomaden, weil sie keine Häuser haben, sondern auf Wagen leben. Die kleinsten dieser Wagen haben vier Räder, die anderen sechs. Sie haben Wände aus Filz und sind wie Häuser eingerichtet, manche mit einem Raum, andere mit zweien oder auch dreien. Ausserdem sind sie gegen Regen und Schnee und gegen die Winde überdacht. Die Wagen werden teils von zwei, teils von drei Joch hornloser Rinder gezogen; die Rinder haben nämlich infolge der Kälte keine Hörner. Auf diesen Wagen bringen die Frauen ihr Leben zu. Die Männer aber reiten auf Pferden. Es folgen ihnen die Schafe und Ziegen, die gross sind, und die Rinder und Pferde.[20]

Zeitgenössische Terrakottamodelle von Planwagen auf die sich diese und andere Nachrichten beziehen könnten, wurden verschiedentlich gefunden.[21] Gemeinsam mit denen aus Raqqa sind sie Zeugen einer traditionsreichen Lebens- und Wirtschaftsform, deren Vorläufer in Mesopotamien bis in das 3.Jahrtausend v.Chr. zurückreichen.

[20] Nach Alexander Häusler, „Zur Geschichte von Rad und Wagen in den Steppen Eurasiens," *Das Altertum* 28 Heft 1 (1982) 16ff.
[21] Vgl. Alexander Häusler, „Rad und Wagen" (Anm. 20); ders., „Zur ältesten Geschichte von Rad und Wagen im nordpontischen Raum," *Ethnologisch-Archäologische Zeitschrift* 22 (1981) 581ff.: ders., „Rad und Wagen zwischen Europa und Asien," Wilhelm Treue ed., *Achse, Rad und Wagen. Fünftausend Jahre Kultur- und Technikgeschichte* (Göttingen 1986) 139ff.

a

b

Plate 98a. Terrakottawagen aus Tepe Gawra (nach E.A. Speiser, *Tepe Gawra I*, pl. XXXV).
b. Rückwärtiger Teil eines Planwagenmodells von Tall Habuba Kabira (Photo Thomas Rhode).

a

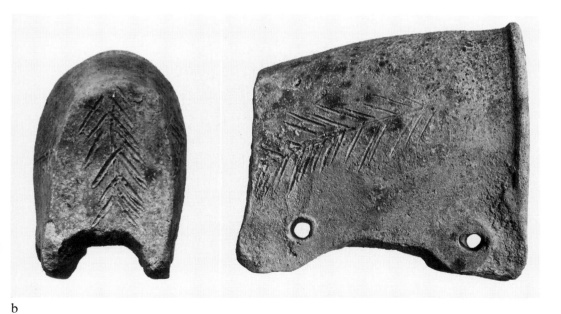

b

Plate 99a. Planwagenmodelle der Prähistorischen Staatssammlung München (Photo Prähistorische Staatssammlung).
b. Seiten- und Rückansicht des kleineren Münchener Planwagens (Photo Prähistorische Staatssammlung).

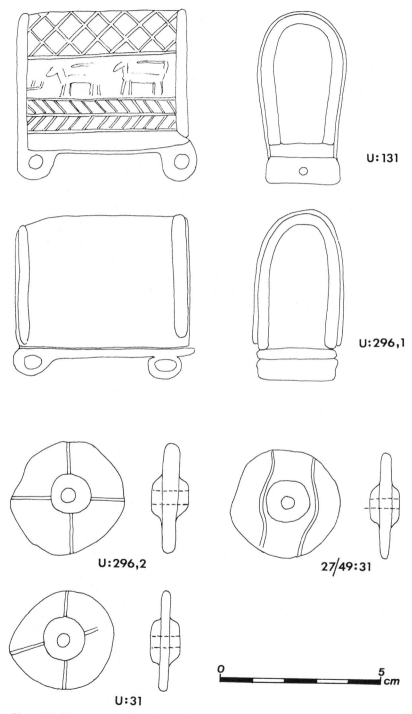

U:131

U:296,1

U:296,2

27/49:31

U:31

0 5 cm

Plate 100. Planwagen und Räder aus Fritte, Tall Biᶜa (Zeichnung Eva Strommenger).

a

b

Plate 101a. Planwagen U:131 aus Tall Biᶜa (Photo Wolfgang Bitterle).
b. Planwagen U:296,1 aus Tall Biᶜa (Photo Angelika Kohlmeier).

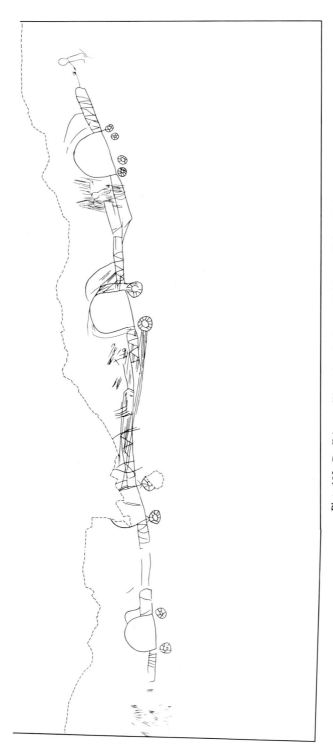

Plate 102. Graffiti vom 'Westpalast' in Raqqa (Zeichnung Heiner Welz).

UNE FIGURINE EN PLOMB DU «MAITRE DES ANTILOPES» DECOUVERTE A OUMM EL-MARRA

Roland Tefnin

En hommage à notre collègue, le Dr. Adnan Bounni, il m'est agréable de présenter brièvement ici une petite œuvre issue du sol de la Syrie du Nord, œuvre modeste par ses dimensions, sa matière et sa fonction, mais cependant riche de résonances en ce qu'elle convoque, si l'on cherche à la comprendre un peu profondément, les thèmes d'un imaginaire appartenant en commun à diverses cultures du Proche-Orient ancien. [1]

Durant la campagne 1985 des fouilles du Comité belge de recherches en Mésopotamie sur le site d'Oumm el-Marra, parallèlement à l'approfondissement du sondage SF dit de la «Porte de l'Euphrate,» [2] une tranchée d'exploration fut ouverte à proximité immédiate du signal géodésique, [3] du sommet de la levée de terre vers l'intérieur du site. Ce sondage (SQ), qui avait pour objet de définir localement l'extension du rempart, mena à dégager aussi les murs très arasés de maisons qui lui étaient accolées. Dans une sorte d'égoût creusé sous l'un de ces murs fut trouvée la plaquette de plomb qui fait l'objet de la présente note (Pl. 103a-b).

Découverte brisée en deux morceaux jointifs, la plaquette mesure 12,5 cm de haut. Son épaisseur moyenne est d'un demi-centimètre. Actuellement conservée au Musée d'Alep, elle porte le numéro de fouille OM 658. Le dos est plat, indiquant un façonnage par coulée dans un moule univalve. Un excès de métal, à la partie inférieure, a dû constituer, rabattu, une sorte de socle permettant à la figurine de se tenir dressée.

L'image est celle d'un personnage debout, au corps masculin stylisé sous la forme d'un long ruban plat auquel seule, sans doute, la malléabilité du plomb prête une sorte de déhanchement. Peu visibles sur la photographie mais rendues évidentes par le dessin, des stries horizontales traduisent schématiquement un manteau à volants.

Sur des épaules tombant obliquement, une tête forte montre beaucoup de caractère. De forme triangulaire, munie de larges oreilles, elle présente un nez large et épais, des yeux ronds et saillants, et un menton puissant apparemment imberbe

---

[1] Je tiens à remercier très particulièrement Madame Ariane Vaneigem pour son aide précieuse dans l'établissement de la documentation.

[2] Chantier en cours, dont les résultats — entre autres une porte fortifiée à orthostates — seront intégrés à la thèse de doctorat que prépare un collaborateur de la Mission, M.J.-M. Meunier, de l'Université de Liège.

[3] Voir la carte du site dans *AfO* 28 (1981/1982) 236, fig. 40. Le signal géodésique, à l'Ouest du tell, est désigné comme «point 0».

(à moins que son accentuation marquée ne désigne en réalité une courte barbe dont la corrosion aurait fait disparaître le détail). Sa coiffure est constituée par une paire de cornes horizontales légèrement recourbées à leur extrémité et surmontées d'un cône aplati que termine un renflement bulbeux. Il s'agit bien entendu d'une version de la tiare à cornes mésopotamienne, peut-être mâtinée d'un peu de couronne blanche égyptienne, selon une formule qui connut en milieu syrien toutes sortes de variantes. On retiendra en tout cas que, conformément à l'allure que cette coiffure présente le plus communément en Syrie, ce n'est pas ici l'effet conique qui domine mais bien l'étalement des cornes et la sphéricité de la terminaison.

La divinité semble ramener les bras (confondus en un seul bourrelet) sous la poitrine pour soutenir (retenir? maîtriser? protéger?...) deux antilopes[4] antithétiques, aux pattes repliées sous le ventre et à la tête gracieusement tournée vers l'arrière. Symétrie et antithétisme ne signifient pas toutefois identité car les deux animaux diffèrent par quelques détails. Deux détails ressortent: la présence, à gauche, d'une corne recourbée épousant gracieusement l'angle souple formé par la couronne et l'oreille du dieu, alors que l'antilope de droite n'en présente qu'une amorce; d'autre part, le fait que l'animal de gauche se retourne vers l'épaule du dieu tandis que celui de droite semble lui effleurer l'oreille. On pourrait invoquer la malléabilité du plomb et l'état de conservation. Ayant tenu la pièce en main, je ne pense pas toutefois que cette explication soit suffisante. Pourrait-on proposer de reconnaître ici une différenciation volontaire, celle de deux états de l'animal, jeune et adulte, comme une sorte de promesse de renouvellement de l'espèce, renouvellement auquel la disposition antithétique conférerait la marque d'un éternel retour?[5]

Enfin, deux autres animaux encadraient la figure divine. Celui de gauche a quasi disparu mais on distingue, à droite, l'image, suspendue verticalement, d'une antilope soudée par les cornes à la jambe du dieu. Si elles ont existé, les pattes arrières ne sont plus visibles aujourd'hui.

Au-delà de cette simple description, je voudrais tenter de repérer très brièvement quelques-unes de affinités formelles et sémantiques qui permettraient de rendre à cet objet, non un contexte archéologique qui serait de peu de secours, mais un contexte culturel, au sens le plus large du terme.

Le type de l'objet, le matériau utilisé, ainsi que la région de découverte, la Syrie du Nord, orientent évidemment la recherche vers le groupe bien connu des figurines de plomb anatoliennes appartenant essentiellement à la première moitié du deux-ième millénaire. Ces petits objets de la piété populaire, toujours retrouvés, comme

---

[4]   On ne tentera pas, dans le cadre de cet article, d'établir des distinctions zoologiques précises. L'entreprise est d'ailleurs toujours hasardeuse. Cf. ce qu'en dit J.-R. Kupper, *L'iconographie du dieu Amurru* (Bruxelles 1961) 49-54. Zoologiquement parlant, d'ailleurs, la gazelle est une antilope. On utilisera donc ce dernier terme pour sa valeur générique.

[5]   Sur la possibilité que l'objet représente non des animaux réels mais des emblèmes à l'image de ces animaux, voir plus bas.

celui d'Oumm el-Marra, dans des contextes domestiques,[6] consistent en modestes images coulées dans des moules de pierre et représentent le plus souvent un ou plusieurs personnages divins, parfois clairement constitués en familles. Connues de Troie à Judeideh, elles ont été retrouvées également dans les maisons de marchands assyriens des colonies cappadociennes, un fait qui indique, soit dit en passant, une forme de participation de ces marchands étrangers aux sentiments religieux de la population locale. Leur concentration principale se situe de la période d'Isin-Larsa à la fin des colonies assyriennes, avec une densité toute particulière aux niveaux II et Ib du karum de Kültepe.[7] Toutefois — et c'est heureux — la pièce présentée ici ne s'insère mécaniquement dans aucune des séries iconographiques fournies par les sites anatoliens. Il conviendra donc de tenter d'analyser ses particularités en prenant en compte un champ iconographique large, celui des figurines de plomb certes, mais aussi et surtout la glyptique, répertoire incomparable pour la connaissance de l'imagerie populaire.[8]

Le thème du personnage humain en contact physique avec des animaux qui l'encadrent est attesté au Proche-Orient depuis le néolithique,[9] et l'on sait qu'il connut durant le 3ème millénaire et au-delà, sous la forme dite de «Gilgamesh,» une faveur remarquable qui s'étendit du monde cypro-mycénien à celui des bronziers du Louristan. Une faveur sans doute due en partie à la vigueur héraldique et au caractère d'évidence de sa formulation ternaire antithétique. Curieusement l'Egypte, pourtant portée vers des schémas formels triangulaires, n'y fut guère sensible, sinon dans des œuvres tardives ou d'influence syrienne telles les stèles de l'«Horus aux crocodiles» à la Basse Epoque, ou celles de la déesse cananéenne Qadesh à l'époque ramesside. L'appellation souvent conférée, outre «Gilgamesh,» à cette figure divine est celle de «posis (potnia) thêrôn» ou «maître (maîtresse) des animaux sauvages,» un champ peut-être trop large. Car il ne s'agit pas en fait d'un thème mais de deux, qui expriment, avec des variantes significatives, la maîtrise de l'espèce humaine sur les forces de la nature sauvage incarnées, de façon non interchangeable, par les fauves d'une part, et les paisibles herbivores de la steppe ou du désert d'autre part. Les iconographies les plus anciennes, celles par exemple d'Uruk-Djemdet Nasr en Mésopotamie, ou des palettes de schiste gerzéennes en Egypte, prennent bien soin de distinguer les différents états de ce dialogue toujours recommencé entre nature et culture, entre la volonté humaine de maîtrise et l'exubérante sauvagerie du monde naturel. Dans le cas qui nous occupe, il serait

---

[6] Aucune trouvaille de ce genre n'a jamais été signalée en contexte funéraire. Cf. K. Emre, *Anatolian Lead Figurines and their Stone Moulds* (Ankara 1971) 154.

[7] K. Emre, *op.cit.* 91-97; M. van Loon, *Anatolia in the Second Millennium* (Leiden 1985) 1-6; K. Bittel, *Les Hittites* (Paris 1976) 97-98.

[8] Parmi les études récentes, voir particulièrement H. Kühne, *Das Rollsiegel in Syrien* (Tübingen 1980) et l'article de P. Amiet, «Jalons pour une interprétation du répertoire des sceaux-cylindres syriens au IIème millénaire,» *Akkadica* 28 (mai-août 1982) 19-40.

[9] P.ex.J. Mellaart, *Çatal Hüyük* (Paris 1971) fig. 67-68, 73-76, pls.IX-X.

bien difficile de préciser si la divinité contraint ou protège les antilopes qu'elle étreint... Sans doute la question est-elle dépourvue de pertinence et l'essentiel réside-t-il dans la définition d'une relation qui exprime à la fois l'antithèse et la synthèse de ces irréductibles moitiés du monde que sont Nature et Culture, en une sorte de va-et-vient du sens par où la nature s'imprègne de sacralité tandis que le divin anthropomorphisé s'authentifie, se légitime, dans la maîtrise des forces du Chaos. [10]

Le thème du «Maître des Animaux» est largement attesté parmi les moules et figurines de plomb d'Anatolie. Un moule trouvé à Kültepe dans le niveau II du karum, un autre conservé au Musée de l'Université de Yale, rapprochés d'un troisième, provenant de Boğazköy et présentant une variante féminine du même thème, constituent un groupe cohérent, au point de vue tant stylistique qu'iconographique. De part et d'autre d'une figure frontale se voient quatre animaux, des antilopes sans doute, deux semblant jaillir des épaules du dieu, deux autres placées tête en bas de part et d'autre de ses jambes. [11] La disposition est évidemment celle du plomb d'Oumm el-Marra. Mais le style en diffère radicalement. La où notre figurine présente un souci très net de plasticité, ainsi que je l'ai souligné plus haut, les moules du groupe précité se caractérisent tous les trois par un rendu extrêmement schématique, à la limite de l'abstraction. Une bien meilleure comparaison avec l'objet d'Oumm el-Marra serait fournie d'ailleurs par un moule publié, bien après la parution du livre de K. Emre, par Tahsin Özgüç [12] à l'occasion de la présentation d'une statuette de l'Ermitage. Il s'agit d'une pièce découverte en 1972 dans le niveau Ib du karum de Kanesh. On y voit la figure d'un dieu masculin debout, portant une jupe plissée horizontalement de part et d'autre d'un pli central, et portant une tiare conique également striée horizontalement. Son visage, très accentué, montre de grands yeux, de larges oreilles, un énorme nez et une courte barbe. De chacune de ses mains ramenées sur la poitrine, il serre les pattes arrières d'une antilope qui paraît jaillir de son torse. Enfin, de part et d'autre de son corps, un animal que T. Özgüç identifie comme un lion (?) se tient verticalement, soudé au corps du dieu par un tenon (ou par ses cornes si l'on considère, comme je serais tenté de le faire, qu'il s'agit dans ce cas aussi d'antilopes). Des différences donc avec l'objet d'Oumm el-Marra, pour la forme de la coiffure, le pli vertical du vêtement et la pose des animaux qui ne se retournent pas vers le visage du dieu. Il n'empêche que cet objet

---

[10] La glyptique syrienne «provinciale» du début du IIème millénaire semble affectionner particulièrement le thème des antilopes ou des chèvres affrontées, soudées par le cou ou les pattes de devant, en une formulation qui annonce de façon saisissante celle de certaines «épingles» du Louristan. Cf. B. Buchanan, *Early Near Eastern Seals in the Yale Babylonian Collection* (New Haven/Londres 1981) p.ex. nos. 1171 à 1173 (ce dernier exemple montre deux antilopes dressées affrontées de part et d'autre d'un croissant surmonté d'un disque! Cf. plus loin).

[11] K. Emre, *op.cit.*, 134-136, pl. IV.

[12] «A Figurine of a God from Anatolia in the Hermitage Museum in Leningrad,» *Florilegium Anatolicum, Mélanges offerts à Emmanuel Laroche* (Paris 1979) 291-296.

du niveau Ib de Kültepe reste de très loin, à ma connaissance en tout cas, l'objet le plus étroitement apparenté, tant iconographiquement que stylistiquement, à notre figurine d'Oumm el-Marra (Pl. 104a).

La coiffure, on l'a dit, consiste pour l'essentiel en une tiare conique posée sur un croissant qui figure sans doute une paire de cornes. On trouvera aisément, parmi les exemplaires réunis par Emre, bon nombre d'occurrences de ce même attribut. Il est plus difficile, en ce cas précis, d'évaluer la pertinence typologique de la boule terminale, rarement attestée avec une telle insistance et dont l'accentuation pourrait bien de ce fait n'être pas dépourvue ici de valeur sémantique. Si l'association d'un croissant et d'une sphère se rencontre couramment dans la glyptique orientale, c'est plus souvent sous forme d'un emblème isolé. Elle concerne en tout cas rarement les coiffures divines. Un exemplaire tout à fait remarquable de ce genre d'association est cependant fourni par un cylindre conservé à la Bibliothèque Nationale de Paris et plus d'une fois publié (Pl. 104b).[13] On y voit, face à un dieu guerrier agrippant un ennemi vaincu, une divinité montagne, au bas du corps constitué par un empilement de blocs sphériques qui dessine l'idéogramme du pays montagneux. Bras droit levé en signe d'allégeance, bras gauche portant un lièvre à très longues oreilles, le dieu arbore une tiare fort différente de celle des autres divinités représentées dans le champ de l'empreinte. En face des tiares simplement coniques, la tiare de la «divinité-montagne au lièvre» se termine par un disque bulbeux posé sur un croissant, un signe qui évoque bien entendu celui de la lune, tout en rappelant de bien près les caractères principaux de la coiffure du dieu d'Oumm el-Marra, tels qu'ils ont été définis plus haut, c'est-à-dire l'insistance sur le disque et les cornes recourbées. La volonté de différenciation de la coiffure, particulière au «dieu-montagne au lièvre» du cylindre BN 464, est donc bien nette et la question se pose, si ce n'est du nom que les utilisateurs de l'objet pouvaient effectivement accorder à ce dieu (problème insoluble aujourd'hui), mais au moins du sens général qu'ils lui attribuaient.[14]

Nous l'avons remarqué plus haut, l'appellation de «Maître des Animaux» ne peut qu'être trop vaste, sa détermination précise ayant à tenir compte des particularités de l'espèce animale mise en rapport avec le «Maître». Or il se fait que l'antilope intervient abondamment dans l'iconographie des cylindres-sceaux tant syriens qu'anatoliens ou mésopotamiens, et particulièrement peut-être durant le deuxième millénaire. Dans une monographie consacrée au dieu Amurru, J.-R. Kupper a tenté naguère de cerner les traits récurrents de l'iconographie de cette

---

[13] BN 464. W.H. Ward, *The Seal Cylinders of Western Asia* (Washington 1910) 291, fig. 895; H. El-Safadi, «Die Entstehung der syrischen Glyptik,» *Ugarit-Forschungen* 6 (1974) 348, pl. VIII:62.

[14] On rappellera que les antilopes du cylindre de Yale (Buchanan, no. 1173) cité à la note 10 s'affrontaient de part et d'autre de la lune.

divinité associée bien évidemment, de par son nom même, au monde syrien.[15] Cette iconographie, variable, rapproche d'une figure divine masculine l'image d'une sorte de houlette et celle d'une antilope (au sens large adopté ici), éventuellement remplacée par toute figure d'herbivore cornu habitant la montagne ou la steppe. L'animal est perçu comme le signe vivant du monde que les sédentaires de la plaine tiennent pour étranger, où ils chassent sans doute à l'occasion, mais qui est avant tout le repaire des nomades pillards.[16] On sait que, pour J.-R. Kupper, l'image du dieu Amurru dans la glyptique mésopotamienne doit être tenue pour une création purement babylonienne et non comme le résultat d'un apport iconographique des populations nomades venues de l'Ouest. «Riverains de ce désert qui a conditionné l'histoire des pays du Croissant Fertile et qui représente un des éléments constitutifs de leur univers, les habitants de la Babylonie ont tout naturellement imaginé de lui donner un maître particulier».[17] Les nomades étant tout naturellement associés à la lune, on ne s'étonnera pas non plus de la fréquence de la conjonction d'Amurru et de Sin, dans les légendes des cylindres-sceaux notamment.[18] Henri Frankfort reconnaissait également comme image caractéristique de ce dieu celle qui le montre «with his foot on a gazelle, holding a crescent standard which is elsewhere shown in the hand of several gods; the curved staff which normally counts as his emblem appears in the field...The nature of this symbol remains obscure; it may be a shepherd's crook».[19] Kutlu Emre a par ailleurs mis en évidence, ainsi qu'on l'a rappelé plus haut, l'apparentement de cinq moules cappadociens (niveau Ib du karum de Kanesh) destinés à produire l'image d'un couple divin constitué d'une déesse nue ou vêtue (portant parfois un enfant) et d'un dieu à long vêtement plissé, coiffé d'une tiare à cornes et tenant une sorte d'emblème en forme de protome d'antilope se retournant. Entre le dieu et la déesse, le même emblème se présente dressé. Pour la présence de l'antilope, Emre propose de reconnaître en cette divinité la forme anatolienne de l'iconographie d'Amurru, qui par ailleurs n'est pas inconnu des tablettes cappadociennes.[20] On ajoutera que le mode de représentation de l'antilope, dans un style élégant et d'une grande plasticité, rapproche ces objets à la

---

[15] J.-R. Kupper, *L'iconographie du dieu Amurru dans la glyptique de la Ière dynastie babylonienne*, Bruxelles 1961.

[16] Cette dichotomie, avec ses flux et ses reflux, est clairement exposée dans J.-R. Kupper, *Les nomades en Mésopotamie au temps des rois de Mari*, Paris 1957, voir particulièrement les pp. I-XIV et, pour le dieu Amurru, les pp. 245-247. A propos de la valeur mythique de l'antilope, on rappellera qu'en Egypte, le sacrifice de l'oryx, animal séthien, assurait la navigation de la barque solaire et donc la bonne marche du monde. Associé au désert, l'oryx l'était aussi à la lune, voir Ph. Derchain, *Le sacrifice de l'oryx*, Bruxelles 1962.

[17] J.-R. Kupper, *op.cit.*, 88.

[18] *Ibidem*, 60-61.

[19] H. Frankfort, *Cylinder Seals* (Londres 1939) 164-165. Cf. E. Porada, *The Collection of the Pierpont Morgan Library* (Washington 1948) 59.

[20] K. Emre, «Eine neue Gussform aus Kültepe,» *ZA* 60 (1970) 135-142. Id., *Anatolian Lead Figurines*, 140.

fois du plomb d'Oumm el-Marra et du moule de Kanesh Ib publié par T. Özgüç et rappelé ci-dessus.

Mais en milieu syrien, où Amurru n'apparaît pas, deux autres divinités proposent, à travers une relation à l'antilope un champ sémantique qui recouvre, au moins partiellement, celui d'Amurru. Je me contenterai de les mentionner brièvement. Il s'agit de Reshef et d'ᶜAthtar. Pour le premier on renverra en particulier à l'étude de Paolo Matthiae qui souligne les liens étroits qu'entretient Reshef avec les idées de nuit, de mort, d'Enfers mais aussi de cycle végétal et d'éclairement solaire.[21] L'antilope, comme déictique de ce dieu, sera reçue jusqu'en Egypte où elle en deviendra d'ailleurs la marque exclusive.[22] Enfin, quel que soit leur caractère systématique, les études que du Mesnil du Buisson a consacrées à la religion cananéenne ont là aussi mis en évidence l'existence d'un complexe significatif constitué par une figure divine mâle (ᶜAthtar), un biotope (steppe ou montagne), un moment du cycle solaire (la nuit et sa fraîcheur humide), un astre (la lune) et un animal (l'antilope).[23] Il est d'ailleurs très remarquable de constater que cette antilope peut, sans que le sens en apparaisse changé, commuter avec le lièvre, celui-même que portait le dieu-montagne à tiare lunaire, sur le cylindre B.N.464.[24]

Quoi qu'il en soit en somme des variantes de détail, il se manifeste bien clairement qu'au-delà des cultes précis, des définitions théologiques et des interprétations iconographiques propres à l'une ou à l'autre région, un même espace symbolique s'est constitué, un réseau de signes de diverses sortes et de divers niveaux visant à dire la spécificité d'un monde dont le mode de vie diffère profondément de celui des agriculteurs des grandes plaines, où le nomadisme est encore une forme courante d'existence, où la subsistance repose encore largement sur la chasse, non tant d'ailleurs la chasse au lion, qui confère leur légitimité aux rois sédentaires, que celle qui prend pour cible les herbivores peureux que l'on n'aperçoit guère que dans la fraîcheur de l'aurore ou du crépuscule, aux abords des points d'eau où se reflète la lune…[25]

On ne pourra cependant terminer ces quelques considérations sans mentionner au moins combien ce thème du dieu soudé aux représentants d'une animalité qu'il domine mais qui tout en même temps fait partie de sa propre substance resta

---

[21]   L'équivalence Reshef-Nergal reflète bien cette ambiguïté, Nergal représentant sans doute les Enfers mais aussi la violence destructrice du soleil de l'été. Cf. L. Oppenheim, «Mesopotamian Mythology III,» *Orientalia NS* 19 (1950) 151-152.

[22]   Paolo Matthiae, «Note sul dio siriano Reshef,» *Oriens Antiquus* 2 (1963) 27-43. Pour l'Egypte, voir *Lexikon der Ägyptologie* 5 (1984) cols. 244-246, s.v. Reschef.

[23]   R. du Mesnil du Buisson, *Etudes sur les dieux phéniciens hérités par l'empire romain*, Leiden 1970; Id., *Nouvelles études sur les dieux et les mythes de Canaan*, Leiden 1973.

[24]   Sur le lièvre, voir les index des ouvrages de du Mesnil cités à la note précédente.

[25]   Sur l'imaginaire du désert dans le monde oriental, outre les ouvrages de J.-R. Kupper cités plus haut, voir par exemple A. Haldar, *The Notion of Desert in Sumero-Accadian and West-Semitic Religion*, Uppsala/Leipzig 1950 et, plus récemment P. Xella, «Il mito di ŠḤR e ŠLM. Saggio sulla mitologia ugaritica,» *Studi Semitici* 44 (Rome 1973) 101-106.

profondément ancré dans l'imagination, ou plus exactement dans la conscience mythique des populations du Proche-Orient durant toute leur histoire ancienne. Et cela plus particulièrement peut-être dans des régions steppiques ou montagneuses du Nord où il devait donner naissance à de remarquables fantasmagories. Car malgré l'écart chronologique, le petit plomb d'Oumm el-Marra, œuvre syro-anatolienne appartenant au deuxième siècle sans doute du 2ème millénaire, ne peut être totalement étranger à l'extraordinaire développement que connut, près de mille ans plus tard, l'art fantastique des bronziers du Louristan...

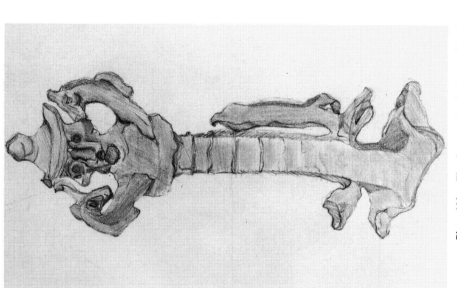

Plate 103a. Figurine en plomb du "maitre des antilopes" découverte à Oumm el-Marra. Dessin
D. Lefebvre.

b. Photographie du même objet.

a

BN. 464

b

Plate 104a. Moule en "stéatite" du "maître des antilopes" découverte dans le niveau Ib du Karum de
Kanesh. D'après T. Özgüç, *Maşat Höyük I*, p. 43, fig. 108.
b. Cylindre BN 464 de la Bibliothèque Nationale à Paris. D'après H. el-Safadi, *Ugarit-Forschungen* 6
(1974) 348, pl. VIII:62.

EIN SPÄTANTIKES SIGILLATA-TABLETT AUS RESAFA

Thilo Ulbert

Im Jahre 1976 fand sich im Grabungsmagazin von Resafa unter anderen, von J. Kollwitz als Lesefunde in der Stadt und ihrem unmittelbaren Umland aufgesammelten und nicht stratifizierbaren Keramikfragmenten, das Bruchstück eines planen reliefverzierten Gefässes (Pl. 105a).[1] Es handelt sich dabei um einen insgesamt 10 cm langen und maximal 5,5 cm breiten rottonigen Scherben mit hellrotem Überzug. Auf der Unterseite erkennt man eine Fussleiste; vom Rand ist nur der schräg nach oben führende Ansatz erhalten. Da hier wie auch an der Fussleiste keinerlei Krümmung zu erkennen ist, muss das Gefäss rechteckig oder quadratisch ergänzt werden; dem entspricht auch der von gerade verlaufenden Parallelenrillen abgegrenzte Rest der Oberflächendekoration. Diese Abgrenzung besteht aus zwei äusseren schmalen Rillen, an die nach innen eine rautenverzierte Leiste anschliesst. Die Dicke des Tons der dekorierten Innenfläche ist geringer als die des Randteils. Auf dem Rest des Bildfeldes erkennt man ein geschwungenes Tuch, dessen eines Ende offenbar um eine Stange geschlungen ist, daneben einen polsterartigen gerundeten Gegenstand. Das dazwischenliegende Feld ist von kleinen bogenförmigen Kerben bedeckt. In der oberen Ecke deuten sich wenige gerade und diagonale Linien an.

Wir haben das Fragment einer rechteckigen Tonplatte vor uns, welche zu der in der Spätantike wohlbekannten Fundgattung der sog. Sigillata Chiara D gehörig,[2] bei J.W. Hayes als African Red Slip Ware angesprochen wird; die Gruppe der rechteckigen Platten sind bei Hayes in seiner Form 56 zusammengefasst.[3] Allgemein handelt es sich dabei um feintonige Keramikplatten, deren Dekoration in der Regel aus Modeln ausgeformt wurde und die häufig zusätzlich mit Tonappliken versehen worden sind. Ausserdem wurden oft noch vor dem Auftragen der Engobe und vor dem endgültigen Brennvorgang Details durch Nachzeichnung der Linien oder durch Einkerbungen nachgearbeitet. Beschreibung und Deutung der Bildinhalte des Plattendekors verdanken wir den grundlegenden Studien von J.W. Salomonson.[4] Neuerdings gerät diese Keramikgattung, angeregt durch zahlreiche Neu-

---

[1] Das Stück wird jetzt im Nationalmuseum Damaskus aufbewahrt (Inv. Nr. 31392). Ich danke Michael Mackensen, München, für vielfältige Hinweise. Die Umzeichnung von Pl. 107 verfertigte Iris Bayer, München.

[2] N. Lamboglia, „Nuove osservazioni sulla terra sigillata chiara II (tipi C, lucente e D)," *Rivista di Studi Liguri* 29 (1963) 145ff.

[3] J. W. Hayes, *Late Roman Pottery* (1972) 83-91.

[4] J.W. Salomonson, „Late Roman Earthenware with Relief Decoration Found in North Africa and Egypt," *Oudheidkundige Mededelingen* 43 (1962) 53-95 (= Salomonson 1962); ders., „Spätrömische rote

funde, in zunehmendem Masse in die wissenschaftliche Diskussion, wobei zumindest über die Lokalisierung der Produktionsstätten in Nordafrika inzwischen Übereinstimmung zu bestehen scheint.[5]

Die Darstellung auf unserem Fragment lässt sich ohne Schwierigkeit einem Bildthema zuordnen, das bisher auf mindestens zwei entsprechenden komplett erhaltenen Platten überliefert ist. In einem Falle, einem Tablett in Kairo[6] (Pl. 105b) sind im zentralen Plattengrund zwei gleichgrosse Felder nebeneinander angebracht, die beide Darstellungen aus dem Bereich der Zirkusspiele wiedergeben. Rechts erkennt man ein wildes Tier (Löwin, Tiger?), in Erwartung des Venators; vor ihm liegt als Siegerpreis ein (goldenes) Blatt. Dass die Szene in der Arena spielt, zeigen die halbrunde gegliederte Arenawand und der durch bogenförmige Kerbungen angedeutete Arenaboden. Im linken Bild kniet der Venator auf einem Podest. Hinter ihm lehnt sein überdimensional grosser Schutzschild. Der Kämpfer schwingt einen Stab, an dessen oberem Ende sich ein Tuch befindet. Ein runder kissenartiger Gegenstand sowie die halbrunde Arenaeinfassung vervollständigen die Darstellung. Beide Bilder sind oben durch eine Inschriftleiste abgeschlossen und thematisch miteinander verbunden. Die Lesung der Inschrift bei Salomonson: IVLIVS FESTVS MISSIONE(m) FERIOR(um) DAT.

Wenn sich auch das Resafa-Fragment mit der entsprechenden Partie der Kairener Platte deckt, so kann es sich hier ursprünglich doch nicht um ein gleichartiges Tablett mit Doppelbildern gehandelt haben, denn sowohl die Fussleiste als auch der Ansatz des Randes am Bruchstück beweisen, dass die ursprünglich intakte Platte aus Resafa auf der rechten Seite abschloss und hier keine Szene mehr folgen konnte.

Wie das zweite Beispiel in Berlin[7] zeigt, konnte jedoch die Venatordarstellung auch isoliert auftreten, und in dieser Form ist auch das Tablett aus Resafa zu rekonstruieren (Pl. 106a-b). Wegen der besseren Bildvorlage sind hier auch einige

Tonware mit Reliefverzierung aus nordafrikanischen Werkstätten. Entwicklungsgeschichtliche Untersuchungen zur reliefgeschmückten Terra Sigillata Chiara C," *Bulletin van de Vereeniging tot Bevordering van de Kennis der Antieke Beschaving* 44 (1969) 4-109 (= Salomonson 1969).

[5] J. Garbsch, „Spätantike Keramik aus Nordafrika in der Prähistorischen Staatssammlung (München) (Ein spätantiker Achilles-Zyklus)," *Bayerische Vorgeschichtsblätter* 45 (1980) 155-160; ders. „Spätantike Sigillata-Tabletts," *ebenda* 161-197 (= Garbsch Sigillata-Tabletts); M. Mackensen, „Reliefverzierte nordafrikanische Sigillata Chiara C und D in der Staatlichen Sammlung Ägyptischer Kunst in München," *Archäologischer Anzeiger* 1981:522-536. Viele Fragen, die vor allem die Datierung dieser nordafrikanischen Feinkeramik betreffen, sind nach wie vor noch offen.

[6] Ägyptisches Museum Kairo Inv. Nr. 86116; Salomonson 1962 Taf. 13, 1; Garbsch Sigillata-Tabletts Abb. 17 (Nachzeichnung nach Salomonson).

[7] Berlin, Staatliche Museum, Antikenmuseum Inv. Nr. 31324 (Fundort Athribis); Salomonson 1962 Taf. 14; Salomonson 1969 Abb. 1; Garbsch Sigillata-Tabletts Abb. 18 (Nachzeichnung nach Salomonson). Das Stück fällt leider unter die Kriegsverluste des Ostberliner Museums. Glücklicherweise haben sich alte Negative erhalten, von denen die hier vorgelegten Aufnahmen stammen und die auch der Umzeichnung Pl. 107 zugrunde gelegen haben. Für die Bereitstellung der Fotovorlagen danke ich dem Antikenmuseum in Berlin (DDR) aufrichtig.

Details der Szene besser erkennbar als bei dem Stück aus Kairo. Unser Fragment lässt sich in Darstellung und Dimension deckungsgleich einfügen, wobei es natürlich sehr reizvoll wäre, nachweisen zu können, dass beide Platten, Resafa und Berlin, aus dem gleichen Model abgeformt worden sind. Obwohl eine gewisse Wahrscheinlichkeit dafür besteht, hätte ein Beweis jedoch nur durch den unmittelbaren Vergleich beider Originale erbracht werden können. Deutlich erkennt man beim Berliner Stück Podest und Schild des Venators sowie seine Berufskleidung: gegürtete Tunika, bandagierte Beine. Am Rand des Resafafragments ist auch noch die Umrisslinie seines Kopfes erhalten. Mit beiden Händen (Ansatz der Rechten auf dem Resafafragment) hält er schräg nach oben einen teilweise gekerbten Stab, den er auf dem Knie aufstützt. Auf der Berliner Platte endet der Stock ganz eindeutig stumpf. Das Fragment aus Resafa bietet am Stockende noch eine weitere senkrechte Kerbe und dürfte in diesem Bereich die bessere Überlieferung bieten, was sich auch auf die Knotenfalten des Tuches bezieht, die beim Berliner Stück nicht mehr sichtbar werden. Möglicherweise handelt es sich hier um eine Abnützung des Models. Aber auch bei unserem Fragment bleibt das obere Ende des Stabes nicht ganz erklärbar. Denn die genannte Einkerbung könnte genausogut noch auf das verschlungene Tuch hinweisen, wie sie auch zum Stab selbst gehören könnte. Für eine Ergänzung als Dreizack (in diesem Falle eher ein Zweizack) scheinen mir die Indizien ebenfalls nicht ausreichend zu sein.[8] Das um den Schaft geknotete Tuch ist auf dem Resafafragment, wie schon erwähnt, sehr deutlich erkennbar.[9] Das Tuch schwingt in weitem Bogen zurück und endet am Bildrand mit geradem Abschluss. Es verdeckt teilweise das untere Ende der Arenabegrenzung, deren Eckbeschlag auf dem Fragment gerade noch erkenntlich wird. Auf dem durch bogenförmige Einkerbungen angedeuteten Arenaboden liegt zwischen Venator und Arenabegrenzung ein Stoffballen mit zahlreichen individuellen und weichen Falten, wohl der Siegespreis des Kämpfers, entsprechend dem Blatt aus Edelmetall auf dem zweiten Bildfeld des Tabletts in Kairo (Pl. 105b). Salomonson erklärt diesen Gegenstand als Stoffballen, bestehend aus Teppichen oder wertvollen Gewändern, häufig als Siegespreis ausgesetzte Geschenke.[10]

Nach der zeichnerischen Einpassung unseres Fragments in das komplette Berliner Tablett (Pl. 107) ergibt sich, dass das Tablett aus Resafa in seinem intakten Zustand ebenfalls die Abmessungen von 20 × 25 cm besessen haben muss. Während die

---

[8] Der Dreizack ist schon bei älteren Gladiatoren häufig dargestellt, vgl. L. Robert, *Les Gladiateurs dans l'orient grec* (1971), z.B. Nr. 13, 44, 242.

[9] Die Ansicht Salomonsons (1962:60) mit entsprechenden (roten) Tüchern habe man, ähnlich wie beim modernen Stierkampf die Tiere gereizt, scheint mir einleuchtend (literarische Belege bei Salomonson a.O. 60 Anmerkung 31).

[10] Salomonson 1962:59 mit literarischen Belegen Anmerkung 27. Dem äusseren Umriss nach könnte man auch an eine Preiskrone denken, doch trifft eine solche Erklärung hier wohl kaum zu; zum Vorkommen von Preiskronen auch in der Spätantike vgl. etwa M.L. Robert, „Une vision de Perpétue martyre à Carthage en 203," *Comptes Rendus Académie des inscriptions et belles lettres* 1982:228ff.

zentrale Bildfläche eine völlig identische Darstellung aufwies, könte jedoch die Verzierung des horizontalen breiten Randes durchaus unterschiedlich gestaltet gewesen sein (Kairoplatte: Tierkampf, Berlin: Fische). Diese Dekoration konnte deshalb leicht variiert werden, da es sich hier um die Auflage von separat in Modeln gepressten Appliken gehandelt hatte. Bei den vier Gegenständen zwischen den Fischen auf dem Rand des Berliner Stückes dürfte es sich um Blattkapitelle mit dem Ansatz von Säulenschäften handeln.

Auf den Sigillata Chiara D-Platten nahmen neben mythologischen Szenen gerade Themen aus dem Bereich der Zirkusspiele einen breiten Raum ein.[11] Auf einigen Stücken erscheint im Oberteil des Bildfeldes das Tribunal mit dem spielgebenden Konsul zwischen Begleitpersonen.[12] Vor allem diese Darstellung ist es, die eine unmittelbare Verbindung unserer Denkmälergruppe mit den Consulardiptychen[13] aus Elfenbein nahelegt und die eindeutig zeigt, dass gerade Diptychen häufig als Abdrucksvorlagen für Keramikmodeln gedient hatten, aus denen dann die Bildfelder des feinen nordafrikanischen Tongeschirrs abgeformt wurden. Wenn auch gerade für unsere Arenaplatte das unmittelbare Vorbild aus Elfenbein bisher noch nicht belegt ist, so lässt sich ein solches wegen der mehrfach auftretenden abdruckgleichen Darstellung, nicht zuletzt auch wegen der einem Diptychonflügel entsprechenden Abmessungen, mit grosser Wahrscheinlichkeit rekonstruieren. Von Wichtigkeit ist auch die Inschrift auf dem Kairener Stück, die die beiden Diptychontafeln miteinander verbunden hatte: ein nicht näher fassbarer Notabler, Julius Festus, tritt hier als Spielgeber für Tierkämpfe auf. Anlässlich des Amtsantritts von Consuln und hohen Magistraten wurden Elfenbeindiptychen oder Largitionsschalen aus Edelmetall an einen ebenso hochgestellten Abnehmerkreis verschenkt; möglicherweise fanden ihre weniger wertvollen Tonkopien in ähnlichem Zusammenhang Verwendung.[14] Die Produktion der Werkstätten für diese Sigillata-Tabletts wird in der Zeit zwischen der zweiten Hälfte des 4. und dem ersten Drittel des 5. Jhs. angenommen.[15] Aufgrund des Vergleichs mit Diptychondarstellungen liesse sich für die Platte aus Resafa dieser Zeitraum vielleicht sogar auf die Zeit zwischen 400 und 430 präzisieren.[16]

Die feine rottonige Sigillata Chiara findet sich, importiert aus den nordafrikanischen Herstellungszentren, verstreut über den gesamten mediterranen Bereich,

[11] Salomonson 1962:58ff.; Garbsch Sigillata-Tabletts 171ff. (Gruppen E,F,G); Hayes a.O. 84f. (Form 56 a-c).
[12] Salomonson a.O. 65-67.
[13] Zu dieser Denkmälergruppe R. Delbrueck, *Die Consulardiptychen und verwandte Denkmäler*, Studien zur spätantiken Kunstgeschichte 2, 1929.
[14] Zahlreiche bisher aufgefundene Fragmente dieser Gattung weisen Reparaturstellen auf, was auf die hohe Wertschätzung der Besitzer schliessen lässt; dazu Garbsch Sigillata-Tabletts 160; M. Mackensen *AA* 1981:529.
[15] Salomonson 1969:14: 375-440 n. Chr.; Hayes a.O. 91: 360-430 n. Chr.; wie schon oben angedeutet, handelt es sich hier um Näherungswerte, während eine tragfähige Feinchronologie noch aussteht.
[16] Zusammenfassend Garbsch Sigillata-Tabletts 197.

soweit er in der Spätantike unter römischem Einfluss stand. In Syrien sind entsprechende Funde jedoch verhältnismässig selten. So kennen wir bisher nur ein Randfragment mit der Darstellung des biblischen Noah aus Tell Fakhariyah,[17] und weitere zwei Fragmente aus Dibsi Faraj[18] und Homs,[19] beide letztere mit Szenen aus der griechischen Mythologie. Allerdings dürfte sich in diesen spärlichen syrischen Beispielen eher der derzeitige Forschungsstand, weniger die wirklichen antiken Verteilungsverhältnisse widerspiegeln.

Um so erfreulicher ist die Erweiterung dieses Fundspektrums durch das hier vorgestellte Stück. Es bedeutet auch für Resafa selbst eine Bereicherung unseres Erkenntnisstandes. Frühe Funde, nämlich etwa aus der Zeit des mindestens seit diocletianischer Zeit literarisch belegten Kastells,[20] kennen wir bisher nicht. Aber auch die im Zusammenhang der sich im Laufe des 4. Jhs. entwickelnden Sergiosverehrung zu erwartenden Kleinfunde, sind bisher in Resafa so gut wie unbekannt, was nicht zuletzt darin seine Begründung findet, dass eine Lokalisierung des Kastells, wie auch der ersten Sergiosmemoria intra muros bisher noch nicht gelungen ist.[21] Auch den immerhin seit der zweiten Hälfte des 4. Jhs. vermehrt nachweisbaren Fundmünzen[22] entsprechen beim heutigen Forschungsstand so gut wie keine datierbaren Keramikfunde.[23] Nimmt man die oben angedeutete Datierung in die ersten Jahrzehnte des 5. Jhs. für unser Keramiktablett an, so wird damit ein für die Entwicklung der Sergiosstadt ganz entscheidender Zeitabschnitt angesprochen. Denn wir wissen, dass die immer bedeutender werdende Wallfahrt zu den Reliquien des Hl. Sergios zu Beginn des 5. Jhs. u.a. den aufwendigen Neubau einer Basilika notwendig gemacht hatte mit dem sich der Name eines Bischofs Alexander von Hierapolis in der Zeit um 430 in Verbindung bringen lässt.[24] In dieses Ambiente einer gesteigerten Bedeutung der Stadt mit ihrem starken Pilgerverkehr und mit den damit zusammenhängenden Kontakten zum übrigen Mittelmeerraum würde unsere von weither importierte Keramikplatte in jeder Beziehung passen.

---

[17] H.J. Kantor, *Soundings at Tell Fakhariyah* (University of Chicago Oriental Institute Publications 79, 1958) 34f. Nr. 60, Taf. 32:60; Hayes a.O. 89 Nr. 11.

[18] Unveröffentlicht, ausgestellt im Nationalmuseum in Aleppo.

[19] Ausgestellt im Nationalmuseum in Damaskus, S. & A. Abdul Hak, *Catalogue illustré du département des antiquités gréco-romaines au Musée de Damas* (1951) 85f. Nr. 31; Hayes a.O. 86 Nr. 19.

[20] *Notitia dignitatum Orientis* 33:5.

[21] Vgl. dazu auch T. Ulbert, *Actes du XIe Congrès International d'Archéologie Chrétienne* (1986) im Druck.

[22] M. Mackensen, *Resafa* II (1986) 181ff.

[23] M. Mackensen, *Resafa* I (1984) 37ff.

[24] *Acta conc. oecum.* ed. Schwarz I 4.163.185; J. Kollwitz in *Neue deutsche Ausgrabungen im Mittelmeergebiet und im Vorderen Orient* (1959) 46.

a

b

Plate 105a. Resafa-Sergiupolis. Fragment eines Sigillata-Tabletts. Massstab 1:1.
b. Kairo, Ägyptisches Museum. Sigillata-Tablett, Umzeichnung (nach Garbsch). Massstab etwa 1:3.

Plate 106a-b. Berlin, Staatliche Museen, Antikensammlung. Sigillata-Tablett. Massstab 1:2.

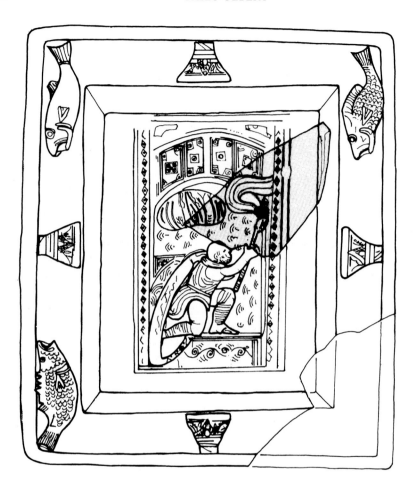

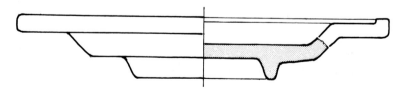

Plate 107. Berlin/Resafa. Sigillata-Tablett, zeichnerische Montage. Massstab 1:2.

OUGARIT ET SES DIEUX
(TRAVAUX 1978-1988)

Marguerite Yon
CNRS, Lyon

Il m'est agréable de dédier ces quelques pages au Dr. Adnan Bounni, Directeur des fouilles en Syrie. Grâce à lui, la Mission française a pu continuer dans les meilleures conditions de confiance et de coopération scientifique à exploiter les découvertes que livre chaque année le royaume d'Ougarit.

Parmi les axes de recherches choisis par la Mission française, dans son nouveau programme établi en 1978,[1] l'étude du sentiment religieux et de ses manifestations pendant la dernière période du royaume d'Ougarit a connu un développement notable. Certes, à la date de 1978, il ne faisait de doute pour personne que la religion occupait une place primordiale dans la civilisation ougaritique: aussi nos travaux ne portaient-ils pas sur l'existence du sentiment religieux, mais plutôt sur ses modalités. Selon les méthodes de travail que nous avions annoncées, il s'agissait aussi bien d'en déterminer le cadre en explorant les bâtiments destinés au culte (déjà fouillés ou à découvrir par de nouveaux travaux de chantier), que de jeter un regard nouveau sur les procédures des cérémonies et les pratiques de culte — en approfondissant le contenu des textes ou en analysant le mobilier spécifique. Il était enfin tentant de chercher quelle image le monde ougaritique se faisait de ses dieux, que ce soit l'image mentale qui apparaît à travers l'expression poétique, ou l'image visuelle telle que la transcrit l'iconographie matérielle. Le bilan de ces dix années fait apparaître les progrès qui ont été obtenus dans ces recherches, et les nouveaux développements qui ont été amorcés.[2]

I. LES BÂTIMENTS DE CULTE

En 1978, la liste des monuments reconnus comme «bâtiments de culte» se limitait à trois constructions de plan semblable: les deux temples de l'acropole (dits «temple de Baal» et «temple de Dagan»), et le temple situé au nord-ouest du tell (dit

---

[1] Voir le programme proposé Yon 1982; cf. bilan 1978-1985 dans Yon 1985a; voir aussi numéro spécial «Ougarit»: Yon 1987a.

[2] Le présent article ne prétend pas reproduire ici la totalité des résultats obtenus grâce à la collaboration de toute une équipe, mais seulement en indiquer les points forts, renvoyant pour le détail aux travaux publiés (ou en préparation) par les membres de la mission.

«temple hourrite»).[3] En réalité, les deux premiers seulement jouissaient d'un certain renom, même s'ils n'avaient pas encore fait réellement l'objet d'une publication, le troisième étant seulement signalé dans des rapports.[4] Mais il était évident que d'autres constructions, dont le plan et la structure n'étaient pas nécessairement identiques aux trois premiers, avaient dû servir dans l'agglomération urbaine à abriter les dieux et leur culte: la reprise des fouilles au «centre de la ville»[5] a, par chance, révélé un de ces lieux, dit le «sanctuaire aux rhytons». Par comparaison, une étude soigneuse de certains ensembles architecturaux avec leur mobilier, dans des zones anciennement fouillées, a permis de commencer à localiser d'autres ensembles de lieux de culte.[6]

L'étude plus approfondie des temples de l'acropole, et la fouille du nouveau sanctuaire découvert, avaient en outre l'intérêt de replacer ces bâtiments dans l'ensemble d'une organisation urbaine, permettant de définir leur relations avec les différents quartiers d'habitation, ainsi qu'avec la zone palatiale.

a. *Les temples de l'acropole*

Fouillés entre 1929 et 1934,[7] ces temples ont été reconnus comme lieux sacrés à cause de leur plan, et de la nature du mobilier qui leur était associé (notamment des inscriptions et une iconographie particulière). Ils sont connus depuis longtemps grâce aux rapports qu'en a publiés annuellement C. Schaeffer dans *Syria*; mais il ne s'agissait que de courts comptes-rendus des travaux de terrain, illustrés par de simples croquis schématiques.[8] Il était donc nécessaire de reprendre de façon synthétique l'étude de ces monuments, en utilisant le mieux possible les archives anciennes et en reprenant des sondages de complément.[9]

Leur localisation à la partie la plus haute du tell (dite «acropole» dans les rapports) leur donne une situation dominante, et les rend visibles de loin, depuis la campagne environnante aussi bien que depuis la mer. Tous deux sont orientés de la même manière, avec l'ouverture au sud.

---

[3] Pour l'état des recherches en 1979, on se reportera essentiellement à la synthèse collective Courtois et al. 1979, ainsi qu'à celle de Saadé 1979; cf. aussi la brochure Mission de Ras Shamra 1979.

[4] Cf. bibliographie sur le temple «hourrite» donnée dans Courtois et al. 1979:1213-1214.

[5] Dénomination purement topographique qui a été adoptée pour désigner le chantier ouvert en 1978 au centre du quadrillage du tell (cf. publication Yon 1987b).

[6] Etude entreprise par M. Kritikos en 1985.

[7] Temple de Baal: d'abord décrit par C. Schaeffer comme «Palais» (*Syria* 10 [1929] 294), reconnu ensuite comme temple (*Syria* 12 [1931] 8); cf. depuis: Schaeffer 1949:4, fig. 2. Temple de Dagan: repéré en sondage et pris pour une forteresse en 1930, puis reconnu et fouillé comme temple (Schaeffer, *Syria* 16 [1935] 154-155). Les publications postérieures renvoient généralement aux schémas replacés sur les plans d'ensemble de l'acropole à partir de *Syria* 16 (1935) pl. XXXVI. Il existe en outre dans les archives un schéma axonométrique (inédit) du temple de Baal par P. Pironin, et un plan du monument établi en 1975 par P. Weber.

[8] *Syria* 12 (1931) 9, fig. 2; 14 (1933) 122, fig. 14.

[9] Cf. Yon 1984; O. Callot, in Yon 1987a:34-35.

Le mieux conservé — ou le moins détruit — est le «temple de Baal» (Pl. 108a), dont il restait au moment de la découverte des éléments de l'élévation (murs, escalier intérieur...), alors que le «temple de Dagan» était réduit aux fondations (larges de 2,90 m, et renforcées au moins du côté ouest par un glacis qui l'avait d'abord fait prendre pour une «forteresse»). L'enclos (*temenos*) du temple de Baal est cerné d'un mur d'enceinte (partiellement conservé), qui lui réserve un espace au sol de 850 m2 environ. Le temple lui-même, construit selon un axe nord-sud, est établi sur de puissantes fondations en moellons,[10] supportant un podium de 22 × 16 m; les murs sont faits de blocs taillés et appareillés avec soin. On accède au temple depuis la cour au sud par un escalier frontal donnant dans un vestibule rectangulaire, puis par une porte étroite dans le *naos* lui-même. Là se trouvaient les restes d'un escalier monumental, qui permettent de proposer la restitution de trois volées de marches le long des murs est, nord et ouest: on obtient ainsi une hauteur de 18 à 20 m, faisant du temple une sorte de tour qui pouvait servir de repère depuis la mer. Au reste, cette forme de tour évoque, comme on l'a dit,[11] les sacrifices offerts par le roi Kéret:

> «Prends un volatile, oiseau de sacrifice.
> Verse dans une coupe d'argent, du vin,
> dans une coupe d'or, du miel;
> monte *au sommet de la tour*...
> sacrifie au Taureau ton père, El,
> honore Baal avec ton sacrifice...»[12]

Mais les cérémonies et les sacrifices auxquels participaient de plus nombreux acteurs se déroulaient probablement surtout dans la cour devant le temple, dont la porte s'ouvrait du côté ouest; c'est là qu'aboutissaient les processions montant de la ville ou de la zone royale, par une voie assez raide et étroite munie de marches, qui menait à la porte d'entrée de cette cour. Dans l'axe de la porte, se trouvait un autel construit en pierre, sur une base carrée d'environ 1,50 m de côté.

Les attributions conventionnelles de ces deux temples, qui occupent une position dominante dans la ville, en font depuis longtemps des lieux du culte de Baal d'une part (ce qui n'est pas surprenant), et de Dagan d'autre part (moins attendu). La destination du temple de l'ouest est en effet peu discutable. Dans le temple lui-même a été trouvée la «stèle de Maïmi,» qui porte une dédicace en hiéroglyphes égyptiens à «Seth du Sapon» (c'est-à-dire «Baal»). Et à proximité immédiate se trouvait, avec d'autres, la «stèle du Baal au foudre» où la figuration ne fait pas de doute, même en l'absence d'inscription: on y voit un «dieu combattant» (*smiting god*), armé du

---

[10] Des sondages de complément ont été effectués en 1988 dans les fondations du podium. L'énormité de ces fondations s'explique à la fois par la nécessité de retenir le temple construit sur une forte pente descendant vers l'ouest, et par le poids que représentait la hauteur du temple-tour.

[11] Voir Jacob 1960:111. Cf. Yon 1985a.

[12] Caquot, Sznycer & Herdner 1974:514, I K II 70-77.

foudre et d'une lance d'où naît la végétation.[13] Une telle attribution, à un dieu qui paraît au reste avoir pris la prééminence dans le royaume d'Ougarit du Bronze Récent, est encore confirmée par son rôle de protecteur de la richesse venue de la mer: son temple, où l'on a retrouvé au moins 17 ancres de pierre, pouvait, comme on l'a vu, servir de repère aux marins, jouant le rôle d'un amer visible de loin.[14] Quant au temple situé à l'est, deux stèles portant une dédicace au dieu Dagan ont conduit à l'attribuer à ce dieu, sans qu'on sache bien ce qui lui mérite un tel emplacement dans la ville.[15]

L'état dans lequel nous connaissons ces temples est celui du Bronze Récent, tels qu'ils ont été abandonnés par les derniers habitants au début du XIIe s. Mais les monuments (et sans doute aussi leur affectation) sont plus anciens; la construction en avait été placée au Bronze Moyen par C. Schaeffer, et nous n'avons pas de raison de remettre en question cette proposition. Ils sont restés en usage pendant plusieurs siècles, comme des lieux vénérables, et ont continué à accueillir offrandes et cérémonies jusqu'à la destruction de la ville.

b. *Le sanctuaire aux rhytons*

Dans le quartier situé au centre topographique du tell, la fouille entreprise à partir de 1979 a permis de découvrir un nouveau bâtiment de culte,[16] reconnu comme tel grâce à son plan (Pl. 108b) et grâce au mobilier spécifique trouvé dispersé à proximité immédiate. La quantité de rhytons qu'on y a mis au jour l'a fait désigner conventionnellement comme «sanctuaire aux rhytons,»[17] faute de connaître le nom de la divinité que l'on y honorait. Les constructions étaient très endommagées, effondrées après le pillage qui a marqué sa fin, au moment de la destruction de la ville vers 1180.

Il se trouve donc en pleine ville, sur la pente qui regarde vers le sud, dans un quartier d'habitations moyennes, et la technique de construction, en moellons renforcé de bois et pisé, ne diffère pas de celle des bâtiments qui l'entourent. Il

---

[13] Musée du Louvre, AO 13 176 (stèle de Maïmi); AO 15 775 (stèle du Baal au foudre).

[14] Yon 1985a:713, à propos de ce rôle d'amer; voir restitution suggérée dans Yon 1987a:34 (dessin O. Callot). On peut penser que l'alignement des deux tours avait son utilité pour aider les pilotes à pénétrer dans le port (Minet el-Beida); mais l'impossibilité où l'on est actuellement d'accéder à la zone du port moderne nous a interdit les vérifications de visées qui auraient été nécessaires. L'étude d'ensemble des ancres d'Ougarit par H. Frost est en préparation; cf. déjà Frost 1969.

[15] De fait Dagan, dieu de pays amorite (sa résidence est Tuttul, en Syrie du nord-est), est cité dans le texte RS 24.244 (voir plus loin: Horon et les serpents) après El et Baal, c'est-à-dire à une place extrêmement honorable dans le panthéon. Mais sa personnalité à Ougarit n'est pas clairement établie, ni ses rapports avec les autres dieux locaux: cf. Caquot, Sznycer & Herdner 1974:52-54; Pardee 1988:202-203.

[16] Voir nos rapports dans *Syria*: Yon, Caubet & Mallet 1982 et Yon, Caubet, Mallet, Lombard & Doumet 1983; cf. Yon 1984. Etude du temple par J. Mallet dans Yon 1987b:213-248.

[17] Nous entendons «sanctuaire» au sens d'«ensemble sacré,» comprenant non seulement le bâtiment (ou temple) lui-même, mais aussi les annexes. Sur le mobilier et sa signification, voir M. Yon dans Yon 1987b:343-350.

s'étend le long d'une rue, apparemment sans bénéficier d'un espace réservé autre que les murs de l'îlot urbain. Son accès depuis la rue ouvre, dans une phase ancienne du moins (début du Bronze Récent?), en face d'un établissement artisanal d'huilerie, remplacé dans la dernière phase par un lieu ouvert qui pouvait être un jardin.

On pénètre depuis la rue par une sorte de porche,[18] sur lequel ouvre un couloir dont l'accès, fermé par une porte, est à angle droit: c'est de ce couloir qu'on arrive à l'entrée du temple lui-même, située dans l'angle nord-ouest du bâtiment: ce cheminement en baïonnette est volontairement compliqué, pour isoler autant qu'il se peut un lieu de culte immergé en plein quartier habité. Le complexe sacré se compose à tout le moins d'une grande salle d'environ 45 m² (36) et de ses annexes: porche et couloir d'accès (45-46), petite *cella* (?) ou sacristie (47), enfilade de pièces à l'est (52, 77, 78), reliées à la grande salle par un petit vestibule (55); il faut y ajouter les constructions à l'étage, qui sont probablement à restituer au moins sur la partie orientale de l'ensemble.

L'orientation architecturale est celle des constructions environnantes, le bâtiment s'étendant parallèlement à la rue 35; et il n'est pas sûr que l'emplacement de l'entrée dans la grande salle 36 du côté ouest réponde à un autre impératif que celui de la commodité des lieux. En revanche, le fait que cette entrée soit dans un angle, désaxée par rapport à la salle, est le résultat d'un choix, correspondant à des normes qui se sont imposées dans d'autres constructions de sanctuaires du Bronze Récent au Levant et à Chypre; de même, l'aménagement de la grande salle 36, avec sa plate-forme à degrés contre le mur oriental, et des banquettes le long des murs nord et ouest, correspond à l'organisation qui leur est habituelle.[19] La petite annexe au nord-est, comparable à celle qui à Enkomi contenait la statue du dieu au lingot, pourrait être soit une sorte de sacristie, destinée seulement à abriter le matériel sacrificiel, soit au contraire la *cella*, réservée au dieu.[20]

Le sanctuaire tel qu'il fonctionnait au Bronze Récent a connu deux phases chronologiques successives, probablement toutes les deux au Bronze Récent II. Ce qui est certain, c'est qu'il est resté en usage jusqu'à la destruction de la ville, et que le mobilier en a été pillé avant l'effondrement du bâtiment lui-même. En effet, les ruines n'ont livré à peu près aucun objet de bronze ou de métal précieux, alors que le reste du mobilier en pierre ou en céramique, dépourvu de valeur vénale (rhytons, support au «roi-prêtre,» statuette du «dieu El»), a été retrouvé dispersé dans une aire dont le centre est à peu près au nord-est de la grande salle.[21]

---

[18] Cf. la restitution du plan proposée par O. Callot dans Yon 1987b:211, fig. 14.
[19] En Palestine: Tell Qasile, Lakish... (cf. références Yon 1984); pour Chypre, sanctuaire du dieu au lingot d'Enkomi: Courtois 1971:151-362.
[20] Cf. Pardee 1988:58-59 (à propos du texte RS 24.258), pour l'aménagement du temple de El avec salles à banquettes pour les repas sacrificiels (*marzihu*), et *cella* constituant les appartements du dieu.
[21] Sur cette dispersion, voir M. Yon, dans Yon 1987b:344, fig. 1.

Il est impossible de déterminer si une divinité particulière à qui ce lieu aurait été consacré y recevait un culte exclusif. La fouille n'a livré aucune inscription, et les seuls éléments iconographiques de quelque signification sont d'une part la figuration du roi-prêtre (identique à celle de la stèle du Baal au foudre), et d'autre part la statuette de pierre où nous proposons de reconnaître le dieu El. Mais le roi-prêtre n'est pas nécessairement ici un prêtre de Baal malgré la comparaison avec la stèle, et la présence d'une figure du dieu El (qui n'est sans doute pas la «statue de culte») pouvait prendre place dans un sanctuaire dédié à une autre divinité, voire à plusieurs divinités.

Tout oppose ce lieu sacré aux temples-tours de l'acropole. Le plan d'abord en est bien différent, avec sa salle à banquettes, située au rez-de-chaussée et même légèrement en contrebas de la rue, et qui semble détenir la fonction essentielle. De même, il s'en distingue par sa situation: au lieu d'être isolé du monde extérieur par un enclos continu, il est intégré dans un îlot apparemment ordinaire d'un quartier habité (même si l'accès en est bien protégé depuis la rue par un vestibule et un couloir). On est donc tenté de lui attribuer un autre mode de fonctionnement qu'aux temples de l'acropole: l'existence de bâtiments situés à l'est dans le même îlot, et avec lesquels la salle à banquettes est en relation, par un passage discret placé dans l'angle opposé à l'entrée, pourrait faire penser aux locaux d'une sorte de confrérie.

c. *Place des sanctuaires dans la ville*

Le recensement actuellement en cours fait apparaître au moins trois types de relations du lieu sacré avec son environnement social et architectural.

Le premier cas est celui des temples de l'acropole, non pas tellement à cause de leur position dominante au sommet de la ville ou de leur fonction de repère, mais par le fait qu'ils sont isolés dans un enclos qui les sépare du reste de la ville. Et qui plus est, ces enclos sont eux-mêmes situés dans un quartier qui paraît réservé aux dieux et à leurs affaires: c'est entre les deux temples qu'avait été trouvée la «bibliothèque du grand-prêtre,» avec les plus importants textes mythologiques.

Le «temple hourrite» présente un cas différent. Isolé du reste de la ville, il est situé entre la limite de la ville (rempart) et la zone reconnue comme zone royale;[22] il se trouve à proximité de la «salle aux quatre piliers,» qui pourrait avoir servi au déroulement de cérémonies et de banquets liés au culte. L'absence de chapelle localisée dans le Palais Royal lui-même s'expliquerait alors par la destination de ce «temple hourrite» comme temple royal: plus ancien que le Palais du Bronze Récent que nous connaissons, il aurait conservé sa fonction et rendu inutile la construction

---

[22] Sur les limites de ce qui peut être rattaché à la zone royale par rapport au reste de la ville, voir Callot 1986.

d'un autre temple dans le nouveau palais au XIVe s. Dans ce cas, nous proposons de l'intégrer dans la zone royale proprement dite.

La situation en pleine ville du «sanctuaire aux rhytons,» peut-être réservé à une association, représente un troisième cas de figure. Une situation de même type caractérise du reste d'autres ensembles architecturaux, qui sont intégrés dans des quartiers urbains, et que leur mobilier fait reconnaître comme affectés à des fonctions de culte. Ainsi, dans la tranchée «sud-acropole,» le plan de la maison du «prêtre aux modèles de foies et de poumons inscrits» ne semble pas être celui d'une habitation banale; comme on va le voir, il a précisément livré, avec des objets tels que des rhytons et un «support cultuel,» divers documents liés à la divination (foies notamment), et une dizaine de textes «para-mythologiques» dont certains avaient une fonction dans les rituels.[23]

II. RITES ET CEREMONIES

a. *Textes «para-mythologiques»*

Les hommes ont toujours tenté d'exercer une action sur les dieux, à travers les cérémonies du culte, à Ougarit comme dans le monde qui l'entoure. Une nouvelle approche de certains textes peut aider à approfondir les mythes ougaritiques et à mieux connaître ainsi les moyens d'action que les hommes croyaient avoir à leur portée. En ce qui concerne la mythologie, le *Corpus* que constituent les poèmes trouvés en 1930 sur l'acropole est connu depuis longtemps,[24] et près de cinquante années d'exégèse et de critique des textes en ont fait un ensemble des mieux exploités (même s'il y a toujours du nouveau à en tirer). Mais en 1961, un nouvel ensemble de tablettes, trouvé dans la «tranchée sud-acropole,»[25] est venu compléter heureusement ce *Corpus*. Dans ce lot près d'une dizaine de textes, en langue ougaritique, apportaient, pour la première fois depuis la révélation des textes mis au jour trente ans plus tôt, de nouveaux éléments mythologiques d'importance. Publiés peu de temps après leur découverte, ces textes avaient donc déjà été mis à la disposition du monde savant; mais il était nécessaire d'en reprendre une étude plus complète et de les commenter, à partir d'une révision des tablettes elles-mêmes (avec de nouvelles lectures et des corrections, ainsi qu'une traduction originale), élargissant ainsi notre connaissance du panthéon ougaritien, des figures divines et de leurs caractères spécifiques: c'est ce que vient de faire D. Pardee.[26] Sans

---

[23] Pardee 1988, avec une notice archéologique de J.-C. Courtois. Cf. Courtois 1969.
[24] Voir Caquot dans Courtois et al. 1979:1361; cf. édition et traduction française de Caquot, Sznycer & Herdner 1974.
[25] Courtois dans Courtois et al. 1979:1269-1273.
[26] Pardee 1988: il s'agit de RS 24.244, 245, 251, 252, 257, 258, 263, 272 et 293 (textes nos. 1-8, cf. Virolleaud 1968; texte no. 9, cf. Herdner 1978:64-67). Pour la publication des autres documents écrits du même lot (rituels, textes «magiques,» foies et poumons inscrits): Pardee 1988:1-2.

prétendre ici aborder tous les aspects nouveaux de ces poèmes qui évoquent Baal, Môt, les Mânes, Horon ou Shapash, je me bornerai à quelques exemples. Ainsi, un de ces textes concerne Baal-Haddad (RS 24.245), représenté sous la forme d'une montagne, et comme le maître des éclairs et du tonnerre, de «l'eau abondante»:

«(1) *Ba'alu* s'asseoit comme s'asseoit une montagne, *Haddu* se couche comme les eaux de l'abîme, (2) Dans sa montagne, le divin *Sapanu*, Dans la bonne montagne de la victoire …»[27]

On ne saurait mieux mettre en évidence les caractères de Baal-Haddad, qui siège sur le Mont Sapon (Pl. 109a), aujourd'hui Gebel al-Aqraᶜ, bornant au nord le territoire du royaume d'Ougarit: le dieu détient, avec l'orage et l'eau fécondante, les forces de la fertilité agricole. L'interprétation de D. Pardee, sans refuser toute idée d'une description de figuration du dieu (statue, sceau, représentation peinte, comme on l'a dit avant lui), insiste sur la comparaison explicite à la fois avec la «*montagne*» et avec les «*eaux de l'abîme*» (c'est-à-dire «la mer primordiale d'eaux fraîches»). La présente évocation poétique constitue une expression originale par rapport aux procédés littéraires antérieurement connus; cette interprétation lui donne ainsi une portée beaucoup plus profonde, se référant à un monde d'idées qui a inspiré aussi bien les représentations plastiques que la littérature.

Autre exemple: les serpents, dont les relations avec le dieu Horon et la déesse Shapash (= le Soleil) sont mises en valeur dans deux textes qui tiennent à la fois du récit d'un épisode mythologique et du genre de la «conjuration».[28] Dans le premier texte (Pl. 109b), la déesse Shapash est chargée par sa fille, «la cavale,» d'un message de conjuration contre la morsure des serpents; elle l'adresse successivement aux divers dieux d'Ougarit, mais sans résultat, et chacun d'eux se contente de s'installer confortablement («de disposer une chaise et de s'asseoir») pour exprimer sa volonté d'inaction. Seul Horon, qui sera finalement reconnu comme le Maître des serpents, agit en destructeur du venin:

«(68)…Le venin perd sa force comme (dans) un torrent.(69) Il se disperse comme (dans) un filet d'eau …».

Ce texte, qui se réfère à un mythe utilisé au printemps pour la protection des chevaux, est interprété comme une sorte de livret pour un rituel de bannissement des serpents. Au passage on notera l'importance qu'on attache aux animaux de prix que sont les chevaux, éventuelles victimes des serpents: animaux réservés aux rois, comme l'indique l'iconographie,[29] ils sont donc considérés comme normalement

[27] Pardee 1988:125 (traduction), cf. 127-128, 151-152 (interprétation générale).
[28] RS 24.244 et 251: Pardee 1988:193-256; cf. Bordreuil *in* Amiet & Petit 1983-84:180-181; Bordreuil 1985.
[29] Sur la science hippiatrique à Ougarit: Pardee 1986. La représentation la plus célèbre des chevaux tirant le char royal figure sur une coupe en or de l'acropole (Musée du Louvre AO 17208): C. Schaeffer, *Syria* 15 (1934) 124, pl. XVI; cf. Amiet & Petit 1983-84:159, no. 177.

dévolus aux dieux, et un texte (RS 86-2235) découvert au sud de la ville en 1986[30] évoque les chevaux de Rashap et ceux de Milkashtart, animaux réels dont les écuries devaient se trouver dans cette zone sud du tell. Pour en revenir au texte RS 24.244, il présente aussi pour nous l'avantage d'énumérer les dieux du panthéon d'Ougarit, dans un ordre qui n'est pas indifférent, et reflète sans doute un ordre de préséance puisque le premier est El, immédiatement suivi par Baal du Sapon; cette liste s'appuie sur une répartition géographique du lieu d'habitation de ces dieux, qui nous conduit de la Syrie du nord-est et de l'Euphrate (Dagan de Tuttul, Ashtart de Mari) aux îles de la Méditerranée (Khotar-Khasis de Kaphtor).

Le deuxième texte sur les serpents (malgré le mauvais état de conservation de la tablette) semble relever de la recette magique, sous forme d'incantation à la déesse Shapash: elle aussi est en mesure d'extirper le venin, même si c'est Horon qui détient ce pouvoir au plus haut niveau du panthéon.

b. *Mobilier de culte*

Les textes qui donnent des indications sur les rituels[31] ne constituent pas généralement une vision très détaillée ni descriptive du déroulement des cérémonies. On en saisit pourtant quelques aspects, dont certains mettent en valeur les rites de processions, de libations, de sacrifices, la place des statues divines et de leurs déplacements etc.[32] La musique y tenait une grande place, soit comme récitatif, soit comme accompagnement de poèmes ou de chants, ou rythmant des danses.[33] Faute d'avoir retrouvé comme en Egypte, voire en Crète ou en Mésopotamie, des représentations peintes ou sculptées de ces cérémonies, il nous est loisible, à tout le moins, de nous fonder sur ce qui a pu être retrouvé du mobilier servant à ces pratiques.

La comparaison avec d'autres aires de civilisation a permis notamment de définir comme liés au culte divers types d'objets: les rhytons (venus du monde créto-mycénien), les «supports cultuels» (propres au monde levantin), les figurines et statuettes, les vases miniatures etc. Leur fréquence et leur concentration dans certaines zones du site permet d'abord de reconnaître un caractère sacré à l'ensemble architectural qui les abrite (voir plus haut); et d'autre part, leur forme et leur type répondent à des nécessités fonctionnelles qui correspondent à des pratiques rituelles. Plusieurs séries d'objets ont donné lieu à des recherches récentes.

Ainsi les figurations (stèles, statuettes, figurines) représentent des *ex-voto* offerts par les fidèles pour appuyer une demande ou remercier la puissance divine. La fouille du temple de Baal et de ses environs immédiats avait en son temps livré au

[30] En ougaritique; voir Yon, Gachet & Lombard 1987:185-187 et fig. 10; cf. Bordreuil 1987:298; Pardee 1987.
[31] Cf. récemment Tarragon 1980.
[32] Cf. Yon 1986; M. Kritikos *in* Yon 1987a:36-37.
[33] Voir Caubet 1987.

moins cinq ou six stèles, dont les plus célèbres sont celle du «Baal au foudre» et la «stèle de Maïmi,» sur lesquelles on a vu que se fonde l'attribution du sanctuaire à Baal.[34] Mais d'autres points du site en ont livré, et récemment encore un fragment bien reconnaissable de stèle a été trouvé au «centre de la ville,» à proximité immédiate du temple aux rhytons.[35]

Les textes rituels font également mention de processions dans lesquelles on promène la statue du dieu, montrant l'importance des figures transportables. Provenant également du temple aux rhytons, la fouille de 1981 avait mis au jour le pied d'une statuette d'albâtre; en 1988, a été mise au jour une figurine de calcaire d'environ 25 cm de haut (Pl. 110a), où l'on propose à titre d'hypothèse de reconnaître le dieu El:[36] elle représente un personnage à l'aspect bienveillant et vénérable, assis sur une chaise à haut dossier; les bras et les yeux (rapportés en un autre matériau) manquent, malheureusement. Mais la comparaison avec la statuette de bronze et or (Pl. 110b) trouvée en 1960[37] incite à restituer une attitude semblable: il devait tenir un objet de la main gauche, et avancer la main droite en un geste de bénédiction (voir plus loin les «images des dieux»).

Les rhytons coniques (vases coniques percés au fond pour procéder à des libations) sont des instruments dont l'usage est venu de Crète: mais si la plupart sont réellement importés d'Occident (ainsi sur les seize exemplaires du «temple aux rhytons,» l'un provient de Crète, et onze relèvent de la céramique dite mycénienne), l'usage en a été assimilé dans les cultes de Méditerranée orientale. Récemment encore, on en a trouvé également certains de fabrique chypriote caractéristique (un fragment au «centre de la ville,» du même type que les trois autres complets découverts auparavant en d'autres points du site), ainsi que certains de fabrique syrienne locale: céramique sans décor, ou ornée d'un décor peint.[38]

Une autre catégorie significative est celle des «supports cultuels,» dont la forme est généralement celle d'une cheminée, de section carrée comme celui qui avait été trouvé en 1961 dans la tranchée sud-acropole,[39] ou bien en cylindre ou tronc de cône (Pl. 111), tel celui du sanctuaire aux rhytons.[40] Ce dernier, malheureusement incomplet, avait du moins conservé son décor, appliqué en léger relief. On y a reconnu la figuration du roi, comparable à celui que l'on voit sur la stèle du Baal au foudre; son attitude, son vêtement, sa position sous le disque ailé qui le protège

---

[34]   Voir plus haut.
[35]   Yon, Caubet, Mallet, Lombard & Doumet 1983:221-222 et fig. 22a (RS 81.5004).
[36]   RS 88.70; chantier J. Gachet 1988. Note dans *Syria* 66 (1989) 349; cf. Rapport dans *Syria* 66 (1989) à paraître.
[37]   Tranchée «ville sud,» RS 23.394 (Musée de Damas): cf. Amiet & Petit 1983-1984, no. 171, p. 154-155.
[38]   Cf. M. Yon, dans Yon 1987b:343-350.
[39]   Courtois 1969:96-100, fig. 4 et 5 A-D (RS 24.627).
[40]   Yon 1985b.

(comme le bras de Baal sur la stèle), permettent de l'identifier comme le roi dans sa fonction sacerdotale.

Il nous est assez difficile d'imaginer le climat sonore qui régnait dans ces cérémonies, et on ne pourra jamais restituer complètement la musique avec ses modes, ses rythmes et ses mélodies. L'unique tablette «musicale» a donné lieu à diverses interprétations,[41] et on en a proposé des versions pour instrument: mais elle reste conjecturale. L'analyse des structures poétiques dans les textes mythologiques[42] fait apparaître l'existence de récitations rythmées, de récitatifs avec des refrains, mais elle ne permet pas de reconnaître le support musical. Les seuls éléments tangibles qui nous restent accessibles, ce sont donc les instruments eux-mêmes. En s'appuyant sur ce que disent les textes, sur les documents figurés, et sur la comparaison avec les instruments beaucoup mieux conservés de la musique égyptienne, l'étude des quelques instruments retrouvés à Ougarit a été entreprise par A. Caubet, qui a pu en identifier un certain nombre.[43]

On y voit l'utilisation des instruments à vent — cor, olifant, flûte —; des cordes — harpe, cithare, luth —; des percussions — claquoirs (ou castagnettes) en ivoire, racleurs en os, cymbales de bronze, tambourins —, rappelant l'évocation de David et de ses compagnons devant l'Arche (2 *Samuel* 6,5): ils

«dansaient de toutes leurs forces en chantant au son des cithares, des harpes, des tambourins, des sistres et des cymbales».

Les poèmes mythologiques montrent les dieux eux-mêmes chantant et jouant des instruments, notamment la vierge Anat avec sa cithare,[44] ou Rapi'u «roi de l'éternité,»

«qui chante et fait de la musique
avec la cithare et la flûte
avec le tambourin et les cymbales
avec les castagnettes d'ivoire...[45]

Il est clair que les instruments destinées à obtenir des rythmes tenaient une part considérable dans les pratiques de culte, pour soutenir dans les cérémonies les danses, les récitatifs et les chants. Ainsi la musique permettait aux participants de parvenir à des états de transe et d'extase, avant de vaticiner comme les «450 prophètes de Baal» venus avec Jézabel, fille du roi des Sidoniens:

---

[41] Tablette hourrite RS 15.30. Voir notamment Güterbock 1970; pour une bibliographie récente: Caubet 1987. Récemment Vitale 1982 a proposé une version pour piano, exécutée par T. Monloup, membre de la mission française.
[42] Cf. par exemple Pardee dans Yon 1987a:45-46.
[43] Caubet 1987: voir en particulier p. 735-748 l'inventaire des instruments eux-mêmes, et leurs attestations dans les représentations figurées et les textes (cf. aussi Caubet dans Yon 1987a:33).
[44] Cf. Pardee 1988:125. Sur la cithare-*kinnôr*, terme proprement levantin diffusé de la Mésopotamie à l'Egypte et au monde chypriote (le roi Kinyras) et égéen, voir Caubet 1988:745-746 et références citées.
[45] RS 24.252: traduction D. Pardee 1988:81.

«ils *dansaient* en pliant le genou devant l'autel...
Ils crièrent plus fort et ils se tailladèrent selon leur coutume avec des épées et des lames jusqu'à effusion du sang. Quand midi fut passé, ils se mirent à *vaticiner* jusqu'à l'heure de la présentation de l'offrande...» (I *Rois* 18, 26-29).

III. IMAGES DES DIEUX

On est assez mal informé de l'image que les Ougaritiens se faisaient de leurs divinités, faute d'avoir retrouvé suffisamment de représentations avec leur légende. Le panthéon est, en effet, assez divers à en juger par les textes,[46] qui les évoquent aussi bien par de simples listes que dans des récits mythologiques plus ou moins circonstanciés. Mais les représentations figurées sont beaucoup plus rares qu'on ne le souhaiterait pour identifier la plupart des personnalités divines. On possède quelques stèles de qualité variable, très peu de figures de pierre en ronde bosse, quelques statuettes de métal qui ont échappé aux fondeurs, des figurines de terre cuite très stéréotypées,[47] des bijoux à la figuration symbolique, des scènes stylisées sur des sceaux; mais rien n'a subsisté de représentations peintes comme on en retrouve par exemple à la même époque en Egypte ou en pays égéen. En outre, si les récits littéraires sont peu descriptifs, de leur côté les rares images retrouvées manquent généralement d'attributs explicites: il faut pourtant essayer d'interpréter les quelques signes à notre disposition. On s'en tiendra à quelques exemples.

Les poèmes mythologiques lient Baal à sa montagne qui est sa demeure (le Sapon):[48] mais il est en même temps représenté «comme une montagne,» selon le texte déjà évoqué.[49] C'est le dieu de l'orage et de la pluie fécondante, lié à l'agriculture, garant du succès des cultures et du retour annuel de la végétation: cet aspect est fortement mis en valeur dans l'iconographie, où Baal apparaît comme jeune et fort, tenant les rameaux de la végétation printanière, et fréquemment aussi représenté par le taureau (ou les cornes qui en sont le signe), à la fois symbole de fécondité et représentation réelle des troupeaux.

Mais la présence de l'eau se manifeste aussi dans l'iconographie, symbolisée sur la stèle du Baal au foudre comme une ligne ondulée sous les pieds du dieu: ce peut être l'eau dispensée par les pluies d'orage, mais aussi la mer que le dieu a dominée. En effet, le mythe en fait le vainqueur de Yam, dieu de la mer,[50] et on a vu plus haut que la vénération des marins pour Baal dont le temple servait de repère depuis le large est attestée par les ancres votives qu'on y a trouvées. La prospérité du

---

[46] A. Caquot dans Courtois et al. 1979:1390; Caquot, Sznycer & Herdner 1974:51-100.
[47] Cf. récemment T. Monloup dans Yon 1987b:307-328.
[48] Voir les exemples cités notamment dans Caquot, Sznycer & Herdner 1974:73-85.
[49] RS 24.245: Pardee 1988:151-152.
[50] Caquot, Sznycer & Herdner 1974:121-139.

royaume d'Ougarit reposait sur le succès du commerce maritime autant que sur la richesse agricole, et Baal était le garant de ces deux nécessités fondamentales.

Liée à Baal apparaît sa sœur Anat, dans le nom de qui on reconnaît le pluriel du mot «sources»; c'est elle qui enterre son frère Baal (les sources recueillent les eaux répandues dans la terre); puis elle aide Baal à revenir de sous la terre, avec l'aide de la déesse soleil Shapash, «image poétique de l'évaporation».[51] Anat «des champs, Anat des labours»[52] est, elle aussi, liée à l'agriculture et à l'élevage; les images littéraires la représentent comme une génisse, la munissent de cornes:

«…les cornes dont tu frappes, Vierge Anat,
les cornes dont tu frappes, Baal va les aiguiser».[53]

Dans l'économie agricole du royaume, les deux divinités se complètent pour assurer la prospérité des productions de la terre. Ils personnifient le contraste entre la «culture à la pluie» — Baal —, et la culture irriguée grâce à l'eau des sources — Anat;[54] mais la puissance première est bien évidemment Baal, qui détient par l'orage l'approvisionnement en eau.

Par contraste avec le jeune dieu des forces de vie, El le «créateur des créatures» assume les caractères de sagesse et la qualité d'arbitre que symbolise dans les textes sa description comme un «ancien»; les figurations où l'on reconnaît le dieu El (stèle de l'hommage, chope en terre cuite, statue de bronze et or…) représentent un personnage assis, que sa barbe désigne comme chargé d'ans.[55] La statuette de pierre découverte pendant la campagne 1988 (voir plus haut), reprend de façon comparable le même motif: il est représenté vieux, un peu voûté, mais en même temps son aspect est empreint de bienveillance et de sagesse. C'est le «Père des ans,» le «Miséricordieux au grand cœur». Il n'est pas impossible que ces différentes figurations reproduisent en réduction une statue de culte de plus grande dimension qui ne nous serait pas parvenue. Malgré l'importance grandissante qu'acquiert le personnage de Baal, lié aux princes qui règnent sur Ougarit aux XIVe et XIIIe siècles, la présence de ces figurations atteste en tous cas que le dieu El continue à détenir son pouvoir: les mythes lui attribuent la prééminence dans le panthéon, et il continue apparemment à occuper cette place dans la piété des habitants de la ville. Il n'est pas sans intérêt que les figurations les plus caractéristiques du dieu El (la figure de bronze de la tranchée sud, et la statuette de pierre du centre de la ville)

---

[51] Heureuse formule que nous empruntons à P. Bordreuil. Sur Anat des sources, voir Bordreuil sous presse. Cf. Caquot, Sznycer & Herdner 1974:87 à propos de l'expression mythique et anthropomorphique des phénomènes naturels.
[52] Caquot, Sznycer & Herdner 1974:26-263 («Baal et la mort,» I AB IV, 25-27).
[53] «Baal et la génisse»: Caquot, Sznycer & Herdner 1974:284, IV AB II, 21-22.
[54] Bordreuil sous presse.
[55] Stèle: *Syria* 18 (1937) 128-129, fig. 1, pl. XXII; chope: Courtois et al. 1979, fig. 907: statue bronze et or RS 23.394 (voir plus haut); statue de pierre RS 88-70 (voir plus haut).

proviennent de quartiers urbains qu'on pourrait dire ordinaires. En revanche, le culte de Baal est peut-être plus particulièrement lié au pouvoir dynastique royal.

En corollaire (et les motifs iconographiques le montrent bien), le personnage-clé de ces relations entre les hommes d'Ougarit et le dieu, c'est le roi.[56] D'une part, il est en quelque sorte «Baal sur terre,» donc protecteur des hommes et guerrier, comme on le voit sur la coupe en or trouvée près du temple de Baal, ou sur le panneau de lit en ivoire trouvé dans le Palais Royal.[57] Mais il est aussi prêtre du dieu, représentant des hommes et intermédiaire entre monde d'en bas et monde d'en haut; c'est ce qu'expriment les figurations que l'on trouve sur la stèle du Baal au foudre, la stèle du serment, ou sur le support cultuel trouvé en 1981.

BIBLIOGRAPHIE

Amiet, P. & Petit, J. éd.
    1983-84   *Au pays de Baal et d'Astarté: 10 000 ans d'art en Syrie*, Paris: Musée du Petit Palais.
Bordreuil, P.
    1985   «Horon et les serpents,» *MARI* 4:545-547.
Bordreuil, P.
    1987   «Découvertes épigraphiques récentes à Ras Ibn Hani et à Ras Shamra,» *CRAI* 1987:289-301.
Bordreuil, P.
    sous presse «La déesse Anat et les sources du Sapon,» *Colloque «Techniques et pratiques hydro-agricoles traditionnelles,» Damas 1987.*
Callot, O.
    1986   «La région nord du Palais Royal,» *CRAI* 1986:735-755.
Caquot, A.; Sznycer, M. & Herdner, A.
    1974   *Textes ougaritiques I: Mythes et légendes*, Paris éd. Cerf.
Caubet, A.
    1987   «La musique à Ougarit,» *CRAI* 1987:731-754.
Courtois, J.-C.
    1969   «La maison du prêtre aux modèles de poumons et de foies d'Ugarit,» *Ugaritica* VI (Paris) 91-119.
Courtois, J.-C.
    1971   in Schaeffer, C., *Alasia* I:151-362.
Courtois, J.-C. et al.
    1979   «Ras Shamra,» *Supplément au Dictionnaire de la Bible* (Paris) col. 1124-1466.
Frost, H.
    1969   in Schaeffer, C., *Ugaritica* VI, Paris.
Güterbock, H.G.
    1970   «Musical notation in Ugarit,» *Revue d'Assyriologie* 64:45-52.
Herdner, A.
    1978   in Schaeffer, C., *Ugaritica* VII, Paris.

[56]   Yon 1985b.
[57]   Coupe en or (Musée du Louvre AO 17208: voir plus haut). Panneau d'ivoire (Musée de Damas): C. Schaeffer, *Syria* 31 (1954) pl. X: voir nouveau dessin par J.-P. Lange et C. Florimont dans Yon 1987a:17.

Jacob, E.
1960   «Ras Shamra et l'Ancien Testament,» *Cahiers d'archéologie biblique* 12:111.
Mission de Ras Shamra éd.
1979   *Ras Shamra 1929-1979*, Lyon.
Pardee, D.
1987   «A new datum for the meaning of the divine name Milkashtart,» *Annual Meeting of the American Oriental Society*, Los Angeles (March).
Pardee, D.
1988   *Les textes paramythologiques de la 24e campagne (1961), Ras Shamra-Ougarit IV*, Paris, ADPF.
Saadé, G.
1979   *Ougarit, métropole cananéenne*, Beyrouth.
Schaeffer, C.
1929-1966 «Rapports des campagnes de fouilles,» *Syria*.
Schaeffer, C.
1949   *Ugaritica* II, Paris.
Tarragon, J.-M. de
1980   *Le culte à Ougarit*, Paris.
Virolleaud, C.
1968   in Schaeffer, C., *Ugaritica* V, Paris.
Vitale, R.
1982   «La musique suméro-akkadienne,» *Ugarit-Forschungen* 14:242-262.
Yon, M.
1982   «Recherches sur la civilisation ougaritique: Fouilles de Ras Shamra 1979,» *La Syrie au Bronze Récent*, Paris ADPF.
Yon, M.
1984   «Sanctuaires d'Ougarit,» *Temples et sanctuaires* (Lyon) 37-50.
Yon, M.
1985a   «La ville d'Ougarit au XIIIe s. av. J.-C.,» *CRAI* 1985:705-721.
Yon, M.
1985b   «Baal et le roi,» *De l'Indus aux Balkans: Recueil J. Deshayes* (Lyon) 177-190.
Yon, M.
1986   «Instruments de culte en Méditerranée orientale,» *Acts of the International Archaeological Symposium «Cyprus between the Orient and the Occident,» Nicosia 1985* (Nicosie) 265-288.
Yon, M., resp.
1987a   Numéro spécial «Ougarit, une civilisation qui éclaire l'univers biblique,» *Le Monde de la Bible* 48 (mars-avril).
Yon, M. éd.
1987b   *Le centre de la ville (fouilles 1978-1984), Ras Shamra-Ougarit III*, Paris ADPF.
Yon, M.; Caubet, A. & Mallet, J.
1982   «Ras Shamra-Ougarit: 38, 39 et 40e campagnes (1978, 1979 et 1980),» *Syria* 59:169-195.
Yon, M.; Caubet, A.; Mallet, J.; Lombard, P. & Doumet, C.
1983   «Ras Shamra-Ougarit: 41, 42 et 43e campagnes (1981, 1982 et 1983),» *Syria* 60:201-224.
Yon, M.; Gachet, J. & Lombard, P.
1987   «Fouilles de Ras Shamra-Ougarit 1984-1987 (44-47e campagnes),» *Syria* 64:171-191.

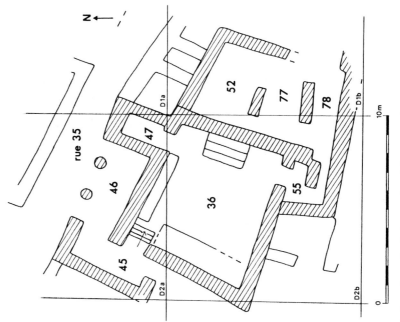

Plate 108a. Ras Shamra-Ougarit 1988. Le temple de Baal: angle nord-est et mur oriental du *temenos* (vers le sud).

b. Ras Shamra-Ougarit. Le sanctuaire aux rhytons: proposition de restitution dans sa dernière phase (XIIIe siècle).

a

b　　　　RS 24.244　VERSO

Plate 109a. La montagne de Baal: le Sapon (aujourd'hui Gebel al-Aqraᶜ), depuis le bord de la mer près de Ras Shamra, 1983.
b. Ras Shamra-Ougarit. "Horon et les serpents," RS 24.244, verso (d'après Pardee 1988, p. 198).

Plate 110. Ras Shamra-Ougarit. Le dieu El:
a. RS 88.70, pierre (h. 24,9 cm).
b. RS 23.394, bronze et or (h. 13,8 cm).

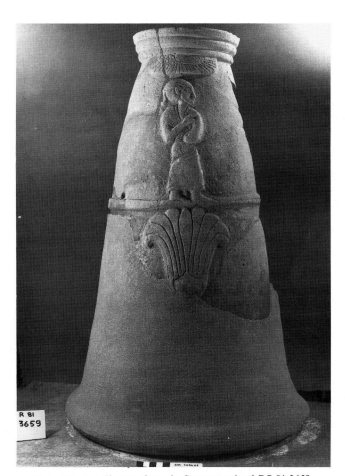

Plate 111. Ras Shamra-Ougarit. Support cultuel RS 81.3659.

A CLASS OF OLD SYRIAN BRONZE STATUETTES AND THE SANCTUARY B2 AT EBLA

Paolo Matthiae

In the large series of bronze statuettes of the Old and Middle Syrian periods (ca. 2000/1900-1650/1600 and 1600-1200 B.C., respectively), which were mostly made in central Syria, one class is quite homogeneous, albeit limited in number. It comprises male figurines, either sitting or standing, that are characterized by a tall ovoid tiara and by a cloak with swollen borders.[1] To the sitting type belong a well-known statuette in the Louvre Museum (Pl. 112a), quite probably coming from Mishrifé-Qatna,[2] whose tiara has four pairs of horns, one above the other; a figurine in the British Museum (Pl. 112b) with the fringed edge of his cloak covering his left shoulder;[3] and an image in the Oriental Institute of Chicago, discovered in Area BB of Megiddo IX-VII.[4] To the standing type belong a statuette in the French Institute of Beirut, found in Sueidiye, Lebanon,[5] and a figurine which was apparently found in the Aleppo region.[6]

Usually, these statuettes have been defined as deities, and have been assimilated to the large class of bronze images of gods of Syrian and Palestinian production;[7] yet there is no doubt that the only element which might confirm this identification is the multiple horns of the Qatna statuette, stylistically the most important of the

---

[1]   These statuettes are included, together with other surely divine ones, in types IV and V, respectively called "male deities and worshippers in benedictory pose" and "enthroned male deities and worshippers" by O. Negbi, *Canaanite Gods in Metal* (Tel Aviv 1976) 42-58.

[2]   Louvre, AO.3992: S. Ronzevalle, "Notes et études d'archéologie orientale XX: Tête de statuette syrienne," *MUSJ* 7 (1984) 132, pl. V 1-2; R. Dussaud, "L'art syrien du deuxième millénaire avant notre ère," *Syria* 7 (1926) 339, pl. LXX; S. Przeworski, "Notes d'archéologie syrienne et hittite I: Les figurines assises et le char divin," *Syria* 9 (1928) 274, no. 8; R. Dussaud, *L'art phénicien du IIe millénaire* (Paris 1949) 61-62, fig. 26; H.Th. Bossert, *Altsyrien: Kunst und Handwerk in Cypern, Syrien, Palästina, Transjordanien und Arabien* (Tübingen 1951) 41, pl. 180, figs. 585-87; H. Frankfort, *The Art and Architecture of the Ancient Orient* (Harmondsworth 1954) 149-50, pl. 142; D.P. Hansen, "A Bronze in the Semitic Museum of Harvard University," *BASOR* 146 (1957) 18; P. Matthiae, *Ars Syra: Contributi alla storia dell'arte figurativa siriana del Medio e Tardo Bronzo* (Roma 1962) 54-55; Id., "Syrische Kunst," W. Orthmann ed., *PKG 14* (Berlin 1975) 478, pl. 399; Negbi, *Gods*, 172, no. 1459, pl. 35; P. Amiet, *L'art antique du Proche-Orient* (Paris 1977) 448, fig. 490; A. Spycket, *La statuaire du Proche-Orient ancien* (Leiden/Köln 1981) 285, pl. 182.

[3]   BM. 12533: M. Vieyra, *Hittite Art 2300-750 B.C.* (London 1955) 87, fig. 111; Negbi, *Gods*, 173, no. 1464, pl. 32.

[4]   A. 18355: G. Loud, *Megiddo II: Seasons of 1935-39* (Chicago 1948) pl. 235, 23; Matthiae, *Ars*, 54, pl. XVI; Negbi, *Gods*, 118, 172, no. 1451, fig. 132, pl 33.

[5]   Negbi, *Gods*, 170, no. 1432, pl. 31.

[6]   Ronzevalle, *MUSJ* 7 (1914) 132-133, pl. V 3-4; Negbi, *Gods*, 170, no. 1430.

[7]   An important exception is the commentary by Frankfort, *Art*, 251, n. 60.

series. This iconographic element only appears in the Louvre bronze. Although important, it is not sufficient to prove that the statuette represents a deity. The identification of the personage represented must be defined on the basis of the two features of the costume that recur in the other figures: the tiara[8] and the cloak[9]. In fact, these elements, as is well known, are typical of one of the most frequent figures in the Old Syrian glyptic art from central Syria.[10] Still recently, doubts have been advanced as to the identity of this personage and uncertainties have been expressed as to his human or divine nature.[11] Yet there can be no doubt that the figure wearing the ovoid tiara and the cloak with thickly rolled borders represents the canonical image of the Old Syrian king. If we look at the figurative context of glyptics, this hypothesis is confirmed by the frequent veneration or praying gesture of this personage in front of deities, who, in return, make a blessing gesture.[12] In another common scene a goddess offers him the ꜥnḫ sign.[13] Not infrequently he appears in antithetical motifs, where the mirror-like reduplication descends from Egyptian schemes concerning the Pharaoh.[14] In Old Syrian glyptics the adoration gesture, the delivery of life, the mirror-like duplication never appear with divine figures. To these decisive arguments further support can be added from the early Middle Syrian statue of Idrimi of Alalakh, where tiara and mantle are the same as those of the personage in glyptics.[15] It is, therefore, certain that in this class of bronzes the figure wearing ovoid tiara and cloak with thickly rolled borders represents a royal figure.[16] He conforms to the canonical iconography of the mature Old Syrian period, between 1750 and 1600 B.C.,[17] and of the early Middle Syrian period, until the years between 1450 and 1400 B.C.[18]

[8]   W. Nagel & E. Strommenger, "Alalaḫ und Siegelkunst," *JCS* 12 (1958) 118-122; Matthiae, *Ars*, 105-107.

[9]   D. Collon, *The Seal Impressions from Tell Atchana/Alalakh* (Neukirchen-Vluyn 1975) 186-188.

[10]   P. Amiet, "Jalons pour une interprétation du répertoire des sceaux-cylindres syriens au IIe millénaire," *Akkadica* 28 (1982) 25-26.

[11]   Collon, *Impressions*, 187.

[12]   L. Delaporte, *Musée du Louvre. Catalogue des cylindres de style oriental* (Paris 1923) 193-194, nos. A.919, A.925, pl. 96:17, 19; L. Speleers, *Catalogue des intailles et empreintes orientales des Musées Royaux d'Art et d'Histoire. Supplément* (Bruxelles 1943) 146-147, nos. 1453, 1384; B. Buchanan, *Catalogue of Ancient Near Eastern Seals in the Ashmolean Museum I* (Oxford 1966) 171, no. 872, pl. 55; Id., *Early Near Eastern Seals in the Yale Babylonian Collection* (New Haven/London 1981) 434, fig. 1270; B. Teissier, *Ancient Near Eastern Cylinder Seals from the Marcopoli Collection* (Berkeley 1984) 252-253, fig. 502.

[13]   P. Matthiae, "Empreintes d'un cylindre paléosyrien de Tell Mardikh," *Syria* 46 (1969) 1-43, pls. I-II; Collon, *Impressions*, 8-9, 12, figs. 5-6, 11.

[14]   P. Matthiae, "Old Syrian Ancestors of Some Neo-Assyrian Figurative Symbols of Kingship," *Archaeologia Iranica et Orientalia* (Gand in press).

[15]   C.L. Woolley, "Introduction" in S. Smith, *The Statue of Idrimi* (London 1949) 1-9, pls. frontispiece and 1.

[16]   It is probable that other bronze statuettes, wearing the oval headgear with a simple tunic or a long skirt, are royal figures of the same kind: Louvre Museum AO.2195 and AO.2770: Przeworski, *Syria* 9 (1928) 274, nos. 9-10, pl. LXVII 2; Negbi, *Gods*, 170-171, nos. 1438, 1446, fig. 56, pls. 32, 34.

[17]   That is the middle and late period of Middle Bronze Age II in central Syria: P. Matthiae, *Ebla. Un impero ritrovato. Dai primi scavi alle ultime scoperte* (Torino 1989) 51-56, fig. 9.

[18]   For this terminology see Matthiae, *PKG 14*, 471-473; Matthiae, *Ebla*, 56, fig. 9.

However, the gesture of these royal statuettes is undoubtedly the same as that of the divine figures. The Megiddo statuette has his hand lifted with the stretched palm outward. This gesture is well documented in two small bronzes of sitting goddesses wearing the high cylindrical tiara who have also the other hand, with the closed vertical fist, in the same position as the Megiddo bronze.[19] It is probable, considering the way the lost arms were attached, that the sitting bronze in the British Museum had the hands in the same posture, while the Louvre statuette has one hand inside the cloak, and the other one stretched with the fist closed in order to hold a lost emblem vertically. It may be supposed that the emblem was an axe, probably of the fenestrated type, which certainly was a symbol of Old Syrian kingship.[20]

In this class of bronze figurines, therefore, the characteristic elements of the royal costume are combined with not less typically divine behaviour. A confirmation of the merger of royal and divine aspects in these figurines is the ovoid royal tiara with divine horns in the Louvre bronze. This process of deification of the royal tiara is documented in an unequivocal way, albeit not frequently, in early Old Babylonian statues. In the statue of Puzur-Ishtar of Mari, found at Babylon, the classic Mesopotamian tiara shows the divine horns.[21] The quite noteworthy figurine from Qatna is apparently the only bronze that has the royal tiara decorated with multiple divine horns. Among the stone statues, two apparently quite fine male heads with the same peculiarity are known.[22] Unfortunately they come from the antiquities market and may be modern forgeries, inspired by the Qatna statuette.[23] If all the doubts about the authenticity of the two heads will be solved, we will have confirmation of the unexpected diffusion of royal figures with divine characteristics in Old Syrian plastic art.[24] It should also be added that in early Old Syrian

---

[19] Negbi, *Gods*, 186, nos. 1644, 1646, pls. 47-48. The second one of these statuettes, published by M. Tadmor, "A Goddess Figurine: New Acquisition," *NIM* 4 (1969) 62-65, however, is certainly not authentic and must be a forgery, whose model may have been precisely the Louvre bronze AO.1761, acquired in Phoenicia in 1888.

[20] P. Matthiae, "Sulle asce fenestrate del 'Signore dei capridi'," *Studi Eblaiti* 3 (1980), 53-62.

[21] Istanbul 7813 (= Bab. 65774) + Berlin VA. 8748; R. Koldewey, *Die Königsburgen von Babylon II: Die Hauptburg* (Leipzig 1932) 20, pls. 22, 23; A. Moortgat, *Die Kunst des alten Mesopotamien* (Köln 1967) 92, pls. 181-182; W. Orthmann, *PKG 14*, 292, pls. 159, 160a; Amiet, *Art*, 447, fig. 415; Spycket, *Statuaire*, 240-241, pl. 166.

[22] Beirut, Museum of the American University, 9, 29; D. Baramki, *The Archaeological Museum of the American University of Beirut* (Beirut 1967) 29, pl. VII. Paris, private collection: E. Gubel ed., *Les Phéniciens et le monde méditerranéen* (Bruxelles 1986) 87, pl. 1.

[23] The same doubt attaches to an important basalt statuette wearing the royal cloak and the tall horned tiara, bought by the Cleveland Museum: A. Kozloff, "A Hittite Priest-King Figure," *BCMA* 59 (1972) 56-62, figs. 1-3. This piece has been considered "highly suspicious" by O. White Muscarella, "Unexcavated Objects and Ancient Near Eastern Art," L.D. Levine & T. Cuyler Young, Jr. eds., *Mountains and Lowlands* (Malibu 1977) 190, and authentic by Amiet, *Art*, 201, pl. 74. Lastly, Spycket, *Statuaire*, 266 n. 187 maintains doubts about its authenticity.

[24] Surely authentic, on the contrary, is the well known Jabbul head, now in the Louvre Museum (AO. 10831): Dussaud, *Syria* 7 (1926) 341-346, pl. LXXI; Dussaud, *Art phénicien*, 62; Bossert, *Altsyrien*, 30,

sculpture of the 19th century B.C. a different kind of royal tiara, less elongated and decorated by a pair of horns in side view is characteristic of the king of Ebla. It occurs in the ritual reliefs on the carved cult basins from the temples of Mardikh IIIA,[25] and has rare parallels in glyptics.

The statuettes of deified royal figures, certainly documented in the mature Old Syrian and early Middle Syrian milieus of Yamkhad and Qatna, are probably the outcome of a development going back to the early Old Syrian culture of Ebla.[26] Similar figurative expressions are found within the Neo-Sumerian or early Old Babylonian tradition of Mari.[27] If some uncertainty is allowed about the function of the standing figurines, there is no doubt, due to the complete analogy with the behaviour of divine images, that the sitting statuettes had a cult function. Cult statuettes of deified royal personages cannot but be the images of royal ancestors, who in the urban societies of Middle and Late Bronze Syria were deified heroes. Through cult ceremonies which were held particularly at the beginning of a new reign, they were entrusted with protecting the town and with guaranteeing the efficacy of the renewed kingship.[28] The cult for the deified royal ancestors, who were as a group called *rapi'uma*, took place according to rituals which, with respect to Syria in the 13th century B.C., are preserved in the Ugaritic redaction.[29] In these rituals, which probably existed in similar form in the other towns of Syria as they existed in Old Babylonian lower Mesopotamia,[30] the names of the ancient deified

---

[25] pl. 136, figs. 343-435; Matthiae, *Ars*, 33-34, pl. IX; Matthiae, *PKG 14*, 479, pl. 401; Amiet, *Art*, 448, fig. 494; Spycket, *Statuaire*, 266, pl. 181.

[25] P. Matthiae, "Le sculture in basalto," *MAIS 1964* (Roma 1965) 72, pls. LXIX-LXX; Id., "Le sculture in pietra," *MAIS 1965* (Roma 1966) 115, pls. XLIV, XLV 1; Id., *Ebla*, 190-191, pl. 127.

[26] The cult for the dead kings is by now well documented also in the mature Early Syrian period by the royal archives of Ebla, around 2300 B.C.: P. Xella, "Aspekte religiöser Vorstellungen in Syrien nach den Ebla- und Ugarit-Texten," *UF* 15 (1983) 287-289; A. Archi, "Die ersten zehn Könige von Ebla," *ZA* 76 (1986) 213-217; P. Fronzaroli, "Il culto dei re defunti in ARET 3, 178," *Miscellanea Eblaitica* (Firenze 1988) 1-33; A. Archi, "Cult of the Ancestors and Tutelary Gods at Ebla," Y.L. Arbeitman ed., *Fucus: A Semitic/Afrasian Gathering in Remembrance of A. Ehrman* (Amsterdam/Philadelphia 1988) 103-112.

[27] M. Dietrich & O. Loretz, "Totenverehrung in Mari (12803) und Ugarit (KTU 1.161)," *UF* 12 (1980) 381-382. As regards the dating of Puzur-Ishtar of Mari to the early Old Babylonian period see J.-R. Kupper, "La date des šakkanakku de Mari," *RA* 65 (1971) 113-118. Recently, however, important elements have been produced in order to support a dating for Puzur-Ishtar of Mari in the years of Amar-Suen of Ur, immediately after 2050 B.C.: J.-M. Durand, "La situation historique des šakkanakku: nouvelle approche," *MARI* 4 (1985) 155-156; D. Beyer, "Nouveaux documents iconographiques de l'époque des shakkanakku de Mari," *MARI* 4 (1985) 173-188.

[28] M.H. Pope, "The Cult of the Dead at Ugarit" in G.D. Young ed., *Ugarit in Retrospect* (New Haven 1981) 160-179; P. Bordreuil & D. Pardee, "Le rituel funéraire ougaritique RS 34.126," *Syria* 59 (1982) 121-128.

[29] M. Dietrich, O. Loretz & J. Sanmartin, "Die ugaritischen Totengeister *Rpu(m)* und die biblischen Rephaim," *UF* 8 (1976) 45-52; A. Caquot, "La tablette RS 24.252 et la question des Rephaïm ougaritiques," *Syria* 53 (1976) 297-304; J.F. Healey, "Ritual Text KTU 1.161: Translation and Notes," *UF* 10 (1978) 83-88.

[30] J.J. Finkelstein, "The Genealogy of the Hammurapi Dynasty," *JCS* 20 (1966) 95-118; M. Bayliss, "The Cult of Dead Kin in Assyria and Babylonia," *Iraq* 35 (1973) 122-125. Cf. also P.R.S. Moorey, "Where Did They Bury the Kings of the IIIrd Dynasty of Ur?," *Iraq* 46 (1984) 1-18.

kings of the town were invoked, and each one of them was called *rapi'u*. It is, therefore, quite probable that the bronze statuettes of the deified kings represented well-defined historical figures of ancient sovereigns who had been deified as *rapi'uma* and were thus considered to be the protective deities of kingship and of the town community.[31]

The problem of identifying the sacred place where the cult ceremonies for the *rapi'uma* could take place, seems to be solved by the discovery of an architecturally noteworthy, but planimetrically peculiar cult building of the late Old Syrian period of Ebla, which is related to the royal necropolis of Middle Bronze II.[32] This is Sanctuary B2,[33] which was probably built during the 18th century B.C. at the southern borders of the royal necropolis. A major part of this burial area extended below the large Western Palace,[34] and at its eastern edge lay Temple B1,[35] that was quite probably dedicated to the cult of Resheph, the god of the Netherworld.[36]

Sanctuary B2 is a large cult building (Pl. 113), with a complicated structure that clearly distinguishes it from the unitarian architectural tradition of the Old Syrian temples devoted to the cult of one deity. Whereas the latter are characterized by a plan with a single cella or by a longitudinally bi- or tripartite axis, Sanctuary B2 has an asymmetrical central plan.[37] In fact, the elements typical of the planimetric pattern of Sanctuary B2 are the large central cella L.2124 (Pl. 115a), with the short court L.2145 to the west, the entrance, largely lost, west of wall M.2166, opening into the west wall,[38] and the series of smaller cellae, either small and square or long and rectangular, which surrounded the central hall. However, the sacred building (Pl. 114) did not have a totally regular and symmetric plan, as the walls of the west

---

[31] J.C. de Moor, "Rapi'uma-Rephaim," *ZAW* 88 (1976) 323-345.

[32] P. Matthiae, "Campagne de fouilles à Tell Mardikh-Ebla en 1979: les tombes princières et le palais de la ville basse à l'époque amorrhéenne," *CRAI* 1980: 94-118; Id., "L'area cemeteriale principesca di Ebla nell'età amorrea," *PP* 36 (1981) 212-231; Id., "Die Fürstengräber des Palastes Q in Ebla," *AW* 13 (1982) 3-14.

[33] P. Matthiae, *I tesori di Ebla* (Roma/Bari² 1985) 120-121, fig. 117, pls. 56-57; Id., *Ebla*, 155, fig. 34, pls. 108-110.

[34] P. Matthiae, "Fouilles à Tell Mardikh-Ebla 1980: le palais occidental de l'époque amorrhéenne," *Akkadica* 28 (1982) 41-87; Id., "Fouilles de 1981 à Tell Mardikh-Ebla et à Tell Touqan: Nouvelles lumières sur l'architecture paléosyrienne du Bronze Moyen I-II," *CRAI* 1982:299-331; Id., "The Western Palace of the Lower City of Ebla: A New Administrative Building of Middle Bronze I-II," *AfO* Beiheft 19 (1982) 121-129; Id., "Fouilles de Tell Mardikh-Ebla en 1982: nouvelles recherches sur l'architecture palatine d'Ebla," *CRAI* 1983:532-542; Id., *Ebla*, 162-171, figs. 37-38, pls. 84-92.

[35] M. Liverani, "Il Settore B," *MAIS 1965* (Roma 1966) 32-43; P. Matthiae, "Mission archéologique de l'Université de Rome à Tell Mardikh [1965]," *AAS* 17 (1967) 28-30, pl. II; Id., *Ebla*, 152-153, fig. 33, pls. 103-104.

[36] P. Matthiae, "Sull'identità degli dei titolari dei templi paleosiriani di Ebla," *CMAO* 1 (1986) 342-346.

[37] P. Matthiae, *Tesori*, 120-121, fig. 117, pls. 56-57; Id., *Ebla*, 153-157, fig. 34.

[38] The entrance to the building was probably in square DeIV7iv, in an area where the structures have totally disappeared, as is documented by the square immediately to the north, DeIV8iii.

(front) sector and of the east (back) sector diverge to the south.[39] Notwithstanding
the presence of two apparently symmetrical corner towers along the east front, to
the northeast and southeast, the building has irregularly protruding sectors along
the north and south sides.[40]

The interior layout of Sanctuary B2 is clear enough, although the complete loss
of the whole of the southwest sector of the building, due to the erosion of the lower
town to the south,[41] does not allow complete control of the evidence. The entrance
was through the shallow west vestibule, flanked by two protruding *antae*, of which
only part of the north one is preserved.[42] From this vestibule, through a lost door
above foundation M.2166, one could enter court L.2145, and from this open space,
which was the distributive centre of the sacred building, one could proceed in three
different directions, which led to the various sectors of the sanctuary.[43] To the
north, in fact, one went into the long east-west room L.2137, and from there one
could reach either the long parallel room to the north through a door at the west
end, preserved only in the foundations of wall M.2100, or one could reach the small
square storeroom L.2120. To the east, on the other hand, one could enter the large
cella L.2124 through a door with two leaves.[44] In the side of the large cella, which
measured 8.80 x 10.60 m, there was an entrance to the almost square small cella
L.2108, characterized as such by a niche excavated in the thickness of the north
wall M.2107.[45] Lastly, in the lost area south of the court there must have been a
passage to a putative long east-west room, probably symmetrical to the north room
L.2137. Certainly a door in the east wall of this lost room, that quite likely
prolonged wall M.2142,[46] led to the second long cella to the south, L.2161. From

---

[39] It is peculiar, but it cannot be explained, that the same characteristic is to be found in another large
Old Syrian building, in this case of palatial nature, namely the Northern Palace, Area P: P. Matthiae,
"Les dernières découvertes d'Ebla en 1983-1986," *CRAI* 1987:154-158, fig. 10; Id., "Le palais royal
d'Ebla," *Archéologia* 238 (1988) 34-43, fig. on p. 37.

[40] Due to the disappearance of the walls to the south, the function and the relation with Sanctuary B2
of the north-south structures south of M.2146 remains a problem: if they really belong to Sanctuary B2,
they could have made a line of rooms to the south, corresponding to that of L.2108 and L.2120 to the
north.

[41] The centre-south region of the court L.2145 and the west sector of the south room L.2161 have
already been carried away by erosion.

[42] This is the wall preserved in square DeIV8iv. The type of entrance of Sanctuary B2, with the
protruding *antae*, ending in line with steps of the façade, is similar to that of the great Temple D and of
Temple B1: Matthiae, *Tesori*, pls. 52, 55, figs. 112, 114.

[43] This court, L.2145, to which a distributive function is attributed, has a central position in the
building. The large cella, L.2124, which plays no role in the circulation, is only approximately central.
This makes Sanctuary B2 a complex with a very irregular central pattern.

[44] The special importance of the central cella L.2124 is made evident by the fact that in Sanctuary B2
only this large room has a door of this kind.

[45] It is possible that the small square cella L.2108 was the most important cult place in Sanctuary B2,
as it was the only one communicating with the large central cella, and because the cult niche is of the
same kind as that documented in the great Temple D: Matthiae, *Tesori*, pl. 52a.

[46] The slight thickness of M.2142, quite similar to that of M.2157, leads us to believe that L.2134, south
of the large central cella, was a second open court, with three shallow and thin buttresses in the south

here a series of doors led to the square cella L.2140 at the southeast corner, to the long cella L.2113, and to the square cella L.2115 at the northeast corner. Thus, from the front court L.2145, through its north and south sides, one could reach the south and east sides; one could as well enter the large cella L.2124, and the small adjacent cella L.2108. The two last rooms clearly formed, certainly for cult reasons, a sector strictly isolated from the rest of the sacred building.[47]

Notwithstanding some possible partial symmetries,[48] the complex of the north rooms is different from the series of the south and east cellae, for two functional reasons, and not only for the planning pattern. First, in the north sector the rooms are only of the long type, and the only square room is a storeroom and not a cella, while in the south and east sectors the long cellae and the square ones alternate regularly. Second, in the north sector no element of the furniture has a clear cultic nature, while in the south and east regions all the rooms have clearly identifiable pieces of furniture of cultic nature. From these considerations we can propose three important assumptions with regard to the function of the various rooms. The great central hall L.2124 (Pl. 116a) probably had a very specific ritual function,[49] for which one needed the rectangular dais near the south wall, the low benches running along three of its sides,[50] and the small isolated square cella to the north. Certainly the north wing was a service unit, most probably devoted to the storage and to the preparation of food made from cereals. This is proved by storeroom L.2120, where there were originally at least ten big storage jars partially fixed into the ground, and by the bench in the northeast corner of L.2137, supporting two basalt grinding stones with the pestles still in place (Pl. 117a).[51] Lastly, the south and east sectors were true cult areas, as is proved by the presence of two altars of the same type,

wall, but the function of this room, which one could possibly reach from the front court L.2145, is quite problematic.

[47] The north niche in cella L.2108 is typical of temples dedicated to deities: in this regard, we must remember that one god, of which it is debated if he was El or Hadad, ruled the *rapi'uma*: A. Jirku, "Rapa'u der Fürst der Rapa'uma-Rephaim," *ZAW* 77 (1965) 82-83; L.R. Fisher, "A New Ritual Calendar from Ugarit," *HTR* 63 (1970) 485-501; J.C. de Moor, "Rapi'u de Heiland en de Refaim," *GTT* 73 (1973) 132-135; S. Parker, "The Ugaritic Deity Rapi'u," *UF* 4 (1972) 97-104; J.C. de Moor, *ZAW* 88 (1976) 325-329.

[48] In fact, it cannot be excluded that, south of L.2145, beyond the lost room which probably continued west of L.2161, there were at least two other rooms, also oriented east-west, south of wall M.2146. If such were case, the latter two rooms would have corresponded to the two rooms north of L.2137.

[49] Certainly the large central cella had a main cult function in the structurally comparable Double Temple, Area F, and Square Temple, Area F at Hazor, and in the Airport Temple at Amman: Y. Yadin, *Hazor: The Head of All Those Kingdoms* (Oxford 1970) 96-100, figs. 23, 24; J.B. Hennessy, "Excavations of a Late Bronze Temple at Amman," *PEQ* 98 (1966), 155-162; G.R.H. Wright, "The Bronze Age Temple at Amman," *ZAW* 78 (1966) 351-356.

[50] Elsewhere in Ebla religious architecture this feature of the low benches is only found in side room L.3816 of Temple G3 on the Acropolis: Matthiae, *CRAI* 1987:148-149.

[51] This small corner bench is of the same type as the long bench, separated from the walls of the room, which was found with sixteen basalt grinding stones in place in the north-west wing of the Western Palace: Matthiae, *Ebla*, 169-170, fig. 37, pl. 88.

characterized by lateral stone slabs, in the square corner cella L.2140 and in the long rear cella L.2113.

The functional difference between the central sector and the peripheral ones to the south and east of Sanctuary B2 is made evident by the fixed fittings, which are sure evidence[52] of the cultic nature of the building. The large central room L.2124 has a piece of furniture which is unique in the sacred buildings of the Syro-Palestinian region: a mud-brick dais measuring 1.40 x 2.40 m (Pl. 115b). This element should be taken into consideration together with the low bench ca. 0.40 m wide, also made of mud bricks, which runs along the west, north, and east sides. The big size of the hall (Pl. 116b), which was certainly covered,[53] the dais, most probably meant for offerings and not related to any cult niche, the benches, which are particularly suitable as seats, show that the room was destined for collegial cult ceremonies. It is quite likely that such ceremonies were sacred community meals, in the light of the presence in the north sector of installations to be used for the preparation of food. On the other hand, in the northeast corners of cellae L.2140 and L.2113 (Pl. 117b) of the east sector, in one instance against the north wall M.2138 (Pl. 119b) and in the other against the east wall M.2111 (Pl. 119a), there is the same quite peculiar kind of altar.[54] This altar is made of two standing limestone slabs, on both sides of an isolated central mud brick, lying directly on the floor: it is quite clear that these altars were intended to house a small-sized sacred image of a cultic nature.[55] Moreover, while in the small square cella L.2140 there is no other piece of furniture, in the long room L.2113 the southeast corner was occupied by a bench of curved shape, on which there were two fine basalt offering tables (Pl. 118a). Each one had a protruding strainer, turned towards the inner part of the bench, where a small round hole served to drain liquids from the sacred building toward the outside. It seems quite likely that these offering tables, of very meticulous craftsmanship,[56] which were slightly inclined in order to let the liquid pour off, were used for the killing of sacrificial animals according to a sacred ritual

---

[52] The planimetric characteristics of the building, as well as the several cult fittings, lead us to exclude completely the hypothesis that Sanctuary B2 was a palatial building, as was proposed by V. Fritz, "Der Tempel Salomos im Licht der neueren Forschung," *MDOG* 112 (1980) 60-61.

[53] In cella L.2124 several remains of big burnt wooden beams have been found. Moreover, the mud-brick podium and benches are only suitable for a covered room, as repeated rains would have destroyed it all in a few weeks time.

[54] A very similar type of altar is found in the late Middle Syrian Southern Temple at Tell Fray IV: P. Matthiae, "Ittiti ed Assiri a Tell Fray: lo scavo di una città medio-siriana sull'Eufrate," *SMEA* 22 (1980) 42-44, fig. 43, pl. VI:1.

[55] In the Old Syrian temples devoted to the cult of one deity, the niche for the divine statue was not only of large size, but it was excavated out of the wall itself. This was the case in the great Temple D at Ebla, as well as in the Fortress-Temple of Megiddo VIII, in the Stele Temple C, and in the Orthostats Temple H at Hazor: Matthiae, *Ebla*, 157-159, fig. 35; Loud, *Megiddo II*, 103, fig. 247; Yadin, *Hazor*, 69, 74, 75-79, figs. 15-16, 18.

[56] The two offering tables, which have almost the same size, are ca. 1.05 m wide and ca. 0.85 m deep.

(Pl. 118b). It is more difficult, on the other hand, to propose sound interpretations for the rectangular stone dais lying against south wall M.2146 in the long south hall L.2161, and for the mud brick dais in the northwest corner of the small cella L.2115, which, however, is clearly similar to that in the long north room L.2137.

With a structure so different from the monocellular temples of Syro-Palestinian sacred architectural tradition,[57] Sanctuary B2 was most likely a sacred building devoted to the cult of several small divine images in separate cellae built in the peripheral sectors, and to the consumption of sacred community meals which probably took place in the central sector of the building. In view of the close topographic relation of Sanctuary B2 to the region of the royal necropolis,[58] it was, therefore, on the one hand, the building where the community meals of funerary rites connected with the cult of the *rapi'uma* took place (the funerary meals are known in the Old Babylonian sources with the Akkadian name *kispum*).[59] On the other hand, it was the religious building where the bronze images of the same deified dead kings were adored: the altars with the limestone slabs and the central mud-brick are, therefore, the shrines where the bronze royal statuettes, originally covered with gold leaf, were placed.[60] In the three complementary sectors of its peculiar plan,[61] the total functionality of Sanctuary B2 for the cult of the town community's royal ancestors makes still clearer the topographic unity of the three great public buildings on the site of the royal cemetery: Western Palace, Temple B1, and Sanctuary B2. The Western Palace, as seat of the crown prince,[62] was the seat

[57] P. Matthiae, "Unité et développement du temple dans la Syrie du Bronze Moyen," *XXe RAI Leiden 1972* (Leiden 1975) 43-72; A. Kuschke, "Tempel," K. Galling ed., *Biblisches Reallexikon* (Tübingen² 1977) 333-342; M. Ottosson, *Temples and Cult Places in Palestine* (Uppsala 1980) 53-62; Ch.J. Davey, "Temples of the Levant and the Buildings of Solomon," *TyndBull* 31 (1980) 107-146; J. Margueron, "A propos des temples de Syrie du nord," *Sanctuaires et clergés* (Strasbourg 1986) 11-38.

[58] P. Matthiae, "Princely Cemetery and Ancestors Cult at Ebla during Middle Bronze II: A Proposal of Interpretation," *UF* 11 (1979 = Fs C.F.A. Schaeffer) 563-569.

[59] J. Bauer, *Zum Totenkult im altsumerischen Lagasch* (= ZDMG Suppl. 1, 1969) 107-114; H. Limet, "L'organisation de quelques fêtes mensuelles à l'époque néo-sumérienne," *XVIIe RAI Bruxelles 1969* (Bruxelles 1970) 67-69; Ph. Talon, "Les offrandes funéraires à Mari," *AIPHOS* 22 (1978) 61-64; J.F. Healey, "*Mlkm/rp'um* and the *kispum*," *UF* 10 (1978) 87-91. Cf. also M.H. Pope, "A Divine Banquet at Ugarit," J.M. Efird ed., *The Use of the Old Testament in the New and Other Essays* (Durham, N.C. 1972) 183-187; T.L. Fenton, "The Claremont 'mrzh' Tablet, its Text and Meaning," *UF* 9 (1977) 71-75; C.E. L'Heureux, *Rank Among the Canaanite Gods: El, Ba'al and the Repha'im* (Ann Arbor 1979) 206-212.

[60] P.R.S. Moorey & S. Fleming, "Problems in the Study of the Anthropomorphic Metal Statuary from Syro-Palestine before 330 B.C.," *Levant* 16 (1984) 67-90.

[61] The functional considerations, possible in the case of Sanctuary B2 at Ebla thanks to the preservation of the walls and of the furniture, are not possible in the case of the Middle Bronze IIC "Double Temple," Area F at Hazor, of the late Old Syrian period, because of the very fragmentary state of preservation: Yadin, *Hazor*, 96-97. However, the structural analogy between the "Double Temple" of Hazor and the later Late Bronze I "Square Temple," situated in the centre of the northern part of the "Double Temple," suggests that the assumed central courts L.8130 and L.8184 of the latter sanctuary, as in the sacred building of Ebla, were really large central cellae: in fact, in the "Square Temple" the central room L.8074 measured only 4.0 × 4.0 m and had a thick white lime floor: Yadin, *Hazor*, 98-99, fig. 24.

[62] P. Matthiae, "New Discoveries at Ebla: The Excavation of the Western Palace and the Royal Necropolis of the Amorite Period," *BA* 47 (1984) 18-32; Id., *Ebla*, 162-171, 175, figs. 37-38.

of the official to whom, at the delicate moment of crisis in the community caused by the death of its reigning sovereign, the primary responsibility for the regular and felicitous accomplishment of the funerary rites for the dead king was entrusted.[63] Temple B1, being the cult place of the god of the Netherworld Resheph,[64] was meant to ensure the divine protection over the funerary region of the deified kings, while in Sanctuary B2, with its very peculiar plan, cult ceremonies took place in which all the royal ancestors were involved, and which were exclusive to them.[65] The region of the princely cemetery in the western lower town of Ebla, with its three monumental buildings of the mature Old Syrian period, is therefore the first archaeologically documented and relatively well-preserved sacred region in which all the ceremonies related to the cult of the dead kings physically took place. According to the ideology of the Amorite period not only in Syria but also in Mesopotamia, the prosperity of the community of the living mainly depended on the proper performance of rites for the royal ancestors, the details of which are as yet incompletely known.[66]

---

[63] Healey, *UF* 10 (1978) 83-88; W.T. Pitard, "The Ugaritic Funerary Text RS 34.126," *BASOR* 232 (1978) 174-179; Bordreuil & Pardee, *Syria* 59 (1982) 121-128. See also M.H. Pope, "Notes on the Rephaim Texts from Ugarit," *MCAAS* 19 (1979 = Fs J.J. Finkelstein) 163-182.

[64] W.J. Fulco, *The Canaanite God Rešep* (New Haven 1976) 69-71; A.R. Schulman, "The Winged Reshep," *JARCE* 16 (1979) 69-84; P. Xella, "Le Dieu Rashap à Ugarit," *AAAS* 29-30 (1979-80) 145-162.

[65] B.A. Levine & J.M. de Tarragon, "Dead Kings and Rephaim: The Patrons of the Ugaritic Dynasty," *JAOS* 104 (1984) 649-656 call attention to the different kinds of dead royal predecessors. Some were very ancient dynastic ancestors, and legendary or mythical royal heroes: all of them were invoked for the sacred celebration at the advent of the new sovereign.

[66] P. Xella, "Il re, la morte e gli antenati nella Siria antica," U. Bianchi & M.J. Vermaseren eds., *La soteriologia dei culti orientali nell'Impero romano, Roma 1979* (Leiden 1982) 614-631; S. Ribichini & P. Xella, "Milkᶜaštart, *mlk(m)* e la tradizione siropalestinese sui Rephaim," *RSF* 7 (1979) 145-158.

Plate 112a. Paris, Louvre Museum: bronze statuette AO.3992, from Mishrife-Qatna (by courtesy of the Museum).

b. London, British Museum: bronze statuette BM.12533 (by courtesy of the Trustees of the British Museum).

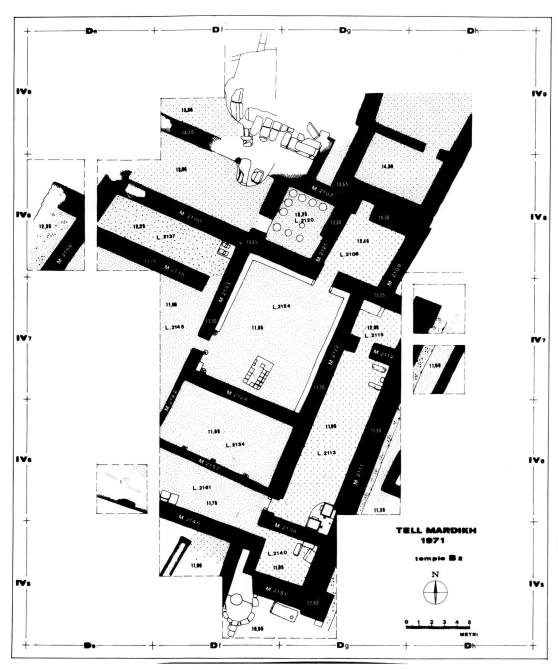

Plate 113. Ebla: schematic plan of Sanctuary B2.

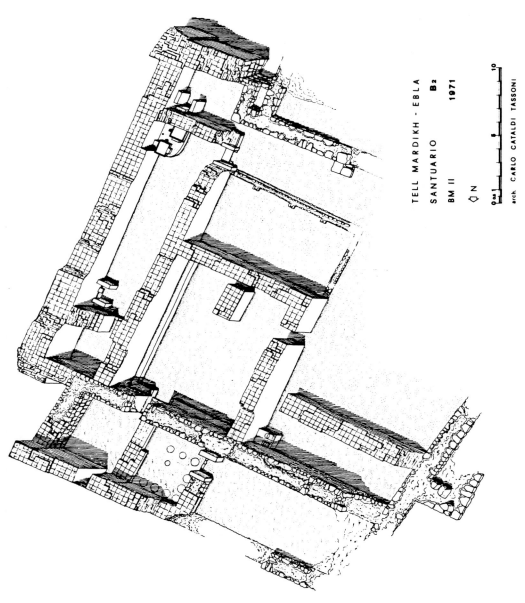

TELL MARDIKH - EBLA

SANTUARIO B2

BM II 1971

N

arch. CARLO CATALDI TASSONI

Plate 114. Ebla: isometric view of Sanctuary B2.

Plate 115. Ebla, Sanctuary B2:
a. general view, from the northeast.
b. the mud-brick dais in the central hall L.2124, from the northwest.

a

b

Plate 116. Ebla, Sanctuary B2:
a. the central hall L.2124 and the northern cella L.2108, from the southwest.
b. the central hall L.2124 with the dais and the benches, from the west.

b

a

Plate 117. Ebla, Sanctuary **B2**:
a. detail of the bench with the grinding stones *in situ* in the long room L.2137, from the southwest.
b. the square cella L.2140 and the long cella L.2113, from the southwest.

Plate 118. Ebla, Sanctuary B2:
a. the bench with the two basalt offering tables in the long cella L.2113, from the north.
b. detail of the northern offering table in the long cella L.2113, from the southwest.

Plate 119. Ebla, Sanctuary B2:
a. the altar in the long cella L.2113, from the west.
b. the altar in the square cella L.2140, from the south.

THE NAKED RAIN GODDESS

MAURITS VAN LOON

This article is dedicated to our friend and colleague, Dr. Adnan Bounni. It is to a large extent due to his encouragement that Syrian studies now figure so prominently in the field of Near Eastern archeology. It is on the basis of Syrian material, too, that we can now establish the true significance of so many Near Eastern representations of naked women.

In the following I will try to account for many images of nude females in clay or on seals by reviving an old interpretation of Georges Contenau's.[1] I will find myself in disagreement with hypotheses formulated by several more recent authors. William F. Albright saw such figurines as fertility charms,[2] V. Gordon Childe as mother goddesses[3] and Henri Frankfort saw the nude women on Old Babylonian seals as hierodules.[4] Ruth Mayer-Opificius came close to my own interpretation. She drew attention to the presence of a pedestal on most Old Babylonian naked-woman plaques[5] and to the breast-supporting gesture that is another new feature of Old Babylonian times.[6]

In a 1978 article she has drawn attention to the association of the naked goddess with the god of thunder and lightning and to her function as bringer of rain.[7] On account of her nakedness, however, she calls this goddess Ishtar. We shall see that the Syrian Ishtar or Ashtart is characterized as goddess of love-making by the much more suggestive feature of partial nudity. The rain goddess, on the other hand, is recognizable by her complete nudity. Her garment, which I would interpret as the rainbow, is often held behind her in a variety of ways.

---

[1] *La déesse nue babylonienne* (Paris 1914), especially 115-117, 123.
[2] *The Archaeology of Palestine and the Bible* (New York 1932) 109.
[3] *What Happened in History* (Harmondsworth 1954) 64.
[4] *Cylinder Seals* (London 1939) 160. A similar meaning was attributed by him to the clay figurines of naked women, *The Gimilsin Temple and the Palace of the Rulers at Tell Asmar* (OIP 43, Chicago 1940) 210. Important new arguments in favor of this interpretation are brought forward by Felix Blocher, *Untersuchungen zum Motiv der nackten Frau in der altbabylonischen Zeit* (Münchener Vorderasiatische Studien 4, München 1987).
[5] *Das altbabylonische Terrakottarelief* (Berlin 1961) 37.
[6] *Ibid.* 47.
[7] Ruth Mayer-Opificius, "Götterpaare in Kleinasien und Mesopotamien," Sençer Şahin et al. eds., *Studien zur Religion und Kultur Kleinasiens: Festschrift für F.K. Dörner* (Leiden 1978) 595-601. Helck also favoured identification of the naked female on Old Babylonian and Syrian seals and figurines as Shala, companion of Adad, Wolfgang Helck, *Betrachtungen zur Grossen Göttin und den ihr verbundenen Gottheiten* (Religion und Kultur der alten Mittelmeerwelt in Parallelforschungen 2, Munich/Vienna 1971) 113-116.

Possible predecessors

Jacques Cauvin has drawn attention to the fact that a couple of dominant symbols, the Woman and the Bull, appear on either side of the Taurus as early as the 8th millennium B.C., just before the first signs of rainfall agriculture and stock breeding.[8] Until today agriculture in north Syria and north Mesopotamia is almost entirely dependent on rainfall, which is usually accompanied by thunder and often by the appearance of the rainbow. The sound of thunder, in turn, has been likened since time immemorial to that of a bull's roaring and stamping.

Very tentatively, one might see an association of the bull via thunder with rain expressed by the frequent Halaf motif of a bull or a bull's head surrounded by dots.[9] A Halaf painted bottle from Yarim Tepe II has the shape of an unclad woman supporting her breasts to give milk.[10] Dots indicate an X-shaped string of beads and the hair within the pubic triangle. It is perhaps not too bold to see her as the prototype of a whole series of naked female images that I would interpret as the motherly goddess of rain.

Taking another jump in time, one might seek a similar significance in the three pairs of bronze figures from third-millennium Judaidah in the Amuq.[11] The male figures were equipped with maces and spears, appropriate weapons for the gods of thunder and lightning. The female figures are shown supporting their breasts as if to give milk. I venture to suggest that the goddess dispensing rain, so often accompanied by thunder and lightning in Syria, was likened to a mother dispensing milk to her child.

The consort of Adad

The rich imagery of the Akkadian II-III cylinder seals (ca. 2275-2150 B.C.) contains some elements that seem to have come from the northwest. One of these is the joint appearance of the storm god or god of thunder and lightning and his consort, the bringer of rain. On each of Pls. 120a-c and 121a the thunder god is preceded by a goddess. On Pl. 120a we see the thunder god preceded by a naked goddess; each is mounted on a lion-griffin while other lion-griffins (symbolizing the

---

[8]   Jacques Cauvin, "La révolution idéologique: l'art néolithique au Proche-Orient" *Le Grand Atlas de l'Archéologie* (Paris: Encyclopaedia Universalis, 1985) 172-173.
[9]   Max von Oppenheim, *Tell Halaf I: Die prähistorischen Funde* (Berlin 1943) pls. 56, 59, 62; M.E.L. Mallowan & J. Cruikshank Rose, "Excavations at Tall Arpachiyah," *Iraq* 2 (1935) figs. 74-76.
[10]   N.I.Merpert et al., "Investigations of the Soviet Expedition in Northern Iraq 1976," *Sumer* 37 (1981) figs. 10-11. Fragments of similar hollow figures were known from Arpachiyah, Mallowan & Rose, *op. cit.* in note 9, fig. 45:10-12.
[11]   Robert J. & Linda S. Braidwood, *Excavations in the Plain of Antioch I* (OIP 61, Chicago 1960) pls. 56-64.

thunderclouds) rush downward; at the same time a kneeling god fights a bull. On Pl. 120b the thunder god, standing on a chariot pulled by a lion-griffin, cracks his whip; the naked goddess, looking back at her consort, stands on the lion-griffin and holds two S-shaped symbols. On Pl. 120c she faces the worshiper and holds triple wavy lines. Finally, on Pl. 121a she wears a long skirt — itself indicative of rain?[12] — and with spread arms calls forth the rain, also represented by wavy lines. On this seal the kneeling god is actually seen in the act of killing the bull. The significance of the bull as a symbol of drought has been elucidated by Frankfort;[13] we will return to it later.

Rainer M. Boehmer interprets the single or triple wavy lines as lightning and distinguishes the naked goddess of Pls. 120a-c, whom he interprets as the goddess of lightning, from the long-skirted goddess of Pl. 121a and other seals, in whom he sees another deity, the rain goddess.[14] In Boehmer's view the cracking of the whip signifies the thunder. I am inclined to liken the whip to the lightning and to interpret the various wavy lines as rain.[15] In this view it is Adad's wife Shala who is shown mostly naked, but occasionally in a long skirt.

Another popular Akkad Period theme, connected by the vanquished bull to the preceding one, is that of the winged gate. Its most complete renderings date from the Akkadian I phase (ca. 2325-2275 B.C., Pl. 121b). Many more abbreviated renderings exist from the Akkadian II-III phases (ca. 2275-2150 B.C., Pl. 121c). The features of importance to our argument are:

1. the fact that the bull is forced by a kneeling god to lower itself, as on Pl. 120a.
2. the fact that the bull carries on his back a winged gate that has to be secured to the ground by a rope (originally four ropes).
3. the fact that this event takes place before a deity that is most often (though not always) marked as female.[16]

If the vanquishing of the bull is equivalent to the vanquishing of drought, then the winged gate theme must somehow be connected to the appearance of rain. Could it be that the winged gate stands for the rainbow that regularly accompanies rain in Syria and Iraq? The rope would serve to draw the rainbow and thus the rain toward the land that is devastated by the bull of drought.

A group of Anatolian seal impressions from Kültepe (ancient Kanesh, ca. 1925-1725 B.C.) makes the close connection between thunder god, naked goddess,

---

[12] Rainer M. Boehmer, *Die Entwicklung der Glyptik während der Akkad-Zeit* (Berlin 1965) 64, suggests this significance for the vertically striated garments of the thunder god and the rain goddess.
[13] *Cylinder Seals*, 126-127.
[14] *Op. cit.* in note 12, 63-64.
[15] For the interpretation of Adad's whip as the lightning see Frankfort, *Cylinder Seals*, 127, note 3. Pierre Amiet, "Déesse nue et déesse ailée," *Revue Assyriologique* 48 (1954) 32-36, also interpreted the various wavy lines as rain. He called the naked or long-skirted rain goddess Bilulu, which, however, is the name of a male deity.
[16] Boehmer, *op. cit.* in note 12, 106, note 12.

winged gate and rain even more explicit. In Pl. 122a the naked goddess stands opposite Adad, who holds the rein of his lion-griffin and a lightning fork in his right hand and a spear with the point down in his left. The appearance of the lion-griffin is a Mesopotamian feature on this Anatolian seal. In Anatolia the thunder god's animal normally is a bull. In Pl. 122b the lightning god stands on a bull that also carries something resembling a winged gatepost, which I would interpret as the winged gate in side view. Rain descends from the sky in front of him. In Pl. 122c, too, the god on the bull seems to emerge from the winged gate; rain is shown descending from the sky onto a rectangular field(?). The same rectangle, with rain above it, appears in Pl. 123a between the lightning god and his consort.[17] The goddess is shown in the act of disrobing. Her garment is held around her in a circle which I would interpret as another image of the rainbow. That the rainbow formed part of this complex of motifs is clear if we look at a seal from Acemhüyük (ca. 1800-1750 B.C., Pl. 123b).

Finally, Kültepe has also yielded an Anatolian seal impression with a scene of the bull being killed (Pl. 123c). Here the lightning god's consort is half dressed; she cups her breasts to dispense milk.

A Syro-Mesopotamian seal impression of about 1800 B.C. from Mari combines the killing of the bull with the appearance of the naked goddess in a gate (Pl. 124a).[18] The gate is held by two flying water goddesses and rests on the back of the bull. Pierre Amiet has interpreted the victorious god as Nergal or Adad and the naked goddess as Asherat or the rain goddess. Undoubtedly the second alternative is the right one in both instances.

The subsidiary scene on another Syro-Mesopotamian seal shows the naked goddess herself forming an arch over the bull that is killed (Pl. 124b). She is accompanied by the half-clad goddess of love, as in Pl. 125c below.

Among the Syro-Mesopotamian seal impressions from Kültepe two are relevant to our theme. Pl. 125a shows the lightning god and his consort with rain and an S-shaped symbol between them. The naked goddess is portrayed frontally with her arms akimbo, in the attitude which is classic on Old Babylonian seals. On Pl. 125b she stands on a pedestal and receives an offering from a worshiper.

In the second and third quarter of the second millennium B.C. the iconography of Syrian cylinder seals is particularly informative. On Pl. 125c we see both the partly clothed love goddess with her dove and the wholly naked rain goddess raised on pedestals and receiving worship. The naked goddess is shown on a smaller scale

[17] The god grasps a snake that he has conquered. On this motif see Elizabeth Williams-Forte, "The Snake and the Tree in the Iconography and Texts of Syria..." in Leonard Gorelick & Elizabeth Williams-Forte eds., *Ancient Seals and the Bible* (Malibu 1983) 18-43.
[18] Pierre Amiet, "Le temple ailé," *Revue Assyriologique* 54 (1960) 1-10, fig. 9. The early second-millennium stele from sanctuary G3 at Ebla shows a forerunner of this scene, in which the goddess appears (half) dressed in the winged gate on the back of a standing bull, Paolo Matthiae, "Una stele paleosiriana arcaica da Ebla...," *Scienze dell'Antichità* 1 (1987) 447-495.

and with her arms akimbo, as on many Old Babylonian seals. On a Syrian seal she cups her breasts in this position, standing in an arch that I would interpret as the rainbow (Pl. 126a). On many Syrian seals she holds the ends of a garment that hangs behind her. Often she stands on a bull, the animal of her husband Adad (Pl. 126b).[19] Pl. 126c combines these elements with the winged gate, which rests on the bull and frames the goddess. Significantly, the gate consists of a guilloche, indicative of water, that forms a rounded arch.

On Old Babylonian seals the naked goddess is invariably shown with arms akimbo and hands clasped or supporting her breasts. Occasionally she is the recipient of worship. Although she occurs together with other gods as well, she appears most intimately associated with the storm god or with his symbols, the bull and the lightning fork (Pl. 127a). It is on such seals that we occasionally find the inscription ᵈAdad ᵈŠa-la which clinches our argument (Pl. 127b).[20]

Shala's character as a goddess of rain and dew is suggested by her titles, which include "lady of bright features," "furrow," "of the dew," "giver of life to all," "of the mountain" and "ear of grain".[21] In the second half of the second millennium B.C. her symbol was an ear of grain.[22] The text of a hymn to the storm god's temple at Karkara may also be relevant: "House of Ishkur, your front (is) abundance, your 'back' (is) luxury, your foundation (is) a steer; ..., holy furrow(?), teat of heaven, (sending) rain for the late barley."[23]

In the Hittite-Hurrian milieu the disrobing goddess of rain remained intimately associated with the storm god. On the Tyszkiewicz cylinder seal she is seen disrobing in the sky above lion, bull and storm god (Pl. 127c). On a related seal in the Louvre she stands, arms akimbo, disrobing opposite the storm god after his victory over rock and snake monsters (Pl. 128).[24] A guilloche, indicative of water, appears in the sky and waves issue forth from her shoulders.

Finally, toward the beginning of the first millennium B.C., the gold bowl from Hasanlu in western Iran shows a last clear reminiscence of this old motif; rain drops and streams of water fill the space between the storm god's bull, the storm god's victory over the rock and snake monster, and the disrobing goddess (Pl. 129).

---

[19] On this and the preceding seal, see Williams-Forte, *op. cit.* in note 17.
[20] Contenau, *op. cit.* in note 1, 114-118, figs. 14, 20, 21. For the later periods Contenau assumes a merger of several goddesses with Ishtar, 123.
[21] Knut Tallqvist, *Akkadische Götterepitheta* (Studia Orientalia 7, Helsinki 1938) 453.
[22] Ursula Seidl, "Göttersymbole und -attribute. Archäologisch," W. von Soden ed., *Reallexikon der Assyriologie* 3 (Berlin 1957-71) 486-487.
[23] Åke W. Sjöberg et al., *The Collection of Sumerian Temple Hymns* (Locust Valley 1969) 36-37, Temple Hymn no. 27.
[24] On this and other monuments she was likewise identified by Elizabeth Douglas van Buren, "The Rain Goddess as represented in Early Mesopotamia," *Studia Biblica et Orientalia* 3 (Analecta Orientalia 12, Rome 1959) 343-355. In making the rain goddess into an aspect of Ishtar her conclusion unfortunately clouded the issue.

By following her persistent association with the storm god, I hope to have shown
that the naked rain goddess is to be distinguished from the partly clothed love
goddess. This distinction should be kept in mind when dealing with the clay
figurines of naked women that are so common at Near Eastern sites, often
occurring together with bull figurines. A discussion of these ubiquitous finds would
go beyond the scope of this article.[25] Particularly relevant examples from Late
Bronze to Iron Age Iran are the figurines of bulls and breast-cupping naked women
found near the temple of Adad and Shala at Tchoga Zanbil (ancient Dur-
Untash).[26] Roland Tefnin has hinted at the possibility that in Syria storm god and
naked goddess remained popular as a couple throughout Neo-Babylonian, Persian,
Hellenistic and Roman times to end up as Saint George or El-Khodr and his
bride.[27]

[25] For the earlier periods see George F. Dales, Jr., *Mesopotamian and Related Female Figurines: Their
Chronology, Diffusion, and Cultural Functions*, Ann Arbor 1977, and Leila Badre, *Les figurines anthropomorphes en terre cuite à l'Age du Bronze en Syrie*, Paris 1980.
[26] Roman Ghirshman, *Tchoga Zanbil II: Temenos, Temples, Palais, Tombes* (MDAI 40, Paris 1968) 23,
fig. 6, pls. 75-78.
[27] Roland Tefnin, "Les niveaux supérieurs du Tell Abou Danné," *Syro-Mesopotamian Studies* 3/3
(October 1980) 46-47.

a

b

c

Plate 120a. Ermitage seal 6517. After Rainer M. Boehmer, *Die Entwicklung der Glyptik während der Akkad-Zeit* (Berlin 1965), fig. 364.

b. Ur Excavations X seal 92. After Boehmer, *op. cit.*, fig. 372.

c. Morgan seal 220. After Edith Porada, *Corpus of Ancient Near Eastern Seals in North American Collections I: The Collection of the Pierpont Morgan Library*, pl. 34:220.

a

b

c

Plate 121a. British Museum seal 89089. After Boehmer, *op. cit.*, fig. 369.
b. Morgan seal 233. After Porada, *op. cit.*, pl. 36:233.
c. Bibliothèque Nationale seal 77. After Louis Delaporte, *Catalogue des cylindres orientaux ... de la Bibliothèque Nationale* (Paris 1910), pl. 8:77.

a

b

c

Plate 122a. Kültepe Anatolian group seal impression 11. After Nimet Özgüç, *The Anatolian Group of Cylinder Seal Impressions from Kültepe* (Ankara 1965), pl. 4:11a.
b. Kültepe Anatolian group seal impression 29. After Özgüç, *op. cit.*, pl. 10:29.
c. Kültepe Anatolian group seal impression 39. After Özgüç, *op. cit.*, pl. 13:39.

a

b

c

Plate 123a. Kültepe Anatolian group seal impression 71. After Özgüç, *op. cit.*, pl. 24:71.
b. Stamp seal from Acemhöyük. After Nimet Özgüç, "Seal Impressions from the Palaces at Acemhöyük"
in Edith Porada ed., *Ancient Art in Seals* (Princeton 1980), fig. III-24a.
c. Kültepe Anatolian group seal impression 18. After Özgüç, *The Anatolian Group*, pl. 6:18.

a

b

Plate 124a. Seal impression of Samiya from Mari. After André Parrot, "La glyptique de Mari à l'époque du palais," *Syria* 38 (1961) 6, fig. 8.

b. Impression of hematite seal in Arndt Collection, Munich. After Eva Strommenger, *Fünf Jahrtausende Mesopotamien* (Munich 1962), fig. 179c.

a

b

c

Plate 125a. Kültepe level Ib seal impression. After Nimet Özgüç, *Seals and Seal Impressions from Level Ib from Karum Kanish* (Ankara 1968), pl. 19B.
b. Kültepe level Ib seal impression. After Özgüç, *Seals and Seal Impressions from Level Ib*, pl. 18E.
c. Morgan seal 946. After Porada, *Corpus*, pl. 143:946.

a

b

c

Plate 126a.Seyrig collection seal 42, Bibliothèque Nationale. After Elizabeth Williams-Forte, "The Snake and the Tree ...," Leonard Gorelick and Elizabeth Williams-Forte eds., *Ancient Seals and the Bible* (Malibu 1983), cover.

b. Morgan seal 967. After Porada, *Corpus*, pl. 146:967.

c. Morgan seal 944. After Porada, *Corpus*, pl. 143:944.

a

b

c

Plate 127a. Morgan seal 510. After Porada, *Corpus*, pl. 70:510.
b. Morgan seal 506. After Porada, *Corpus*, pl. 69:506.
c. Partial impression of Tyszkiewicz seal, Boston Museum of Fine Arts. After Kurt Bittel, *Die Hethiter*
(Munich 1976), fig. 152.

Plate 128. Louvre seal 20138. After André Parrot, "Cylindre hittite nouvellement acquis," *Syria* 28 (1951), pl. 13:1.

Plate 129. Partial design on the gold bowl of Hasanlu. After Edith Porada, *Ancient Iran* (London 1965), figs. 63-64.

LES PAYSAGES RURAUX EN SYRIE DU NORD
A L'EPOQUE ROMANO-BYZANTINE

GEORGES TATE

Par paysages ruraux, nous entendons les formes revêtues par l'occupation et l'exploitation du sol par les hommes, c'est-à-dire les habitats et les terroirs. Le massif calcaire de la Syrie du Nord offre l'avantage d'être occupé par 700 sites d'époques romaine et byzantine parmi lesquels une soixantaine sont entièrement conservés et forment des séries continues, ainsi que des vestiges des parcellaires antiques. Après avoir été longtemps déserte, cette zone de plateaux a été conquise par les paysans des plaines voisines dès le Ier siècle de notre ère, en un mouvement lent mais persistant qui culmine entre le IVe et le VIe siècle, au moment où la région atteint un degré de prospérité dont témoigne la qualité de la construction des maisons, pour être progressivement abandonnée entre le VIIIe et le Xe siècle. Les paysages ruraux n'ont donc pas connu les déformations qu'une occupation humaine constante aurait causé mais seulement une longue et lente dégradation. Dans leur état actuel, les vestiges antiques livrent l'état de la région à l'époque de son abandon mais on peut en suivre la genèse dès lors que l'on sait dater les constructions. Durant la période de 4 siècles (IIIe-VIe s.) qui a laissé des traces, on relève des traits permanents et des changements.

I. *Traits permanents*

Le caractère le plus frappant du paysage antique est que les hommes vivent groupés dans des villages. Sans doute existe-t-il des écarts, maisons isolées avant le Ve siècle, couvents aux Ve et VIe siècles, mais ils représentent peu de chose et ne se rencontrent même pas partout. Ces villages ne sont ni perchés, ni logés dans le fond des wadis. Ils se développent sur les versants de vallons largement évasés (Serǧilla, Dallōza et Nūrīye), sur des promontoires horizontaux ou faiblement ondulés ou enfin sur de vastes plateaux parfois inclinés. Ils diffèrent entre eux par les dimensions, certains d'entre eux étant de simples hameaux de quelques maisons, tandis que les plus grands ont l'envergure de véritables villes: Brād, Kimār et surtout El Bāra (2 km sur 1). Ces différences s'expliquent généralement par la topographie: les villages les plus grands sont ceux auxquels la disposition du relief ménageait les plus grands finages. Dans quelques cas cependant, ceux de Brād, de Kafr Nābū et Ḥerbet Šeiḫ Barakāt, cette explication n'est pas pertinente. On ne peut négliger l'hypothèse qu'il s'agirait de villages bien placés par rapport aux voies de communications, mais il convient en l'occurrence de l'écarter car ces trois villages sont au contraire situés au fond de la montagne, à proximité d'un rebord escarpé. Il est probable qu'ils doivent leur développement au vaste domaine des temples dont ils dépendaient. A l'appui de cette explication, on relève en effet que leur développement est très important avant le IVe siècle, mais s'interrompt ensuite, après que le triomphe du christianisme ait entraîné la destruction des grands sanctuaires païens.

Quelles que soient leurs dimensions, tous les villages offrent la même organisation intérieure (Pl. 132a). Vus de l'extérieur, ils paraissent fermés sur eux-mêmes bien qu'ils ne soient jamais entourés d'un mur d'enceinte. C'est à la forme des maisons, à leur repliement sur elles-mêmes qu'ils doivent cet aspect de fermeture. Celles-ci sont formées d'un ou plusieurs bâtiments, d'une cour et d'un mur de clôture dont la hauteur peut atteindre jusqu'à 8 mètres. Les bâtiments de ces maisons n'ouvraient que du côté de la cour et offrent vers l'extérieur des murs aveugles. Aussi la juxtaposition de leurs murs arrière constitue-t-elle une apparence de mur d'enceinte. Mais en fait, entre les maisons, il existe de nombreux passages, parfois très larges, par où l'on peut aisément pénétrer. Il n'existe donc pas de village fortifié mais des villages fermés sur eux-mêmes, conformément aux tendances de la société paysanne que le plan des maisons exprime. Par leur plan, les villages du massif calcaire se caractérisent par l'absence d'élément d'urbanisme.

L'espace intérieur n'est pas aéré par de véritables places, mais plutôt par des vides aux contours irréguliers et qui d'ailleurs se rétrécissent à mesure que les maisons s'agrandissent et que l'on en construit de nouvelles. Entre les maisons s'insinuent des passages plutôt que des rues car ils sont mal calibrés, aucune boutique ne les borde et ils ne constituent pas un réseau ramifié. Rien, dans la morphologie des villages, ne laisse supposer l'existence d'un plan directeur initial. Le hasard paraît avoir seul déterminé la disposition des maisons les unes par rapport aux autres. En fait, les villages se présentent comme des juxtapositions d'îlots séparés par des espaces vides plus ou moins larges et eux-mêmes constitués de maisons agglutinées. Les finages qui dépendent des villages paraissent avoir reçu leurs limites de la topographie. Si l'on se fie au témoignage des bornes cadastrales de la Tétrarchie trouvées en place en plusieurs endroits, dans le Gebel Simᶜān, elles suivaient le plus souvent le fond des wadis.

Les finages se divisent en trois parties. Les abords des villages sont d'abord entourés de jardins auxquels on accède parfois directement à partir des maisons. Ces jardins ne se reconnaissent pas partout. Ils sont attestés par des textes et il en existe des exemples incontestables à Muğleyya grâce à la meilleure conservation des murets antiques délimitant les parcelles. Les deux autres parties des finages pourraient être désignées des noms d'*ager* et de *saltus*, bien que ces termes recouvrent ici une réalité différente de celle évoquée par les agronomes latins et en dépit du fait qu'ils ne forment pas toujours des zones nettement séparées mais sont souvent imbriquées. On appelera *ager* les terres cultivables, les terroirs, qui sont le plus souvent morcelés et apparaissent sous forme de plaques d'inégale extension au milieu du roc nu (Pl. 131). Le *saltus* n'est pas constitué de bois ou de broussailles. C'est la zone où le roc est nu mais non sans comporter, de ci de là, des poches de terres cultivables, de telle sorte que la couleur grise du calcaire disparaît progressivement sous la verdure: c'est le domaine des troupeaux. En plusieurs endroits, dans les Gebels Simᶜān et Halaqa et dans le nord du Gebel Zāwiye ont subsisté, sous forme de murets de pierre et sur des kilométres, des réseaux orthogonaux qui sont des limites de parcelles et où l'on voit aisément la matérialisation d'une cadastration romaine qui n'est pas une centuriation, mais probablement plutôt une strigation-scamnation. Les parcelles sont de formes variées et l'image qui nous en est donnée par les photos aériennes indique un état évolué, voire dégradé de ce parcellaire. La plupart des parcelles sont rectangulaires et de forme allongée. On relève, toutefois, aux abords du Muğleyya et d'El Bāra, dans le nord du Gebel Zāwiye, que ces réseaux cèdent la place à un système différent où les murets délimitant les parcelles dessinent une figure étoilée mais irrégulière.

II. *La mise en place de ces paysages agraires est en partie connue par l'étude diachronique des villages et des terroirs.*

Si l'élément de base des villages est l'îlot, du point de vue dynamique c'est, en fait, la maison. Les maisons rurales du massif calcaire appartiennent à un type simple.[1] Elles comprennent un ou plusieurs bâtiments, une cour et une clôture, avec en sus, parfois, une entrée indépendante, un pressoir, une galerie dans la cour, une ou plusieurs pièces souterraines (Pl. 130). L'élément principal est le bâtiment qui est fait d'une juxtaposition de modules simples, les pièces à étage, le rez-de-chaussée étant consacré aux tâches utilitaires, l'étage à l'habitation. Ces maisons peuvent être agrandies, par addition d'une ou plusieurs pièces au bâtiment, dans l'alignement des autres pièces ou perpendiculairement à lui. Au point de départ, les villages sont des hameaux ou même des écarts: une ou plusieurs maisons de petites dimensions rassemblées en un même lieu mais non jointives. Il est visible que les paysans sont jaloux de leur indépendance et de leur isolement mais qu'ils ne souhaitent pas que celui-ci soit absolu: il est utile d'avoir des voisins. C'est l'agrandissement de ces maisons qui fait qu'elles deviennent jointives et que le centre des villages prend l'aspect d'un noyau dense. Mais les tendances à l'isolement subsistent. A toutes les époques, on construit de nouvelles maisons mais un peu à l'écart des autres. De là l'aspect des agglomérations: un centre compact, une disposition de plus en plus lâche à mesure que l'on s'éloigne vers la périphérie.

[1] J.P. Sodini & G. Tate, «Maisons d'époques romaine et byzantine (II-VIe s.) du massif calcaire de la Syrie du Nord: Etude typologique,» *Colloque Apamée de Syrie* (1980) 377-394, pl. LXXVI-XC.

La genèse des terroirs est plus difficile à suivre car elle est plus ancienne et les datations sont malaisées. Il paraît sûr que la conquête des terroirs a été effectuée au stade initial, entre le Ier et le IIe siècle, au prix d'un dur labeur d'épierrage des sols et de constitution des champs dont témoignent aujourd'hui encore, dans certaines zones, les innombrables tas de pierre circulaires édifiés avec soin sur des points rocheux élevés. A la même époque furent construits, dans les wadis, les murs de soutènement qui ont créé des terrasses de culture, (Pl. 132b). Il est plus malaisé, en revanche, de découvrir la date de la mise en place du réseau ou plutôt des réseaux cadastrés. D'abord parce que l'on s'interroge sur leur extension: étaient-ils limités à la montagne calcaire ou bien n'étaient-ils que la prolongation, dans la montagne, d'une cadastration qui avait son centre dans les plaines? D'après les photos aériennes, la plaine d'Antioche n'en a conservé aucune trace. Il en existe au contraire des vestiges dans la plaine de Chalcis, en son centre, près d'Alep (au S.O.) et aussi à sa périphérie orientale, aux abords du Gebel Ḥās (Pl. 131). Mais ces vestiges appartiennent-ils à un même ensemble? Pour le savoir, il conviendrait de disposer d'un lot plus important de photos aériennes. Autre question: ces réseaux, qui évoquent l'aspect d'une scamnation-strigation, sont-ils le prolongement d'une cadastration de ce type ou bien constituent-ils les terres subcessives situées à la périphérie d'une centuriation? Dernier problème enfin, la date de la mise en place des réseaux. Il paraît probable qu'elle se situe après l'installation du réseau villageois car les murets alignés s'interrompent à la périphérie du village et les directions qu'ils indiquent ne se retrouvent pas dans leur plan. Celle-ci paraît remonter assez haut: le peuplement du massif calcaire ne semble pas s'être effectué à la manière d'une nappe qui se répand mais au contraire d'emblée dans sa totalité, et peu densément. Progressivement, les points de peuplement sont devenus des villages de plus en plus grands. Pour le *terminus ante*, le règne de Dioclétien paraît raisonnable car, si l'on se fie au témoignage de Lactance, la cadastration de la Tétrarchie a consisté en un enregistrement de ce qui existait, ce qui pouvait occasionner des usurpations de propriété ou tout simplement des erreurs, mais non une redistribution des terres. Entre le Ier et le IIe siècle, les périodes où une telle cadastration a été possible sont très nombreuses car la Syrie a été l'objet de la sollicitude de presque tous les empereurs, sans exception. Toutefois, si l'on observe qu'il existe des vestiges de cadastration dans le Gebel Ḥās, c'est-à-dire dans une zone conquise sur les nomades seulement à la fin du IIe siècle, et s'il se confirme qu'il s'agit de la même cadastration, on admettra que celle-ci ou plutôt que l'une de celles-ci date des Sévères.

Conclusion

L'exemple du massif calcaire révèle l'existence d'une civilisation agraire très fortement constituée dès le Ier siècle de notre ère. Les vestiges qui subsistent dans la plaine de Chalcis montrent en effet que le massif calcaire se sépare des régions voisines, d'où sa population est originaire, uniquement par l'état de conservation des constructions antiques. Cette civilisation agraire est donc nord-syrienne, et peut-être syrienne tout court. Il est vraisemblable que son origine remonte à des périodes très anciennes mais les données disponibles ne permettent pas de savoir jusqu'où. Cette civilisation agraire n'est pas romaine quant à son origine, pas plus que les paysans de la région n'étaient romains ni même grecs. Pour hellénisés qu'ils fussent, et l'épigraphie montre qu'ils l'étaient à un degré étonnant, c'étaient des sémites dont la langue et les traditions étaient araméennes. Cependant, l'action de Rome l'a marquée. Celle-ci n'a été à la fois globale et empirique par le biais des cadastrations. Le gouvernement impérial romain, puis byzantin, leur a enfin permis de s'épanouir grâce à la paix qu'il a su instaurer. Cette civilisation agraire est-elle méditerranéenne? Pour nous en tenir aux paysages, nous pouvons estimer qu'elle en est proche, parce qu'elle a été soumise aux mêmes déterminismes géographiques, mais elle paraît s'individualiser par plusieurs traits: les villages sont groupés mais ils ne sont ni perchés ni fortifiés. Peut-être conviendrait-il de nuancer ce concept de «paysage méditerranéen» et d'examiner ce qu'il en était à l'époque que nous envisageons, entre le Ier et le VIe siècle.

VILLAGE DE GERADE

(GEBEL ZAWIYE)

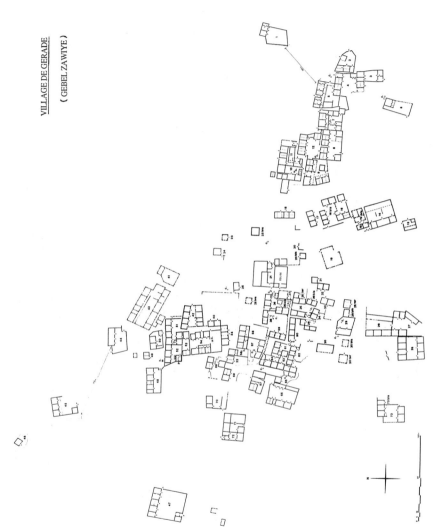

Plate 130. Plan du village antique de Gerade, Gebel Zawiye, Syrie du nord.

Plate 131. Vestiges de réseau cadastré aux abords du Gebel Hâs (photo aérienne).

a

b

Plate 132a. Aspect extérieur d'un village antique.
b. Murs de soutènement ayant créé des terrasses de culture.

"CIVILIZING" THE HABUR PLAINS:
MID-THIRD MILLENNIUM STATE FORMATION AT TELL LEILAN

Harvey Weiss

On one analytic level the developmental histories of late prehistoric and early historic societies across the Habur Plains were determined by two natural conditions:

1. mean annual rainfall and its interannual variability which allowed for highly productive dry farming using traditional technologies;

2. the presence of only two navigable rivers, the Jaghjagh and the Habur, so that inefficient land transport constrained the nucleation of populations and settlements (Boserup 1983; Weiss 1983, 1985, 1986).

These two natural conditions conspired to generate a long-term pattern of dispersed Habur Plains settlement, which contrasts significantly with the nucleated irrigation agriculture region of southern Mesopotamia. The contrast between these regions has long been recognized (e.g. Childe 1951:140), although the specific prehistoric and ancient values of Mesopotamian agricultural and transport variables, under different social and technological regimes, remain to be defined (e.g., Postgate 1984; Powell 1985; Renger 1987).

In structural and developmental conflict with these natural forces, the history of Habur Plains settlement and social organization isolates periods when social and economic forces conjoined to counter and transform dispersive and centrifugal trends. The genesis and terminus of these transformations is of particular significance for they allow investigation of the play between endogenous and exogenous regional forces. They may also expose the contradictions between intra- and inter-regional development, and may delimit other background forces which constrained or extended the developmental potential within different modes of production.

From the perspective of Tell Leilan several such transformations are already available for investigation.[1] These include two, relatively well documented, essentially exogenous, urbanization processes (Table 1):

1. the initial urbanization of the Habur Plains in the late Uruk period (Leilan Period IV) when a variety of settlement types dotted the Habur Plains at Tell Leilan, Nasran, Hamoukar, and Tell Brak and other sites (Weiss 1983, 1985b; Sürenhagen 1986; Schwartz 1988a).

---

[1] It is my honor here to acknowledge the support, counsel and warm collegiality of Dr. Adnan Bounni over the course of the past ten years of Tell Leilan research.

Table 1.

YALE UNIVERSITY TELL LEILAN PROJECT 1979 - 1987

1987 excavations in **bold face**

		---Acropolis---			---Lower Town---			ŠEHNĀ - ŠUBAT-ENLIL - APŪM
B.C.	Period	Acrop. NE	Op. 1	44W12/X12	Op. 2	Op. 3	Op. 4	REGIONAL SOCIO-ECONOMIC AND SETTLEMENT FORMATIONS
1700	I				1		1-	----disintegration; dispersion (Samsu-iluna conquest)
1800	[Habur]	Temples B.L. I-III,'X'	1-12 pits	1-12 pits	2	Palace phases 1-3	4	agricultural intensification: "dimtus", Apūm dynasts
1900							5	----exogenous urbanization: Samši-Adad at Šubat-Enlil
2000	IIb		13		3	4		? [undefined Hurrian principalities; Ir-nanna in Subir]
2100			14			5		----disintegration
2200			15					southern Sargonic installation: Brak fortress
2300	IIa			13				southern pre-Sargonic intrusion? Subir attacks Eanatum
2400	[Leilan]			14				agricultural intensification; Šehnā; tin bronze; antimony
2500			gap-Wall A	--15--	--9--	--16--	--8--	----urbanization; circumvallation; tri-modal distribution
2600	N IIId		17	17	virgin soil	virgin soil	virgin soil	stratum 17: transformation: "EDIII" seals/central stores
2700	i IIIc		18-20		virgin soil	virgin soil		stratum 19: emulation: hi-status burial/ arsenical copper
2800	n. IIIb		21-36					stratum 22: contact: begin south's Anatolian metal trade?
2900	5 IIIa		37-39					
3000								
3100	IV		40					----disintegration; tribalization?
3200	[Late Uruk]		44					bi-modal distribution: Leilan, Nasran, Hamoukar, Brak
3300								southern intrusion->
3400	V		45					----exogenous urbanization-
3500	[Early Uruk]							
3600			52					?
3700								
3800			52a					
3900	VIb							
4000	[Late No. Ubaid 2]		57					uni-modal village settlements
4100								
4200			58					
4300	VIa		59					
4400	[Late No. Ubaid 1]		60					
4500			61					
4600								
4700			·					
4800			·					
4900			·					
5000			·					

[HW iii/89]

2. the urbanization and agricultural intensification during the reign of Šamši-Adad I of Assyria (Weiss 1985a; Weiss 1986).

These two "incidents" are separated in time by the more than 1000-year span comprising Tell Leilan Periods III ("Ninevite 5") and II (Brak "late ED III" — "Ur III," Taya IX, "Metallic Ware"). Cultural developments within these periods are not well defined. The transition from Period IV to Period IIIa, for instance, is marked by the disappearance of late Uruk type pottery and the appearance of painted Ninevite 5 pottery (Weiss 1988:xviii; Weiss and Mayo 1990). The "collapse" of late Uruk settlement at Leilan, Brak and Hamoukar may have engendered a region-wide return to dispersed, small, low-density communities to judge from the limited distribution of settlements with Ninevite 5 painted pottery around Tell Leilan (Stein & Wattenmaker 1990). Alternately, this "devolution" may have been more apparent than real, a product of the limited efficiency of archaeological research techniques.

During the early portion of Period II, Period IIa, Tell Leilan was a 90 hectare walled city. Little is known of the termination of Period II and of the city's regional role prior to selection as Šamši-Adad's new capital. The disintegrative forces, or the forces which allowed for the reestablishment of local, background, tendencies towards dispersion and divergence, have not been examined for this period. Similarly, little is known of the destruction of the Naram-Sin fortress at Tell Brak, its immediate administrative successors, and the nature of political and economic integration around Tell Brak at this time. This is, in fact, a period which warrants further research across southwest Asia. There are considerable signs of nomadic intrusion, possible desiccation, diminution of sedentary settlement, and widespread political unrest (van Loon, in press).

The genesis of the Period IIa city at Tell Leilan is also obscure, but now better known than five years ago when there was but "a glaring lack of evidence" for the transition from Period III to Period II. This was due to the inaccessibility, in 1980, of the strata upon which the Tell Leilan Acropolis fortification wall was constructed and the strata immediately preceding the fortification wall (Weiss 1983:46; 1985:329; Schwartz 1988:27). In 1987, two ten by ten meter Tell Leilan grid squares, 44W12 and 44X12, replaced the 4.5 meter wide Operation 1 step trench and thereby expanded the exposure of terminal Period III and early Period II strata seven- to eight-fold. The expansion of Operation 1 was designed to:

1. clarify and confirm, if not resolve, some of the chronological observations and analyses presented by Schwartz (1988);

2. retrieve a sample of the strata absent within the Operation 1 1979-1980 sounding, specifically those upon which the Acropolis fortification wall was constructed;

3. expand the horizontal exposure of the occupations associated with the fortification wall and the occupations immediately prior to its construction.

The extension of excavations within or adjacent to the Operation 1 step trench would result in the retrieval of strata not present within the initial Operation 1. Excavation of 44W12/X12 now provides exposure of the transition from the end of Leilan IIIc, stratum 16, to the beginning of the Leilan II ceramic period and the occupations prior to the construction of the Acropolis fortification wall (Pl. 133). To allow the north stratigraphic section of Operation 1, which is also the north stratigraphic section of 44W12, to continue to serve as the stratigraphic guide to these excavations, strata numbers 13, 14 and 15 have been redesignated. This allows continued designation of all other stratum numbers in 44W12 precisely as they were designated in Operation 1. The changes relate exclusively to an ancient intrusive pit within Operation 1 and partially removed by natural slope erosion. The pit was located on top of and within the extant surface of "Wall 3," the Acropolis fortification wall (Schwartz 1988: figure 5). No floor surfaces, either interior or exterior were observed within this intrusion (I. Nicholas 1979 Operation 1 field notes), but three distinguishable deposits within the pit were assigned successive stratum numbers 13-15 (Schwartz 1988:27).

The 291 diagnostic sherds retrieved within Operation 1 strata 13-15, when seriated across five ceramic criteria, are similar to the ceramics of Tell Leilan Operation 57F02, strata 2-3 which define Tell Leilan Period IIb (Schwartz 1988; Nicholas 1990). Period IIa ceramics were entirely absent from the 1979-1980 Operation 1, however. Only upper portions of the fortification wall, without the wall's floor, were retrieved. A "gap" of unknown length was perceived between stratum 16 and the construction of the fortification wall. Stratum 16 through 20, labelled Period IIIc, were the last Ninevite 5 strata accessible within Operation 1.

The correlation of Operation 1 and the new 44W12/X12 strata is as follows:

Operation 1 (1979-80; Schwartz 1988)		44W/X12 (1987; Weiss & Calderone 1990)	
1	Pits		Pits
12			
13			
14	Period IIb		missing
15			
	missing	13	Period IIa
		14	
		15	
16		16	Period IIId
17		17	
18	Period IIIc		
19			
20			

"Period IIId," i.e., the newly retrieved strata 15, 16, and 17, is the temporary designation for these strata prior to retrieval of a larger sample for strata 18, 19, and 20. This will allow quantitative redefinition of the sub-period IIIc and IIId ceramic assemblages.

It is clear from the north section of Operation 1/44W/X12, and particularly from the series of rebuildings within stratum 15, 16, and 17, that the stratigraphic continuity is an unbroken spiral characteristic of extensive archaeological exposures within continuously occupied areas (Weiss & Calderone 1990). This stratigraphic continuity contradicts Roaf & Killick's analysis (1987) which compresses into a brief time span the sequence of strata which comprise Leilan Periods IIIa-c in Operation 1. However, we must still explain the continued manufacture of painted Ninevite 5 pottery as late as stratum 19, where "Burial 1" was accompanied by a pit filled with 27 incised vessels and five painted Ninevite 5 vessels, Pls. 134-135 (Schwartz 1988:22-25, figs. 23-26, plate 5). Burial goods on the flexed body of Burial 1 consisted of the following:

1. L80-7: unanalyzed metal pin, probably copper alloy, straight shaft with head decoration of four protuberances, 140 mm long, 3 mm shaft diameter, 6.5 mm decorated shaft diameter, head 13 mm at widest point (Pl. 136a-b);

2. L80-30: metal pin, 128 mm long, 4 mm diameter; head 17 mm x 5 mm; slightly bent, pierced circular head with wings or two animal heads (Pl. 137a-b).

PIXE compositional analysis of L80-30:

Cu 96.8%
Sn less than 0.1%
Pb 0.03
Zn less than 0.15
As 1.57%
Ag 0.10
Sb 0.23
Ni 0.16
Fe 0.46.

(PIXE analysis courtesy S. Fleming & V. Piggott, MASCA, University Museum, Philadelphia);

3. L80-148: necklace of 198 stone and shell beads (Pl. 138):

a. shell (n = 11) pierced for stringing, including at least three *Conus* (Cone shells) and one *Columbella* (Dove shell); species identification difficult due to worn nature of the shells, and therefore uncertain if shells were from the Mediterranean or the Persian Gulf. (Information courtesy of David S. Reese, Field Museum of Natural History);

b. carnelian beads, orange color, ranging in size from 7 mm diameter x 3 mm height to 5 mm diameter x 2 mm height, each with hole for stringing (n = 22);

c. carnelian, reddish dark color, uniformly sized, ca. 4 mm diameter x 2 mm height (n = 155);

d. miscellaneous beads:
    i. orange stone cylinders, 7 mm diameter x 1 mm height (n = 2);
    ii. flat greenish bead, 14 mm × 11 mm × 5 mm (n = 1);
    iii. spacer of copper, 17 mm long, 4 mm diameter;
    iv. white stone bead, 6 × 6 mm diameter (n = 1);
    v. white stone beads, 1 mm thick, 3-5 mm diameter (n = 5).

Carnelian beads also occur as part of a necklace on the Ninevite 5 burial at Chagar Bazar G177 (Mallowan 1937). The beads may have been imported from the Iranian plateau or Gujarat (Tosi 1980).

4. L80-8: White glazed steatite cylinder seal, 47 mm x 11 mm diameter, 3 mm diameter center hole (Pl. 139a-b). "Piedmont Jemdet Nasr" type geometric design: rosette, with hatched circular bands (Collon 1987: no. 35; Parayre 1990).

These grave goods provide few clues, apart from "high status" (Schwartz 1986), to explain chronologically the five painted Ninevite pots in Burial 1. Two additional sets of observations, however, may be significant:

1. the frequency of painted ceramics within Operation 1 drops dramatically after stratum group 34-32, early Period IIIb (Schwartz 1988):

Op.1 strata	fine nvt painted	fine grit painted	med.straw painted	med.grit painted	total painted	total ceramic
15-13	0 (0)	0 (0)	0 (0)	0 (0)	0 (0)	291
18-16	2 (0.48)	0 (0.00)	2 (0.48)	1 (0.24)	5 (1.20)	418
20-19	1 (0.19)	4 (0.76)	7 (1.33)	0 (0)	11 (2.28)	527
24-21	0 (0)	1 (0.62)	3 (1.86)	0 (0)	4 (2.48)	161
31-25	2 (0.19)	2 (0.19)	6 (0.56)	1 (0.09)	11 (1.04)	1062
34-32	4 (2.65)	1 (0.66)	8 (5.30)	1 (0.66)	14 (9.27)	151
38-35	2 (0.88)	2 (0.88)	15 (6.61)	2 (0.88)	21 (9.25)	227

If painted Ninevite 5 pots had not been manufactured during the course of more than five to ten strata before stratum 19, perhaps three hundred years, what were they doing in Burial 1?

One possible explanation is that these vessels are "heirlooms," much the same as other items in this burial, including the glazed steatite "piedmont Jemdet Nasr" style cylinder seal (L80-8), might be heirlooms. Stone cylinder seals and metal pins, however, are common "heirlooms" within Near Eastern assemblages, while fragile ceramic vessels are not.

2. the qualities of the vessels themselves:

a. painted design: Most Ninevite 5 painted vessels, both chalices and jars, have two bands of solid paint immediately below the shoulder carination. Ninevite 5 painted vessels without two bands of solid paint below the shoulder carination have other types of horizontal bands (e.g., Speiser 1933 pl. xlviii:2, Fukai et al. 1974 pl. xlviii:19, Bachelot 1987 fig. 7a) or vertical bands (Thompson and Hamilton 1932 pl. liii:14; Mallowan 1933 pl. liv:1, 3.). Each of the five painted vessels from stratum 19 lacks the two bands of solid paint although their shape and painted design, relative to all other examples, would suggest that they should be present.

b. dimensions: Among chalices, the two painted chalices from stratum 19 are the largest known except for two from Telul eth-Thalathat. Above their typical carination, the rim and neck of such vessels is usually straight and vertical. On smaller vessels the rim/neck tends to be inverted and curved. The two stratum 19 chalices have the inverted rims of the smaller chalices and more curvature than most other chalices.

c. jar lugs: Painted Ninevite 5 jars occur in three size classes: small, medium and large. The size and shape of the three jars from stratum 19 are within the ranges for nine other medium-sized published examples. All have lugs at their carination. All smaller Ninevite 5 painted jars, with one possible exception (Thompson and Hamilton 1932 pl. lv:2), have lugs. Eight large-size jars do not have lugs, but are of a different shape than the three from stratum 19.[2].

d. paint: The paint used on most painted Ninevite 5 vessels is described as black to purple to red. There are no reports of "fugitive paint." Each of the five painted vessels from stratum 19 is recorded with reddish-brown paint which was "faded" or "flaked easily off the body of the vessel." These descriptions suggest painting after firing.

The five painted vessels in the stratum 19 funerary pit are, therefore, probably not Ninevite 5 painted vessels of the type manufactured during the Leilan IIIa and early IIIb periods. These five vessels may be archaizing funerary vessels used within high status burial rites during the late Ninevite 5/Leilan III period (cf. Mallowan 1936:39). This hypothesis, however, needs to be confirmed through an analysis of all Ninevite 5 burial assemblages, including petrographic analyses of Ninevite 5 painted vessel fabrics and paints to identify geographical, temporal and functional differences.[3]

More than 80 seal impression fragments, still under intensive study by D. Parayre, but already the subject of one preliminary analysis (Parayre 1990) were

[2] I am indebted to Rudi Mayr (Yale University) for his analysis of points a, b and c above.
[3] Dr. James Blackman (Smithsonian Institution) is preparing a petrographic and chemical analysis of the painted Ninevite 5 pottery from Operation 1.

situated on the floors of Building 1, strata 15-17 and outside that structure, in its last uses, on the black ash stratum, stratum 15, upon which the Acropolis fortification wall was constructed (Weiss and Calderone 1990). These seal impressions include four which are related iconographically to the Early Dynastic II and III "banquet scenes" (Frankfort 1939:77-78; Collon 1987:27, 153) known from the Diyala and southern Mesopotamia. The iconographic and stylistic details of these scenes, however, make it quite clear that they are impressions of locally manufactured seals, the products of local lapidaries, already known from Tell Chuera, Tell Brak and Chagar Bazar (see Collon 1987: passim).

1. L87-1034, 1035, 1036 (Pl. 140a); stratum 17, Building 1 room 6; banquet drinking scene with straw; at least three sealings;
2. L87-185d, 186-188, 1493 etc. (Pl. 140b); stratum 15, black ash stratum; harp player on chair with twisted stand; ca. 60 impression fragments;
3. L87-185, 192, etc. (Pl. 140c); stratum 15, black ash stratum; harpist under attack by a monster; ca. 15 impression fragments;
4. L87-135 (Pl. 140d); stratum 14 floor; schematic harpist facing skidding quadruped; 1 example.

To date, the earliest appearance of these seals at Tell Leilan is stratum 17, within Building 1. The glazed steatite cylinder seal of "piedmont Jemdet Nasr" design from stratum 19, Burial 1 may represent the terminal manufacture of such seal designs at Leilan or the "heirloom" usage of these seals. In either case, stratum 17 is not likely to represent the first experience of southern iconography at Tell Leilan. Irrespective of the medium through which southern influence was expressed, some time must have elapsed between the first observation of this style and its local transformation. Strata 18 and 19 samples will need to be comparable to strata 14-17 before this question can be answered with certainty. Nevertheless, the chronological situation of banquet scene seals in southern Mesopotamia (late Early Dynastic II-Early Dynastic IIIa) and the chronological limits on the date of strata 13-14, Period IIa, Brak "late ED III," suggest that the southern influence which generated the banquet type seal impressions of strata 15-17 cannot have been experienced much before stratum 17.

The development of this figurative glyptic style at Tell Leilan marks the termination of the geometric "piedmont Jemdet Nasr" style. This style change was probably accompanied by an alteration in administrative techniques, although these too remain to be identified through detailed study of seal use (vessels and/or doors) at strata 15-17, as well as through extended exposure of strata 18 and 19. Nevertheless, the "piedmont Jemdet Nasr" traditions of seal iconography at Tell Leilan result from the natural patterning, the geographical determinants, of Habur Plains regional relations. The long distance trade routes of the Habur Plains fall within the dry-farming ranges of the "piedmont" and steppe zone, east of Nineveh and then along the piedmont of the western Zagros down onto the Khuzistan Plain.

It is this "natural" interaction sphere which conditioned the frequent intrusion of Khuzistani and Diyala basin rulers onto the Habur Plains such that Elamites and Eshnunnaeans could even control the Plains' capital city (Weiss 1985a:274; Charpin 1987). The use of "piedmont Jemdet Nasr" style seals in northern Mesopotamia is "synchronous," archaeologically speaking, with their use in Khuzistan or Fars. Indeed, the early stages of the style's development may be visible within late Uruk glyptic widely distributed across the "dry-farming belt" (Weiss and Young 1975:13). Given the geographical determinants of trading spheres and the temporal stability of these spheres, the break marked by stratum 17 seal iconography reveals itself as another representative of the external forces which occasionally and forcefully determined Habur Plains developments.

This southern Mesopotamian glyptic influence at Tell Leilan, and contemporary materials at Chagar Bazar and Tell Chuera, presages the circumvallation of the site, as well as the metallurgical "revolution" which brought tin bronze into use in southern and northern Mesopotamia. The transformation of Leilan glyptic at or shortly before stratum 17 allows additional significance to be attached to the "high status" stratum 19 burial. Only one (L80-30) of the two pins on the burial 19 body has been subjected to elemental analysis: it is arsenical copper. Hence at present we do not have any evidence for the use of tin bronze prior to the circumvallation of Tell Leilan, the construction of the Acropolis fortification wall, and the beginning of Period IIId (stratum 17).

It seems possible, then, to model the presently available evidence to suggest the following:
1. the existence of ranking sufficient to generate high status burials, featuring archaizing ceramic vessels, by stratum 19 in the Leilan IIIc period;
2. the arrival of southern influence onto the Habur Plains no later than stratum 17 in strength sufficient to justify emulation, if not mimicry, of southern administrative iconography and the transformation of chiefdom[4] relations;
3. the stratum 15 alteration of Tell Leilan social and economic organization, the transformation of ranked hierarchies into classes, and the construction of the Acropolis fortification wall to protect either or both administered wealth and wealth administration.

This model hypothesizes a few historical synchronisms which ultimately determined the "civilizing" (Bray 1978) of the Habur Plains:
1. the ability of pre-Sargonic, mid-third millennium, southern Mesopotamian states

---

[4] The term "chiefdom," however, may obscure differences between Ninevite 5, Samarra, Halaf and Ubaid social organization, each labelled "chiefdom" (Schwartz 1987, Flannery 1972, Watson 1983, Hole 1983), the organizational variation within pre-state sedentary societies (Feinman & Neitzel 1984), and the various means by which risk and uncertainty are often eventually ameliorated within regional population growth (Upham 1987).

to interrupt the "natural," geographically determined, external economic relationships of the Habur Plains;

2. a Habur Plains society of "developed chiefdoms" capable of integrating, through emulation and mimicry, administrative symbols which shortly would serve qualitatively different, transformed, socio-economic relationships;

3. a "commodity" interest which attracted southern Mesopotamian states onto the Habur Plains; this may have been the mineral resources of the adjacent Anatolian plateau (Palmieri 1985; Yener & Ozbal 1987).

These reconstructions differ only slightly from those already offered by Kohl (1979, 1987a, 1987b) for the Iranian plateau, Stager (1985) for Palestine, and Marfoe (1987) for the Syrian littoral. They share a concern for centers and peripheries (Rowlands 1987), the identification of mid-third millennium southern Mesopotamia (or Egypt) as the source of the determinant alteration of dry-farming pre-state societies, and identification of the ultimate target as the exotic or otherwise valuable materials of a distant region.

It remains to note, however, that entire regions underwent this transformation synchronously. To explain this phenomenon we might project a very wide range and very effective extension of southern influence, perhaps a rush of Early Dynastic II/III "individual" metals agents (d a m . g à r). Although not attested in the Sargonic epigraphic record (Foster 1977:37), palace-controlled long-distance inter-city trade in rare stone/mineral resources, smiths, carpenters and stonecutters is already well documented at Ebla (Archi 1988). The powerful Early Dynastic IIIa economies of southern Mesopotamia remain to be analyzed, therefore, as one factor, alongside local Leilan IIId society, in the "civilizing" of the Habur Plains.

BIBLIOGRAPHY

Archi, Alfonso
    1988   "Prices, Workers' Wages and Maintenance at Ebla," *Altorientalische Forschungen 15*:24-29.
Boserup, Ester
    1983   "The Impact of Scarcity and Plenty on Development," *Journal of Interdisciplinary History* 14.2:390-392.
Bray, Warwick
    1978   "Civilizing the Aztecs," J. Friedman & M.J. Rowlands eds., *The Evolution of Social Systems* (Pittsburgh: University of Pittsburgh Press) 373-400.
Charpin, Dominique
    1986   "Les élamites à Šubat Enlil," L. de Meyer, H. Gasche & F. Vallat eds., *Fragmenta historiae elamicae. Mélanges offerts à M.-J. Stève* (Paris: Editions Recherches sur les civilisations) 129-138.
Childe, V. Gordon
    1951   *Man Makes Himself*, New York: New American Library.
Collon, Dominique
    1987   *First Impressions*, Chicago: University of Chicago.

Feinman, Gary & Neitzel, Jill
1984 "Too Many Types: An Overview of Sedentary Prestate Societies in the Americas," *Advances in Archaeological Method and Theory* 7.

Flannery, K.V.
1972 "The Cultural Evolution of Civilizations," *Annual Review of Ecology and Systematics* 3:399-426.

Foster, Benjamin R.
1977 "Commercial Activity in Sargonic Mesopotamia," *Iraq* 39:31-44.

Fukai, Shinji; Horiuchi, Kiyoharu & Matsutani, Toshio
1974 *Telul eth-Thalathat. The Excavation of Tell II. The Third Season.* Tokyo: Yamakawa.

Hole, Frank
1983 "Religion and Social Organization at Susa," *The Hilly Flanks, Festschrift Robert J. Braidwood* (SAOC 36, Chicago) 315-334.

Kohl, Philip
1979 "The 'World Economy' of West Asia in the Third Millennium B.C.," *South Asian Archaeology* 1977:55-85.
1987 "The Use and Abuse of World Systems Theory: the Case of the Pristine West Asian State," *Advances in Archaeological Method and Theory* 11:1-35.

Mallowan, Max
1933 "The Prehistoric Sondage of Nineveh," *Annals of Archaeology and Anthropology* (Liverpool) 20:127-186.
1937 "The Excavations at Tell Chagar Bazar and an Archaeological Survey of the Habur Region, Second Campaign, 1936," *Iraq* 4:91-177.

Marfoe, Leon
1987 "Cedar Forest to Silver Mountain: Social Change and the Development of Long-distance Trade in Early Near Eastern Societies," Rowlands et al. eds. 1987:25-35.

Nicholas, Ilene
1990 "Operation 2 and Operation 57F02: Third Millennium Urbanization at Tell Leilan," H. Weiss ed. 1990.

Palmieri, Alba
1985 "Eastern Anatolia and Early Mesopotamian Urbanization," M. Liverani, A. Palmieri, & R. Peroni eds., *Studi di Paletnologia in onore di S.M. Puglisi* (Rome) 191-213.

Parayre, Dominique
1990 "The Ninevite 5 Glyptic from Tell Leilan," H. Weiss ed. 1990.

Postgate, J.N.
1984 "The Problem of Yields in Sumerian Texts," *Bulletin on Sumerian Agriculture* 1:97-102.

Powell, Marvin A.
1985 "Salt, Seed and Yields in Sumerian Agriculture: a Critique of the Theory of Progressive Salinization," *Zeitschrift für Assyriologie* 75:7-38.

Renger, Johannes
1987 "Überlegungen zur räumlichen Ausdehnung des Staates von Ebla an Hand der agrarischen und viehwirtschaftlichen Gegebenheiten," Luigi Cagni ed., *Ebla 1975-1985* (Napoli: Istituto universitario orientale, dipartimento di studi asiatici, series minor xxvii) 293-311.

Roaf, Michael & Killick, Robert
   1987   "A Mysterious Affair of Styles: the Ninevite 5 Pottery of Northern Mesopota-
               mia," *Iraq* 49:199-230.
Rowlands, Michael
   1987   "Centre and Periphery: a Review of a Concept," Rowlands et al. eds. 1987:1-
               11.
Rowlands, Michael; Larsen, Mogens & Kristiansen, Kristian eds.
   1987   *Centre and Periphery in the Ancient World*. Cambridge: Cambridge University
               Press.
Schwartz, Glenn M.
   1985   "The Ninevite V Period and Current Research," *Paléorient* 11:53-69.
   1986   "Mortuary Evidence and Social Stratification in the Ninevite V Period," Weiss
               ed. 1986:45-60.
   1987   "The Ninevite 5 Period and the Development of Complex Society in Northern
               Mesopotamia," *Paléorient* 13:93-100.
   1988a   "Excavation at Karatut Mevkii and Perspectives on the Uruk/Jemdet Nasr
               Expansion," *Akkadica* 56:1-41.
   1988b   *A Ceramic Periodization from Tell Leilan Operation 1*, Harvey Weiss ed., Yale
               Tell Leilan Research 1, New Haven: Yale University Press.
Speiser, E.A.
   1933   "The Pottery of Tell Billa," *Museum Journal* 23:249-308.
Stager, Lawrence
   1985   "The First Fruits of Civilization," Jonathan N. Tubb ed., *Palestine in the
               Bronze and Iron Ages: Papers in Honour of Olga Tufnell* (London: Institute of
               Archaeology) 172-188.
Stein, Gil & Wattenmaker, Patricia
   1990   "Settlement Trends and the Emergence of Social Complexity in the Tell Leilan
               Region of the Habur Plains (Syria) from the Fourth to the Third Millennium
               B.C.," Weiss ed. 1990.
Thompson, R.C. & Hamilton, R.W.
   1932   "The Temple of Ishtar at Nineveh," *Annals of Archaeology and Anthropology*
               (Liverpool) 19:55-116.
Tosi, Maurizio
   1980   "Karneol," *Reallexikon der Assyriologie* 5:448-452.
Upham, Steadman
   1987   "A Theoretical Consideration of Middle Range Societies," Robert R. Drennan
               & Carlos A. Uribe eds., *Chiefdoms in the Americas* (Boston: University Press of
               America) 345-368.
van Loon, Maurits
   in press   "The Final Stage of Early Syrian Culture and the Beginning of the Amorite
               Period," Paolo Matthiae ed., *L'Archéologie et l'histoire de la Syrie I: De la
               préhistoire aux royaumes araméens*, Damascus: Direction Générale des Anti-
               quités.
Watson, Patty Jo
   1983   "The Halafian Culture," T. Cuyler Young, Jr. et al. eds., *The Hilly Flanks,
               Festschrift Robert J. Braidwood* (SAOC 36, Chicago) 231-249.
Weiss, Harvey
   1983   "Excavations at Tell Leilan and the Origins of North Mesopotamian Cities in
               the Third Millennium B.C.," *Paléorient* 9:39-52.

1985a   "Tell Leilan and Shubat Enlil," *MARI* 4:269-292.
1985b   Review of J. Curtis ed., *Fifty Years of Mesopotamian Discovery, Journal of the American Oriental Society* 105:327-330.
1986   "The Origins of Tell Leilan and the Conquest of Space in Third-Millennium Mesopotamia," Weiss ed. 1986:71-108.
1988   "Introduction," G. Schwartz, *A Ceramic Periodization from Tell Leilan Operation 1* (Yale Tell Leilan Research 1, New Haven: Yale University Press) i-xxiii.
Weiss, Harvey, ed.
1986   *The Origins of Cities in Dry-Farming Syria and Mesopotamia in the Third Millennium B.C.*, Guilford: Four Quarters.
1990   *The Origins of North Mesopotamian Civilization: Ninevite 5 Chronology, Economy, Society*, New Haven: Yale University Press.
Weiss, Harvey & Calderone, Laura
1990   "The End of the Ninevite 5 Period at Tell Leilan," Weiss ed. 1990.
Weiss, Harvey & Mayo, Dale
1990   "The Beginning of the Ninevite 5 Period at Tell Leilan," Weiss ed. 1990.
Weiss, Harvey & Young, T. Cuyler
1975   "The Merchants of Susa: Godin V and Plateau-Lowland Relations in the Late Fourth Millennium B.C.," *Iran* 13:1-17.
Yener, K. Aslihan & Ozbal, Hadi
1987   "Tin in the Turkish Taurus Mountains," *Antiquity* 61:220-226.

Tell Leilan 1979, 1980, 1987
Operation I and 44Wl2 North Section

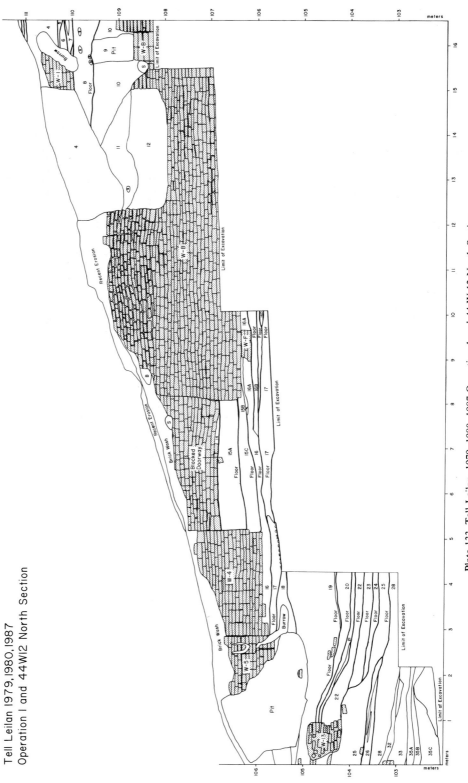

Plate 133. Tell Leilan, 1979, 1980, 1987 Operation 1 and 44 W 12 North Section.

Plate 134. Three painted vessels, Operation 1 stratum 19, Burial 1.

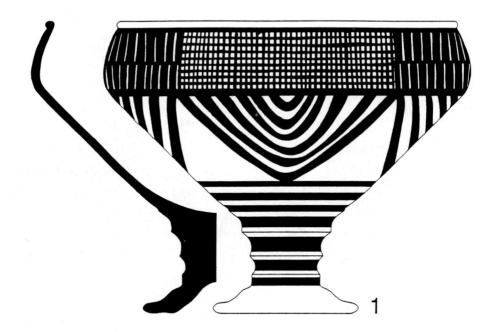

cms

Plate 135. Two painted vessels, Operation 1 stratum 19, Burial 1.

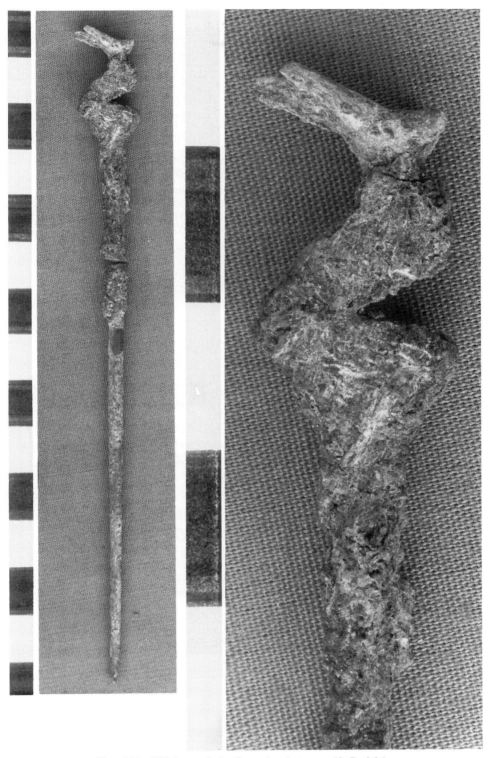

Plate 136a. L80-7: metal pin, Operation 1 stratum 19, Burial 1.
b. L80-7: detail.

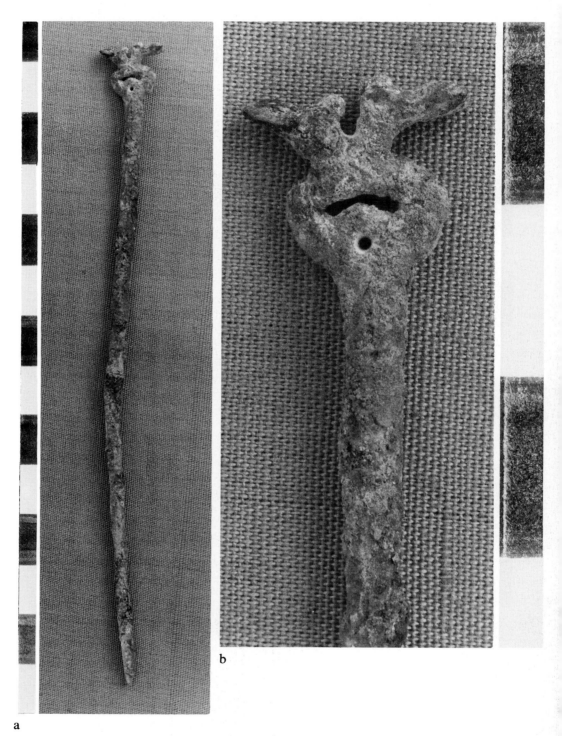

Plate 137a. L80-30: metal pin, Operation 1 stratum 19, Burial 1.
b. L80-30: detail.

Plate 138. L80-148: stone beads and shell, Operation 1 stratum 19, Burial 1.

Plate 139a. L80-8: steatite cylinder seal, Operation 1 stratum 19, Burial 1.
b. L80-8: impression.

a

b

c

d

Plate 140. Seal impressions, strata 14-17:

a. L87-1036.
b. L87-1493.
c. L87-192.
d. L87-135.